Die Finanzierung von Agglomerationen über die Finanzausgleichssysteme in der Bundesrepublik Deutschland

FINANZWISSENSCHAFTLICHE SCHRIFTEN

Herausgegeben von den Professoren
Konrad, Krause-Junk, Littmann†, Oberhauser, Pohmer

Band 121

PETER LANG
Frankfurt am Main · Berlin · Bern · Bruxelles · New York · Oxford · Wien

Sonja Kastin

Die Finanzierung von Agglomerationen über die Finanzausgleichssysteme in der Bundesrepublik Deutschland

Eine theoretische und empirische Bestandsaufnahme

PETER LANG
Internationaler Verlag der Wissenschaften

Bibliografische Information der Deutschen Nationalbibliothek
Die Deutsche Nationalbibliothek verzeichnet diese Publikation in der Deutschen Nationalbibliografie; detaillierte bibliografische Daten sind im Internet über http://dnb.d-nb.de abrufbar.

Zugl.: Bremen, Univ., Diss., 2010

Umschlaggestaltung:
Atelier Platen, Friedberg

Gedruckt auf alterungsbeständigem,
säurefreiem Papier.

D 46
ISSN 0170-8252
ISBN 978-3-631-60866-1

Danksagung

Die vorliegende Arbeit wurde an der Forschungsstelle Finanzpolitik angefertigt und im April 2010 vom Fachbereich Wirtschaftswissenschaft der Universität Bremen als Dissertation angenommen. Mit Abschluss meines Dissertationsvorhabens ist es an der Zeit, nochmal denjenigen zu danken, die mich in dieser Zeit begleitet und unterstützt haben.

Ein besonderes Wort des Dankes möchte ich dabei an meinen sehr geschätzten Doktorvater Professor Dr. Günter Dannemann richten, der nicht nur die wissenschaftliche Betreuung meiner Dissertation übernommen und dessen Fortgang durch kritische wie inspirierende Diskussionen bereichert hat, sondern mich auch im Hinblick auf meine fachliche, berufliche und persönliche Weiterentwicklung stets gefördert hat. Ohne ihn wäre diese Arbeit nicht möglich gewesen.

Nicht weniger zu danken gilt es Professor Dr. Rudolf Hickel für seine wertvollen und konstruktiven Anregungen sowie die bereitwillige Übernahme des Zweitgutachtens. Professor Dr. Frank Haller, PD Dr. Stefan Luft, Fabian Paetzel und Anja Sohn danke ich für ihre Mitwirkung an der Disputation.

Torben Mammen danke ich für die geduldige Unterstützung bei der Erhebung der notwendigen empirischen Daten und Dr. Sven M. Laudien für die Begleitung während des Erstellungsprozesses. Christel und Karl Radtke gilt mein Dank für das kurzfristige und zügige Korrekturlesen dieser Seiten. Auch der Bremer Gesellschaft für Wirtschaftsforschung e.V. möchte ich für die unkonmplizierte finanzielle Förderung dieser Arbeit danken.

Schließlich gilt der herzlichste Dank meiner Familie und meinem Freund, Florian Radtke, die jeweils auf ihre Weise zum Gelingen dieser Dissertation beigetragen und mich auch in den schwierigen Phasen, die eine derartige Arbeit mit sich bringt, ertragen und immer wieder motiviert haben.

Ich widme diese Arbeit von ganzem Herzen meinen Eltern.

Bremen, im Mai 2010 *Sonja Kastin*

Geleitwort

Im Jahr 1983 hat das Land Baden-Württemberg die sogenannte Einwohnerwertung der damaligen Stadtstaaten Hamburg und Bremen mit einer Klage beim Bundesverfassungsgericht grundsätzlich in Frage gestellt. Seitdem befassen sich Finanzverfassungsjuristen, Finanzwissenschaftler und Finanzpolitiker mit diesem komplexen Thema. Deshalb findet in der hier vorgelegten Dissertation über die Finanzierung von Agglomerationen das Instrument der Einwohnerwertung herausragende Aufmerksamkeit. Der selbstgestellte hohe Anspruch ist, eines der kritischsten Instrumente in den deutschen Finanzausgleichssystemen theoretisch und empirisch intensiv zu diskutieren. Dabei wird der gegenwärtige Stand der wissenschaftlichen Diskussion in einer Bestandsaufnahme abgebildet, kritisch bewertet und substanziell erweitert. Die Hauptergebnisse der Arbeit sind:

- Die besondere Berücksichtigung von Agglomerationsspezifika in den deutschen Kommunal- und Länderfinanzausgleichssystemen ist theoretisch und empirisch zu rechtfertigen.
- Das zentrale Instrument dieser Berücksichtigung ist in der Praxis die Einwohnerwertung.
- Die Verfassungsgerichte der Länder und des Bundes beurteilen die Einwohnerwertung als prinzipiell zulässig.
- Die auf Grund aktueller Daten ermittelte Bandbreite einer Einwohnerwertung der Stadtstaaten von 144 bis 157 % lässt ernsthafte Bedenken an der Angemessenheit der derzeitigen Einwohnerwertung von 135 % aufkommen.

Höchst aufschlussreich sind die Ergebnisse der Modellrechnungen zu den Konsequenzen der Föderalismusreform II für die Stadtstaaten. Das Erreichen eines strukturell ausgeglichenen Haushalts aller Länder im Jahr 2020 führt für die Stadtstaaten (unter Einbeziehung der Konsolidierungshilfen) dazu, dass die Großstadtfunktion von Hamburg stabil gehalten werden kann, von Berlin drastisch reduziert und von Bremen faktisch aufgegeben werden muss.

Berlin und insbesondere Bremen werden sich auf dem Weg zum ausgeglichenen Haushalt bis 2020 als Stadtstaaten faktisch selbst beseitigen. Der interne Fusionsdruck wird bei erfolgreichem Defizitabbaupfad, der externe Fusionsdruck bei zu erwartendem Misserfolg der Sanierung von Jahr zu Jahr steigen. Den Politikern Berlins und Bremens wird geraten, dies Grundsatzdilemma offensiv z.B. über den gerade neu installierten Stabilitätsrat nach außen zu tragen. Notfalls sollte Bremen erneut das Bundesverfassungsgericht anrufen, um zu klären, ob der erzwungene Abbau der Großstadtfunktion mit der bisherigen Rechtsprechung des Bundesverfassungsgerichts zur Andersartigkeit und strukturellen Eigenart der Stadtstaaten vereinbar ist. Politisch stellt sich die Frage, ob den Stadtstaaten vom Bund und von den Flächenländern die Daseinsberechtigung abgesprochen wird.

Diese als Dissertation an der Universität Bremen vorgelegte Arbeit führt zum einen die vielfältigen und vielschichtigen theoretischen Begründungsansätze zur Berücksichtigung von Agglomerationsspezifika zusammen, taucht zum anderen aber in die Tiefen der Empirie ein. Dabei werden nicht nur unterschiedlichste methodische Ansätze referiert, sondern auch fundiert und substanziell bewertet, um schließlich eigenständige empirische Beiträge zu leisten. Die Aktualisierung einer stadtstaatengerechten Einwohnerwertung, das komplexe Modell zu den Konsequenzen ausgeglichener Haushalte 2020 insbesondere für die Stadtstaaten und die Ableitung einer Primärausgabenuntergrenze für Stadtstaaten verdienen nicht nur höchste Beachtung in der Politik, sondern auch in der Finanzwissenschaft.

Das Thema der Dissertation ist politisch von größter Brisanz, gekennzeichnet von einer Überforderung der Finanzverfassungsjuristen und nicht zuletzt bei den noch übrig gebliebenen deutschen Finanzwissenschaftlern höchst kontrovers.

Das Thema ist aber auch hoch aktuell. Zum einen steht kurzfristig der Abschluss der Verwaltungsvereinbarungen der fünf Länder, die auf Konsolidierungshilfe Anspruch haben, mit dem Bund in den nächsten Monaten an. Zum anderen muss längerfristig aufgrund gesetzlicher Vorgabe das geltende bundesstaatliche Finanzausgleichssystem bis zum Jahr 2020 neu gestaltet werden. Möge diese Dissertation mit ihren überzeugenden Analysen und Ergebnissen einen Beitrag dazu leisten, für die Stadtstaaten Berlin und insbesondere Bremen verfassungsgerechte nachhaltige Finanzierungslösungen zu finden.

Bremen, im Mai 2010

Prof. Dr. Günter Dannemann
Staatsrat a.D.

Inhaltsverzeichnis

Abbildungsverzeichnis

Tabellenverzeichnis

Abkürzungsverzeichnis

Abkürzungen Bundesländer

BB	Brandenburg
BE	Berlin
BW	Baden-Württemberg
BY	Bayern
HB	Bremen
HE	Hessen
HH	Hamburg
MV	Mecklenburg-Vorpommern
NI	Niedersachsen
NW	Nordrhein-Westfalen
RP	Rheinland-Pfalz
SH	Schleswig-Holstein
SL	Saarland
SN	Sachsen
ST	Sachsen-Anhalt
TH	Thüringen

Abkürzungen ausgewählter Steuerarten

ESt	Einkommensteuer
GewSt	Gewerbesteuer
GrESt	Grunderwerbsteuer
GrSt	Grundsteuer
KSt	Körperschaftsteuer
KfzSt	Kraftfahrzeugsteuer
LSt	Lohnsteuer
USt	Umsatzsteuer

Sonstige Abkürzungen

Abs.	Absatz
aF	alte Fassung
AMZ	Ausgleichsmesszahl
Anm. d. Verf.	Anmerkung des Verfassers
Art.	Artikel
ASG	Aggregierte Steuerbemessungsgrundlage
BAfög	Bundesausbildungsförderungsgesetz
BBR	Bundesamt für Bauwesen und Raumordnung
BEZ	Bundesergänzungszuweisungen
BGBl.	Bundesgesetzblatt
BIP	Bruttoinlandsprodukt
BVerfGE	Entscheidung des Bundesverfassungsgerichts
DK	Durchschnittskosten
EW	Einwohner
FA-Umlage	Finanzausgleichsumlage
FAG	Finanzausgleichsgesetz
FKM	Finanzkraftmesszahl
FKZ	Funktionskennziffer
FLA	Familienlastenausgleich
GG	Grundgesetz
GSF	Gesamtsteuerfuß
GSFI	Gesamtsteuerfußindex
HEI	Harmonisierter Steuerertragsindex
Ifo	Institut für Wirtschaftsforschung, München
KiföG	Kinderförderungsgesetz
KonsHilfG	Gesetz zur Gewährung von Konsolidierungshilfen
LFA	Länderfinanzausgleich
MaßstG	Maßstäbegesetz

m. E.	meines Erachtens
Mio.	Million
Mrd.	Milliarde
m ü. M.	Meter über Meer
nF	neue Fassung
NÖG	Neue Ökonomische Geographie
ÖPNV	Öffentlicher Personennahverkehr
p. a.	pro anno
qkm	Quadratkilometer
RFK	relative Finanzkraft
RI	Ressourcenindex
RM	Reichsmark
Rn.	Randnummer
RSK	relative Steuerkraft
RWI	Rheinisch-Westfälisches Institut für Wirtschaftsforschung
SFG	Solidarpaktfortführungsgesetz
SSE	Standardisierter Steuerertrag
StabiRatG	Gesetz zur Einrichtung eines Stabilitätsrates und zur Vermeidung von Haushaltsnotlagen
UKM	Umlagekraftmesszahl
USA	United States of America
VZÄ	Vollzeitäquivalent
ZerlG	Zerlegungsgesetz

1 Einführung

1.1 Problemstellung und Zielsetzung der Untersuchung

Die Agglomeration oder Konzentration von Menschen und wirtschaftlicher Aktivität ist das hervorstechendste Merkmal im Raum. Die räumliche Struktur der Bundesrepublik Deutschland ist durch eine ausgewogene polyzentrische Konzentration von Bevölkerung, Arbeitsplätzen und Infrastruktur gekennzeichnet. Etwa 19,5 Mio. Bundesbürger leben in kreisfreien und kreisangehörigen Städten mit mehr als 100.000 Einwohnern. Im hochverdichteten Umland dieser Städte leben noch einmal rund 13 Mio. Menschen. Damit konzentrieren sich ca. 40 % der Bevölkerung in Regionen, deren Flächen weniger als 10% der bundesdeutschen Gesamtfläche umfassen.[1] Dieses bedingt eine hohe Bevölkerungsdichte sowohl in den Kernstädten als auch in den Agglomerationsräumen.

Die Agglomerationen in Deutschland im Sinne von Städten und Stadtstaaten sind eingebettet in komplexe und kritisch diskutierte Finanzausgleichssysteme, in denen sie eine besondere Berücksichtigung erfahren. Hierbei kommt der im Länderfinanzausgleich sowie in nahezu allen kommunalen Finanzausgleichssystemen zur Anwendung kommenden Einwohnerwertung eine zentrale Rolle zu. Die Vorschriften der Finanzausgleichsgesetze – insbesondere solche, die sich mit der Finanzierung von Agglomerationen befassen – werden dabei immer wieder zum Streitgegenstand zwischen den Gebietskörperschaften. Aufgrund ihrer finanziellen Bedeutung und der mit jedem räumlichen Verteilungssystem verbundenen Gewinner und Verlierer verwundern diese ständigen Konflikte jedoch kaum. Maunz spricht im Zusammenhang mit dem bundesstaatlichen Finanzausgleich gar von einem wirtschaftspolitischen und verfassungsrechtlichen Kampffeld[2] und Popitz stellte schon 1932 heraus, dass sich in der dynamischen Entwicklung von Bundesstaatlichkeit das Problem der Gestaltung des Finanzausgleichs immer wieder neu stellen werde, sodass endgültige Lösungen der *„Quadratur des Kreises“*[3] gleichkämen. Diese Einschätzung hat bis heute nicht an Gültigkeit verloren und gewinnt als Folge der sich zusehends verschlechternden Finanzsituation vieler Gebietskörperschaften aktuell deutlich an Brisanz.

---

1 Vgl. Bundesamt für Bauwesen und Raumordnung (2000), S. 3 f.

2 Vgl. Maunz, T. (1956), S. 43 f.

3 Popitz, J. (1932), S. 345.

Gegenstand der vorliegenden Untersuchung ist die Finanzierung von Agglomerationen über die Finanzausgleichssysteme in der Bundesrepublik Deutschland. Herausragende Aufmerksamkeit wird dabei dem Instrument der Einwohnerwertung beigemessen, welches eine kleine, aber einflussreiche Facette in der deutschen Finanzausgleichspraxis ist.

Die Arbeit verfolgt dabei drei Hauptziele, die als roter Faden der Gedankenführung und als Wegweiser für die Untersuchung dienen sollen. Zunächst wird diskutiert, *warum* eine besondere Berücksichtigung von Agglomerationen im Finanzausgleichssystem gefordert wird. Darauf aufbauend wird dargestellt, *wie* diese besondere Stellung in den Finanzausgleichssystemen im Einzelnen in Ansatz gebracht wird. Letztlich soll – bezogen auf die Stadtstaaten – die Frage nach dem *Wie viel*, d.h. nach der angemessenen Berücksichtigung der agglomerationsbedingten Sondersituation, beantwortet werden.

Die Finanzierung von Agglomerationen – insbesondere über das Instrument der Einwohnerwertung – ist Ausgangspunkt zahlreicher wissenschaftlicher und politischer Kontroversen. Die vorliegende Arbeit erhebt den Anspruch, sich einem der kritischsten Instrumente in den deutschen Finanzausgleichssystemen zu nähern und dieses intensiv zu hinterfragen. Dabei wird angestrebt, den gegenwärtigen Stand der Diskussion im Sinne einer theoretischen und empirischen Bestandsaufnahme zusammenfassend abzubilden, kritisch zu bewerten und substantiell zu erweitern, um so einen relevanten Beitrag zur Klärung dieser chronisch strittigen Frage zu leisten.

1.2 Aufbau der Untersuchung

Um der dargestellten Zielsetzung im Detail gerecht zu werden, gliedern sich die nachfolgenden Ausführungen in neun Hauptkapitel. Nach der grundsätzlichen Darlegung des thematischen Rahmens und der gewählten Vorgehensweise in Kapitel eins wird in Kapitel zwei zunächst der Begriff der *Einwohnerwertung* als Hauptinstrument der Agglomerationsfinanzierung näher erläutert. Anschließend soll den Begründungsansätzen zur Berücksichtigung von Agglomerationsspezifika im Finanzausgleichssystem sowie der gegen diese Ansätze vorgebrachten Kritik besonderer Raum gewidmet werden.

Bestandteil des dritten Kapitels ist die Darstellung der Finanzausgleichssysteme in der Bundesrepublik Deutschland. Auf Basis eines zu etablierenden allgemeinen Verständnisses des Begriffs und der Struktur des Finanzausgleichs werden die aktuellen Regelungen des bundesstaatlichen und der kommunalen Finanzausgleichssysteme aufgezeigt. Dabei wird die Einbettung der Agglomerationen in das übergeordnete Systemgefüge thematisiert, wobei insbesondere auf die Einwohnerwertung eingegangen wird. Anschließend soll in Kapitel vier die bundes- und landesverfassungsrechtliche Sichtweise der Einwohnerwertung beleuchtet werden, um zu einer interdisziplinären Einschätzung dieses Instruments zu gelangen. Im fünften Kapitel werden diskutierte Alternativmodelle zur Agglomerationsfinanzierung und damit zur Einwohnerwertung aufgezeigt und bewertet. Im Anschluss an die Darstellung der Finanzausgleichspraxis in Deutschland erfolgt im sechsten Kapitel ein länderübergreifender Vergleich, um die deutschen Finanzausgleichsnormen vergleichend beurteilen zu können. Als Maßstab wird das Schweizer Finanzausgleichssystem zwischen Bund und Kantonen sowie innerhalb dreier ausgewählter Kantone näher analysiert.

Nach Darstellung der tatsächlichen Ausgestaltung der Finanzausgleichssysteme erfolgt im siebten Kapitel eine Auseinandersetzung mit der Quantifizierung agglomerationsbedingter Mehrbedarfe. Aufgrund der finanziellen Bedeutung und bundesweiten Auswirkung konzentrieren sich die Ausführungen dabei auf die Einwohnerwertung der Stadtstaaten. Dazu werden die bedeutendsten Gutachten vorgestellt und differenziert evaluiert. Hierbei handelt es sich um das Gutachten des Instituts für Wirtschaftsforschung aus dem Jahr 1986/87, die Methode des Bundesamtes für Bauwesen und Raumordnung aus dem Jahr 2001 sowie um den Alternativansatz des Ifo-Instituts aus demselben Jahr. Abschließend wird der Versuch einer aktuellen Ermittlung der Einwohnerwertung vorgenommen, um eine Aussage über die Angemessenheit der derzeit gültigen Regelung zu treffen.

Das achte Kapitel befasst sich mit den zentralen Reformergebnissen der Föderalismusreform II. Neben einem einführenden Überblick wird ein Modell abgeleitet, welches die Konsequenzen der Einhaltung der Vorgaben der neuen grundgesetzlichen Schuldengrenze auf die Haushalte der Konsolidierungsländer darlegt. Es steht die Frage im Mittelpunkt, welche Eigenanstrengungen zur Haushaltskonsolidierung insbesondere den Stadtstaaten abverlangt werden können, ohne ihre Existenz als Großstadt zu gefährden. Dabei wird aufgezeigt, in welchem Verhältnis die Modellergebnisse zur Problematik stadtstaatlicher Ausgabenuntergrenzen und letztlich zur Einwohnerwertung stehen.

Die Arbeit schließt im neunten Kapitel mit einer Zusammenfassung der zentralen Untersuchungsergebnisse und mit einem Ausblick über die Zukunft der Agglomerationsfinanzierung und der Einwohnerwertung in Deutschland.

2 Berücksichtigung von Agglomerationsspezifika im Finanzausgleichssystem

Die deutschen Agglomerationen im Sinne von Städten und Stadtstaaten sind eingebettet in komplexe Finanzausgleichssysteme, in denen sie eine besondere Berücksichtigung erfahren. Diese besondere Berücksichtigung erfolgt im Wesentlichen über die Einwohnerwertung.[4]

Soweit der Umfang der ausgewerteten Literatur eine solche Behauptung zulässt, erweist sich die Suche nach einer prägnanten Definition für den Begriff der Einwohnerwertung als schwierig. Dietrich führt dieses darauf zurück, „... *daß diese Form der Veredelung ausschließlich in Zusammenhang mit einem Finanzausgleichssystem zitiert und problematisiert wird, so daß sie für sich genommen zu klein und unbedeutend für eine isolierte Analyse erscheint.*"[5] Dieses mag hinsichtlich der finanziellen Bedeutung der Einwohnerwertung verwundern. Gleichwohl kann das der Einwohnerwertung zugrunde liegende Prinzip abstrahiert und in eine allgemeine und abstrakte Begriffsdefinition überführt werden:

> Die Einwohnerwertung ist ein auf normativen Wertungen beruhendes Finanzausgleichsinstrument (Umbrella-Variable), durch welches das Hauptzuweisungskriterium „Einwohnerzahl" bei der Ermittlung der Ausgleichsparameter rechnerisch verändert wird, um so weitere, nicht exakt erfassbare Einflussgrößen wie Bevölkerungsdichte, Nutzenspillovers, Wachstumseffekte oder andere strukturelle Besonderheiten in Form einer modifizierten (bonifizierten / malifizierten) Einwohnerzahl pauschal zu berücksichtigen.[6]

---

4 Angemerkt sei, dass in der Literatur hin und wieder auf die unglückliche Bedeutung der Wörter *Einwohnerwertung* und *Einwohnerveredelung* hingewiesen wird. Sie enthalten ein Werturteil im Sinne einer Verbesserung und könnten somit Anmaßung suggerieren. Korinsky schlägt daher die Verwendung des wertfreien Ausdrucks *modifizierte Einwohnerzahl* vor. Das Bundesverfassungsgericht trägt dieser Auffassung Rechnung, wenn es von Einwohnerwertung oder -veredelung in Anführungszeichen und eher von einer Modifikation der tatsächlichen Einwohnerzahl als Bezugspunkt für die Vergleichbarmachung des Finanzaufkommens spricht. Dennoch haben sich diese Begriffe in der Literatur und Praxis durchgesetzt und sollen auch in dieser Arbeit Anwendung finden. Vgl. Hickel, R. (2001), S. 3; vgl. Korinsky, K. (1971), S. 28 ff.; vgl. BVerfGE 86, 148 (239).

5 Dietrich, B. (1996), S. 9.

6 In Anlehnung an Dietrich, B. (1996), S. 9; vgl. BVerfGE 86, 148 (240).

Um zu verstehen, warum gerade das Wesen einer Stadt bzw. eines Stadtstaates einen Ausgleichstitel im Finanzausgleich begründet, muss dargelegt werden, was die Städte von den ländlichen Regionen bzw. die Stadtstaaten von den Flächenländern unterscheidet. Die Besonderheit von Agglomerationen im Allgemeinen drückt sich darin aus, dass es sich um hochverdichtete Regionen mit einem großen Arbeitsplatzangebot und einer überdurchschnittlichen Wirtschafts- und Steuerkraft handelt. Städte sind Industrie-, Handels- und Dienstleistungszentren, die infrastrukturelle Leistungen für das Umland erbringen.

Neben diesen agglomerationstypischen raumörtlichen, funktionellen und aufgabenbezogenen Faktoren zeichnen sich die Stadtstaaten dadurch aus, dass sie im Gegensatz zu Städten in den Flächenländern kein eigenes Umland haben. Sie sind großstädtische Enklaven und daher strukturell nicht mit den Flächenländern, in denen sich Ballungsräume und ballungsferne Gebiete gegenüberstehen, vergleichbar.

Die besondere Berücksichtigung von Agglomerationen im Finanzausgleich ergibt sich demnach zum einen aus der *Eigenart als Agglomeration.* Die hierdurch entstehenden ballungsbedingten Mehrbedarfe betreffen die Ebene der Städte und Stadtstaaten gleichermaßen. Die Argumente der Abschnitte 2.1 bis 2.4 sind dieser Kategorie zuzuordnen. Zum anderen kann eine besondere Berücksichtigung der Stadtstaaten im Länderfinanzausgleich auch auf die *Eigenart als Stadtstaat* zurückgeführt werden. Somit liegt die Begründung in der Technik des Finanzausgleichs. Die Abschnitte 2.5 und 2.6 sind hierunter zusammenzufassen.

2.1 Brecht-Popitz'sches Gesetz

Historisch ist das Brecht-Popitz'sche Gesetz[7] die wichtigste Begründung agglomerationsbedingter Mehrbedarfe und damit der Einführung und Anwendung der Einwohnerwertung in den Finanzausgleichssystemen. Die Einwohnerwertung der Stadtstaaten geht zwar nicht direkt auf die Grundannahmen von Brecht und

7 In der Literatur hat sich überwiegend der Begriff „Brecht'sches Gesetz" etabliert.

Popitz zurück,[8] dennoch bilden sie den geistigen Kern des Prinzips der Einwohnerwertung. Deshalb soll die finanzwissenschaftliche Aussage des Brecht-Popitz'schen Gesetzes näher erläutert werden.

Im Jahr 1932 begründete Arnold Brecht in seinem Werk *„Internationaler Vergleich der öffentlichen Ausgaben"* das Gesetz der *„progressiven Parallelität zwischen Ausgaben und Bevölkerungsmassierung"*[9] erstmals theoretisch. Demnach steigen mit zunehmender Bevölkerungsdichte[10] bzw. Einwohnerzahl die Pro-Kopf-Ausgaben, die Länder und Gemeinden zur Finanzierung öffentlicher Aufgaben aufwenden müssen, überproportional an. Die Analyse der Ausgaben der Reichsfinanzstatistik bestätigte tendenziell den von Brecht aufgestellten Zusammenhang. Das bevölkerungsdichteste Land Hamburg (2.775 Einwohnern je qkm) gab im Jahr 1928 rund 322 Reichsmark (RM) je Einwohner aus. Lippe als das am dünnsten besiedelte Land (135 Einwohner je qkm) gab dagegen 103 RM aus. Noch pointierter trat der Zusammenhang bei den Ausgaben nach Gemeindegrößenklassen innerhalb eines Landes hervor. Am Beispiel der preußischen Gemeinden belegt Brecht, dass die größte Gemeinde Berlin mit 260 RM je Einwohner am meisten ausgab. Dieser Wert fiel entsprechend der Gemeindegröße auf 164 RM in Städten mit 20.000 bis 50.000 Einwohnern und auf 24 RM in kreisangehörigen Gemeinden mit bis zu 2.000 Einwohnern.[11]

---

8 Das Denken in Termini des Brecht-Popitz'schen Gesetzes ist tief in der Finanzausgleichsthematik verwurzelt. Dabei wird jedoch darauf verwiesen, dass die Ausgabensteigerung aufgrund zunehmender Kosten bei zunehmender Bevölkerung keine offizielle Begründung für die Einwohnerwertung der Stadtstaaten (auf Landesebene) ist. Hingegen kann argumentiert werden, dass nicht nur im kommunalen, sondern auch im staatlichen Aufgabenbereich von agglomerationsbedingten Kosteneffekten auszugehen ist. Dieses bestätigt auch ein Gutachten des Ifo-Instituts aus dem Jahr 2001. Das Brecht-Popitz'sche Gesetz wird direkt als Grundlage für die Einwohnerwertung in den Ausgleichssystemen der Länder sowie für die bis 2005 geltende Einwohnerwertung bei den Gemeindesteuern im bundesstaatlichen Länderfinanzausgleich herangezogen. Die seit 2005 geltende Einwohnerwertung bei den Gemeindesteuern ist auf eine modifizierte Version des Brecht-Popitz'schen Gesetzes zurückzuführen, da nicht mehr von einem progressiv ansteigenden, sondern einem u-förmigen Verlauf von Finanzbedarf und Bevölkerungsdichte ausgegangen wird. Vgl. Baretti, C. et al. (2001); vgl. Seitz, H. (2002); vgl. Korioth, S. (1997), S. 593 f.

9 Brecht, A. (1932), S. 6.

10 Brecht untersuchte nicht nur die Dichte (Anzahl der Menschen je qkm), sondern auch die Verstädterung. Dazu wurde der Anteil der Menschen, die in Großstädten (Städte über 100.000 Einwohnern) leben, und der Anteil der ländlichen Bevölkerung (Gemeinden mit weniger als 2.000 Einwohnern) analysiert.

11 Vgl. Brecht, A. (1932), S. 23 ff.

Eine detaillierte Analyse der Ausgaben der Länder und Gemeinden in einzelnen Aufgabengebieten bestätigte ebenfalls die Staffelung nach der Einwohnerzahl bzw. der Bevölkerungsdichte. Insbesondere in den Bereichen *Wohlfahrt, Wohnungswesen, Bildung, Wirtschaft und Verkehr, Polizei und Rechtspflege* konnte der Zusammenhang nachgewiesen werden. Ebenso stiegen die sonstigen Ausgaben beispielsweise für *Kanalisation, Beleuchtung und Feuerwehr* mit der Bevölkerungsmassierung deutlich an.[12] Brecht untermauerte seine These zudem durch einen internationalen Ausgabenvergleich. Er zeigte, dass 1928 Großbritannien als das am dichtesten besiedelte Land die höchsten Pro-Kopf-Ausgaben aufwies. Italien und das Deutsche Reich verzeichneten als halb so dicht besiedelte Länder lediglich etwas mehr als ein Viertel bzw. die Hälfte der Ausgaben Großbritanniens.[13]

Johannes Popitz griff im Jahr 1932 das von Brecht formulierte Gesetz auf und folgerte in seinem Gutachten *„Der künftige Finanzausgleich zwischen Reich, Ländern und* Gemeinde*n“,*

> „daß durchschnittlich, je höher die Einwohnerzahl einer Gemeinde ist, desto höher der Bedarf ansteigt, und ferner ..., daß, obgleich auch mit der Einwohnerzahl die Einnahmen aus allgemeinen Deckungsmitteln (Betriebseinnahmen und eigenen Steuern) ansteigen, trotzdem auch der Bedarf an Finanzzuweisungen zunimmt.“[14]

Auch Popitz überprüfte die These eines mit der Gemeindegröße zunehmenden Ausgaben- und Finanzbedarfs anhand der Reichsfinanzstatistik empirisch und befand sie als bestätigt.[15] Um den steigenden Bedarf[16] großer Gemeinden über

---

12 Vgl. Brecht, A. (1932), S. 22 f.

13 Vgl. Brecht, A. (1923), S. 26. Im Jahr 1941 veröffentlichte Brecht eine Untersuchung des Zusammenhangs von öffentlichen Ausgaben und Bevölkerungsmassierung für die amerikanischen Staaten. Hier wies er darauf hin, dass am unteren Ende der Skala eine zunehmende Bevölkerungsdichte zunächst zu einer Verringerung öffentlicher Pro-Kopf-Ausgaben führe und erst in einem nicht näher definierten Bereich in steigende Ausgaben umschlage, bis schließlich bei einer sehr hohen Bevölkerungsdichte keine Zunahme öffentlicher Ausgaben mehr zu beobachten sei. Vgl. Brecht, A. (1941), 305 ff. Demzufolge nimmt Brecht von der einseitigen Annahme steigender Ausgaben Abstand und attestiert eher einen u-förmigen Zusammenhang zwischen Ausgaben und Bevölkerung.

14 Popitz, J. (1932), S. 264 f.

15 Vgl. Dietrich, B. (1996), S. 50 f.

16 Im Speziellen geht es um den ungedeckten kommunalen Zuschussbedarf, d.h. den Bedarf, der durch eigene Gemeindesteuern und zweckgebundene Staatszuschüsse an die Gemeinden nicht gedeckt wird.

allgemeine vertikale Finanzzuweisungen angemessen abzugelten, schlug Popitz vor, eine einheitliche Pro-Kopf-Pauschale in Abhängigkeit der Gemeindegröße zu staffeln, [17] um die gemeindlichen Unterschiede in der Streuung der bedarfssteigernden Tatbestände auszugleichen. [18] Popitz schlug die folgende Staffelung vor:[19]

Gemeinden mit mehr als 100.000 Einwohnern	163,9 %
Gemeinden von 50.000 bis 100.000 Einwohnern	135,4 %
Gemeinden von 25.000 bis 50.000 Einwohnern	121,3 %
Gemeinden von 10.000 bis 25.000 Einwohnern	116,5 %
Gemeinden von 5.000 bis 10.000 Einwohnern	98,8 %
Gemeinden von 2.000 bis 5.000 Einwohnern	76,5 %
Gemeinden mit nicht mehr als 2.000 Einwohnern	48,4 %.[20]

17 Popitz war der Meinung, dass die Gliederung nach Einwohnerzahlen die Zuschussbedürftigkeit der Gemeinden noch nicht ausreichend abbilde, da selbst in derselben Größenklasse bzw. bei fast gleicher Einwohnerzahl der Zuschussbedarf noch unterschiedlich ausfällt. Deshalb riet er, eine Hälfte des für Finanzzuweisungen zu Verfügung stehenden Betrages nach Einwohnern und die andere nach der unselbstständigen Bevölkerung zu verteilen, da der kollektive Bedarf und damit Auf- und Ausgaben der Gemeinden in einem höheren Maß ansteigen, je höher die Zahl der Unselbstständigen in einer Gemeinde ist, da in solchen Gemeinden die Steuerkraft geringer ist. Vgl. Popitz, J. (1932), S. 287 ff.

18 Vgl. Kinkel, K (1964), S. 46.

19 Die Staffelwerte beziehen sich dabei auf einen für alle Gemeinden einheitlichen Pro-Kopf-Grundbetrag, der in Abhängigkeit der Gemeindegrößenklasse mit der entsprechenden Prozentzahl anzusetzen ist. D.h. Gemeinden mit mehr als 100.000 Einwohnern erhalten 163,9 % des festgelegten Betrags. Vgl. Popitz, J. (1932), S. 278.

20 Zusätzlich schlug Popitz die Anwendung einer Durchschnitts- oder Anschlusstafel vor. Nur Gemeinden der untersten Größengruppe erhalten den auf sie entfallenden Betrag ganz, während in allen anderen Gruppen der Pro-Kopf-Betrag jeder Größengruppe nur auf die Einwohnerzahl abgestellt wird, die über die Einwohnerzahl der vorherigen Gruppe hinausgeht. Auch die genauere Verarbeitung des statistischen Materials und die Verfeinerung der Größengruppen sowie die getrennte Berechnung für kreisangehörige Städte und Stadtkreise sah Popitz als mögliche Verbesserungsvorschläge. Vgl. Popitz, J. (1932), S. 262 ff.

Popitz kommt damit das Verdienst zu, das Prinzip der Einwohnerwertung erstmals anhand wissenschaftlicher Methoden, empirischer Erkenntnisse und genauer statistischer Daten für die finanzwissenschaftliche Praxis nutzbar gemacht zu haben.[21] Nachdem die Aussage des Brecht-Popitz'schen Gesetzes erläutert wurde, sollen die Begründungsansätze für einen mit zunehmender Bevölkerungsmassierung ansteigenden Finanzbedarf dargestellt werden.

2.1.1 Unterschiede in der Bedürfnisstruktur zwischen Stadt und Land

Historischer Hauptgrund für einen ansteigenden Finanzbedarf ist der von Popitz benannte „kanalisierte Bürger“[22], der im Gegensatz zum Bewohner ländlicher Gegenden eine anspruchsvollere Bedürfnisstruktur aufweist. Die Einwohner dicht besiedelter Gemeinden stellen höhere quantitative und qualitative Forderungen an das öffentliche Leistungsangebot als Einwohner dünn besiedelter Gemeinden.

> „Je mehr Menschen auf einem örtlichen Siedlungsgebiet konzentriert sind, desto mehr steigt die Bedeutung der Leistungen der Gemeinden für die Befriedigung der in ihr wohnenden Bevölkerung.“[23]

In einer Großstadt entfällt im Gegensatz zu ländlich geprägten Gemeinden nur ein geringer Anteil des Gemeindegebietes auf einen Einwohner zur Befriedigung seiner individuellen Bedürfnisse. Aus dieser Beschränkung ergibt sich die große Bedeutung des Gemeinderaums zur Befriedigung kollektiver Bedürfnisse. Am Beispiel Schulen erläutert Popitz: In der Stadt nehmen Schulen Kinder auf, die aus engen stadtüblichen Wohnungsverhältnissen kommen und nicht *„Luft und Licht“*[24] des Landes zur Verfügung haben. Deshalb geht der städtische Bedarf zu großzügigen und damit kostenintensiveren Schulräumen, während sich die Landbewohner mit einfachen Räumen begnügen können. Daneben führt das enge Zusammenleben in der Stadt zu hygienischen Anforderungen, die auf dem Land nicht in demselben Maße bestehen und so zu höheren Ausgaben für Kanalisation, Wasserleitung etc. führen.[25]

---

21 Vgl. Dietrich, B. (1996), S. 53.
22 Dietrich, B. (1996), S. 91.
23 Popitz, J. (1932), S. 280.
24 Popitz, J. (1932), S. 281.
25 Vgl. Popitz, J. (1932), S. 280 ff.

Unter den aktuellen Gegebenheiten ist die These eines ansteigenden Finanzbedarfs aufgrund einer unterschiedlichen Bedürfnisstruktur der Stadt- und Landbewohner jedoch nicht mehr haltbar. Sie widerspricht geläufigen Wertvorstellungen und ist mit dem im Grundgesetz verankerten Leitbild der Einheitlichkeit bzw. Gleichwertigkeit der Lebensverhältnisse unvereinbar.[26] „The basic assumption is that similar individuals need similar standards of service irrespective of where they live."[27] Der Ansatz, dass bestimmte öffentliche Leistungen nur in größeren Städten angeboten werden, weil die Stadtbewohner einen höherwertigen Bedarf haben und beispielsweise mehr an Kunst, Bildung und Kultur interessiert sind als Landbewohner, ist schlichtweg falsch. Die Gründe eines mit der Siedlungsstruktur ansteigenden Finanzbedarfs sind demnach woanders zu suchen.

2.1.2 Preiskomponente

Neben dem *„kanalisierten Bürger"* führten Brecht und Popitz den progressiv ansteigenden Ausgabenbedarf auf die höheren Bereitstellungskosten für fast alle öffentlichen Leistungen in verdichteten Gebieten zurück. Die höheren Kosten können dabei sowohl intern (durch unwirtschaftliche Leistungserstellung) als auch extern (durch – nicht beeinflussbare – höhere Preise für Inputfaktoren wie Löhne und Grundstückspreise[28]) begründet sein,[29] wobei lediglich letztere ausgleichsfähig sind. Dieser Ansatz liefert bis heute eine zentrale Begründung für einen agglomerationsbedingt steigenden Ausgaben- und Finanzbedarf.

---

26 Vgl. Kitterer, W. (1994), S. 18; vgl. Kirchhof, P. (1982), S. 115 ff.; vgl. Ehrlicher, W., Gruber, R., Voigtländer, H. (1967), S. 28.

27 Bennet, R. (1980), S. 112 f.

28 In Deutschland betrugen im Jahr 2008 die durchschnittlichen Kaufpreise für baureifes Land in Gemeinden mit unter 2.000 Einwohnern 54 Euro je m^2, in Gemeinden mit 5.000 bis unter 10.000 Einwohnern 90 Euro je m^2, in Gemeinden mit 20.000 bis unter 50.000 Einwohnern 102 Euro je m^2, in Gemeinden mit 100.000 bis unter 200.000 Einwohnern 176 Euro je m^2, in Gemeinden mit 200.000 bis unter 500.000 Einwohnern 113 Euro je m^2 und in Gemeinden mit über 500.000 Einwohnern 434 Euro je m^2. Vgl. Statistisches Bundesamt (2009), S. 6.

29 Vgl. Kitterer, W. (1994), S. 19.

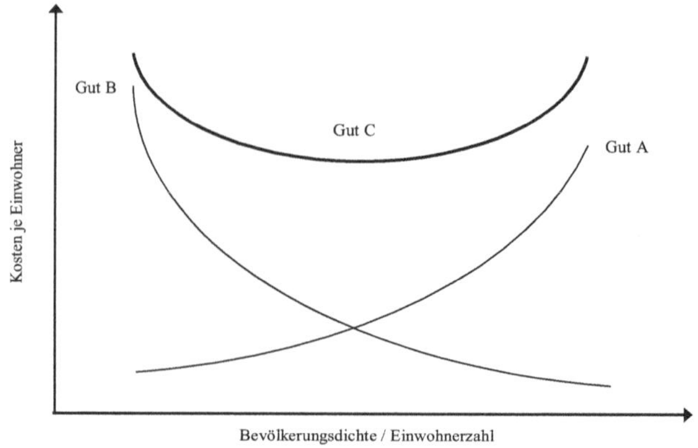

Abbildung 1: Kosten der öffentlichen Leistungserstellung
Quelle: In Anlehnung an Seitz, H. (2002), S. 20; Eigene Darstellung.

Theoretisch sind drei Typen von Kostenverläufen für die öffentliche Leistungsbereitstellung in Abhängigkeit der Bevölkerungsdichte bzw. der Einwohnerzahl denkbar. Abbildung 1 zeigt, dass für Gut *A* über den gesamten Wertebereich diseconomies of scale[30] unterstellt werden, während für Gut *B* über den gesamten Bereich economies of scale[31] realisiert werden. Bei der Kostenfunktion für Gut *C* handelt es sich um eine Mischung aus beiden Skaleneffekten.[32]

In der (internationalen) stadt- und regionalökonomischen Literatur dominiert die Annahme, dass die Kosten in einzelnen Bereichen entweder Typ *A* oder *B* folgen und die Durchschnittskosten der öffentlichen Leistungserstellung über alle Aufgabenbereiche Typ *C* entsprechen. Die optimale Ortsgröße liegt dann dort, wo

30 Diseconomies of scale (sinkende Skalenerträge) liegen vor, wenn mit zunehmendem Faktoreinsatz der Output unterproportional ansteigt, mit der Folge, dass die Gesamtkosten überproportional steigen und die Stückkosten bzw. Kosten je Einwohner mit zunehmender Stück-/ Einwohnerzahl steigen. Vgl. Pindyck, R. S., Rubinfeld, D. L. (2003), S. 290; vgl. auch Schmölders, G. (1965), S. 189, der auf die Existenz von Sprungkosten hinweist.

31 Economies of scale (steigende Skalenerträge) liegen vor, wenn mit zunehmendem Faktoreinsatz der Output überproportional ansteigt mit der Folge, dass die Gesamtkosten unterproportional steigen und die Stückkosten bzw. die Kosten je Einwohner mit zunehmender Stück- bzw. Einwohnerzahl sinken. Vgl. Pindyck, R. S., Rubinfeld, D. L. (2003), S. 290.

32 Vgl. Seitz, H. (2002), S. 19.

die Gesamtkostenkurve ihr Minimum erreicht. Obwohl die Existenz agglomerationsbedingt steigender Kostenverläufe über das gesamte Aufgabenspektrum hinweg umstritten ist, folgt die (deutsche) Finanzausgleichspraxis dieser Hypothese.

Dieser Annahme steht jedoch die grundsätzliche Überlegung entgegen, dass sowohl Agglomerationsnachteile als auch -vorteile existieren. Bestünde keine Vorteilhaftigkeit [33] der Einwohnerballung wie durch die Realisierung von economies of scale und scpoe, käme es *unter der Vernachlässigung anderer regionaler Charakteristika (Geographie, Technologie)* erst gar nicht zu einer Bildung von Agglomerationen.[34] Auftretende Ballungsnachteile verhindern hingegen, dass die regionale Konzentration unbegrenzt zunimmt.[35]

So verteilen sich beispielsweise in hochverdichteten Gebieten die Fixkosten bestimmter Leistungen auf mehr Einwohner, was zu einem Kostenrückgang (Fixkostendegression) führt. Eine Millionenstadt hat je Einwohner weniger für Administration aufzuwenden als mehrere Städte mit jeweils 100.000 Einwohnern.[36] Auch Transport-, Logistik und Informationskosten sind in großen Gemeinden geringer.[37] Um zu einer abschließenden Beurteilung der Skaleneffekte zukommen, ist es deshalb notwendig, jeden einzelnen Aufgabenbereich einer genauen Analyse zu unterziehen.[38]

---

33 Das Argument der Ballungsvorteile durch Skaleneffekte wird von Fischer-Menshausen auf die Spitze getrieben. Er gelangt zu dem Vorschlag, dass eine negative Einwohnerwertung der aktuellen Bedarfssituation am besten entspreche (Umkehrung der Brecht´schen Aussage). Vgl. Fischer-Menshausen, H. (1980), S. 636 ff.

34 Vgl. Homburg, S. (1994), S. 317 f.

35 Die Idee von Ballungsvor- und nachteilen ist nicht neu und kann bis zu Studien der alten Griechen über die optimale Größe einer Stadt zurückverfolgt werden. Das Optimum ergibt sich, wenn Ballungsvor- und nachteile übereinstimmen. Bei welcher konkreten Einwohnerzahl dieser Optimalpunkt jedoch gegeben ist, ist praktisch kaum festzulegen und unterscheidet sich in Abhängigkeit des Aufgabenbereichs. Daraus darf jedoch nicht gefolgert werden, dass je Aufgabe eine eigene Körperschaft benötigt wird *(„single-function governments“)*. Vielmehr sind alle Informationen über die verschiedenen Aufgabenbereiche zusammenzufassen und nach einer Häufung von Optimalpunkten zu suchen. Insgesamt hat die Forschung in diesem Bereich jedoch noch kein eindeutiges Ergebnis geliefert. Dies liegt vor allem darin begründet, dass sich die Kostenfunktionen für einzelne Leistungen zwar abschätzen lassen, aber die unabdingbare Ergänzung durch Ballungs- und Frustrationskosten sehr schwierig herzustellen ist. Vgl. Zimmermann, H. (2009), S. 26 f.; vgl. Fischer, R. C. (2007), S. 124 ff.; vgl. Papageoriou, Y. Y., Pines, D. (2000), S. 509 ff.

36 Vgl. Söllner, F. (2001), S. 545.

37 Vgl. Kitterer, W. (1994), S. 19.

38 Vgl. Dietrich, B. (1997), S. 109.

Zwar werden die überdurchschnittlichen Kosten und ein damit einhergehender höherer Finanzbedarf der Ballungsgebiete sowohl in der Theorie als auch in der Praxis nicht per se in Frage gestellt. Kritisch bewertet wird vielmehr die Monotonieannahme dieser Aussage, die zu einer *„traditionellen Bevorzugung der Stadtgebiete gegenüber dem ländlichen Raum"* [39] führt. Eventuelle Deglomerationsnachteile beispielsweise bei der Abwasserbeseitigung in sehr dünn besiedelten Regionen werden vollständig vernachlässigt. Auch dünn besiedelte und/oder topographisch benachteiligte Regionen können höhere Kosten und damit einen erhöhten Ausgaben- bzw. Finanzbedarf aufweisen. Demnach ist vielmehr von einem u-förmigen Zusammenhang zwischen den Ausgaben bzw. dem Finanzbedarf je Einwohner und der Einwohnerzahl bzw. der Bevölkerungsdichte auszugehen.[40]

Zahlreiche empirische Untersuchungen bestätigen, dass die Bevölkerungsdichte in weiten Bereichen zunächst negativ mit den Ausgaben je Einwohner korreliert und eine Zunahme der Pro-Kopf-Ausgaben bei steigenden Dichten zu erwarten ist.[41] So kann Bennet eine empirische Evidenz des Einflusses der Siedlungsdichte auf die Kosten der Bereitstellung öffentlicher Güter für die USA und Großbritannien nachweisen. Er kommt zu dem Ergebnis, dass die Durchschnittskostenkurve insgesamt einen u-förmigen Verlauf nimmt, der jedoch deutlich linksschief ist. [42] Dabei ist anzumerken, das Bennet ausgabenintensive Aufgabenbereiche wie die öffentliche Sicherheit, Wohnraumversorgung oder soziale Einrichtungen, deren Kosten in Agglomerationen typischerweise höher sind als im ländlichen Raum, vernachlässigt. Zu einem ähnlichen Ergebnis kommt Ladd für die USA, wobei die Durchschnittskostenkurve hier eher einen j-förmigen Verlauf beschreibt. [43] Auch Seitz kann anhand einer empirischen Analyse ausgewählter Aufgabenbereiche belegen, dass die Kostenfunktion über die Gesamtheit der öffentlichen Aufgabenbereiche in Deutschland tendenziell einen eher ausgewogenen u-förmigen Verlauf aufweist.[44]

---

39 Vgl. Kesper, I. (1998), S. 257.

40 Vgl. Littmann, K. (1977), S. 361; vgl. Wittmann, W. (1976), S. 113.

41 Vgl. Littmann, K. (1977), S. 360. Seiler weist aufgrund der Problematik finanzkraftinduzierter Ausgaben daraufhin, dass nur durch umfangreiche ingenieurwissenschaftliche Studien über Größe, Entfernung, Einzugsbereich, Flächenbedarf und Minimal-/Maximalkapazitäten (kommunaler) Einrichtungen Informationen über die tatsächlichen Kosten- und Bedarfsverläufe gewonnen werden können. Vgl. Seiler, G. (1980), S. 11 ff.

42 Vgl. Bennet, R. (1980), S. 118 ff.

43 Vgl. Ladd, H. (1994), S. 661 ff.

44 Vgl. Seitz, H. (2002), S. 117.

Zu einem anderen Ergebnis kommt ein Gutachten des Zentrums für Empirische Wirtschaftsforschung, dass die Bereitstellungskosten öffentlicher Leistungen durch die deutschen Bundesländer regressionsanalytisch untersucht, indem der Effekt der Verstädterung auf die tatsächlichen Landesausgaben der Flächenländer analysiert wird. Dabei kann unter Verwendung der Siedlungsdichte [45] als Indikator ein Mehrbedarf auf Landesebene weder für die Stadtstaaten noch für die dünn besiedelten Länder nachgewiesen werden kann.[46]

Allerdings wird selbst bei einer Gültigkeit des Brecht-Popitz'schen Gesetzes die Berücksichtigung des erhöhten Finanzbedarfs einer Agglomeration beispielsweise durch Anwendung einer Einwohnerwertung aus allokations- und raumordnungspolitischer Perspektive als bedenklich eingestuft.[47] So kann nicht ausgeschlossen werden, dass die Einwohnerwertung das finanzielle Interesse der Länder an der Vermeidung übermäßiger Ballung absinken lässt[48] oder zu fiskalisch motivierten Gemeindezusammenlegungen anreizt.[49] Unter Effizienzgesichtspunkten wird zudem kritisiert, dass die knappen Ressourcen, die zur Bereitstellung einer öffentlichen Leistung nötig sind, aufgrund der geringeren Kosten außerhalb des Ballungsraumes wirtschaftlicher eingesetzt sind. Transfers zugunsten der Agglomeration aufgrund höherer Kosten der Leistungserstellung sind demnach nur distributionspolitisch zur Herstellung eines ähnlichen Versorgungsniveaus in allen Regionen zu rechtfertigen. Bemängelt wird weiterhin, dass der Ausgleich höherer Kosten die optimale Bevölkerungsverteilung verzerre und tendenziell die räumliche Konzentration fördere, da Ballungsnachteile entgegen des Prinzips der fiskalischen Äquivalenz nicht durch höhere Steuern respektive ein geringeres Leistungsbündel für die einzelnen Wirtschaftssubjekte spürbar werden und damit im individuellen

---

45 Es ist darauf hinzuweisen, dass die Autoren die Siedlungs- und Verkehrsfläche als Maßstab heranziehen, die bei den Flächenländern deutlich kleiner ist als die Gesamtfläche. Daher unterscheidet sich die Siedlungsdichte zwischen den Flächen- und Stadtstaaten nicht mehr so extrem. Allerdings trägt dieser Maßstab dem Charakter eines Flächenlandes keinesfalls Rechnung und vernachlässigt Aspekte wie lange Schulwege oder den höheren Bedarf an Straßen in dünnbesiedelten Ländern. Unterscheide zwischen Flächen- und Stadtstaaten werden durch diese Vorgehensweise wegdefiniert.

46 Jedoch ist anzumerken, dass die Gutachter darauf hinweisen, dass der Einfluss des Agglomerationsgrades auf die öffentlichen Ausgaben primär lokalen Charakter habe und damit lediglich die Gemeindeebene betreffe. Vgl. Büttner, T., Schwager, R., Stegarescu, D. (2001), S. 354 f.

47 Vgl. Schmutzler, A. (1999), S. 355 ff.

48 Vgl. Henke, K.-D. (1993), S. 12.

49 Vgl. Smekal, C. (1980), S. 172 f; vgl. Stölben, H.-P. (1977).

Entscheidungskalkül mobiler Faktoren zu niedrig eingeschätzt werden.[50] Ein Anstieg der Konzentration würde aber die ohnehin bestehenden Kosten weiter erhöhen. Hinzu kommt, dass der ballungsferne Raum, der das Ballungsgebiet umgibt, Wohlfahrtseinbußen erleidet, da dieser die Transfers an die Agglomeration finanzieren muss und da hier aufgrund der Bevölkerungsentleerung die Möglichkeit verloren geht, economies of scale zu realisieren.[51]

Dieser Argumentation ist allerdings entgegen zu halten, dass es durchaus allokations- und raumordnungspolitisch sinnvoll sein kann, selbst dann öffentliche Leistungen in Ballungsgebieten zu konzentrieren, wenn die Leistungsbereitstellung dort teurer ist, weil somit bereits erheblich mehr Nutzer im (näheren) Einzugsgebiet der Leistung wohnen und der Anteil der pendelnden Nutzer reduziert wird.[52] Mithin sinken die gesamtwirtschaftlichen Raumüberwindungskosten. Kompensiert dieser Effekt die höheren Kosten der Leistungserstellung, wird das Ziel, die volkswirtschaftlichen Gesamtkosten zu minimieren, erreicht.

Weiterhin wird diskutiert, ob Kostenunterschiede in der Leistungserstellung überhaupt im Rahmen eines allgemeinen Finanzausgleichs und damit durch die Solidarität anderer Gebietskörperschaften finanziert werden sollten oder ob die Ballungskosten nicht vielmehr den Nutzern der Ballungsvorteile anzulasten sind. Die Kommunen verfügen mit dem Hebesatzrecht und der Möglichkeit der kostendeckenden Festlegung von Gebühren und Beiträgen über entsprechende Finanzierungsinstrumente. Günstigere Bedingungen in der Leistungserstellung werden, wie dies in dezentralen Wirtschaftssystemen marktwirtschaftlicher Prägung als systemkonform anzusehen ist, auch an die Leistungsnutzer weitergegeben.[53] So lange jedoch keine exakte monetäre Quantifizierung der Agglomerationsvor- und -nachteile sowie des entsprechenden Nutzerkreises möglich ist, stellt die Einwohnerwertung eine pauschale Möglichkeit dar, agglomerationsbedingt höhere Kosten abzugelten.

---

50 Vgl. Sachverständigenrat zur Begutachtung der gesamtwirtschaftlichen Entwicklung (1990), S. 214; vgl. Kirchhoff, P. (1982), S. 115 ff.; Peffekoven, R. (1980), S. 631; vgl. auch Abschnitt 2.3 der vorliegenden Arbeit.

51 Vgl. Fenge, R., Meier, V. (2002), S. 444.

52 Zur Theorie der zentralen Orte vgl. Abschnitt 2.2.1 der vorliegenden Arbeit.

53 Vgl. Junkernheinrich, M. (1992), S. 54.

2.1.3 Mengenkomponente

Neben der Preiskomponente sieht Popitz einen weiteren Begründungsansatz in der Mengenkomponente. So steigen die Ausgaben zum einen an, weil sich die bereits bestehenden Aufgaben mit zunehmender Bevölkerungsmassierung ausweiten (Intensivierungseffekt) und weil neue Aufgabenbereiche entstehen (Extensivierungseffekt).[54] Eine Intensivierung lässt sich beispielsweise bei den Aufgaben *öffentliche Sicherheit* oder *kommunales Straßennetz* beobachten, die mit zunehmendem Nutzerkreis ausgeweitet werden müssen. Eine Extensivierung hingegen kann im Bereich *Lärmschutz* oder *Theater* festgestellt werden. Neue Aufgabenbereiche, die in bevölkerungsarmen Gebieten nicht von Nöten sind, die aufgrund der geringen Finanzkraft dieser Gebiete nicht bereitgestellt[55] oder die wegen eines zu geringen Nutzerkreises nicht rentabel angeboten werden können[56], werden erschlossen. Aber auch für den Bereich *öffentliche Sicherheit* kann von einer Extensivierung gesprochen werden, da in bevölkerungsreichen Gebieten zusätzliche Einzelfunktionen hinzukommen.[57]

Auch Oates sieht den positiven Zusammenhang zwischen öffentlichen Ausgaben und der Bevölkerungszahl, der ohne Zweifel empirisch belegbar ist, im Wesentlichen durch den Extensivierungseffekt (Zoo-Effekt) begründet.[58] Er führt dabei folgendes Beispiel an: Ein Zoo verursacht Kosten in Höhe von einer Million Dollar. Die Zahlungsbereitschaft jedes Individuums für den Zoo beträgt einen Dollar pro Jahr. Wenn fiskalische Entscheidungen effizient getroffen werden, ist davon auszugehen, dass nur Gebietskörperschaften, deren Population größer als eine Million ist, einen Zoo bereitstellen werden.[59] Allgemein gesprochen existieren für viele öffentliche Güter Unteilbarkeiten, die dazu führen, dass ein öffentliches Gut nur dann effizient bereitgestellt werden kann, wenn der Nutzerkreis (in diesem Fall die Bevölkerung der bereitstellenden Gemeinde) eine kritische Größe

---

54 Vgl. Kähler, J. (1982), S. 448.

55 Vgl. Seitz, H. (2002), S. 14.

56 Vgl. Bade, F.-J. (1985), S. 18. Bei einer mit hohen Fixkosten verbundenen öffentlichen Leistung steigt die Wahrscheinlichkeit der Bereitstellung mit der Größe des Benutzerkreises an. Vgl. Kähler, J. (1982), S. 448 f.

57 Vgl. Schmandt, H. J., Stephens, G. R. (1960), S. 369 ff.

58 Vgl. Oates, W. E. (1988).

59 Das Beispiel erfährt zwar durch die Annahmen einer fixen Größe des Zoos, einheitlicher Zahlungsbereitschaften, sowie der Nicht-Berücksichtigung von Überfüllungskosten einige Beschränkungen, macht aber dennoch das wesentliche Problem deutlich.

erreicht.[60] Daher geht Oates davon aus, dass bevölkerungsreiche Gemeinden eine breitere *range of public services* anbieten als bevölkerungsärmere. In der Tat haben Schmandt und Stephens herausgefunden, dass die Anzahl von Subfunktionen, die eine Gemeinde für ihre Bürger bereitstellt, positiv mit der Größe der Bevölkerung korreliert.[61] Daher kann die Zunahme der Ausgaben mit der Gemeindegröße auch auf die Ausweitung des angebotenen öffentlichen Güterbündels zurückzuführen und nicht ausschließlich das Ergebnis von Überfüllungskosten sein.[62] Die folgende Abbildung verdeutlicht den Zusammenhang.

Es wird angenommen, dass die öffentliche Hand im Aufgabenbereich *Parkanlagen und Erholung* zwei Güter – Spielplätze und Zoos – anbietet. Weiterhin wird unterstellt, dass das Gut Zoo nur bereitgestellt wird, wenn die Bevölkerung eine kritische Masse N^* überschreitet. Der Anstieg der Gerade AB beschreibt die positive Bevölkerungselastizität der Ausgaben für das Gut Spielplatz und die Gerade CD die Elastizität für das Gut Zoo.

Der Sprung BC gibt die Ausgabendiskontinuität infolge der Ausweitung des Aufgabenbündels an, da Gemeinden mit einer Bevölkerung größer N^* neben Spielplätzen auch Zoos bereitstellen. Wird keine Unterscheidung in die beiden Aktivitäten vorgenommen, ergibt sich die Gerade EF mit einer verzerrten Bevölkerungselastizität. [63] Ökonometrische Analysen, die aufgrund mangelnder Datenverfügbarkeit keine Unterteilung in Subaufgaben vornehmen, sondern lediglich die aggregierten Ausgabendaten für den Bereich *Parkanlage und Erholung* betrachten, überschätzen daher die Bevölkerungselastizität der öffentlichen Ausgaben.

---

60 Die kritische Größe definiert sich durch einen Zustand, in dem die addierten Grenzraten der Substitution den Kosten für die erste Leistungseinheit entsprechen oder übersteigen

61 Für die Bereiche *Polizei, allgemeine Verwaltung, Feuerwehr, Abfallbeseitigung* und *öffentliche Schulen* ergab sich eine besonders hohe Korrelation zwischen Ausgaben und Bevölkerungszahl. Vgl. Schmandt, H. J., Stephens, G. R. (1960), S. 369 ff. Dabei ist anzumerken, dass es sein kann, dass die Subfunktionen in kleinen Gemeinden zwar nicht explizit ausgewiesen werden, aber dennoch zu einem bestimmten Grad wahrgenommen werden.

62 Vgl. Oates, W. E. (1988), S. 85 ff.

63 Vgl. Oates, W. E. (1988), S. 89 ff.

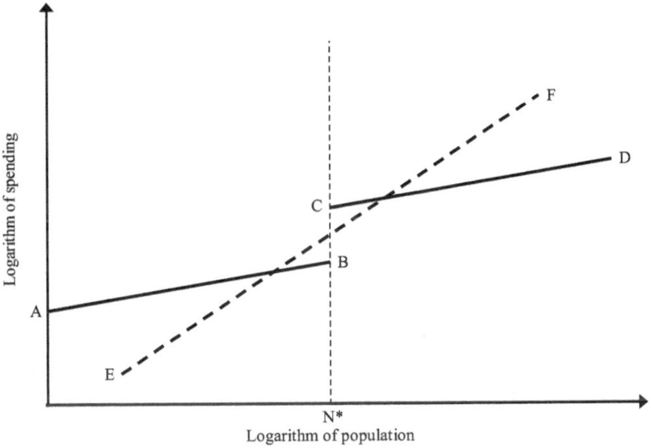

Abbildung 2: Zusammenhang zwischen Ausgaben und Bevölkerung
Quelle: In Anlehnung an Oates, W. E. (1988), S. 89; Eigene Darstellung.

Dabei scheint es unter der hypothetischen Annahme der Nichtexistenz von Spillover-Effekten unangemessen, aus den höheren Ausgaben aufgrund eines extensiveren Güterbündels, wie es in großen Gemeinden (Städten) im Vergleich zu kleineren zu finden ist, einen abgeltungsbedürftigen Finanzbedarf von Ballungsgebieten abzuleiten. Der Intensivierungseffekt kann hingegen vor dem Hintergrund eines ähnlichen Versorgungsniveaus in den Gebietskörperschaften durchaus als Grund für einen berücksichtigungsfähigen Mehrbedarf von Agglomerationen herangezogen werden.

2.1.4 Kritische Bewertung des Brecht-Popitz´schen Gesetzes

Grundsätzlich belegt die statistische Analyse aktueller Daten den von Brecht formulierten Zusammenhang. Tabelle 1 zeigt eine deutliche Abstufung der bereinigten Ausgaben nach Gemeindegrößenklassen. Im Jahr 2006 haben die kreisfreien Städte mit über 500.000 Einwohnern 3.607 Euro je Einwohner ausgegeben, während sich für die kreisangehörigen Gemeinden mit weniger als 3.000 Einwohnern ein Wert von 1.196 Euro je Einwohner ergibt. Damit liegen die Ausgaben der größten kreisfreien Städte bei 302 % der Durchschnittsausgaben der kleinsten kreisangehörigen Gemeinden.

Tabelle 1: Bereinigte Ausgaben in Euro je Einwohner nach Gemeindegrößenklassen

Kreisfreie Städte	**> 500.000**	**> 200.000 < 500.000**	**> 100.000 < 200.000**	**> 50.000 < 100.000**	**> 20.000 < 50.000**		
	3.607	2.999	2.923	2.815	2.405		
	302 %	251 %	244 %	235 %	201 %		
Kreisangehörige Gemeinden	**> 100.000**	**> 50.000 < 100.000**	**> 20.000 < 50.000**	**> 10.000 < 20.000**	**> 5.000 < 10.000**	**> 3.000 < 5.000**	**< 3.000**
	2.966	2.054	1.640	1.474	1.458	1.383	1.196
	248 %	172 %	137 %	123 %	122 %	116 %	100 %

Quelle: Statistisches Bundesamt (2007), Fachserie 14, Reihe 3.3; Eigene Berechnungen.

Neben den bereits aufgeführten Kritikpunkten an den Begründungsansätzen eines agglomerationsbedingt steigenden Finanzbedarfs lassen sich insbesondere methodische Mängel am Brecht-Popitz'schen Gesetz aufzeigen. So ist die Verwendung der tatsächlichen Ausgaben als Bedarfsindikator problematisch, da die aus der höheren finanziellen Leistungsfähigkeit städtischer Gebiete resultierenden höheren Ausgaben mitberücksichtigt werden *(Problematik des finanzkraft-induzierten Bedarfs)*. Auch Popitz sah diese Argumentationsschwäche, ohne jedoch methodische Konsequenzen zu ziehen:

> „Gemeinden mit einer besonders steuerkräftigen Bevölkerung und einer günstigen Schichtung der Steuerpflichtigen haben mehr Mittel für die Befriedigung des kollektiven Bedarfs zur Verfügung als Gemeinden mit einer Bevölkerung von geringer Wirtschaftskraft. Dadurch werden die statistischen Zahlen, die in der Staffelung des Zuschußbedarfs und des durch eigene Steuern nicht gedeckten Bedarfs eine Schlüsselbildung für die Zwecke der Verteilung der Finanzzuweisungen zuzulassen scheinen, in … Beziehung zu ihrem Erkenntniswert verfälscht.“[64]

Aufgrund dieser Endogenitätsproblematik kann nicht ohne Weiteres von den tatsächlichen Ausgaben auf einen objektiven Bedarf geschlossen werden; er ist vielmehr Ausdruck der tatsächlichen Ausgaben.[65] Der mit der Gemeindegröße ansteigende Finanzbedarf ergibt sich damit ex definitione.[66] Dringende Ausgaben,

---

64 Popitz, J. (1932), S. 286.

65 An einigen Stellen seines Gutachtens lässt Popitz zwar den Anspruch erkennen, objektiv ermittelte Bedarfskriterien und daraus abgeleitete Zuweisungsschlüssel herleiten zu wollen, den letztendlichen Beweis ihrer These bleiben jedoch sowohl Popitz als auch Brecht schuldig. Vgl. Popitz, J. (1932), S. 111 ff.

66 Vgl. Hansmeyer, K.-H., Kops, M. (1985), S. 35.

die infolge einer unzureichenden Finanzausstattung nicht getätigt werden können, werden nicht erfasst, während verschwenderische Ausgaben, die erst aufgrund reichlicher Deckungsmittel möglich sind, in die Bedarfsermittlung einfließen. Höhere Ausgaben in Ballungsgebieten können aufgrund der Budgetidentität eben auch das Ergebnis einer besseren Finanzausstattung sein.[67]

Die bessere finanzielle Versorgung von Agglomerationsgebieten kann dabei auf eine höhere Finanzkraft, aber auch auf höhere Zuweisungen bzw. niedrigere Beiträge von Agglomerationsräumen im Finanzausgleich infolge einer Einwohnerwertung zurückgeführt werden. Insofern könnte das Brecht-Popitz'sche Gesetz einen logischen Zirkelschluss darstellen.[68] In diesem Zusammenhang wird kritisiert, dass die Untersuchungen von Brecht und Popitz erst neun Jahre nach Einführung und Anwendung der Einwohnerwertung im preußischen Gemeindefinanzausgleich durchgeführt wurden. Die Einwohnerwertung konnte also schon fast ein Jahrzehnt auf die ursprünglichen Siedlungsstrukturen und Ausgaben einwirken, sodass die empirisch nachgewiesenen höheren Ausgaben je Einwohner in Agglomerationsgebieten erst durch die Einwohnerwertung hervorgerufen worden sein könnten.[69] Entsprechendes gilt für die in Tabelle 1 aufgeführten Daten.

Allgemein wird immer wieder angezweifelt, ob dem Brecht-Popitz'schen Gesetz überhaupt eine Gesetzmäßigkeit zugrunde liegt oder ob es sich lediglich um eine bisher immer wieder empirisch bestätigte Korrelation zwischen Ausgaben-/Finanzbedarf und Bevölkerungsmassierung handelt.[70] So stehen selbst Autoren, die die Richtigkeit der Brecht-Popitz'schen Aussagen nicht bezweifeln, dem Gesetzescharakter dieser Aussage skeptisch gegenüber und deuten mit der Verwendung von Begriffen wie *„Erfahrungssatz“*[71] auf einen immer noch bestehenden Klärungsbedarf hin.

Zusammenfassend ist festzuhalten, dass die Aussagen des Brecht-Popitz'schen Gesetzes und die daraus abgeleiteten Konsequenzen in der Literatur sehr umstritten sind. Dabei konzentriert sich die Kritik auf die Monotonieannahme des Gesetzes sowie auf die Frage, ob die Abgeltung agglomerations- oder auch deglomerationsbedingter Bedarfsverläufe überhaupt im Finanzausgleich erfolgen sollte. Empirisch

---

67 Spiegelbildlich ließe sich argumentieren, dass ein größeres Ausgabenvolumen auch eine höhere Finanzkraft zur Folge haben kann, da die Basis der Finanzkraft – das Bruttoinlandsprodukt – besser gepflegt werden kann.

68 Vgl. BVerfGE 86, 148 (235); vgl. Färber, G. (1992), S. 109 f.; vgl. Gantner, M. (1978), S. 65.

69 Vgl. Dietrich, B. (1996), S. 51.

70 Vgl. Schuppert, G., Dahrendorf, F. (1985), S. 52.

71 Vgl. Hensel, A. (1922), S. 37 ff.

scheint sich die Tendenz eines u-förmigen Verlaufs des Finanzbedarfs zu bestätigen. Insbesondere vor dem Hintergrund gleichwertiger Lebensverhältnisse ist es daher notwendig, eine entsprechende finanzielle Abgeltung vorzunehmen, wobei sich diese wie erläutert ebenso allokativ begründen lässt. Unabhängig von den theoretischen Argumentationssträngen findet die Annahme höherer Finanzbedarfe der Agglomerationsräume sowohl im bundesstaatlichen als auch in den Finanzausgleichssystemen der Länder Berücksichtigung.[72]

2.2 Spillover-Effekte

Die Existenz von Spillover-Effekten wird in der Literatur als ein wesentlicher Rechtfertigungsgrund für einen agglomerationsbedingt erhöhten Ausgaben- bzw. Finanzbedarf angesehen. Im Allgemeinen werden Spillovers (auch externe Effekte/Externalitäten) definiert als die

> „aus der Aktivität (Produzieren oder Verbrauchen) eines Wirtschaftssubjektes bei anderen Wirtschaftssubjekten resultierende Wirkungen (Vor- oder Nachteile), die nicht durch den Preismechanismus gesteuert werden. Sie erfolgen direkt über den Gewinn oder Nutzen anderer Wirtschaftssubjekte, weil die Verursacher externer Vorteile nicht (oder nicht voll) entschädigt, Verursacher externer Nachteile nicht (voll) belastet werden.“[73]

72 Vgl. Kapitel 3 der vorliegenden Arbeit. Im bundesstaatlichen Finanzausgleich wird seit 2005 ein eher u-förmiger Zusammenhang unterstellt, sodass nur noch die extrem verdichteten Stadtstaaten und die sehr dünn besiedelten Länder Mecklenburg-Vorpommern, Brandenburg und Sachsen-Anhalt eine Einwohnerwertung erhalten. Die bis 2005 gültige Einwohnerwertung für die großen und hoch verdichteten Gemeinden aller Bundesländer, die bei der Ermittlung der Ausgleichsmesszahl der Steuereinnahmen der Gemeinden zur Anwendung kam, ist entfallen. Hier wurden die ersten 5.000 Einwohner einer Gemeinde mit 100 % gewertet, weitere 15.000 mit 110 %, weitere 80.000 mit 115 %, weitere 400.000 mit 120 %, weitere 500.000 mit 120 % und jeder weitere Einwohner mit 130 %. Für Gemeinden mit über 500.000 Einwohnern wurden die Einwohner zudem bei einer Dichte von 1.500 bis 2.000 Einwohner je qkm mit 2 %, bei einer Dichte von 2.000 bis 3.000 Einwohnern je qkm mit 4 % und bei mehr als 3.000 Einwohnern je qkm mit 6 % gewertet. Vgl. § 9 Abs. 3 Finanzausgleichsgesetz aF.

73 Brümmerhoff, D. (2007), S. 63.

Das Fehlen einer Kompensation kann dabei in der Folge zu Markt- oder Politikversagen führen.[74] Bezogen auf eine Gebietskörperschaft beschreiben räumliche Spillovers in der Regel die aus staatlicher Aktivität – wie der Bereitstellung eines zentralörtlichen Leistungsangebots – resultierenden Wirkungen, die nicht nur den Bürgern der bereitstellenden Gebietskörperschaft, sondern auch von Bürgern anderer Gebietskörperschaften genutzt, aber nicht finanziert werden.[75] So sind in den Ballungszentren der Flächenländer sowie in den Stadtstaaten (zentralörtliche) Landes- und Kommunalfunktionen konzentriert, die nicht nur von den eigenen Einwohnern, sondern auch von den Einwohnern des umliegenden Einzugsgebiets genutzt werden. Diese Spillovers sollen im kommunalen Finanzausgleich über die Hauptansatzstaffel bzw. den Zentralitätsansatz abgegolten werden. Für die Stadtstaaten ergibt sich das Problem, dass sie Großstädte ohne Umland sind, d.h. Verdichtungsräume und Zentren höchster Ordnung[76], deren finanzwirtschaftlichen Beziehungen zum umliegenden Einzugsgebiet durch die auf den Stadtgrenzen verlaufenden Landesgrenzen abgeschnitten werden.[77] Als solitäre Oberzentren, deren Ausstrahlungskraft weit in den Raum hineinreicht, erfüllen die Stadtstaaten – wenn auch in unterschiedlichem Maße – eine Versorgungsfunktion zugunsten des fremden Umlands.[78] Obwohl die Nachbarländer bzw. -gemeinden das öffentliche Güterangebot der Agglomerationsräume ebenfalls nutzen, beteiligen sie sich nicht an dessen Kosten.

Formal ausgedrückt geht der externe Effekt in die jeweilige Nutzenfunktion U_i der Gebietskörperschaft i als zusätzlich nutzenstiftendes Gut y_i neben den selbst bereitgestellten Gütern x_i^1 bis x_i^n ein. Dabei wird unterstellt, dass die Güter x_i^1 bis x_i^n ausschließlich einen positiven Nutzen durch Konsum stiften und keine Sättigung

---

74 Im Rahmen der Bereitstellung von Kollektivgütern ist es mitunter umstritten, von Marktversagen zu sprechen, da der Markt nicht versprochen hat, eine optimale Allokation öffentlicher Güter bzw. die Berücksichtigung aller meritorischen Anliegen zu gewährleisten. Der Marktmechanismus kann nur wirksam werden, wenn die Existenz individueller Eigentumsrechte und Preise sichergestellt ist. Ist das so genannte Ausschlussprinzip nicht gegeben und gibt es keine Rivalität im Konsum, liegt ein Kollektivgut vor, das öffentlich bereitgestellt werden sollte. Vgl. Junkernheinrich, M. (1992), S. 19.

75 Vgl. Hickel, R., Roth, B., Troost, A. (1988), S. 201. Es sind grundsätzlich positive (benefit) Spillovers wie beispielsweise die Bereitstellung eines Theater oder negative (cost) Spillovers wie Umweltbelastungen zu unterscheiden. Beide Effekte können von der öffentlichen Leistungsbereitstellung ausgehen. Im weiteren Verlauf werden jedoch nur noch positive Spillovers betrachtet.

76 Vgl. Wissenschaftlicher Beirat beim Bundesministerium der Finanzen (1992), S. 69 f.

77 Vgl. Wieland, J. (1993), S. 165.

78 Vgl. BVerfGE 86, 148 (244).

stattfindet. Anhand zwei beispielhaft aneinander grenzenden Gebietskörperschaften A und B ergeben sich zwei Nutzenfunktionen, wobei die Gebietskörperschaft A eine mit Spillovers verbundene staatliche Leistung bereitstellt:

$$U_A = \sum_{i=1}^{n} \left[U(x_A^1), \ldots, U(x_A^n)\right] + \left[\alpha * U(y_A)\right]$$

$$U_B = \sum_{i=1}^{n} \left[U(x_B^1), \ldots, U(x_B^n)\right] + \left[(1-\alpha) * U(y_A)\right]$$

Die Güter x_i^1 bis x_i^n, die von den Gebietskörperschaften A und B bereitgestellt werden, kommen nur den eigenen Bürgern zugute. Die von der Gebietskörperschaft A bereitgestellte Leistung y_A kann dagegen auch von den Bürgern aus der Region B genutzt werden. Ein Teil des Gesamtnutzens dieses Gutes *(α)* kommt der Gebietskörperschaft A zugute, ein weiterer Teil *($1-\alpha$)* der Gebietskörperschaft B. Dabei beschreibt der Ausdruck *($1-\alpha$)* den zusätzlichen Nutzen für die Gebietskörperschaft B, der aus Gebietskörperschaft A überschwappt.[79]

Liegen Spillover-Effekte vor, stimmt der Nutzerkreis der öffentlichen Leistung nicht mit den Grenzen der administrativen Einheit, die diese Leistung bereitstellt,

---

79 Spillovers können nach dem räumlichen Umfang, in dem sie wirken, unterschieden werden. Öffentliche Leistungen können lokal, regional oder landesweit wirken. Die räumliche Reichweite ist dabei abhängig von der Art der bereitgestellten Leistung. Bei den meisten staatlichen Leistungen nimmt der Nutzen und somit der externe Effekt mit steigender Entfernung ab, da bei gleich bleibender Güternutzung privater Güter die zusätzlichen Nutzungskosten wie Zeit-/ Transportkosten entfernungsabhängig sind oder bei öffentlichen Gütern mit steigender Entfernung der Nutzungswert abnimmt. Liegen keine Spillovers vor, handelt es sich um lokale öffentliche Leistungen. Kommen die Nutznießer aus der direkten Nachbarschaft der bereitstellenden Gebietskörperschaft, handelt es sich um regionale Spillovers. Es ist aber auch vorstellbar, dass eine Ebene Aufgaben wahrnimmt, die dem ganzen (Bundes-)Land positiven Nutzen stiften. Beispielsweise weist der Bereich Infrastruktur eine lokale sowie regionale Inzidenz auf. Dem Bereich Theater / Orchester wird regionaler bzw. landesweiter Nutzen zugesprochen, während der ÖPNV ausschließlich auf regionaler und die Aufgaben des übertragenden Wirkungskreises wie die Bekämpfung von Tierseuchen sowie die Straßenaufsicht auf landesweiter Ebene wirksam werden. Vgl. Büttner, T. et al. (2008), S. 50 ff.; vgl. Wust, H. F. (1981), S. 73 ff.

überein. Die in der Region *A* bereitgestellten Güter[80] werden auch von Bürgern anderer Gebietskörperschaften mitgenutzt (Spillouts) bzw. die Bürger der Region *A* nutzen die in anderen Gebietskörperschaften angebotenen Güter (Spillins), ohne sich jeweils an den Kosten der Bereitstellung zu beteiligen. Es kommt zum so genannten Free-Rider-Verhalten. Die fiskalische Äquivalenz, die in der fiskalföderalistischen Theorie als wünschenswerter Zustand gesehen wird, ist nicht (mehr) gegeben.[81] Die räumliche Diskrepanz zwischen Leistungsnutzer und Kostenträger führt letztlich dazu, dass die politischen Entscheidungsträger eine gesamtwirtschaftlich suboptimale Allokationsentscheidung treffen, da jene Gremien, die auch extern genutzte Einrichtungen über ihre Budgets bereitstellen, kaum Anreiz haben, die Bedürfnisse der externen Nachfrager bei ihren Angebotsentscheidungen zu berücksichtigen. Andererseits wird die Free-Rider-Gebietskörperschaft darauf vertrauen, dass eine andere Gebietskörperschaft die jeweilige staatliche Leistung bereitstellt. Um eine Entscheidung über das bereitzustellende Versorgungsniveau zu treffen, wird die bereitstellende Gebietskörperschaft, die Kosten der Bereitstellung dem Nutzen der eigenen Bürger gegenüberstellen. Abbildung 3 verdeutlicht diesen Zusammenhang.

Es wird die Menge y_1 eines mit positiven Effekten verbundenen Gutes von der Gebietskörperschaft A bereitgestellt, bei der sich Grenzkosten und Grenznutzen für die Gebietskörperschaft *A* entsprechen. Das eigentlich effiziente Versorgungsniveau für die Gebietskörperschaft *A* und die Free-Rider-Gebietskörperschaft *B* wird nicht angeboten, da aufgrund der Möglichkeit einer kostenlosen Nutzung für die Bürger in der Gebietskörperschaft *B* im Rahmen eines notwendigen gebietsübergreifenden Entscheidungsprozesses die Entscheidungsträger in *B* ihre wahren Präferenzen verhüllen und eine Zahlungsbereitschaft von Null angeben. Letztlich wird nur die Menge y_1 bereitgestellt, bei der die Nutzer des Gutes und die Kostenträger um die Strecke y_1E auseinander fallen. Da diese Menge auch von den Bürgern aus *B* genutzt werden kann, wird die Gebietskörperschaft *B* wahrscheinlich keine Einheit des Gutes *y* anbieten. Das pareto-effiziente Versorgungsniveau y_2 wird nicht erreicht, es kommt zu einer Unterversorgung mit dem Gut *y*. Die Gebietskörperschaft *B* wird das Gut *y* nicht bereitstellen, da die Grenzkosten für

80 Dabei ist das Auftreten von Spillovers grundsätzlich unabhängig von der Art des Gutes (privat oder öffentlich), das durch den Staat bereitgestellt wird. Betreibt beispielsweise eine Gebietskörperschaft ein Schwimmbad oder ein Krankenhaus, so steht dieses private Gut nicht nur den Bürgern der bereitstellenden Gebietskörperschaft, sondern zunächst auch den Bürgern anderer Gebietskörperschaften zur Verfügung.

81 Vgl. Olson, M. (1969), S. 479 ff.

jede beliebige Menge größer sind als der Grenznutzen der Bürger in *B*. Für eine gesamtwirtschaftlich optimale staatliche Bereitstellung eines Gutes mit räumlichen Spillover-Effekten ist es somit erforderlich, dass die Grenzkosten $\frac{\partial K}{\partial y}$ dem gesamten Grenznutzen einschließlich der Externalitäten $\frac{\partial U_A + \partial U_B}{\partial y}$ entsprechen.

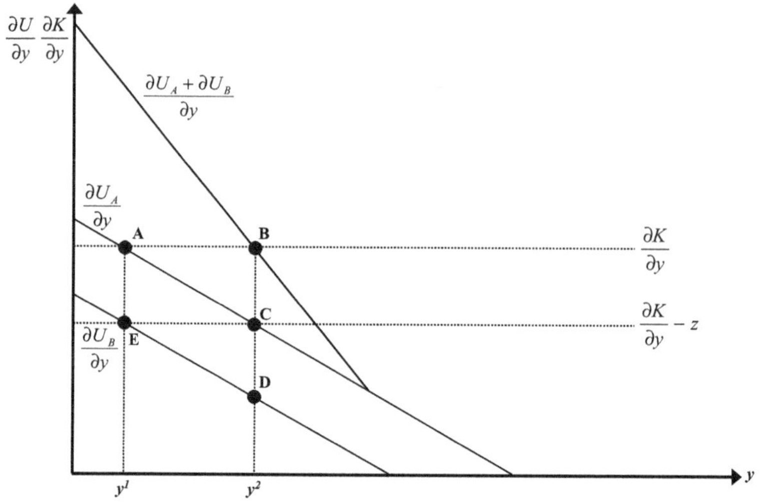

Abbildung 3: Auswirkung positiver Spillover-Effekte
Quelle: In Anlehnung an Brümmerhoff, D. (2001), S. 631; Eigene Darstellung.

2.2.1 Theorie der zentralen Orte

Das Entstehen von Spillover-Effekten kann im Wesentlichen auf den raumordnerischen Zentralitätsansatz zurückgeführt werden.[82] Durch die allokationstheoretisch sinnvolle funktionale Arbeitsteilung zwischen Stadt und Land stellen größere Gemeinden zentralörtliche Funktionen nicht nur für ihre eigenen Bürger

82 Vgl. Münzenmayer, W. (1999), S. 7; vgl. Lenk, T, Birke, A. (1998), S. 225; vgl. Eckey, H.-F. (1995), S. 591; vgl. Junkernheinrich, M. (1991), S. 71.

zur Verfügung, sondern auch für die Bewohner umliegender Gemeinden, sodass diese Einrichtungen die oben diskutierten Nutzenspillovers erzeugen.[83]

Die Idee der räumlichen Funktionsteilung geht auf die klassische Theorie der zentralen Orte des Geographen Walter Christallers zurück. Hauptanliegen [84] Christallers war es, mithilfe ökonomischer Theorien Gesetzmäßigkeiten der räumlichen Verteilung unterschiedlich großer Siedlungen und die räumlich-funktionalen Beziehungen zwischen einer Siedlung und ihrem Umland zu erklären.[85]

Der Theorie der zentralen Orte basiert auf der ökonomischen Annahme, dass verschiedene Güter und Dienstleistungen nicht in gleicher Weise und Häufigkeit in Anspruch genommen werden. Je seltener eine Leistung nachgefragt wird, desto größer muss das Absatzgebiet sein, um ein solches Angebot wirtschaftlich rentabel anbieten zu können. Damit verhält sich die Nutzungsfrequenz umgekehrt proportional zur Entfernung vom Angebots- zum Konsumstandort. Da es nach Christaller der *„Hauptberuf"* einer Stadt ist, *„Mittelpunkt eines Gebietes zu sein"*[86] nimmt sie eine Versorgungsfunktion wahr bzw. weist einen Funktionsüberschuss auf, der den Siedlungen im Umland bzw. im Ergänzungs-/ Versorgungsbereich zugutekommt.

Der Theorie der zentralen Orte liegen eine Reihe vereinfachender Annahmen bezüglich der Idealisierung des Raumes, des Menschen und des Marktes zugrunde. Christaller unterstellt absolute Homogenität des untersuchten Raumes. In einer unbegrenzten Fläche existieren demnach keine räumlichen Unterschiede in den Produktions- und Nachfragebedingungen. Die Bevölkerung und Produktionsfaktoren sind gleichmäßig über diese Fläche verteilt. Die Einkommen, Kaufkraft und Bedürfnisse aller Individuen sind gleich. Das Verkehrsnetz ist in alle Richtungen gleichförmig, womit sich die Transportkosten direkt proportional zur

83 Vgl. Hansmeyer, K.-H. (1980), S. 114; vgl. Dietrich, B. (1996), S. 112.

84 Neben dieser Zielsetzung dient die Zentrale-Orte-Theorie auch als konsumorientierte Standorttheorie des tertiären Sektors. Zum Doppelcharakter der Zentralen-Orte-Theorie vgl. Blotevogel, H. H. (1995), S. 1117.

85 Neben der Ableitung der Zentrale-Orte-Theorie überprüfte Christaller seine aufgestellte These anhand der Zahl und der Verteilung der vorhandenen Telefonanschlüsse. Die Zentralität Z eines Ortes wurde definiert als $Z_Z = T_Z - E_Z * T_G/E_G$, wobei T_Z die Telefonanzahl des zentralen Ortes *z*, E_Z die Einwohnerzahl des zentralen Ortes *z*, T_G die Telefonanzahl und E_G die Einwohnerzahl des Ergänzungsgebietes ist. Vgl. Christaller, W. (1933), S. 137 ff.

86 Christaller, W. (1933), S. 23.

Entfernung verhalten und der einzige variable Faktor sind.[87] Das vorherrschende Verhaltensprinzip ist der homo oeconomicus. Alle Anbieter bzw. Nachfrager im untersuchten Raum streben somit maximalen Gewinn bzw. Nutzen an, handeln rational und besitzen den gleichen (allwissenden) Informationsstand. Als Marktform wird die vollständige Konkurrenz zugrunde gelegt. Es herrscht polypolistisches Verhalten, der Marktpreis ist für Anbieter und Nachfrager ein Datum. Jeder Unternehmer bietet nur ein Produkt an, wobei alle angebotenen Güter die gleiche Qualität besitzen. Die Spezialisierung des Angebots auf einen einzigen Standort ist ausgeschlossen.[88]

Unter den gegebenen Bedingungen soll eine räumliche Struktur bestimmt werden, die den Gesamtraum optimal und rationell versorgt.[89] Der Ansatzpunkt ist dabei die Reichweite der (zentralen) Güter. Dabei wird differenziert zwischen der äußeren (oberen) Reichweitgrenze, jenseits der die Leistung wegen zu hoher Fahrtkosten nicht mehr nachgefragt wird, und der inneren (unteren) Grenze, die das Marktgebiet bezeichnet, das gerade so viele Konsumenten umfasst, um das Gut rentabel anzubieten.[90] Die Reichweitgrenzen der einzelnen Güter sind kreisförmig mit konstanten Radien je zentralem Gut, da durch die Kreisform des Marktgebietes eine maximale Zahl an Konsumenten zu minimalen Gesamtkosten versorgt werden kann. Die Reichweite der an einem Standort angebotenen Leistung ist jedoch aufgrund der Transportkosten limitiert. Um die gesamte homogene Fläche zu versorgen, muss die Leistung an weiteren Standorten angeboten werden. Werden die Standorte so angeordnet, dass sich die äußeren Grenzen gerade berühren, bleiben Gebiete unterversorgt. Überschneiden sich die Reichweiten, wird die für die kostendeckende Produktion notwendige Mindestnachfrage nicht erreicht.

---

87 Je größer also die Entfernung zum Kunden bzw. Anbieter ist, desto höher ist der Preis des Produktes.

88 Vgl. Schätzel, L. (2003), S. 72.

89 Die optimale Versorgung des Raumes durch eine minimale Zahl an zentralen Orten nennt Christaller auch Versorgungs- oder Marktprinzip. Der Zuordnungsfaktor beträgt drei, d.h. jedem zentralen Ort werden drei Orte der nächstniederen Stufe zugeordnet. Christaller diskutierte daneben zwei weitere Modelle, die er Verkehrsprinzip und Verwaltungsprinzip nannte. Werden die Verkehrsanbindungen zwischen den zentralen Orten optimiert, ergibt sich eine Anordnung der zentralen Orte entlang dieser Verkehrslinien und ein Zuordnungsfaktor von vier. Werden die Bedürfnisse des Staates nach einer effektiven politischen Verwaltung und Kontrolle berücksichtigt, entsteht eine Raumgliederung, bei der kein zentraler Ort auf den Grenzen eines Markt- bzw. Verwaltungsgebietes liegt. Der Faktor beträgt sieben. Vgl. Schätzel, L. (2003), S. 79 f.

90 Nur wenn die untere Grenze kleiner oder höchstens gleich der oberen Grenze der Reichweite ist, wird die Produktion aufgenommen.

Abbildung 4 verdeutlicht, dass der Gesamtraum nur durch hexagonale Marktgebiete optimal und rationell versorgt werden kann. Das räumliche Gleichgewicht ergibt sich, wenn die Nachfragemenge der Hexagone der unteren Grenze der Reichweite des jeweiligen Gutes entspricht.

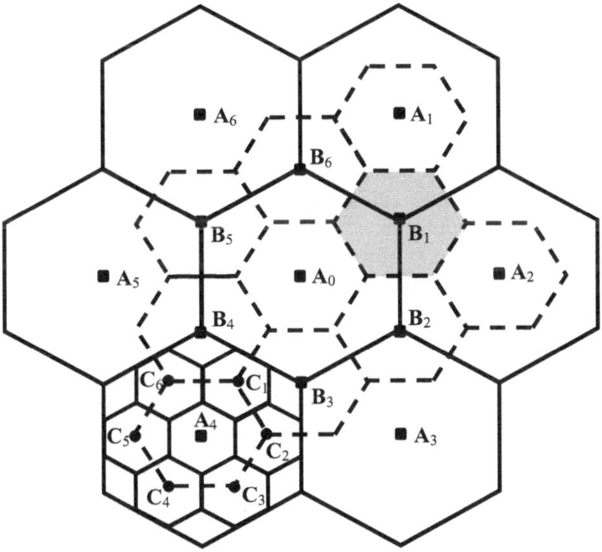

Abbildung 4: System der zentralen Orte
Quelle: In Anlehnung an Schätzel, L. (2003), S. 77; Eigene Darstellung.

Die Reichweiten jedes Gutes sind unter den Standorten gleich, erfahren bei verschiedenen Leistungen aber unterschiedliche Ausprägungen. So werden Güter und Dienstleistungen des täglichen (kurzfristigen) Bedarfs mit einer niedrigen Reichweite, des periodischen (mittelfristigen) gehobenen Bedarfs mit einer mittleren Reichweite und des episodischen (langfristigen) spezialisierten Bedarfs mit einer hohen Reichweite unterschieden. Je höher die (untere) Reichweitgrenze ist, desto größer ist die Zentralität des Gutes. Abbildung 4 zeigt, dass Gut *A* an allen *A*-Standorten angeboten wird. An den Berührungspunkten dreier angrenzender Marktgebiete der *A*-Standorte lässt sich ein Gut geringerer Zentralität rentabel anbieten. Fortführend ergeben sich daraus sechs weitere Standorte geringerer Zentralität (*B*-Standorte), die wiederum ein hexagonales System bilden.

Das Konzept lässt sich beliebig erweitern, wobei die Zentralitätsstufe eines Ortes durch das angebotene Gut mit der höchsten Zentralität (Grenzgut) bestimmt wird. Zentrale Orte bestimmter Ordnung bieten nicht nur diese Grenzgüter an, sondern auch alle Güter niedriger Ordnung. So macht Abbildung 4 deutlich, dass alle *A*-Standorte (in der Abbildung die Standorte mit der höchsten Zentralität) nicht nur *A*-Güter, sondern auch *B*- und *C*-Güter anbieten.

Die Konfrontation der Theorie mit der Wirklichkeit macht jedoch einige dem Modell inhärente Schwächen deutlich. Die Kritik konzentriert sich im Wesentlichen auf die sehr restriktiven und realitätsfernen Annahmen zur Homogenität des Raumes, der Abstraktion des Menschen und der Vollkommenheit des Marktes. So existieren in Wirklichkeit erhebliche räumliche Unregelmäßigkeiten, die die Verteilung und Größe zentraler Orte beeinflussen; dem homo oeconomicus liegt ein unzureichendes Menschbild zugrunde; Organisationsformen[91], die nicht den Modellvorstellungen entsprechen, bleiben unberücksichtigt. Christaller selbst weist auf die Zweckmäßigkeit der Modifikation seiner Bedingungen hin.[92] Zudem sind für die Nachfrage nicht allein die Fahrtkosten bezogen auf jeweils ein zentrales Gut bestimmend. In der Realität verzerren sich die (oberen) Reichweiten durch die so genannte Aktivitätenkopplung, d.h. der gemeinsamen Besorgung von mindestens zwei Gütern unterschiedlicher Zentralität. Niederrangigen zentralen Orten wird damit Kaufkraft zugunsten höherrangigen Orten entzogen, was zu einem Bedeutungsgewinn des höheren zentralen Ortes führt. Zudem ist zu berücksichtigen, dass es durch die Entwicklung des motorisierten Individualverkehrs und der dadurch bewirkten Vergrößerung des persönlichen Aktionsradius zu einer Variabilität der Zentrenbezogenheit kommt. Konsumenten richten sich demnach auf mehrere Orte unterschiedlicher Rangstufe aus. Des Weiteren wird die allgemeine Attraktivität oder das Image eines Zentrums von Christaller nicht berücksichtigt. Zudem wird die Statik des Modells, d.h. die Vernachlässigung von Agglomerations- und Mobilitätseffekten, die zu räumlichen Disparitäten führen, bemängelt. Der Erkenntniswert der Theorie für eine

[91] Dies bedeutet insbesondere eine Ausklammerung der Verwaltung und der Politik, wo hierarchische und kooperative Organisationsformen vorherrschen. Vgl. Blotevogel, H. H. (1996), S. 13.

[92] Insbesondere Berry hat in seinen Arbeiten versucht, die Zentrale-Orte-Theorie der Wirklichkeit anzunähern. So kam er zu dem Ergebnis, dass eine inhomogen verteilte Kaufkraft zu unterschiedlichen Reichweiten verschiedener Güter und zu asymmetrischen Verteilungsmustern zentraler Orte gleicher Ebene führt, die hierarchische Struktur des System jedoch erhalten bleibt. Vgl. Berry, B. J. L., Barnum, H. G. (1962).

dynamische Industriegesellschaft scheint daher begrenzt.[93] Abschließend ist zu beachten, dass die räumliche Verteilung der zentralen Orte nicht allein ökonomisch zu erklären ist.[94]

Trotz aller Schwächen wurde die Theorie der zentralen Orte von der Raumordnungspolitik auf Bundesebene sowie der Landes- und Regionalplanung – in Deutschland aber auch nahezu weltweit – entdeckt. Dabei hat sich ein inhaltlicher Wandel des Begriffs *zentraler Ort* von einem Bestandteil einer allgemeinen ökonomisch-geographischen Theorie zu einem Leitbild in der Politik vollzogen.[95] Das zentralörtliche Gliederungsprinzip ist damit zur Norm einer anzustrebenden Siedlungsstruktur und der Verteilung von öffentlichen Mitteln im Raum geworden.[96] Bundeseinheitlich wurde das Zentrale-Orte-Konzept[97] durch das Raumordnungsgesetz von 1965 in die Regional- und Landesplanung aufgenommen und bis heute als Leitbild der dezentralen Konzentration beibehalten.[98] Auch die

---

93 Zur Dynamisierung der Zentralen-Orte-Theorie vgl. White, W. (1974), S. 219 ff.

94 Vgl. Heineberg, H. (2006), S. 90 f.

95 Vgl. Dittrich, I. (1964), S. 39 ff.

96 Die Umsetzung dieser Theorie in den Entwicklungsplänen der einzelnen Bundesländer erfolgte jedoch relativ autonom. Aufgrund der unterschiedlichen Landschaftsstrukturen – wie der Dominanz der städtischen Verdichtungsräume in Nordrhein-Westfalen oder der Vorrangigkeit der ländlichen Gebiete in Bayern – musste dies notwendigerweise sehr differenziert geschehen.

97 Die landesplanerische Ausweisung der zentralen Orte orientiert sich an relativ vergleichbaren Ausstattungskatalogen der Länder. Unterschieden wird zwischen Ober-, Mittel, Grundzentrum. Oberzentren sollen neben den Aufgaben eines Unter- und Grundzentrums den spezialisierten gehobenen Bedarf an Gütern und Dienstleistungen (Hochschulen, Spezialkliniken, Theater, Sportstadien, Dienststellen höherer Verwaltungsstufen etc.) über den eigenen Ort hinaus für den so genannten Oberbereich abdecken. Der Oberbereich umfasst mindestens zwischen 200.000 und 300.000 Einwohner. Sie sollen mit dem ÖPNV in maximal 90 Minuten erreichbar sein. Die Oberzentren werden in den Raumordnungsplänen für das Landesgebiet festgelegt. Mittelzentren dienen der Versorgung mit Gütern und Diensten des gehobenen (periodischen) Bedarfs (Gymnasien und Berufsschulen, Krankenhäuser, größere Sportanlagen etc.) für den so genannten Mittelbereich. Er umfasst mindestens 30.000 bis 35.000 Einwohner. Sie sollten in maximal 45 Minuten erreichbar sein. Die Mittelzentren werden ebenfalls in den Landesplänen festgelegt. Grundzentren sichern den täglichen Bedarf der Bevölkerung im Nahbereich mit mindestens 7.000 bis 10.000 Einwohnern. Sie sollen innerhalb von 30 Minuten erreichbar sein und werden in der Regel im Rahmen von Regionalplänen festgelegt.

98 Vgl. § 2 Abs. 2 Raumordnungsgesetz.

Ministerkonferenz für Raumordnung hat dieses Konzept immer wieder bestätigt – zuletzt durch ihren Eckpunktebeschluss vom 29. April 2008.[99]
Gleichwohl beruht die Zentrale-Orte-Konzeption auf einem (wenn auch fragmentarischen) theoretischen Untergrund. Zudem ist die Konzentration bestimmter Leistungen in zentralen Orten unter der Restriktion knapper Ressourcen notwendig, wenn die Bevölkerung einer Region optimal mit Gütern oder Dienstleistungen versorgt werden soll. Umgekehrt benötigen bestimmte Einrichtungen zur optimalen Auslastung aus ökonomischen und / oder technischen Gründen unterschiedlich große Marktgebiete. Hieraus ergibt sich zwangsläufig eine räumliche Staffelung der verschiedenen Versorgungsleistungen.[100] Ein der Christaller'schen Theorie entsprechendes reines System der zentralen Orte, in dem sich die Einzugsgebiete zentraler Einrichtungen niedrigerer Stufe flächendeckend und überschneidungsfrei in den Einflussbereich der Einrichtungen der nächst höheren Ordnung einfügen, kann hieraus jedoch nicht abgeleitet werden.[101]

Nach dem Zentrale-Orte-Konzept stellen die zentralen Orte Leistungen bereit, die über die Grenzen dieser Orte hinaus Nutzen stiften. Nach Breaks Meinung berühren nahezu alle (kommunalen) Leistungen in irgendeiner Weise die außerhalb der spillover-exportierenden Gemeinde wohnende Bevölkerung des Umlands.[102] An dieser Stelle soll darauf hingewiesen werden, dass die Spillover-Effekte im Rahmen eines zentralörtlich organisierten Versorgungskonzeptes bewusst instrumentell eingesetzt werden. Sie sind die notwendige Voraussetzung zur Funktionsfähigkeit der Raumstruktur und damit zur Realisierung der versorgungspolitischen Ziele und der Einheitlichkeit der Lebensverhältnisse. Zur Vermeidung der Negativeffekte dieser politisch gewollten Nutzendiffusion muss ein Finanzierungsmodell implementiert werden, das den besonderen Finanzbedarfen der zentralen Orte, die ihre überörtlichen Versorgungsaufgaben nicht freiwillig übernommen haben, sondern im Rahmen eines landesweiten Entwicklungskonzeptes staatlicherseits verordnet bekommen haben, Rechnung trägt.

---

99 Vgl. Ministerkonferenz für Raumordnung (2008), S. 1.
100 Vgl. Fischer, G. (1973), S. 234.
101 Vgl. Bundesministerium für Raumordnung, Bauwesen und Städtebau (1984), S. 4.
102 Vgl. Break, G. F. (1967), S. 68.

2.2.2 Spillover-Effekte am Beispiel der Hochschulen

Ein Aufgabenbereich, der eng mit dem Konzept der zentralen Orte verbunden ist, ist der tertiäre Bildungsbereich. Aufgrund der Mobilität der Studierenden vor, während und nach dem Studium ist dieser Bereich durch die Spillover- bzw. Trittbrettfahrerproblematik besonders belastet. Abgesehen von der nicht zu vernachlässigenden attraktivitätssteigernden Wirkung der Hochschulen auf den jeweiligen Standort kann es aus der Perspektive eines einzelnen Landes unattraktiv erscheinen, über den unmittelbaren eigenen Bedarf hinaus in die akademische Ausbildung junger Menschen zu investieren. Es ist vielmehr kostengünstiger, Hochschulabsolventen aus anderen Ländern anzuwerben. Hält ein Land nämlich umfangreiche und attraktive Bildungsangebote vor, die für sich genommen bereits hohe Aufwendungen erfordern, muss es damit rechnen, dass Studierende ins Land kommen, dort die Studienplätze in Anspruch nehmen, auf Kosten des Ausbildungslandes – und nicht des Wohnsitzlandes – BAföG beziehen und die örtliche Infrastruktur belasten.[103]

Ob den dadurch entstehenden Lasten Einnahmen gegenüberstehen, hängt insbesondere davon ab, ob die Studierenden ihren Wohnsitz am Studienort haben oder – wie es häufig vorkommt – am Ort des Elternhauses behalten. Wird der Wohnsitz verlegt, werden die durch die externe Nutzung der Hochschulkapazitäten entstehenden Nutzenspillovers entschärft, da durch den Zuzug die Einwohnerzahl der Studienländer steigt, was ceteris paribus die Position im einwohnerorientierten Länderfinanzausgleich verbessert. Wird der Wohnsitz nicht verlegt, hat das zur Folge, dass dem Land, das Studienplätze bereitstellt und BAföG finanziert, keine an den Einwohner gebundene Ansprüche zustehen, wohl aber dem Land, in dem die Studierenden ihren formellen Hauptwohnsitz haben.[104] In der Tendenz können

---

103 Vgl. Renzsch, W. (2006), S. 86 ff.

104 Aus diesem Grund versuchen viele Universitätsstädte, ihre Studierenden zur Verlagerung des Wohnsitzes an den Studienort zu drängen. Beispielsweise wurde insbesondere mit der Einführung von Studiengebühren in Niedersachen befürchtet, dass zahlreiche Studierende aus Niedersachsen ihren Studienort nach Bremen verlagern würden, ohne sich dort mir Hauptwohnsitz zu melden. So hatte die Bremische Bürgerschaft im Oktober 2005 eine Landeskinderregelung eingeführt, wonach Studierende, die jenseits der Bremer Landesgrenzen wohnen, 500 Euro Studiengebühren je Semester zahlen müssen. Mit dieser Regelung sollten Anreize geschaffen werden, den Studienort auch als Wohnort zu melden. Das Verwaltungsgericht urteilte jedoch, dass die Regelung gegen den Gleichbehandlungsgrundsatz des Art. 3 GG verstoße und daher verfassungswidrig sei. Auch in Hamburg wurde Anfang 2005 ein ähnliches Modell vom Hamburger Verwaltungsgericht aufgehoben.

die Stadtstaaten hiervon verstärkt betroffen sein, da sie überproportional Studienplätze für Studierende aus anderen Ländern bereitstellen. Zudem kann nicht davon ausgegangen werden, dass die Absolventen nach dem Studium am Studienort bleiben und dort Steuerzahler werden.

Tabelle 2: Studierende im Wintersemester 2007/2008 nach Bundesländern

	Studierende je 1.000 Einwohner	**Vergleich zum Bundes-durchschnitt**	**Anteil interner einheimischer Studierender in Prozent**	**Anteil externer einheimischer Studierender in Prozent**	**Anteil ausländischer Studierender in Prozent**
BW	22	92,0	64,9	23,5	11,6
BY	20	85,9	69,4	21,9	8,7
BB	17	73,4	38,4	50,8	10,8
HE	25	105,4	57,1	34,5	8,4
MV	21	90,2	52,2	42,2	5,6
NI	17	73,1	57,5	33,2	9,3
NW	26	110,3	71,6	19,6	8,9
RP	26	110,5	44,8	46,8	8,5
SL	19	79,9	54,6	30,6	14,9
SN	25	107,7	56,4	34,8	8,8
ST	21	89,6	55,0	38,4	6,6
SH	17	71,8	54,3	39,6	6,1
TH	22	92,6	56,5	37,4	6,2
BE	40	167,4	25,5	63,6	10,8
HB	47	198,8	31,6	54,1	14,4
HH	39	166,1	42,3	49,2	8,6
D-land	24	100,0	90,7	-	9,4
FL	22	94,6	91,0	-	9,0

Quelle: Statistisches Bundesamt (2008), Fachserie 11, Reihe 4.1.

Wie Tabelle 2 zeigt, stellen die Stadtstaaten im Vergleich zu den anderen Bundesländern deutlich mehr Studienplätze je Einwohner zur Verfügung. Im Flächenländerdurchschnitt werden 22 Studienplätze je 1.000 Einwohner bereitgestellt, wobei die Spannbereite unter den Flächenländern zwischen 17 und 26 Studienplätzen je 1.000 Einwohner liegt. Die Stadtstaaten übertreffen selbst den Maximalwert der Bandbreite deutlich. So weisen Berlin 40, Bremen 47 und Hamburg 39 Studierende je 1.000 Einwohner auf. Auffällig ist, dass die Anrainer der Stadtstaaten (Brandenburg, Niedersachsen, Schleswig-Holstein) eine merklich unterdurchschnittliche Zahl an Studienplätzen anbieten.

Zudem ist erkennbar, dass die von den Stadtstaaten bereitgestellten Studien-plätze in einem nicht unerheblichen Ausmaß von Studierenden besetzt werden, die ihre Hochschulzugangsberechtigung nicht in den Stadtstaaten erworben haben. Im Wintersemester 2007/2008 haben an den Hochschulen der Stadtstaaten Berlin, Bremen und Hamburg 26 %, 32 % bzw. 42 % der Studierenden ihre Hochschulzugangsberechtigung in dem jeweiligen Stadtstaat erworben. Die übrigen Studierenden stammen aus den anderen Bundesländern bzw. aus dem Ausland, wobei der überdurchschnittlich hohe Anteil ausländischer Studierender in Bremen und Berlin anzumerken ist.

Es wird deutlich, dass das stadtstaatliche Hochschulangebot in erheblichem Umfang von bundeslandfremden Studenten genutzt wird. Dabei stellen die angrenzenden Bundesländer der Stadtstaaten einen großen Anteil dieser stadtstaatenexternen Studierenden, wobei das Ausmaß im Fall von Bremen und Hamburg deutlich ausgeprägter ist als in Berlin. Bezogen auf Bremen kommen rund 31 % der gesamten Studierenden aus Niedersachsen, während 11 % bzw. 12 % der Hamburger Studierenden aus Niedersachsen bzw. Schleswig-Holstein kommen. In Berlin studieren 11 % mit einer Hochschulzugangsberechtigung aus Brandenburg.[105]

---

105 Dass die Problematik von Spillover-Effekten im Hochschulbereich nicht nur national zwischen den einzelnen Ländern der Bundesrepublik, sondern auch auf internationaler Ebene gegeben ist, zeigt die vom Rektor der Universität Innsbruck angestoßene Diskussion um Ausgleichszahlungen von Deutschland an Österreich aufgrund der steigenden deutschen Studentenzahlen. So waren im Wintersemester 2000/01 knapp 6.400 Deutsche an österreichischen Hochschulen eingeschrieben, während es im Wintersemester 2008/09 bereits 17.000 waren. Gründe für die zunehmenden ausländischen Studentenzahlen liegen insbesondere in der Entscheidung des Europäischen Gerichtshofes, wonach es in Österreich keine Zulassungsbeschränkung für EU-Ausländer mehr geben dürfe. Hinzu kommt, dass die österreichische Regierung im Jahr 2008 die Studiengebühren abgeschafft hat. Eine Regelung wie sie für die Hochschulen in Österreich gefordert wird existiert bereits für die Hochschulen der fünf Mitgliedsländer des Nordischen Ministerrates (Dänemark, Finnland, Island, Norwegen und Schweden). Die für das Gastland entstehenden Mehrkosten aufgrund des freien Zugangs für Studenten aus den jeweils anderen Ländern werden auf Basis eines Finanzausgleichsabkommens abgegolten. Vgl. Handelsblatt vom 13.10.2009 *„Österreich will für Studenten Geld sehen"*.

2.2.3 Internalisierung interregionaler Spillover-Effekte

Da die Existenz von Spillover-Effekten zu Marktversagen führt, ist ihre Internalisierung in der ökonomischen Theorie allokationspolitisch ausdrücklich geboten.[106] Hierzu kommen verschiedene Maßnahmen in Betracht. Im Bereich der von staatlicher Seite bereitgestellten privaten Güter, die durch Exkludierbarkeit und Rivalität im Konsum gekennzeichnet sind, besteht grundsätzlich die Möglichkeit zur Erhebung kostendeckender Entgelte. Jedem zusätzlichen Nutzen, welcher außerhalb der bereitstellenden Gebietskörperschaft konsumiert wird, wird der entsprechende Kostenanteil zugeordnet, sodass der Spillover-Effekt letztlich vollständig internalisiert wird.[107] Bei öffentlichen Gütern, von denen Nutzer, die keine entsprechenden Entgelte zahlen (wollen), nicht ausgeschlossen werden können, kommt diese Möglichkeit jedoch nicht infrage.

Externe Effekte öffentlicher Güter können dagegen durch die Erweiterung des Kreises der Kosten- bzw. Entscheidungsträger um den Kreis der Trittbrettfahrer internalisiert werden. Dieses kann sowohl durch eine Gebietsreform als auch durch die Zentralisierung des Güterangebots, d.h. die Bereitstellung der Leistung durch eine übergeordnete Ebene[108], erfolgen, wobei beide Möglichkeiten einen Verlust an dezentraler Willensbildung implizieren.

Häufig werden jedoch horizontale oder vertikale Finanzzuweisungen als Internalisierungsinstrument bevorzugt. Der Rückblick auf Abbildung 3 verdeutlicht, dass zur Internalisierung der Externalität bei konstanten Grenzkosten eine Zuweisung pro Mengeneinheit (Pigou-Subvention)[109] in Höhe von z notwendig ist, sodass die effektiven Grenzkosten für die Gebietskörperschaft A eine entsprechende Ausweitung der Gütermenge bewirken. Dieser Finanzierungsbeitrag z entspricht der Strecke BC bzw. y_2D.

In der Theorie der Zuweisungen wird diskutiert, welche Bedingungen dabei an die entsprechende Zuweisung zu stellen sind: Während die Transfers grundsätzlich

---

[106] Vgl. Voß, W. (1991), S. 9.

[107] Es muss jedoch beachtet werden, dass eine Gebührenfinanzierung auch die Bürger der bereitstellenden Gebietskörperschaft treffen würde, solange keine Preisdifferenzierung zwischen einheimischen und auswärtigen Bürgern erfolgt. Vgl. Heinemann, A. (2004), S. 139.

[108] Eine Übertragung weiterer Aspekte wie der Gesetzgebungs- und Durchführungskompetenz kann, muss aber nicht mit einer entsprechenden Zentralisierung einhergehen, da dieses dem Subsidiaritätsgedanken entgegensteht. Vgl. Zimmermann, H., Henke, K.-D. (2005), S. 196.

[109] Bei negativen externen Effekten ist eine Pigou-Steuer erforderlich, wodurch die effektiven Grenzkosten erhöht werden. Es kann aber auch ein Subventionsbetrag pro vermiedener Einheit der negativen Externalität gezahlt werden.

als zweckgebundene Zuweisung mit Eigenbeteiligung ausgestaltet werden sollten, muss die Höhe der Transfers dem Umfang der Spillover-Effekte entsprechen. Die Spillover-Effekte müssen demnach qualitativ und quantitativ festgestellt werden, da durch unangemessen niedrige oder hohe Zahlungen kein pareto-effizienter Zustand herzustellen ist. In der Praxis ist dies jedoch mit erheblichen Messschwierigkeiten verbunden. Zudem ist zu berücksichtigen, dass öffentliche Leistungen mitunter gleichzeitig sowohl positive als auch negative externe Effekte aufweisen können. Gegenläufige Effekte derselben Leistung sind aber zu saldieren, da letztlich nur der Nettoeffekt für die Höhe der Zuweisung relevant sein kann. Außerdem wird angeführt, dass dem externen Nutzen zugunsten des Umlandes (Spillout) auch ein externer Nutzen der Agglomeration (Spillin) beispielsweise im Naherholungsbereich gegenüberstehe. In der Literatur wird teilweise eine exakte Saldierung aller Spillouts und Spillins gefordert, da a priori nicht eindeutig sei, welche Seite überwiege und Ausgleichzahlungen leisten müsse.[110] Das Prinzip der fiskalischen Äquivalenz erfordert aber vielmehr, dass die Kosten und Nutzen für jede einzelne Leistung internalisiert werden. Eine gegenseitige Aufrechnung zweier unterschiedlicher Leistungen würde dazu führen, dass beide Leistungen in einem suboptimalen Umfang angeboten werden.[111]

Die zu leistenden Zuweisungen können dabei horizontal oder vertikal ausgestaltet werden. Bei einer vertikalen Zuweisung zahlt eine höhere Staatsebene (Zentralverband) einen Transfer an die bereitstellende Gebietskörperschaft, um einen Anreiz zu schaffen, die Bereitstellungsmenge über die Präferenzen der eigenen Bürger hinaus auszuweiten. Die vertikale Variante weist den Vorteil auf, dass nur eine Zahlung in Höhe des gesamten Spillouts geleistet werden muss. Im Gegensatz zu horizontalen Transfers ist die regionale Verteilung (Inzidenz) des Spillouts – also der jeweilige Anteil der nutznießenden Gebietskörperschaften – zunächst irrelevant. Als problematisch kann sich allerdings die Art der Finanzierung eines vertikalen Transfers auswirken. Zieht der Zentralverband zur Finanzierung alle ihm untergeordneten Gebietskörperschaften heran, wird der Spillover-Effekt zwar bei der bereitstellenden Körperschaft internalisiert. Sind jedoch nicht alle zur Finanzierung herangezogenen Gebietskörperschaften auch

110 Vgl. Söllner, F. (2001), S. 545; vgl. Lutz, P. F. (1995), S. 50.
111 Vgl. Peffekoven, R. (1980), S. 627.

Nutznießer, entstehen neue Externalitäten.[112] Dieses Problem wird durch horizontale Zuweisungen umgangen. Sind sie richtig bemessen, sichern sie gleichzeitig die Internalisierung beim Leistungsträger und Nutznießer.

Bei einer horizontalen Ausgestaltung leistet die nutznießende an die nutzenemittierende Gebietskörperschaft einen Beitrag entsprechend der Höhe des monetär bewerteten empfangenden Nutzens. Coase[113] hat hinreichend verdeutlicht, dass hierzu kein staatlicher bzw. höherstaatlicher Eingriff erforderlich ist. Vielmehr ist es unter bestimmten Voraussetzungen möglich, eine gesamtwirtschaftlich effiziente Lösung durch freiwillige Verhandlungen zwischen den betroffenen Parteien zu erzielen. Zu diesen Voraussetzungen gehören festgelegte und einklagbare Eigentumsrechte an dem die Externalität verursachenden Gut[114], eine kostenlose Koalitionsbildung, damit sich regelmäßig nur zwei Verhandlungsgruppen gegenüberstehen, und vor allem die Nicht-Existenz von Transaktionskosten (Informations-, Organisations- und Kontrollkosten etc.). Die Voraussetzungen des Coase-Theorems sind in der Realität aber nur selten erfüllt, sodass eine Verhandlungslösung nicht zustande kommen kann.[115] Außerdem tritt bei freiwilligen Lösungen wiederum das Trittbrettfahrer-Problem auf. Wenn eine Gebietskörperschaft davon ausgeht, dass die anbietende Gemeinde auch ohne Kooperation ein ausreichendes Angebot bereitstellt, hat sie keine Veranlassung, an der Kooperation teilzunehmen. Damit ist der Staat aufgerufen, die Externalität horizontal durch Zwang (beispielsweise durch die Einrichtung eines Zweckverbandes) zu neutralisieren.

2.2.4 Kritische Bewertung des Spillover-Ansatzes

In den bundesdeutschen Finanzausgleichssystemen stellen die Einwohnerwertung der Stadtstaaten oder die Hauptansatzstaffel sowie die verschiedenen Nebenansätze (insbesondere der Zentralitätsansatz) im kommunalen Finanzausgleich einen

---

112 Dieser Effekt ergibt sich beispielsweise bei der Finanzierung der Seehafenlasten durch den Bund, der dafür einen Ausgleich durch einen höheren Umsatzsteueranteil erhält. Im Ergebnis werden die Länder gemäß ihrer Einwohnerzahl (ohne Ergänzungsanteile) belastet, obwohl der Umfang, in dem die Bundesländer die Seehäfen nutzen, kaum von der Einwohnerzahl abhängig sein dürfte.

113 Vgl. hierzu ausführlich Coase, R. H. (1960).

114 Dabei ist es gleichgültig, wie die Eigentumsrechte verteilt sind. Sind die genannten Bedingungen erfüllt, ist die Verhandlungslösung optimal.

115 Vgl. Brümmerhoff, D. (2001), S. 81 ff.

entsprechenden staatlichen Internalisierungsversuch dar, der in seiner Ausgestaltung einer Pigou-Subvention ähnelt. Diese Instrumente sind letztlich eine Grundsatzentscheidung darüber, ob und in welchem Ausmaß die Agglomerationen oberzentrale Funktionen wahrnehmen können und sollen.[116] Da die kompensationsbedürftigen Spillovers vorwiegend im unmittelbaren Umfeld der Agglomeration auftreten, erlaubt das Gebot der fiskalischen Äquivalenz nur Ausgleichzahlungen zulasten der eigentlichen Nutznießer. Die Einwohnerwertung der Stadtstaaten und die kommunale Hauptansatzstaffel belasten aber auch Gebietskörperschaften, die nicht von den städtischen Leistungen profitieren, d.h. auch hier fallen Nutznießer und Kostenträger auseinander. Daher ist die regionale Inzidenz der agglomerationsbedingten Spillover-Effekte zu spezifizieren, auch wenn dies in der Realität mit erheblichen methodischen Schwierigkeiten verbunden ist, und durch Ausgleichszahlungen der Nutznießer abzugelten.[117] Ökonomisch ist diesem Argument nicht zu widersprechen, jedoch stehen dem insbesondere mit Blick auf die stadtstaatliche Einwohnerwertung verfassungsrechtliche Bedenken entgegen.

Aus der verfassungsgerichtlichen Perspektive ist eine Regionalisierung der Einwohnerwertung nicht zulässig, da das Bestehen der Stadtstaaten als eigenständige Länder zum historischen Bestand der deutschen Staatsentwicklung gehört.

> „Es ist sachgerecht, die Andersartigkeit der Stadtstaaten gegenüber den Flächenstaaten im Länderfinanzausgleich zu berücksichtigen. Dies kann in Form einer Einwohnerveredelung geschehen, die Auswirkungen auf alle Flächenstaaten hat. Die Andersartigkeit der Stadtstaaten betrifft nämlich nicht etwa nur deren Nachbarländer, sondern alle Glieder des Bundes.“[118]

Die Finanzverfassung habe den föderalen Aufbau zu akzeptieren und die Staatlichkeit der Länder, solange diese bestehen, zu sichern.[119] Die Vor- und Nachteile einer föderalen Struktur des Bundesstaates sind nicht nur für die Stadtstaaten gegeben, sondern auch für die übrigen Bundesländer. Daher sind sie von der Gesamtheit der Länder zu tragen.[120] Ossenbühl sieht hierin eine widersprüchliche und inakzeptable Argumentation des Bundesverfassungs-

---

116 Vgl. Dannemann, G. (1985), S. 25.

117 Vgl. Peffekoven, R. (1999), S. 9; vgl. Kitterer, W. (1994), S. 20.

118 BVerfGE 72, 330 (415).

119 Vgl. Kirchhof, F. (1993), S. 125.

120 Vgl. Wissenschaftlicher Beirat beim Bundesministerium der Finanzen (2000), S. 8.

gerichts.[121] So wird befürchtet, dass durch die Verlagerung eines regionalen Problems auf die Ländergesamtheit der Wille der betroffenen Länder geschwächt wird, das Problem eigenverantwortlich zu bewältigen oder zumindest die finanziellen Konsequenzen möglichst gering zu halten, da sie von den betroffenen Ländern nicht allein getragen werden müssen. Andere Länder sollten nur subsidiär herangezogen werden, um eine angemessene und ökonomisch vertretbare Lösung zu gewährleisten.[122]

Selbst wenn eine Abgeltung ausschließlich zulasten der Nachbarländer verfassungskonform wäre, stellt sich primär die Frage, ob die stadtstaatlichen Spillover-Effekte tatsächlich nur räumlich begrenzt sind. Das Rheinisch-Westfälisches Institut für Wirtschaftsforschung (RWI) wies nach, dass die von den Stadtstaaten generierten realwirtschaftlichen und fiskalischen Spillovers auch eine überregionale Bedeutung haben und aufgrund der bestehenden Wirtschaftsstruktur das gesamtwirtschaftliche Wachstum der Bundesrepublik, teilweise sogar Europas, beeinflussen.[123] Insoweit greift die *„... Reduzierung der Stadtstaatenfrage auf ein Stadt-Umland-Problem ... ohnehin zu kurz."*[124] Das RWI schlägt daher eine Kompensation durch vertikale (zweckgebundene)[125] Transfers vor, womit allerdings eine unerwünschte Abhängigkeit der Stadtstaaten vom Bund verbunden wäre.[126] Vor diesem Hintergrund muss jedoch die Frage aufgeworfen werden, ob nicht auch andere Städte wie beispielsweise München oder Frankfurt gesamtwirtschaftlich bedeutende Spillover-Effekte generieren, deren Finanzierung nicht allein den jeweiligen Flächenländern überlassen werden sollte. Zwar können sie die Finanzierung anders als die Stadtstaaten, bei denen die Möglichkeit eines landesinternen Finanzausgleichs grundsätzlich nicht gegeben ist, auf mehrere Gemeinden umlegen, aber die ausschließliche Beschränkung überregional bedeutender Spillovers auf die Stadtstaaten greift insofern ebenfalls zu kurz.

Daneben muss vor dem Hintergrund der Einwohnerwertung als Instrument zur Abgeltung zentralörtlicher Funktionen die Frage gestellt werden, ob tatsächlich ein direkter Zusammenhang zwischen der Bevölkerungszahl der zentralen Orte und dem Zentralitätsgrad bzw. dem Umfang der wahrgenommenen zentralörtlichen Funktionen besteht.[127] Zwar ist einigen Landesentwicklungsplänen zu entnehmen,

---

121 Vgl. Ossenbühl, F. (1999), S. 42 f.
122 Vgl. Korioth, S. (1997), S. 592.
123 Vgl. Löffelholz, H.-D., Rappen, H. (1999), S. 27 ff.
124 Löffelholz, H.-D., Rappen, H. (1999), 27.
125 Vgl. auch Peffekoven, R. (1987), S. 202.
126 Vgl. Löffelholz, H.-D., Rappen, H. (1999), S. 44.
127 Vgl. Hansmeyer, K.-H. (1980), S. 125.

dass die Einstufung als Ober-, Mittel- oder Unterzentrum unter anderem durch die eigene Einwohnerzahl bestimmt ist. [128] In Einzelfällen können jedoch auch unabhängig von der Einwohnerzahl Mittelzentren bzw. Unterzentren oberzentrale bzw. mittelzentrale Funktionen zugewiesen werden, wenn kein entsprechendes Zentrum mit zumutbarem Zeitaufwand zu erreichen ist. [129] Als bedeutendere Einstufungskriterien sind aber – hier exemplarisch für Bayern – die Einzelhandels- sowie Arbeitsplatzzentralität und die Ausstattung in den Bereichen *allgemeine Dienste (Krankenhaus, Postfiliale), Soziales (Altenpflegeheim), Bildung (Schultypen, Hochschulen), ÖPNV (Bahnhof) und Behörden / Gerichte* zu nennen.[130]

Färber weist darauf hin, dass größere Städte zunehmend weniger zentralörtliche Funktionen erfüllen müssen, während kleineren Städten in ländlicher Umgebung erhebliche zentralörtliche Funktionen zukommen.[131] In Bezug auf die Einwohnerwertung ergibt sich damit das Problem, dass sich Ortsgröße und Zentralörtlichkeit nicht immer entsprechen. Daher wird gefordert, die Spreizung der Haupansatzstaffel zu reduzieren oder gar alle Einwohner gleich zu werten und einen speziellen Zentralitätsansatz unter Berücksichtigung der im Landesentwicklungsplan aufgestellten Hierarchie der zentralen Orte einzuführen.[132]

Die Durchschnittsbetrachtung der Einwohnerzahl bestimmter Gemeinden und deren Einstufung in das zentralörtliche System zeigen allerdings, dass ein Zusammenhang zwischen beiden Faktoren identifiziert werden kann. So weisen die niedersächsischen Oberzentren eine durchschnittliche Einwohnerzahl von 160.300 Einwohnern je Zentrum auf (vgl. Tabelle 3). Dabei variiert die Einwohnerzahl zwischen 70.700 (Stadt Celle) und 519.600 Einwohnern (Landeshauptstadt Hannover). Die Mittelzentren mit oberzentralen Teilfunktionen weisen 56.900 Einwohner je Zentrum auf, während die Mittelzentren (einschließlich der Mittelzentren mit oberzentralen Teilfunktionen) auf einen Durchschnittswert von 28.900 Einwohnern je Zentrum kommen. Im Bereich der Mittelzentren ergibt sich eine Schwankungsbreite zwischen 8.700 (Stadt Hemmoor) und 74.800 Einwohnern (Stadt Delmenhorst), die sich auf 51.600 (Stadt Lingen) und 74.800 (Stadt Delmenhorst) verringert, wenn ausschließlich die Mittelzentren mit oberzentralen

128 Vgl. Hessisches Ministerium für Wirtschaft, Verkehr und Landesentwicklung (2000), S. 20.

129 Vgl. Niedersächsisches Ministerium für Ernährung, Landwirtschaft, Verbraucherschutz und Landesplanung (2008), S. 13.

130 Vgl. Bayrisches Staatsministerium für Wirtschaft, Infrastruktur, Verkehr und Technologie (2006), S. 68.

131 Vgl. Färber, G. (1992), S. 110.

132 Vgl. Junkernheinrich, M. (1992), S. 150 f.; vgl. Hansmeyer, K.-H. (1980), S. 125.

Teilfunktionen betrachtet werden. Es wird deutlich, dass die Einwohnerzahl in der Durchschnittsbetrachtung mit niedrigerer (höherer) Zentralitätsstufe abnimmt (zunimmt). Offensichtlich ist jedoch auch, dass in der Einzelbetrachtung erhebliche Abweichungen existieren.

Tabelle 3: Zusammenhang zwischen Zentralität und Einwohnerzahl

Einstufung in das System der zentralen Orte	**Durchschnittliche Einwohnerzahl je Zentrum**	**Schwankungsbreite** Einwohnerzahl kleinstes - größtes Zentrum
Oberzentren	160.300	70.700 - 519.600
Mittelzentren mit oberzentralen Teilfunktionen	56.900	51.600 - 74.800
Mittelzentren insgesamt	28.900	8.700 - 74.800

Quelle: Niedersächsisches Ministerium für Ernährung, Landwirtschaft, Verbraucherschutz und Landesplanung (2008); Eigene Berechnungen.

Die Schwankungsbreite der Einwohnerzahlen liegt im Bereich der Mittelzentren (ohne oberzentrale Teilfunktionen) zwischen 8.700 (Stadt Hemmoor) und 62.000 Einwohnern (Stadt Garbsen). In diesem Beispiel würde Hemmoor nach den Regeln des kommunalen Finanzausgleichs eine Einwohnerwertung von 100 % erhalten, während die Einwohner von Garbsen mit 130 % gewertet würden. Wenn aber davon auszugehen ist, dass alle als Mittelzentrum eingestuften Orte dieselben Aufgaben wahrnehmen und die Einwohnerwertung das einzige Albgeltungs-instrument zentralörtlicher Funktionen im niedersächsischen Finanzausgleich ist, müssten Orte derselben Stufe unabhängig von ihrer Einwohnerzahl eine einheitliche Einwohnerwertung erhalten. Eine Ungleichbehandlung kann dann nicht gerechtfertigt werden. Eine ähnliche Problematik ergibt sich zwischen den verschiedenen Zentrale-Orte-Gruppen. So weist beispielsweise das größte Mittel-zentrum (Stadt Delmenhorst) 4.000 Einwohner mehr auf als das kleinste Ober-zentrum (Stadt Celle). Aufgrund der ähnlichen Einwohnerzahl erhalten die Städte Delmenhorst und Celle daher fast die gleiche Einwohnerwertung (135,3 % bzw. 134,0 %), obwohl Celle deutlich mehr zentrale Funktionen wahrnehmen muss und damit mit höheren Ausgaben belastet ist. Auch in diesem Fall bildet die Einwohnerwertung die zentralörtlichen Belastungen der Stadt Celle im Vergleich zu Delmenhorst nicht adäquat ab. Die Staffelung der Einwohnerwertung im Allgemeinen und in Niedersachsen im Besonderen muss daher so ausgestaltet werden, dass weder eine Ungleichbehandlung innerhalb einer Zentrale-Orte-Gruppe noch am Rand von zwei verschiedenen Gruppen auftritt. So kann beispielsweise ein Mindestwert der Einwohnerwertung für Grund-, Mittel- und Oberzentren vorgegeben werden. Weist die Gemeinde darüber hinaus weitere spezifische Bedarfe auf, kann die Einwohnerwertung entsprechend modifiziert werden.

In diesem Zusammenhang lässt sich auch für die einheitliche Einwohnerwertung der drei Stadtstaaten von 135 % ein Wertungswiderspruch identifizieren, da einerseits unterstellt wird, dass die Bevölkerungszahl Einfluss auf die strukturelle Eigenart der Stadtstaaten hat, andererseits aber alle drei Länder gleichgestellt werden. Dieser Widerspruch wird noch verstärkt, da die Stadtstaaten, die sich in ihrer Größe, Struktur und Beziehung zum Umland stark unterscheiden, Spillover-Effekte mit einem relativ unterschiedlichen Wirkungskreis erzeugen.[133] Eine differenzierte Einwohnerwertung wäre eine logische Konsequenz.[134] Auch Kitterer sieht dieses als erforderlich an, da die Stadtstaaten sehr unterschiedliche Umlandverflechtungen aufweisen. Hamburg und Bremen sollten in der Bereitstellungsentscheidung für die Leistungen, die Spillovers erzeugen, die Präferenzen der Nachbarländer berücksichtigen. Ohne einen Ausgleich wäre es für beide Stadtstaaten profitabler, dieses zu unterlassen, denn sie könnten Ausgaben sparen, ohne eine Veränderung der Steuereinnahmen hinnehmen zu müssen. Das Ergebnis wäre ein suboptimales Angebot. Für Berlin sieht Kitterer hingegen keine Notwendigkeit der Internalisierung externer Effekte, da Berlin nur eine geringe Zentralitätsfunktion für das Umland aufweist und schwach ausgeprägte Verflechtung mit Brandenburg hat.[135] Dabei ist anzumerken, dass Berlin zwar geringe Umlandverflechtungen aufweist, die nationale bzw. europäische Bedeutung Berlins als einzige nennenswerte Metropole in Deutschland muss jedoch als erheblich eingestuft werden. Indes ist zu bezweifeln, ob es überhaupt jemals möglich sein wird, eine exakte quantitative und qualitative Bewertung der Spillover-Effekte vorzunehmen oder ob eine derartige Differenzierung in ihrer Komplexität die Leistungsfähigkeit (nationaler) Finanzausgleichssysteme sprengen würde.

---

133 Vgl. Wissenschaftlicher Beirat beim Bundesministerium der Finanzen (1992), S. 71.

134 Dietrich schlägt 150 % für Berlin, 135 % für Hamburg und 115 % für Bremen vor. Vgl. Dietrich, B. (1996), S. 207; vgl. Wissenschaftlicher Beirat beim Bundesministerium der Finanzen (1992), S. 71.

135 Vgl. Kitterer, W., Ewringmann, D. (1999), S. 92. Dies wird beispielsweise an den Pendlerverflechtungen deutlich. 2008 hatte Berlin einen Pendlersaldo von 33 je 1.000 Einwohner, während Hamburg bzw. Bremen 132 bzw. 137 Pendler je 1.000 Einwohner aufwiesen. Vgl. Arbeitskreis Erwerbstätigenrechnung des Bundes und der Länder, Berechnungsstand August 2009.

Umstritten ist auch, ob die Internalisierung von Spillover-Effekten durch zweckungebundene Zuweisungen, wie sie durch die Einwohnerwertung im Länderfinanzausgleich oder die Hauptansatzstaffel bzw. die Nebenansätze im kommunalen Finanzausgleich gewährt werden, angemessen erfolgen kann oder ob nicht vielmehr zweckgebundene Zuweisungen die geeignetere Form sind.[136] Auch der Wissenschaftliche Beirat bestätigt, dass das System des Finanzausgleichs unter den Ländern Bedarfe, die aus der Existenz von Spillover-Effekten resultieren und im Rahmen der Einwohnerwertung abgegolten werden, nicht adäquat berücksichtigen kann.[137] Ungebundene Zuweisungen sind nicht der Garant dafür, dass die externen Effekte internalisiert und der gewünschte Umfang an zentralörtlichen Leistungen bereitgestellt werden. Es besteht vielmehr die Gefahr, dass andere Aufgaben finanziert werden.[138] Zudem wird die Höhe der Zuweisungen ausschließlich durch die relative Finanzkraft bestimmt und nicht durch den tatsächlichen Nutzungsgrad bestimmter öffentlicher Leistungen durch eine fremde Gebietskörperschaft.

Sicherlich stellt die Einwohnerwertung theoretisch nicht die ideale Vorgehensweise zur Internalisierung von Spillover-Effekten dar. Alternativvorschläge zur Lösung dieser Problematik sind allerdings mit erheblichen methodischen Schwierigkeiten verbunden.[139] Deshalb sollte die Einwohnerwertung solange beibehalten werden, bis überlegene Internalisierungsmechanismen gefunden sind.[140] Insofern bleibt die Einwohnerwertung eine Second-Best-Lösung.

---

136 Vgl. Kitterer, W., Burckhardt, T., Löwer, H. (2004), S. 72.

137 Wissenschaftlicher Beirat beim Bundesministerium der Finanzen (1992), S. 69 f.

138 Vgl. Kuhn, T. (1995), S. 106. Da sich die Zentralörtlichkeit, wie sie in den Landesentwicklungsplänen definiert ist, vor allem im Angebot an überörtlichen Infrastruktureinrichtungen manifestiert, wären zudem *investive* Zweckzuweisungen sachgerecht. Vgl. Mäding, H. (1995), S. 613. Problematisch ist jedoch, dass die Landesentwicklungspläne langfristig angelegt sind und ihre Verwendung als Verteilungsmaßstab im (kommunalen) Finanzausgleich insofern problematisch ist, weil hier die Strukturen der Vergangenheit als Referenzmodell für eine zukünftige Entwicklung herangezogen werden. Durch die langfristige Einstufung der Gemeinden können diese möglicherweise in ihrer Entwicklungsfähigkeit beeinträchtigt werden. Die Klassifizierung nach der Zentralörtlichkeit bleibt aufgrund der unterschiedlichen Aufgaben zentraler Orte der gleichen Stufe demnach auch ein recht grobes Instrument. Vgl. Vesper, D. (2000), S. 35; vgl. Parsche, R., Steinherr, M. (1995), S. 22.

139 Vgl. hierzu Kapitel 5 der vorliegenden Arbeit.

140 Vgl. Sachverständigenrat zur Begutachtung der gesamtwirtschaftlichen Entwicklung (2001), S. 213.

2.3 Räumliche Effizienz

Als weitere theoretische Begründung interregionaler Ausgleichszahlungen zugunsten von Agglomerationen lassen sich ineffiziente Wanderungsbewegungen anführen. Die Idee hinter dieser Begründung ist, dass die räumliche Ansiedlungsentscheidung von einer Vielzahl von Faktoren beeinflusst wird. Die privaten Wirtschaftssubjekte können aber die Rückwirkungen ihrer individuellen Entscheidung nicht vollständig in Hinblick auf die aus der Sicht des allwissenden und wohlfahrtsmaximierenden Planers volkswirtschaftlich optimale Bevölkerungsverteilung antizipieren. Die Standortwahl erfolgt demgemäß allein aufgrund privater Erwägungen, die sozialen Zusatzeffekte werden nicht beachtet. Hierdurch ergeben sich Abweichungen zwischen der aus normativer Sicht effizienten und der sich tatsächlich einstellenden räumlichen Verteilung.

Die Implementierung eines interregionalen Transfersystems kann diese Ineffizienzen beseitigen. Für die Frage, ob dieses Argument Zuweisungen zugunsten oder zulasten einer Agglomeration rechtfertigt, ist entscheidend, in welche Richtung sich die Abweichungen zwischen dem Marktergebnis und der optimalen Bevölkerungsverteilung ergeben. Ist die Agglomeration aus normativer Sicht zu dicht bevölkert, der Agglomerationsgrad also zu hoch, müssen deglomerierende Maßnahmen ergriffen werden. Diese können sich in Finanztransfers zulasten der Agglomeration ausdrücken. Ist der Agglomerationsgrad hingegen zu gering, muss die Konzentration verschärft werden, indem Transfers an die Agglomeration gezahlt werden.[141]

Um zu klären, ob und in welche Richtung Zuweisungen notwendig sind, müssen die sich einstellenden Wanderungsgleichgewichte eingehend untersucht werden. Einen Ansatz zur Beantwortung dieser Frage bietet die Neue Ökonomische Geographie (NÖG).[142] Sie liefert wesentliche Erklärungsgründe für das Entstehen von Agglomerationen, die nicht auf regionale Charakteristika wie beispielsweise die natürliche Ressourcenausstattung zurückzuführen sind, sondern auf die Existenz von Agglomerationsvorteilen, aufgrund derer Agglomerationen nicht per se als negativ eingestuft werden können. Agglomerationsvorteile aus privatwirtschaftlicher Tätigkeit sind dabei Informationsspillovers, ein qualifizierter

---

141 Vgl. Kitterer, W., Burckardt, T., Löwer, H. (2004), S. 71. Diese Frage ist auch im Zusammenhang mit einem wachstumsoptimalen Agglomerationsgrad von besonderer Bedeutung.

142 Die Neue Ökonomische Geographie wurde vor allem durch Krugman popularisiert. Vgl. Krugman, P. (1991).

Arbeitskräftepool sowie Kopplungseffekte, die bei der Neuen Ökonomischen Geographie im Mittelpunkt stehen.

Charakteristisch für die Modelle der NGÖ sind steigende Skalenerträge in der Güterproduktion, die Präferenz der Haushalte für Markenvielfalt, der Einfluss von Transportkosten sowie die Annahme unvollkommener Märkte. Aus der Interaktion der Marktteilnehmer und den genannten Elementen bilden sich in den allgemeinen Zwei-Regionen-Modellen Agglomerationen und periphere Räume als endogenes Marktergebnis ab. Zentripetalkräfte entstehen dabei durch Marktgrößeneffekte. Je mehr Konsumenten an einem Ort wohnen, desto größer ist die lokale Nachfrage, was die Region für Unternehmen attraktiv macht (Rückwärtskopplung). Zudem entsteht für die Unternehmen durch steigende Skalenerträge ein Anreiz, die Produktion an einem Ort zu bündeln. Mobile Haushalte wandern dagegen in die Agglomeration aufgrund der besseren Einkaufs- und Verdienstmöglichkeiten (Vorwärtskopplung). Somit entsteht ein sich selbst verstärkender Ballungsprozess.[143] Eine Abschwächung erfahren die Agglomerationstendenzen aufgrund auftretender negativer Effekte wie steigender Preise für Produktionsfaktoren oder Wohnraum. Die räumliche Verteilung wird durch das Zusammenspiel von zentripetal wirkenden Agglomerationsvorteilen und zentrifugal wirkenden Ballungsnachteilen determiniert, sodass beide Effekte im Gleichgewicht aus Sicht der Bevölkerung zum Ausgleich gebracht werden.

In Abhängigkeit der Transportkosten ergeben sich letztlich verschiedene Agglomerationsmuster. Mittlerweile hat sich die Überzeugung durchgesetzt,[144] dass sich die Haushalte bei nicht vorhandenen oder sehr geringen Transportkosten symmetrisch auf beide Regionen verteilen. Aufgrund der potenziellen Ballungsnachteile sind sie nicht bereit, sich räumlich zu konzentrieren, da das überregionale Warenangebot zu gleichen Preisen bezogen werden kann. Auch für die Anbieter ergibt sich kein Drang zur Konzentration. Sie siedeln sich vielmehr dort an, wo die Produktionskosten gering sind, und bedienen ihre Märkte von dort. Steigende Faktorpreise aufgrund zunehmender Nachfrage durch die Unternehmen würden zu einer neuen Standortwahl führen. Mit steigenden Transportkosten erhöhen sich jedoch die Anreize zur Konzentration. Die Unternehmen neigen nun dazu, sich nah

---

143 Der Anstoß für den Ballungs- oder Dispersionsprozess ergibt sich aus einer minimal unterschiedlichen Anfangsausstattung der Regionen. Die Frage, woher diese Unterschiede kommen, bleibt jedoch offen.

144 Krugman ging im Standardmodell noch davon aus, dass sich auch im Bereich sehr niedriger Transportkosten Agglomerationen ergeben. Aktuelle Forschungsergebnisse zeigen jedoch, dass Agglomerationen im Wesentlichen nur im mittleren Transportkostenbereich entstehen.

am jeweiligen Absatzmarkt anzusiedeln. Auch die Haushalte sind bereit, eine Prämie in Form höherer Wohnraumkosten zu zahlen, um das vielfältigere (lokale) Güterangebot zu nutzen.[145] Bei sehr hohen Transportkosten ergibt sich wiederum eine Tendenz zur räumlichen Gleichverteilung der Wirtschaftssubjekte.

Bezüglich der Frage, ob das sich aus dem Zusammenspiel von zentripetalen und zentrifugalen Kräften einstellende Gleichgewicht optimal ist, kommen die verschiedenen Beiträge zu unterschiedlichen Ergebnissen. So kann Helpman zeigen, dass die sich einstellende Bevölkerungsverteilung entweder optimal oder der Agglomerationsgrad zu gering ist. Matsuyama und Takahashi können nachweisen, dass sich sowohl ineffiziente Bevölkerungsverteilungen mit einem zu geringen als auch mit einem zu hohen Agglomerationsgrad ergeben.[146] Burckhardt zeigt, dass sowohl Zuweisungen zugunsten als auch zulasten der Agglomeration effizienzsteigernd wirken können.[147] Pflüger und Südekum kommen zu dem Ergebnis, dass der Markt im Bereich hoher Handelskosten eher zu einer Überagglomeration, bei geringen Handelskosten zu einer Unteragglomeration neigt.[148]

Aufgrund der eher schwachen empirischen Fundierung der hochstilisierten Modelle lassen sich bisher kaum robuste und allgemeine Aussagen über die komplexen realen Zusammenhänge und die angemessenen politischen Maßnahmen machen.[149] Obwohl eine zunehmende Anzahl von Beiträgen versucht, Politikimplikationen abzuleiten, sind Empfehlungen für die tatsächliche Ausgestaltung eines Finanzausgleichssystems kaum zu finden. Es wird aber grundsätzlich deutlich, dass sowohl Zuweisungen *zugunsten* (agglomerationsfördernd) als auch *zulasten* (deglomerationsfördernd) von Ballungsräumen denkbar sind.

Neben den oben benannten Agglomerationswirkungen aus privatwirtschaftlicher Aktivität kann auch die Tätigkeit des öffentlichen Sektors, d.h. die

145 Dabei wird eine vollständige Konzentration in einer der beiden Modellregionen ausgeschlossen, indem unterstellt wird, dass nicht alle Haushalte mobil sind. Einige Haushalte verbleiben in der Peripherie und stellen für einen Teil der Unternehmen einen Anreiz dar, nicht in die Agglomeration abzuwandern.

146 Vgl. Matsuyama, K., Takahashi, T. (1998), S. 211 ff.; vgl. Helpman, E. (1997), S. 33 ff.

147 Vgl. Burckhardt, T. (2004), S. 153 ff.

148 Vgl. Pflüger, M., Südekum, J. (2008), S. 544 ff.

149 Vgl. Ross, M. (2003), S. 119 ff.

Bereitstellung eines öffentlichen Güterbündels, [150] agglomerationsfördernd wirken, [151] wenn die Steuereinnahmen in der Region verbleiben und sich im öffentlichen Angebot widerspiegeln. Wird dagegen ein Finanzausgleich (ohne Einwohnerwertung)[152] zwischen den Regionen implementiert, wobei die Agglomeration aufgrund ihrer höheren Steuerkraft ausgleichspflichtig ist, sinkt das Angebot regionaler öffentlicher Güter im Ballungsraum und es kommt zu einer Reduktion der Agglomerationstendenzen.

Diesem Abschöpfungseffekt entgegen wirkt das Instrument der Einwohnerwertung. Sie verstärkt die zentripetalen Kräfte, da sich die im Finanzausgleich zu leistenden Zuweisungen reduzieren. Die Tendenz zur räumlichen Konzentration im Vergleich zu einer Situation, in der ein Finanzausgleich ohne Einwohnerwertung implementiert ist, wird verschärft. Im Vergleich zu einer Situation, in der die regionalen Steuereinnahmen in der Region verbleiben, d.h. in der keine Umverteilung stattfindet, ist die Wirkung jedoch weniger eindeutig. Hier bedingt die Einwohnerwertung nur dann eine Verschärfung der räumlichen Konzentration, wenn das regionale Angebot an öffentlichen Gütern in einer Region nach Finanzausgleich (mit Einwohnerwertung) höher ist als ohne Finanzausgleich. Nur wenn die Einwohnerwertung höher ist als die interregionalen Unterschiede in der Steuerkraft, werden die Agglomerationstendenzen verstärkt. Entspräche die Einwohnerwertung dem Verhältnis der regionalen Durchschnittssteuereinnahmen, ergäben sich keine Veränderungen in der Bevölkerungsverteilung, da es zu keiner Veränderung im öffentlichen Güterangebot käme. Ist die Einwohnerwertung hingegen geringer als das Verhältnis der regionalen Steuereinnahmen, verteilt sich die Bevölkerung im Vergleich zu einer Situation ohne Finanzausgleich gleichmäßiger auf beide Regionen. Mithin ist die Frage, ob die Einwohnerwertung die Konzentration fördert, maßgeblich vom gewählten Vergleichsszenario abhängig.

---

[150] Die klassischen Kern-Peripherie-Modelle der Neuen Ökonomischen Geographie beziehen sich ausschließlich auf privatwirtschaftliche Agglomerationserträge, wobei Linkage-Effekte in der Literatur als die häufigste Ursache räumlicher Konzentration angesehen werden. Zunehmend wird jedoch auch der öffentliche Sektor einbezogen.

[151] Modelltheoretisch lässt sich zeigen, dass die agglomerierende Wirkung des öffentlichen Angebotes umso größer ist, je stärker das mobile Einkommen zur Finanzierung öffentlicher Leistungen herangezogen wird.

[152] Unter Finanzausgleich ist in diesem Zusammenhang nicht nur der Länderfinanzausgleich, sondern die gesamte Steuerverteilung – insbesondere die Zerlegung der Einkommensteuer und die Umsatzsteuerverteilung zu verstehen.

Die *„Verzerrungswirkung der Einwohnerwertung"* kann demnach durch das Verhältnis der Steuereinnahmen vor Steuerverteilung und den Steuereinnahmen nach Steuerverteilung approximiert werden. Im Jahr 2008 liegen die Steuereinnahmen vor Steuerverteilung (bereinigt um die Bundesanteile an den Gemeinschaftssteuern) im Durchschnitt der Stadtstaaten bei rund 149 % des Flächenländerdurchschnitts, nach Steuerverteilung bei 142 %. Dieses kann ein Hinweis darauf sein, dass die Gesamtwirkung durch die Steuerver- bzw. -umverteilung (einschließlich der Berücksichtigung der Einwohnerwertung) keinen räumlich verzerrenden Effekt aufweist. Da die Modelle der Neuen Ökonomischen Geographie im Wesentlichen auf Zwei-Regionen-Modellen basieren, wurden hier die Stadtstaaten insgesamt und die Flächenländer insgesamt als jeweils eine Region betrachtet. Werden die Stadtstaaten einzeln analysiert, zeigt sich, dass die Steuereinnahmen vor Steuerverteilung in Hamburg im Vergleich zu den Flächenländern bei 277 %, in Bremen bei 124 % und in Berlin bei 88 % liegen. Nach der Steuerverteilung ergeben sich Werte von 145 %, 134 % bzw. 142 %.[153] Demnach kann für Hamburg kein, für Bremen ein leicht und für Berlin ein stark verzerrender Agglomerationseffekt identifiziert werden kann.

Insgesamt lässt sich festhalten, dass die Förderung einer Agglomeration über ihren bestehenden Grad hinaus nicht immer mit wohlfahrtsmindernden, sondern auch mit wohlfahrtssteigernden Effekten verbunden ist und dass die Frage nach der Verschärfung der räumlichen Konzentration infolge der Einwohnerwertung nicht pauschal beantwortet werden kann.

2.4 Begünstigung wachstumsfördernder Agglomerationen

Die von einer Agglomeration induzierten externen Effekte können nicht nur auf die Bereitstellung (lokaler) öffentlicher Leistungen beschränkt werden, sondern auch in einem weiteren Kontext interpretiert werden. Großstädte stellen als Träger von

[153] Vgl. Statistisches Bundesamt (2009), Fachserie 14, Reihe 4.

Innovationen[154] und als Knotenpunkt von Entscheidungs- bzw. Kontrollkapazitäten regionale Wachstumspole dar. Weil nationales Wachstum nicht exogen vorgegeben ist,[155] sondern insbesondere in einigen wenigen *„Keimzellen"* entsteht, gehen von ihnen wirtschaftliche und fiskalische Impulse zugunsten aller Regionen einer Volkswirtschaft aus.[156] In diesem Sinne bestehen die von regionalen Agglomerationen ausgehenden positiven externen Effekte darin, dass sie eine weit reichende Bedeutung für die nationale Entwicklung haben.

In der Literatur finden sich empirische Belege für einen positiven Zusammenhang zwischen dem Agglomerationsgrad und dem Wachstum einer Volkswirtschaft. Henderson kann beispielsweise empirisch nachweisen, dass eine suboptimale Konzentration (Über- oder Unterkonzentration) erhebliche Wachstumsverluste impliziert, wobei der wachstumsoptimale Agglomerationsgrad vom Pro-Kopf-Einkommen und der Landesgröße anhängig ist.[157] Auch Fujita und Thiesse zeigen modelltheoretisch, dass sich positive Effekte aus der regionalen Konzentration auf das gesamtwirtschaftliche Wachstum ergeben, wenn die geographische Nähe innerhalb einer Agglomeration die Übertragung von Wissen vereinfacht.[158]

Zudem bedingt die Globalisierung und europäische Integration einen Souveränitätsverlust der klassischen Nationalstaaten. Lokale Ballungsräume gewinnen zunehmend an Bedeutung. In der Europäischen Union sind es unter dem Globalisierungsdruck die *„blühenden europäischen Megametropolen, die aus ganz Europa (und natürlich aus der übrigen Welt) Kapital, Arbeit und Manager*

---

154 Innovationen gelten als zentrale Wachstumsdeterminante in Hocheinkommensländern. Als Indiz zeigt die Verteilung der regionalen Patente dabei eine spezifische Ballungsaffinität, die jedoch für Patente aus der Wissenschaft, deren Anteil allerdings gering ist, nicht gilt. Insbesondere Basisinnovationen können auch außerhalb der Ballungsgebiete entstehen. Anschließend gewinnt der Ballungsraum aufgrund der besseren Verfügbarkeit von Produktionsfaktoren und einer tieferen Spezialisierung und Arbeitsteilung jedoch an Bedeutung. Vgl. Zimmermann, H. (2004), S. 21; vgl. Greif, S. (1998), S. 549.

155 Diese übernommene Sichtweise wird von Richardson als *„generative view"* des gesamtwirtschaftlichen Wachstums bezeichnet. Im Gegensatz dazu steht der *„competitive view"*, der die gesamtstaatliche Wachstumsrate als exogen vorgegeben ansieht und damit den Wettbewerb der Regionen folglich zum Nullsummenspiel degradiert. Vgl. Richardson, H. W. (1979), S. 145 ff.

156 Vgl. Burckardt, T. (2004), S. 115.

157 Vgl. Henderson, V. (2000).

158 Vgl. Fujita, M., Thisse, J.-F. (1996).

anziehen werden."[159] Entsprechend muss sich Deutschland im intensiven Standortwettbewerb der europäischen Agglomerationen behaupten. Die Leistungs- und Konkurrenzfähigkeit moderner Gesellschaften hängt also maßgeblich von einem leistungsfähigen Netz international orientierter Zentren ab. In diesem Sinne sind die Großstädte und damit auch die Stadtstaaten als Wachstumsgeneratoren zu verstehen, die nicht in Standortkonkurrenz zu den anderen Gemeinden, sondern zu anderen Großstädten in Europa stehen.[160] Je besser die Städte im internationalen Standortwettbewerb positioniert sind, desto besser entwickeln sich aufgrund des Einflusses der Städte auf das gesamtwirtschaftliche Wachstum ihre Volkswirtschaften.[161]

Insbesondere vor dem Hintergrund niedriger Wachstumsraten und knapper Staatsfinanzen wird gefordert, die verfügbaren Finanzmittel dort einzusetzen, wo sie den höchsten Mehrwert erzielen.[162] Dabei gelten die Agglomerationen – insbesondere solche, die bereits in der Vergangenheit eine starke Konzentration wirtschaftlicher Aktivität aufwiesen – als die wesentlichen Träger der aktuellen und zukünftigen wirtschaftlichen, gesellschaftlichen und kulturellen Entwicklung.[163] Da sie letztlich die strukturschwachen Gebiete indirekt über Ausstrahlungseffekte mitziehen sollen, ist das Funktionieren der Ballungsgebiete für die peripheren Regionen zentral. Daher wird die Pflege und Unterstützung der starken

---

159 Straubhaar, T. (1999), S. 575. In Deutschland gibt es keine primäre *global city* wie Paris, London oder New York. Diese Funktionen werden in Deutschland von den Metropolregionen gemeinsam in Form eines polyzentrischen Städtesystems wahrgenommen. Deutschlands Städte sind eher im Bereich europäisch metropolitane Stadt- bzw. national bedeutende Stadtregionen einzuordnen.

160 Vgl. Kitterer, W., Burckhardt, T., Löwer, H. (2004), S. 76.

161 Vgl. Bräuninger, M., Stiller, S. (2006), S. 264.

162 Insbesondere das Verständnis der Regionalpolitik und Raumplanung ist von dieser Diskussion betroffen. Dabei wird die regionale Ausgleichsorientierung, die die strukturschwachen (ländlichen) Räume in den Vordergrund stellt, infrage gestellt und die nationale Wachstumsorientierung, die die Bedeutung der (wachstumsstarken) Zentren in den Mittelpunkt stellt, betont. In der Theorie manifestiert sich diese geänderte Sichtweise im Übergang von der neoklassischen Konvergenztheorie zur Neuen Ökonomischen Geographie bzw. der Neuen Wachstumstheorie. Vgl. Aring, J. (2005), S. 39 ff.; vgl. Zimmermann, H. (2005), S. 12 ff.

163 Die künftig stärkste Entwicklungsdynamik wird innerhalb der großen Verdichtungsräume, in deren Umland und in den Korridoren zwischen ihnen zu finden sein. Vgl. Steins, G. (2003), S. 30. Kritiker weisen darauf hin, dass eine belastbare ex-ante Identifikation der Regionen mit den größten zukünftigen Wachstumschancen kaum möglich und im Sinne von Hayek Anmaßung von Wissen ist. Vgl. Krell, D. (2005), S. 8.

Ballungsgebiete (Schwerpunktortprinzip) propagiert, zumal hier im Wesentlichen das erwirtschaftet wird, was später verteilt werden soll.[164] Das bedeutet jedoch auch den Abschied von der neoklassischen Konvergenzvorstellung, dass der Siedlungsstruktur eine Tendenz zum regionalen Ausgleich der Wachstumsraten und damit des Pro-Kopf-Einkommens innewohnt. Mithin nehmen der Zielkonflikt und der Trade-off zwischen gesamtwirtschaftlichem Wachstum und regionalem Ausgleich deutlich zu. Regionale Ausgleichspolitik ist unter dieser Perspektive nicht länger neutral zu einer nationalen Wachstumspolitik. Auch das Bundesamt für Bauwesen und Raumordnung sieht in den deutschen Metropolen die Motoren des gesamtwirtschaftlichen Wachstums.[165] Abbildung 5 zeigt die Lage der metropolitanen Räume im Jahr 2004. Die bevölkerungsreichste Metropolregion ist das Gebiet Rhein-Ruhr (11,5 Mio. Einwohner) gefolgt von Berlin/Brandenburg (5,9 Mio. Einwohner) und Frankfurt/Rhein-Main (5,5 Mio. Einwohner). Die kleinsten Metropolregionen sind Nürnberg (3,5 Mio. Einwohner), Bremen/ Oldenburg (2,4 Mio. Einwohner) und Rhein-Neckar (2,4 Mio. Einwohner). Im Jahr 2006 wurden rund 70 % des gesamtdeutschen Bruttoinlandsproduktes in den Metropolregionen erzeugt. Ihr Bruttoinlandsprodukt je Einwohner lag durchschnittlich um 19 % über dem Bundesdurchschnitt ohne diese Räume.[166] Ohne die

---

164 Zimmermann weist in diesem Zusammenhang auf das Modell *Bayern* hin. Dort muss der Großraum München den finanziellen Überschuss erbringen, mit dessen Hilfe Bayern seine peripheren Räume fördert. Vgl. Zimmermann, H. (2005), S. 24.

165 Es muss jedoch erwähnt werden, dass die polarisierende Raumtypenbildung, die auf der schwarz-weiß Unterscheidung zwischen blühenden Metropolen und benachteiligten ländlichen Räumen basiert, nicht unproblematisch ist. So gibt es auch hoch verdichtete, altindustrielle Regionen, die sich negativ entwickeln, während auf der anderen Seite eher ländlich strukturierte Räume existieren, die ein erhebliches Wachstum aufweisen. Starke Regionen, die zum Wachstum beitragen, sind in beiden Raumkategorien zu finden. Nichtsdestotrotz zeigt der Zukunftsatlas des Handelsblatts und der Prognos AG, dass unter den 50 zukunftsfähigsten Regionen 31 (kreisfreie) Städte zu finden sind, während unter den schwächsten Gebieten keine (kreisfreie) Stadt zu finden ist. Tendenziell sind die Agglomerationen die aktuellen und künftigen Träger wirtschaftlicher Entwicklung. Dennoch sollte allen Regionen gleich welcher Art über entsprechende Rahmenbedingungen die Möglichkeit geben werden, auch bei anscheinend ungünstigen Ausgangsbedingungen eine eigenständige Entwicklung zu nehmen. Vgl. Handelsblatt, Prognos AG (2004), S. 10 f.

166 Das BIP je Einwohner schwankt Bundesdurchschnitt (ohne Metropolregionen) schwankt zwischen 84 % und 156 %: Halle/Leipzig-Sachsendreieck 84 %; Berlin-Brandenburg 87 %; Bremen/Oldenburg 107 %; Hannover-Braunschweig-Göttingen-Wolfsburg 108%; Rhein-Ruhr 117 %; Rhein-Neckar 119 %; Nürnberg 119 %; Stuttgart 127 %; Hamburg 132 %; Frankfurt/Rhein-Main 139 %; München 156 %. Vgl. Bundesamt für Bauwesen und Raumordnung, Initiativkreis Europäische Metropolregionen (2008), S. 10 ff.

beiden wirtschaftsschwachen Regionen Berlin-Brandenburg und Dresden/Halle/ Leipzig liegt dieser Wert bei 26 %. Die Agglomerationsräume weisen eine hohe Arbeitsplatzkonzentration auf und stellen Arbeitsplätze für die strukturschwachen Gebiete bereit. Rund 75 % der Pendler fahren täglich aus dünn besiedelten Räumen in die Zentralräume, wobei die Oberzentren als Hauptziel identifiziert werden können.

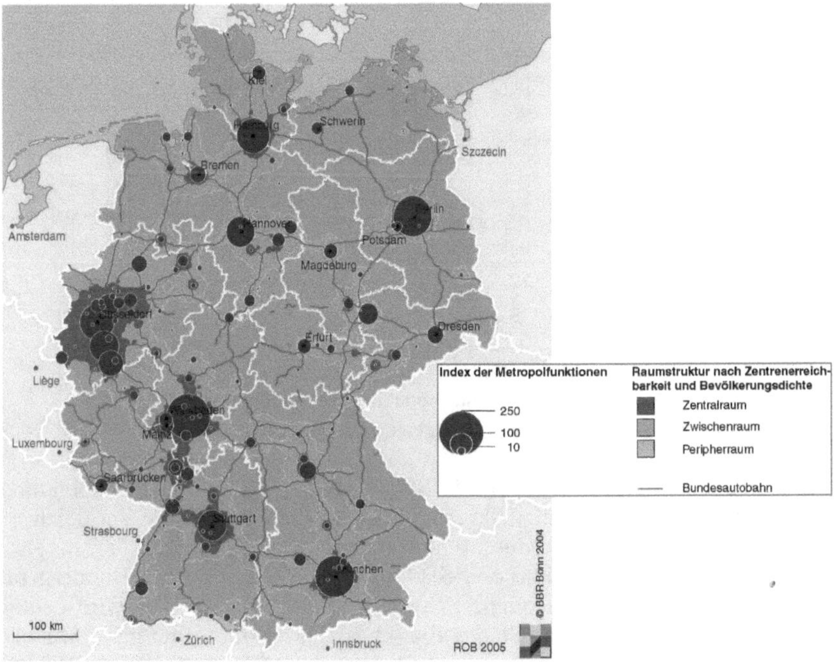

Abbildung 5: Metropolregionen und -funktionen in der Bundesrepublik Deutschland
Quelle: Bundesamt für Bauwesen und Raumordnung (2005), S. 185.

Auch die Analyse des Bruttoinlandsprodukts für die (kreisfreien) Städte als wesentlicher Teil der Metropolregionen zeigt eine ähnliche Struktur. Im Jahr 2007 wurden in den 14 größten deutschen Städten,[167] in denen 12 % der deutschen Bevölkerung wohnen, 22 % des Bruttoinlandsprodukts erzeugt. Von den 12.134 Gemeinden in Deutschland erwirtschafteten allein die kreisfreien Städte[168] mit rund einem Drittel der Bevölkerung 43 % der gesamten Wertschöpfung.[169]

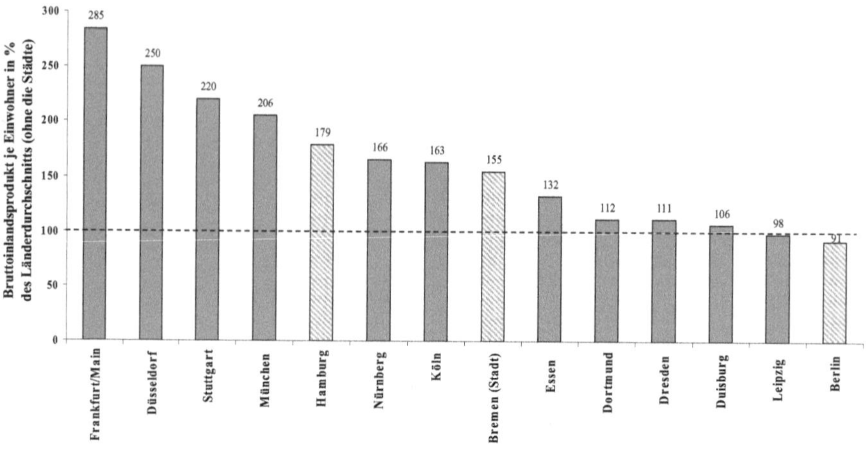

Abbildung 6: Vergleich des Bruttoinlandsprodukts der 14 größten deutschen Städte
Quelle: Eigene Berechnung auf Grundlage der Regionaldatenbank Deutschland (2008).

Zudem ist die Wirtschaftskraft in den Städten höher als außerhalb. Abbildung 6 stellt das Niveau der Wirtschaftskraft der 14 größten Städte im Vergleich zum übrigen Bundesgebiet (Bundesdurchschnitt ohne die 14 Großstädte) dar. Insgesamt liegt das Bruttoinlandsprodukt dieser Städte bei 153 % des übrigen Bundesgebiets (ohne die Städte), wobei erhebliche Schwankungen auftreten.[170] Es wird deutlich, dass die Wirtschaftskraft der Städte Frankfurt, Düsseldorf, Stuttgart, München, Hamburg, Nürnberg, Köln, Bremen (Stadt), und Essen deutlich über dem

---

167 Städte mit über 500.000 Einwohnern zuzüglich Nürnberg, Leipzig und Dresden. Hannover wird aufgrund des Regionalverbandes aus der Betrachtung ausgeklammert.

168 Aufgrund mangelnder Datenverfügbarkeit ohne Plauen, Zwickau, Görlitz, Hoyerswerda.

169 Im Jahr 1995 lag Wirtschaftleistung bei 80 %, während 48 % der deutschen Bevölkerung in den kreisfreien Städten wohnten.

170 Das Bruttoinlandsprodukt je Einwohner aller kreisfreien Städte liegt bei 157 % des Bundesdurchschnitts (ohne diese Städte).

Bundesdurchschnitt liegt, während Dortmund Dresden, und Duisburg diesen nur leicht überschreiten. Leipzig und insbesondere Berlin liegen hingegen unter dem Bundesdurchschnitt. Diese Abstufung zeigt sich auch bei den Metropolregionen. Es ist aber darauf zu verweisen, dass der Vergleich der Städte Berlin, Dresden und Leipzig mit dem Durchschnitt der ostdeutschen Länder ein anderes Ergebnis offenbart. Berlin würde dann bei 116 %, Dresden bei 141 % und Leipzig bei 124 % des ostdeutschen Durchschnitts (ohne diese Großstädte) liegen, sodass sich ihre Wirtschaftsschwäche im ostdeutschen Vergleich relativiert.

Daneben verdeutlicht das im engen Zusammenhang mit der überdurchschnittlichen Wirtschaftleistung stehende Finanzaufkommen in den Städten ihre besondere Bedeutung. Im Jahr 2004 wurden in den genannten Städten 23 % des gesamten Aufkommens der Lohn- und Einkommensteuer erzeugt, während das Aufkommen je Lohn- und Einkommensteuerpflichtigen bei 118 % des Bundesdurchschnitts liegt. Die Umsatzsteuerstatistik zeigt, dass 42 % des gesamten steuerbaren Umsatzes hier erwirtschaftet wurden, wobei dieser Umsatz je Umsatzsteuerpflichtigen bei 199 % des Bundesdurchschnitts liegt.

In diesem Zusammenhang sind die Steuerver- und -umverteilungssysteme[171] insofern bedeutend, weil sie durch die Abschöpfung oder Zuweisung von Finanzmitteln den Abbau von Standortdefiziten[172] und die Wettbewerbsfähigkeit der Agglomerationen zur Erhaltung und Fortentwicklung regionaler Produktions- und Wachstumsvoraussetzungen beeinflussen. Im Vergleich zu ihrer Wirtschaftskraft wird aus den Ballungsgebieten aufgrund der regional progressiv wirkenden Steuerarten und der Ausgestaltung der primären Steuerverteilung ein überpro-

171 Letztlich ist der Nettoeffekt aller regionalen Finanzströme zu ermitteln. Hierzu zählen neben dem Ab- bzw. Zufluss von Steuern auch die Zahlungen im Rahmen der Sozialversicherung sowie die Auftragseinnahmen und die Personal- und Sachausgaben der Bundes- und Landesebene.

172 Unabhängig von den besonderen strukturellen Voraussetzungen der jeweiligen Stadt wird hierbei immer wieder auf die Bedeutsamkeit von politischen Maßnahmen, welche die Ausstattung mit Wissen, die Reduzierung von Infrastrukturlücken, die Internationalität (Integration ausländischer Arbeitskräfte), die demographische Entwicklung und weiche Standortfaktoren (Wohnbedingungen, Lebensqualität, Freizeitangebote, Standortreputation) zum Ziel haben, verwiesen.

portionaler Steuerertrag abgezogen.[173] Wird aber die Tatsache akzeptiert, dass wirtschaftstarke Regionen, um auch in Zukunft ihre überdurchschnittlichen Leistungen erbringen zu können, sowohl im privaten als auch im öffentlichen Sektor einen überproportionalen Anteil an Ressourcen benötigen, so liegt hierin eine *allokative* Begründung für einen überproportionalen Pro-Kopf-Finanzbedarf der Ballungsgebiete. Ein Versagen der wirtschaftsstarken Agglomerationen aufgrund eines zu geringen finanziellen Selbstbehalts bzw. ihrer finanziellen Ausblutung hätte erhebliche Folgen für das nationale Wachstum. Daher sind Bund und Länder für die Funktionsfähigkeit ihrer Wirtschaftszentren verantwortlich.

Die Einwohnerwertung[174] stellt mithin sowohl im kommunalen als auch im bundesstaatlichen Finanzausgleich ein Korrektiv dar, welches eine ausreichend finanzielle Absicherung der regionalen Entwicklungsmöglichkeiten der Agglomerationen gewährleistet und damit ihr Bestehen als konkurrenzfähige und wachstumsfördernde Zentren zugunsten des gesamten Bundesgebiets absichert.[175] Insbesondere für die Stadtstaaten wird so die im Vergleich zu den Flächenländern hohe Finanzkraft relativiert und eine übermäßige Steuerkraftabschöpfung im Länderfinanzausgleich vermieden.[176]

Es ist allerdings anzumerken, dass bei dieser wachstumstheoretischen Begründung agglomerationsbedingter Finanzbedarfe die Sichtweise auf abgegrenzte territoriale Einheiten unangebracht scheint, da sich die Agglomerationen über die administrativen Grenzen hinaus erstrecken. Daher sollte eher auf die Einwohnerzahl des gesamten Ballungsgebietes (möglicherweise modifiziert um einen Dichteindikator) abgestellt werden. Zudem könnte der Wachstumsbeitrag der Agglomeration überproportional gewichtet werden, um die Wachstumseffekte zu belohnen. Solange jedoch nicht genauere und zugleich praktikablere Lösungen

---

173 Hierbei spielt insbesondere für die Stadtstaaten Bremen und Hamburg die bezogen auf die Wirtschaftkraft zu ihren Lasten ausgestaltete Zerlegung der Einkommensteuer und die Verteilung der Umsatzsteuer eine zentrale Rolle. Vor diesem Hintergrund gewinnt die Effizienzbedingung an Bedeutung, dass die tatsächliche und die originäre Steuerkraft übereinstimmen sollen. Dazu ist erforderlich, dass die Steuerverteilung der regionalen Wertschöpfung folgt. Die Veränderung der Steuerzerlegung ist zwar unter allokativen Gesichtspunkten wünschenswert, die Notwendigkeit der Vergleichbarmachung der Finanzkraft der Stadtstaaten mit derjenigen der Flächenländer löst sie aber nicht.

174 Gleiches gilt für zentrenorientierte Nebenansätzen im kommunalen Finanzausgleich.

175 Vgl. Zimmermann, H. (1996), S. 65 ff. Da den Stadtstaaten, die Kernstädte von Ballungsgebieten darstellen, die Möglichkeit eines internen Finanzausgleichs aufgrund ihres fehlenden Umlands verwehrt ist und muss dieser im Länderfinanzausgleich „nachgespielt“ werden. Vgl. Zimmermann, H. (2001), S. 224 ff.

176 Zum fehlenden Nivellierungseffekt vgl. Abschnitt 2.5 der vorliegenden Arbeit.

vorliegen, ist die Einwohnerwertung als grobes Hilfsmittel oder als Ausgangspunkt für verbesserte Indikatoren durchaus geeignet.[177]

2.5 Relativierung überdurchschnittlicher Finanzkraft

Im Gegensatz zu den bisher erläuterten Begründungen eines agglomerationsbedingten Finanzbedarfs, der Städte und Stadtstaaten gleichermaßen betrifft, lässt sich eine in der gegebenen Ländergliederung und in der Technik des Länderfinanzausgleichs stehende Rechtfertigung der Einwohnerwertung aus der agglomerationsbedingt erhöhten Finanzkraft der Stadtstaaten ableiten. Die strukturelle Andersartigkeit der Stadtstaaten zeigt sich in ihrer Funktion als isolierte Wirtschaftszentren. Für ihre Region stellen die Stadtstaaten enklavenähnliche Einkaufs- und Arbeitsplatzzentren dar, die von ihrem Umland durch Landesgrenzen abgeschnitten sind. Im Ländervergleich zeichnen sie sich durch eine hohe Produktivität und ein überdurchschnittliches Bruttoinlandsprodukt aus.[178] Durch die höhere Wirtschaftsleistung in Verbindung mit der Progression der Einkommensteuer sowie den höheren Realsteuersätzen ergeben sich Steuer- und Finanzkraftwerte, die strukturell nicht mit denjenigen der Flächenländer zu vergleichen sind. Zwar verdeutlicht Abbildung 7, dass insbesondere Hamburg eine deutlich höhere Finanzkraft (vor Länderfinanzausgleich) aufweist als der Flächenländerdurchschnitt, während sich für Bremen und Berlin leicht bzw. deutlich unterdurchschnittliche Werte ergeben. Trotzdem kann das folgende Argument auch auf die beiden finanzschwächeren Stadtstaaten angewendet werden.

Das Kernproblem liegt in der strukturell bedingten Überzeichnung der stadtstaatlichen Finanzkraft im Länderfinanzausgleich im Vergleich zu den Flächenländern.[179] Lägen die Stadtstaaten in einem Flächenland, ständen ihnen als hochverdichteten und finanzstärkeren Regionen weniger verdichtete und finanzschwächere Gebiete gegenüber. Bei der Berechnung der Pro-Kopf-Finanzkraft im Länderfinanzausgleich ergäbe sich ein interner Nivellierungseffekt.[180] Weil dieser Effekt in den Stadtstaaten, die praktisch in ihrer Gänze

177 Vor diesem Hintergrund kann die Sinn der Wiedereinführung der Einwohnerwertung für große und dicht besiedelte Gemeinden in den Flächenländern in den Länderfinanzausgleich neu zur Diskussion gestellt werden.

178 Vgl. Abbildung 7 der vorliegenden Arbeit; vgl. Kitterer, W. (1994), S. 21 f.

179 Vgl. Löffelholz, H.-D., Rappen, H. (1999), S. 23 ff.

180 Vgl. Vesper, D. (2001), S. 11; vgl. Kesper, I. (1998), S. 258.

Ballungsräume darstellen, fehlt, entsteht ein überzeichneter Eindruck der stadtstaatlichen Finanzkraft je Einwohner.

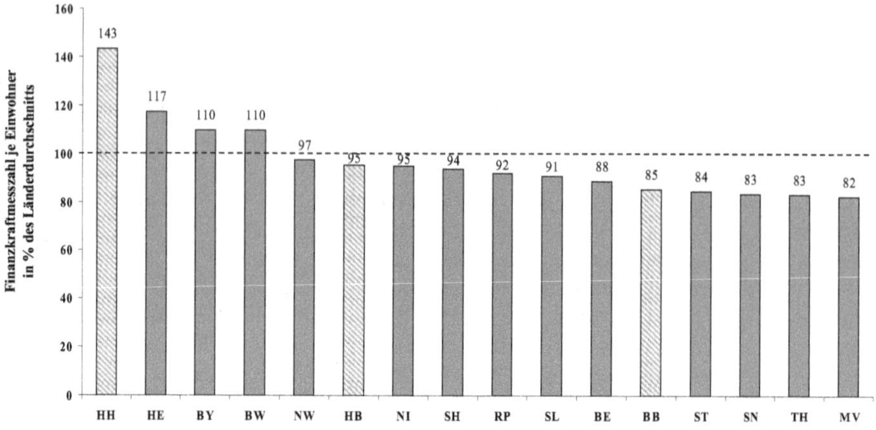

Abbildung 7: Vergleich der Finanzkraftmesszahl der Bundesländer vor LFA

Quelle: Bundesministerium der Finanzen (2008), Vorläufige Abrechnung des Länderfinanzausgleichs 2008.

Die Stadtstaaten würden durch einen unkorrigierten Finanzkraftausgleich nahezu zwangsläufig zu Geberländern, wodurch ihnen systematisch zu viel Finanzkraft abgezogen würde.[181] Spiegelbildlich würde ein unkorrigierter Ausgleich nicht berücksichtigen, dass die Stadtstaaten Bremen und Berlin, die eine leicht bzw. deutlich unter dem Flächenländerdurchschnitt liegende Finanzkraft aufweisen, eher als finanzschwach einzustufen sind.[182] Im Verhältnis zu den Flächenländern

---

181 Vgl. Wissenschaftlicher Beirat beim Bundesministerium der Finanzen (2000), S. 7.

182 Dieses wird insbesondere dann deutlich, wenn die beiden Stadtstaaten nicht mit Flächenländern, sondern mit Großstädten verglichen werden. Im Jahr 2004 betrug das Bruttoinlandsprodukt der fünfzehn größten deutschen Städte (einschließlich Stadtstaaten) rund 38.900 Euro je Einwohner. Bremen erreichte dabei 93 % und Berlin 60 % des Großstadtniveaus. Vor diesem Hintergrund muss Berlin als extrem leistungsschwach eingestuft werden. Aber auch für den Stadtstaat Bremen, der im Vergleich zum Flächenländerdurchschnitt einen Wert von 135 % aufweist, zeigt sich im Großstadtvergleich ein eher unterdurchschnittliches Niveau. Vgl. Kitterer, W., Plachta, R. (2007), S. 25.

würden unkorrigierte Zuweisungen aber zu gering ausfallen.[183] Ein Finanzkraftvergleich zwischen den Flächenländern und den Stadtstaaten ohne Rücksicht auf diese Unterschiede würde Unvergleichbares einander gegenüberstellen und wäre für die Stadtstaaten und ihre Regionen von erheblichem Nachteil.[184] Die Gleichsetzung der stadtstaatlichen Einwohner mit denjenigen der Flächenländer würde die überdurchschnittliche Wirtschaftskraft der Stadtstaaten in der Fläche umverteilen und zu einer Schwächung des ohnehin strukturschwachen Nordens führen.

Um dieser Sondersituation der Stadtstaaten und der daraus hervorgehenden mangelnden Validität der Einwohnerzahl als abstraktem Maßstab angemessen Rechnung zu tragen, ist es erforderlich, die stadtstaatliche Finanzkraft vor ihrer Einbeziehung in den Länderfinanzausgleich mit der Finanzkraft der Flächenländer vergleichbar zu machen.[185] Die Einwohnerwertung stellt hierzu ein entsprechendes Instrument dar. Die realen finanziellen Gegebenheiten der Bundesländer können nur hinreichend erfasst werden, wenn die stadtstaatenspezifische Problematik der mangelnden Nivellierung ballungsbedingter Finanzkraft angemessen berücksichtigt wird. Die überzeichnete Finanzkraft der Stadtstaaten darf sich nicht in der Bemessungsgrundlage für die Mittelumverteilung im Länderfinanzausgleich niederschlagen. Ohne die Einwohnerwertung könnten die Stadtstaaten durch eine zu hoch bemessene Ausgleichspflicht oder eine zu gering angesetzte Zuweisungsberechtigung übermäßig belastet, obwohl sie in Wirklichkeit nicht annähernd so leistungsfähig wie andere Geberländer bzw. deutlich leistungsschwächer als andere Nehmerländer sind, dieses aber aufgrund ihrer Sondersituation nicht deutlich wird. Eine derartige Leistungsverpflichtung würde den Stadtstaaten ihre existenznotwendige Finanzausstattung entziehen.[186] Kitterer möchte die Einwohnerwertung daher nicht in der Weise interpretiert wissen, dass sie eine Unterstützung oder eine Abgabe der Flächenländer aus ihren eigenen Mitteln zugunsten der Stadtstaaten darstellt. Vielmehr hält sie die Finanzkraft dort, wo sie entstanden ist und benötigt wird.[187] Die Andersartigkeit der Stadtstaaten liegt damit nicht nur in ihrem Finanzbedarf, sondern auch in ihrer Finanzkraft begründet. Das angeführte Argument wird zwar grundsätzlich anerkannt, jedoch ist es umstritten, ob die

183 Vgl. Kitterer, W., Burckhardt, T., Löwer, H. (2004), S. 75.
184 Vgl. Kitterer, W. (1994), S. 94.
185 Vgl. Kitterer, W. (1994), S. 20.
186 Vgl. Kesper, I. (1998), S. 258 f.
187 Vgl. Kitterer, W. (1994), S. 22

Einwohnerwertung das angemessene Instrumentarium bietet, um den Stadtstaaten eine adäquate Beteiligung am Finanzausgleich zu garantieren.[188]

2.6 Korrektur einer übermäßigen Steuerkraftabschöpfung

Eine weitere Rechtfertigung der stadtstaatlichen Einwohnerwertung basiert auf der Tatsache, dass die Stadtstaaten für ihre Wirtschaftsregionen Industrie-, Handels- und Dienstleistungszentren sind, die von Landesgrenzen umschlossen sind.[189] Durch diesen Enklavencharakter ergeben sich für die Stadtstaaten im Bereich der primären Steuerverteilung negative Folgen. Zunächst erleiden sie durch die einwohnerbezogene Verteilung des Umsatzsteueranteils, der nicht in den Vorwegausgleich einfließt, finanzielle Einbußen. Diesem Verteilungsprinzip liegt die Überlegung zugrunde, dass sich die wirkliche Steuerkraft der Umsatzsteuer im privaten Verbrauch ausdrückt, der zwischen den Ländern nicht stark streut. Diese Annahme ist jedoch in Frage zu stellen, da die Wirtschaftsstruktur und das Einkommensniveau zwischen den alten und den neuen Bundesländern sowie zwischen den Stadtstaaten und den Flächenländern erheblich voneinander abweichen. Die Konzentration höherer Einkommen in den Ballungsgebieten und ihre Zentralität als Ort der Einkommensverwendung führen in den Stadtstaaten zu einem erhöhten Konsum.[190] Folglich fallen die Umsatzsteuereinnahmen höher aus. Durch die einwohnerbezogene Umsatzsteuerverteilung müssen die Stadtstaaten aber einen Teil dieses Steueraufkommens an andere Länder abführen, obwohl sie die notwendige Infrastruktur einrichten und unterhalten, die auch von den Umlandbewohnern genutzt wird *(Problem der fiskalischen Äquivalenz)*.[191] Außerdem verlieren die Stadtstaaten mit jedem abwandernden Einwohner Umsatzsteueransprüche. Hickel, Roth und Troost schlagen daher vor, die Einwohnerwertung systematisch auch bei der Verteilung der Umsatzsteuer anzuwenden, um der Stadtstaatenproblematik schon an dieser Stelle Rechnung zu tragen.[192]

Vor allem aber bescherte die im Zuge der großen Finanzreform 1969/70 eingeführte Lohnsteuerzerlegung nach dem Wohnsitzprinzip den Stadtstaaten

---

188 Vgl. Kesper, I. (1998), S. 258 f.

189 Vgl. Hidien, J. W. (1999), S. 178 f.

190 Vgl. Abbildung A 1 im Anhang der vorliegenden Arbeit.

191 Vgl. Abschnitt 2.2 der vorliegenden Arbeit.

192 Vgl. Hickel, R. Roth, B., Troost, A. (1988), S. 90 f.

erhebliche Einnahmenverluste.[193] Der Hauptgrund dafür ist ihr hoher Berufseinpendlerüberschuss. Die Pendler arbeiten auf stadtstaatlichem Hoheitsgebiet, führen ihre Lohnsteuer aber in ihrem Wohnsitzland ab. Die Stadtstaaten profitieren nicht von dem Lohnsteueraufkommen, das von den Pendlern auf ihrem Territorium erwirtschaftet wird, obwohl sie aufgrund ihrer Zentralitätsfunktion als Arbeitsort für die entsprechenden Infrastrukturleistungen und die Pflege der Arbeitsplätze aufkommen.[194] Zudem hat sich als Konsequenz der seit den siebziger Jahren anhaltenden Suburbanisierungstendenzen und der wachsenden Mobilität die Zahl der Berufseinpendler erhöht.[195] Die Tatsache, dass die 20- bis 50-Jährigen besonders wanderungsaktiv sind,[196] wirkt sich dabei sehr ungünstig aus, da diese die Hauptgruppe der Lohnsteuerpflichtigen bilden.[197] Ursächlich für die Lohnsteuerverluste der Stadtstaaten sind aber nicht nur die hohen Pendlerquoten, sondern auch die Tatsachen, dass überdurchschnittlich hohe Einkommen in Agglomerationszentren konzentriert sind und dass Pendler aufgrund ihrer tendenziell höheren Berufsstellung überdurchschnittliche Einkommen aufweisen. Zudem führt das Verfahren der zentralen Lohnabrechnung am Unternehmenssitz zu Lohnsteuerzahlungen an andere Länder. Besonders Hamburg ist als Hauptsitzland zahlreicher Unternehmen davon betroffen. Die Bedeutung der Unternehmenssitze ist für Bremen schwächer ausgeprägt. Dagegen hat der Austausch mit dem Umland größeren Einfluss.[198] Demzufolge gehören die Zerlegungspflichten der Stadtstaaten (je Einwohner) zu den höchsten bundesweit. So führen Bremen und Hamburg 593 Euro bzw. 1.149 Euro je Einwohner an andere Länder ab, während das Flächenland mit der höchsten Zerlegungsverpflichtung (Hessen) 363 Euro je Einwohner abgeben muss.[199]

---

193 Vgl. Pagenkopf, H. (1981), S. 262. Während die Stadtstaaten von der Lohnsteuerzerlegung benachteiligt werden, verbuchen sie durch das Betriebsstättenprinzip bei der Körperschaftsteuer positive Einnahmeeffekte, die jedoch nicht ausreichen, um die negativen Folgen des Wohnsitzprinzips bei der Lohnsteuer zu kompensieren. Vgl. Hickel, R, Roth, B., Troost, A. (1988), S. 79.

194 Vgl. Hickel, R. Roth, B., Troost, A. (1988), S. 126 ff.

195 Seit Anfang der 70er Jahre hat Bremen rund 90.000 Einwohner verloren, 20.000 davon zwischen 1991 und 2004. Die absolute Einpendlerentwicklung zwischen Bremen und Niedersachsen weist folgende Struktur auf: 1970: 66.411 (Einpendlerüberschuss: 60.039); 2008: 120.971 (84.174). Vgl. Strüßmann, B. (2009), S. 8.

196 Vgl. Statistisches Bundesamt (2004), Fachserie 1, Reihe 1.2.

197 Vgl. Abbildung A 2 im Anhang der vorliegenden Arbeit.

198 Vgl. Schlichting, K. (1998), S. 195.

199 Vgl. Abbildung A 3 im Anhang der vorliegenden Arbeit.

Verschärft wird die Situation dadurch, dass vor allem einkommensstarke Erwerbspersonen die innerstädtischen Wohnlagen verlassen, was mit einer Konzentration älterer, ausländischer und ärmerer Bevölkerungsgruppen (so genannte *A-Gruppen*) einhergeht.[200] Ferner erfahren Großstädte eine Zuwanderung von Menschen mit Sozialhilfeansprüchen. Nicht umsonst weisen die Stadtstaaten mit Abstand die höchsten Sozialhilfequoten im Bundesgebiet auf.[201] Es entstehen Agglomerationsräume mit sozialen Brennpunkten im Kern und einem prosperierenden Speckgürtel.[202] Die öffentlichen Haushalte der Stadtstaaten werden durch den Verlust von Steuerzahlern und durch die Zunahme sozialer Kosten daher doppelt belastet.

Am Beispiel Bremens wird die Problematik der horizontalen Steuerverteilung deutlich. Während Bremen 1970 insgesamt 70 Mio. Euro an andere Länder abführte, waren es 1988 schon 244 Mio. und 2008 rund 367 Mio. Euro. Diese Entwicklung ist durch die drastisch zunehmenden Lohnsteuerzerlegungspflichten geprägt, während sich die Körperschaft- und Gewerbesteuer nur mäßig entwickelten und die Lohnsteuerverluste nicht kompensieren konnten. Im Jahr 1970 führte Bremen 322 Euro Lohnsteuer je saldiertem Auspendler (17 Mio. Euro insgesamt) an Niedersachsen ab und erhielt als Betriebsstättenland 321 Euro Körperschaft- und Gewerbesteuer. Dieser Betrag belief sich 1988 auf 2.113 Euro Lohnsteuer je saldierten Auspendler (161 Mio. Euro). Dem standen aber nur 809 Euro Körperschaft- und Gewerbesteuer gegenüber.[203]

Die vorgegebene primäre Steuerverteilung benachteiligt also in erheblichem Maße die Finanzausstattung der Stadtstaaten, was zu einer starken Diskrepanz zwischen stadtstaatlicher Wirtschafts- und Steuerkraft geführt hat.[204] Wie aus Abbildung 8 hervorgeht, ergeben sich in nahezu allen Ländern – sowohl negative als auch positive – Abweichungen. Während die durchschnittliche Abweichung rund ± 10 Prozentpunkte beträgt, sind Hamburg und Bremen deutlich stärker betroffen. In Hamburg fällt die Finanzkraft im Vergleich zum Länderdurchschnitt um 24 Prozentpunkt geringer aus als das Bruttoinlandsprodukt, während in Bremen

---

200 Vgl. Bade, F.-J. (1982), S. 19.

201 Während für 2007 die Sozialhilfequote (Anteil der Empfänger von laufender Hilfe zum Lebensunterhalt innerhalb und außerhalb von Einrichtungen an der jeweiligen Bevölkerung) im Flächenländerdurchschnitt bei 2,8 % liegt, weisen Bremen, Hamburg und Berlin Wert von 4,5 %, 5,6 % und 7,4 % auf. Vgl. Statistisches Bundesamt (2009), Fachserie 13, Reihe 2.

202 Vgl. Straubhaar, T. (1999), S. 574.

203 Vgl. Dannemann, G. (1991), S. 617 f.

204 Vgl. Kitterer, W. (1994), S. 9.

eine Diskrepanz von 43 Prozentpunkten zu verzeichnen ist.[205] Die Finanzkraft, mit der die beiden Stadtstaaten in den Länderfinanzausgleich eingehen, liegt im Vergleich zu ihrer Wirtschaftskraft also deutlich niedriger. Gemessen an der Wirtschaftskraft führen diese beiden Stadtstaaten einen erheblichen Teil des auf ihrem Territorium erwirtschafteten Steueraufkommens an andere Länder ab.

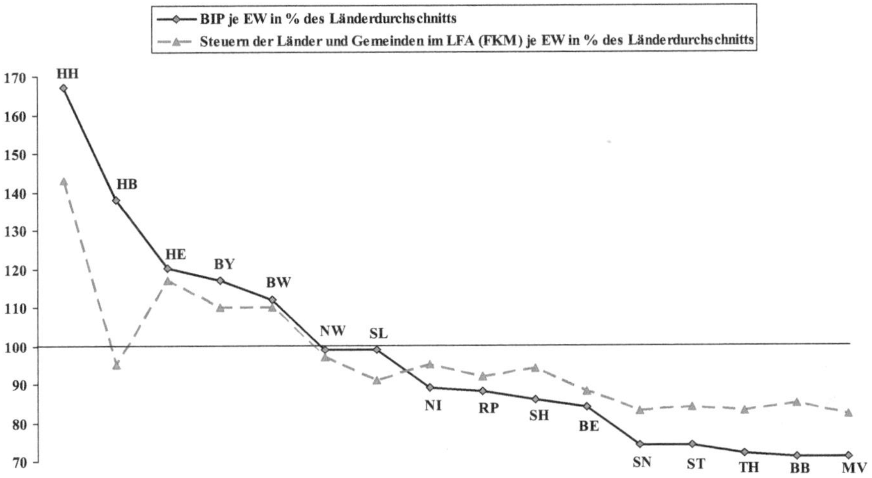

Abbildung 8: Bruttoinlandsprodukt und Finanzkraftmesszahl vor LFA

Quelle: Bundesministerium der Finanzen (2008), Vorläufige Abrechnung des Länderfinanzausgleichs 2008.

Da weder die Umsatzsteuerverteilung noch das Zerlegungsgesetz auf die Problematik isolierter Wirtschaftszentren gesondert eingehen, hat sich der Gesetzgeber offensichtlich dafür entschieden, sie auf der Ebene des Länderfinanzausgleichs zu lösen.[206] Die Stadtstaaten Hamburg und Bremen erhalten durch die Einwohnerwertung einen Teil des auf ihrem Territorium erwirtschafteten Steueraufkommens, das sie auf der Ebene des primären Finanzausgleichs abgeben mussten, entweder in Form von Zuweisungen oder

205 Unter den Flächenländern weisen Bayern und das Saarland mit 17 bzw. 8 Prozentpunkten die höchste negative Abweichung auf.

206 Vgl. Kesper, I. (1998), S. 109.

geringeren Beiträgen im Rahmen des Länderfinanzausgleichs zurück. Ob die Einwohnerwertung dieser Situation in angemessener Weise gerecht wird, ist umstritten. Denn gemessen am Bruttoinlandsprodukt muss Bremen im Rahmen der primären Steuerverteilung mehr abgegeben als durch den Finanzausgleich wieder zugeführt wird.[207]

Dem Grunde nach sind zwar alle Großstädte von Pendlerüberschüssen, Einwohnerverlusten und der agglomerationsbenachteiligenden Steuerverteilung betroffen. Dennoch hat diese Problematik für die Stadtstaaten aufgrund ihres Enklavencharakters eine besondere Dimension.[208] Die sich ergebenden Steuerverluste betreffen nur die Stadtstaaten, während Großstädte in Flächenländern zumindest teilweise durch den kommunalen Finanzausgleich eine Kompensation erfahren. Diese Möglichkeit besteht für die Stadtstaaten nicht. Es sei zudem angemerkt, dass es sich trotzdem nicht um ein reines Stadtstaatenproblem handelt, da auch andere Ballungszentren durch Landesgrenzen von einem Teil ihres Umlands abgeschnitten werden (Rhein-Main-Gebiet, Köln-Bonn, Saar-Lor-Lux). Länderübergreifende Verflechtungen spielen auch im Verhältnis einzelner Flächenländer eine zunehmende Rolle, jedoch ist das stadtstaatliche Ausmaß deutlich ausgeprägter.[209]

Das Bundesverfassungsgericht weist grundsätzlich darauf hin, dass die Pendlerproblematik eine stadtstaatenspezifische Komponente aufweist, es aber nicht der Sinn der Einwohnerwertung ist, die Folgen des Wohnsitzlandprinzips, das als verfassungskonform eingestuft wird, zu korrigieren.[210] Anzumerken ist in diesem Zusammenhang, dass das Bundesverfassungsgericht ausgeführt hat, dass die Finanzkraft vor Länderfinanzausgleich zwischen dem wohnortorientierten Bruttonationaleinkommen und dem arbeitsortorientierten Bruttoinlandsprodukt liegen soll.[211] In Bremen wird dieser Grundsatz jedoch eklatant verletzt. So liegt die Bremer Finanzkraftmesszahl vor Länderfinanzausgleich bei 95 % des Länderdurchschnitts, während sich für das Bruttonationaleinkommen bzw. das Bruttoinlandsprodukt Werte von 117 % bzw. 138 % ergeben. Bremen liegt damit deutlich unter diesem Korridor, sodass die primäre Steuerverteilung für Bremen als verfassungswidrig einzustufen ist.

---

207 So ergibt sich für Bremen nach Durchführung des Finanzausgleichs (einschließlich der allgemeinen und Sonderbedarfs-BEZ) eine Finanzkraftmesszahl von 124 % des Länderdurchschnitts, während das Bruttoinlandprodukt bei 138 % liegt.

208 Vgl. Wissenschaftlicher Beirat beim Bundesministerium der Finanzen (1992), S. 72.

209 Vgl. Löffelholz, H.-D., Rappen, H. (1999), S. 41.

210 Vgl. BVerfGE 86, 148 (243).

211 Vgl. BVerfGE 72, 330 (406 ff.).

Faktisch dient die Einwohnerwertung den Stadtstaaten zu einem nicht unerheblichen Teil zum Ausgleich der Benachteiligung bei der horizontalen Steuerverteilung. Tatsache ist, dass es ohne eine Änderung der Zerlegungsprinzipien nie zu einer derart starken Abhängigkeit der Stadtstaaten von der Einwohnerwertung gekommen wäre. Insofern wohnt der 1969/70 eingeführten Lohnsteuerzerlegung und der zunehmenden Stadt-Umland-Wanderung eine „*hausgemachte*" strukturelle Eigenart der Stadtstaaten inne. Konsequenterweise muss die für die Stadtstaaten nachteilige Lohnsteuerzerlegung dann als Argument für eine stadtstaatliche Einwohnerwertung anerkannt werden.[212] Andernfalls muss eine Änderung der entsprechenden Zerlegungsmodalitäten erfolgen, wobei selbst dann die Einwohnerwertung aufgrund der übrigen Agglomerationsspezifika nicht ersatzlos entfallen könnte.[213] Solange die derzeitigen Regelungen der Steuerverteilung unter den Ländern (insbesondere die Lohnsteuerzerlegung) mit ihren negativen Auswirkungen auf die Stadtstaaten beibehalten werden, liegt darin ein nicht zu unterschätzendes Argument zur Rechtfertigung der Einwohnerwertung.

212 Kitterer sieht die Einwohnerwertung daher auch nicht als Unterstützung der Stadtstaaten, sondern sie führt die Finanzkraft nach der primären Steuerverteilung dorthin zurück, wo sie entstanden ist. Da Kitterer die Einwohnerwertung auf diese Weise deutet, leitet er die Einwohnerwertung aus einem Vergleich zwischen dem Bruttoinlandsprodukt je Einwohner der Stadtstaaten und der Flächenländer ab. Als Ergebnis ergibt sich eine produktivitätsorientierte Einwohnerwertung von 130 % für Bremen bzw. 176 % für Hamburg. Vgl. Kitterer, W. (1994), S. 20 ff.

213 Vgl. hierzu Abschnitt 5.1.1 der vorliegenden Arbeit.

3 Finanzausgleichssystem in der Bundesrepublik Deutschland

Nachdem die Begründungsansätze für eine besondere Berücksichtigung von Agglomerationen diskutiert wurden, soll die konkrete Ausgestaltung dieser Sonderstellung in der deutschen Finanzausgleichspraxis dargestellt werden. In Abhängigkeit des betrachteten Agglomerationstyps sind für die Länderebene die Bestimmungen des Länderfinanzausgleichs und für die kommunale Ebene die Bestimmungen der länderspezifischen kommunalen Finanzausgleichssysteme von Relevanz.

Unabhängig von der Ebene ist beiden Systemen gemein, dass Agglomerationen eine besondere Berücksichtigung erfahren. Für den Länderfinanzausgleich lässt sich eine Sonderbehandlung der drei stadtstaatlichen Agglomerationen durch die Einwohnerwertung identifizieren. Hier werden die Einwohner der Stadtstaaten mit 135 % im Vergleich zu den Flächenländern höher gewichtet. In den kommunalen Finanzausgleichssystemen zeigt sich die besondere Stellung von Agglomerationen trotz großer Systemunterschiede im Wesentlichen in der Hauptansatzstaffel sowie in den Nebenansätzen zur Abgeltung von Zentrumslasten. Gegenstand des folgenden Abschnitts ist die Diskussion des Begriffs Finanzausgleich sowie die systematische Darstellung der institutionellen Regelungen des bundesstaatlichen Finanzausgleichs sowie der kommunalen Finanzausgleichssysteme der 13 Flächenländer in der Bundesrepublik Deutschland.

3.1 Begriff des Finanzausgleichs

Die Bundesrepublik Deutschland ist nach Art. 20 GG ein demokratischer und sozialer Bundesstaat. Dieser Grundsatz bedingt, wie in allen föderal ausgestalteten Staatssystemen, die Notwendigkeit, die Aufgaben-, Ausgaben und Einnahmenkompetenzen den unterschiedlichen Ebenen – in Deutschland sind dies der Bund, die Länder und die Gemeinden – zuzuordnen, um die Funktionsfähigkeit des Systems zu gewährleisten.[214]

Die Konkretisierung der föderalen Spielregeln bezüglich des Dreiklangs Aufgaben-, Ausgaben- und Einnahmenverteilung wird allgemein unter dem Begriff *Finanzausgleich* zusammengefasst. Er bezeichnet die Gesamtheit aller Tatbestände und Regelungen, die die Verteilung der Aufgaben und der aus ihrer Erfüllung

214 Vgl. Heinemann, A. (2008), S. 73; vgl. Junkernheinrich, M. (1991), S. 28.

resultierenden Ausgaben (passiver Finanzausgleich) sowie die Verteilung der dazu notwendigen Einnahmen, insbesondere der Steuern (aktiver Finanzausgleich),[215] zwischen den Gebietskörperschaften[216] innerhalb eines staatlichen Gebildes[217] regeln.[218] Aufgrund der sehr weit gefassten Begriffsdefinition wird häufig von *Finanzausgleich im weiteren Sinne* gesprochen. Wesentlich treffender wäre aber der angelsächsische Terminus *intergovernmental (fiscal) relations* oder der französische Ausdruck *partage des compétences*, da eben nicht nur die finanziellen Beziehungen Berücksichtigung finden, sondern ebenso die generelle Aufgaben- und Ausgabenzuordnung.[219]

---

215 Die Unterteilung in passiven und aktiven Finanzausgleich findet sich bei Keller, T. (1961), S. 553 f.

216 Der Finanzausgleich bezieht sich in jedem Fall auf eine Mehrzahl von rechtlich selbstständigen Körperschaften mit eigenen Finanzwirtschaften. Partner am Finanzausgleich können die verschiedensten Körperschaften sein: Völkerrechtlich souveräne Staaten, Bundesstaaten, Gliedstaaten, Gemeinden, Gemeindeverbände, aber auch Kirchen, Sozialversicherungsträger, Anstalten oder ähnliche Parafisci. Sie alle verfügen über eine Finanzwirtschaft und können gezwungen sein, einen Ausgleich zwischen den einzelnen Körperschaften herzustellen. Vgl. stellvertretend Pagenkopf, H. (1981), S. 32. Aufgrund der Struktur der Bundesrepublik Deutschland bezieht sich der Begriff *Finanzausgleich* im Rahmen dieser Arbeit jedoch ausschließlich auf den gebietskörperschaftlichen Finanzausgleich innerhalb des Bundesstaates.

217 Dabei ist der Finanzausgleich keine ausschließlich föderalistische Institution. Ihm kommt auch im Einheitsstaat eine gewisse Bedeutung zu, denn er wird hier zum Instrument, mittels dessen der Staat den nachgeordneten Gebietskörperschaften eine gewisse Unabhängigkeit und Selbstverwaltung zugestehen kann, zumindest aber stellt er die Verbindung zwischen verschiedenen Haushaltssubjekten her. Auch souveräne Staaten können sich wie beispielsweise im Rahmen der Europäischen Union an einem Finanzausgleich beteiligen. Dennoch hat er für den Bundesstaat existentielle Bedeutung. Vgl. Pagenkopf, H. (1981), S. 30. Auch Schumpeter weist daraufhin: Der Finanzausgleich *„ist nichts spezifisch Deutsches, sondern kommt in jedem Gemeinwesen vor mit der Ausnahme des Stadtstaates, der aber auch in der Regel sich mit seinesgleichen zusammenschließt und so die Frage des Finanzausgleichs kennenlernt. ... Der Punkt, auf den es ankommt und an dem das Problem des Finanzausgleichs entsteht, ist ...: Kein Gemeinwesen, das mehr als eine Gemeinde enthält, kann einfach ein einheitliches politisches Individuum sein.“* Vgl. Schumpeter, J. A. (1936), S. 1124. Von der Aussage Schumpeters ist jedoch der Stadtstaat Bremen ausgenommen, da er aus zwei Gemeinden besteht und damit einen landesinternen Finanzausgleich vornimmt.

218 Vgl. Nowotny, E. (1991), S. 90; vgl. Peffekoven, R. (1986), S. 80; vgl. Fischer-Menshausen, H. (1980), S. 637.

219 Vgl. Andel, N. (1992), S. 504; vgl. Pagenkopf, H. (1981), S. 30 f.; vgl. Peffekoven, R. (1980), S. 608.

Im Gegensatz dazu bezieht sich ein enger abgegrenzter Begriff des Finanzausgleichs auf die Verteilung der Erträge aus öffentlichen Einnahmen auf die Gebietskörperschaften (aktiver Finanzausgleich). Die Auf- und Ausgabenverteilung wird als verfassungsrechtliche Konstante angesehen, die dem Finanzausgleich vorgeschaltet ist.[220] Dieses Verständnis des Finanzausgleichs umfasst einerseits die Verteilung der Einnahmequellen zwischen den beteiligten Gebietskörperschaften, andererseits auch die Umverteilung dieser Einnahmen. So wird denn auch innerhalb dieses engeren Finanzausgleichsbegriffs zwischen primärem (ertragsaufteilendem) und sekundärem (umverteilendem) Finanzausgleich unterschieden. Ein noch weiter eingegrenzter Begriff des *Finanzausgleichs (im engeren Sinne)* umfasst ausschließlich die Umverteilung der Einnahmen zwischen den Gebietskörperschaften bei gegebener Aufgaben-, Ausgaben- und originärer Einnahmenstruktur.[221]

Daneben lässt sich der Finanzausgleich begrifflich in Abhängigkeit der Richtung der Finanzströme in einen vertikalen und einen horizontalen Teil gliedern. Während beim vertikalen Finanzausgleich die Finanzströme zwischen vor- und nachgeordneten Gebietskörperschaften fließen, stehen beim horizontalen Finanzausgleich die beteiligten Gebietskörperschaften rechtlich auf derselben Stufe.[222] Davon zu unterscheiden ist die Wirkungsrichtung. So kann sich ein vertikaler Finanzausgleich horizontal, d.h. im Verhältnis zwischen gleichgeordneten Gebietskörperschaften, auswirken, je nachdem ob vertikal gleiche oder abgestufte Beträge überwiesen werden.[223]

3.2 Dualismus des Finanzausgleichs

In dieser Arbeit wird der Finanzausgleichsbegriffs auf die dargestellte Definition als finanzielles Verteilungs- und Ausgleichsinstrument zwischen den Gebietskörperschaften eines Bundesstaates eingegrenzt. Daher ist zu beleuchten, welche Gebietskörperschaften sich im System des deutschen Finanzausgleichs überhaupt gegenüber stehen.

---

[220] Auch Hennecke und Vogel weisen darauf hin, dass die Aufgabenverteilung nicht Regelungsgegenstand des Finanzausgleichs, sondern diesem als Bestimmungsgröße vorgeschaltet ist. Vgl. Hennecke, H.-G. (1990), S. 142; vgl. Vogel, K. (1990), S. 19.

[221] Vgl. Lenk, T. (2003), S. 245; vgl. Nowotny, E. (1991), S. 101.

[222] Vgl. Bös, D. (1978), S. 45.

[223] Vgl. Jörg, A. (1998), S. 144.

Das Wort und der Begriff des Finanzausgleichs sind an sich neutral und fordern lediglich die Einbeziehung mindestens zwei differenzierbarer (öffentlicher) Finanzsubjekte innerhalb einer Einheit. Demnach können grundsätzlich alle Gebietskörperschaften der Finanzverfassung – Bund, Länder und Gemeinden bzw. Gemeindeverbände – Subjekte eines kollektiven Finanzausgleichs sein. Dennoch ist die Finanzverfassung prinzipiell durch eine Zweistufigkeit gekennzeichnet, die als gleichwertige Partner lediglich den Bund und die Gliedstaaten anerkennt.[224] Trotz der stetigen Verbesserung der kommunalen Rechtsposition seit 1949[225] und der Nennung der Kommunen innerhalb des Art. 106 und 107 GG, sind sie kein eigenständiger und gleichberechtigter dritter Steuer- bzw. Finanzausgleichspartner. Die Gemeinden bekommen zwar nach Art. 106 Abs. 5 GG eigene Steuern zugewiesen und Art. 106 Abs. 7 GG gibt die Beteiligung der Kommunen an den Landes- und Gemeinschaftssteuern vor, dennoch sind die Gemeinden nicht direkt am Finanzausgleich zwischen Bund und Ländern beteiligt. Eine dritte Säule im Bundesstaat *(Dreistufigkeit)* oder ein gemeinsamer Finanzverbund der drei Finanzausgleichspartner werden im Schrifttum nur gelegentlich erwähnt[226], mehrheitlich jedoch abgelehnt.

Zwar wird neuerdings von einer *Zweieinhalbstufigkeit* gesprochen, im Wesentlichen geht die Finanzverfassung jedoch zur Bestimmung der finanzrechtlichen Stellung der Kommunen im System des Finanzausgleichs von der *„grundsätzlichen Zugehörigkeit der Kommunen zu den Ländern"*[227] aus. Die Kommunen haben zwar eine eigene und relativ starke Stellung im dreistufigen Verwaltungsaufbau, staatsrechtlich und finanzverfassungsrechtlich sind sie aber den Ländern eingegliedert. Daher werden die Kommunen in der Regelung der

---

224 Vgl. Hidien, J. W. (1998), S. 60 f. und 520 ff.; vgl. Korioth, S. (1997), S. 43. Entsprechendes gilt auch für die Aufgabenwahrnehmung in der Bundesrepublik. Das durch Art. 28 Abs. 2 GG verbriefte Recht der Gemeinden, Angelegenheiten mit örtlichem Bezug eigenverantwortlich zu regeln und durchzuführen, impliziert keine verfassungsrechtlich vergleichbare Stellung mit Bund und Ländern. Unabhängig davon kommt den Gemeinden mit ihrem kommunalen Leistungsangebot, das vornehmlich in den Bereich der Daseinsvorsorge fällt und damit unmittelbaren Einfluss auf die Bürger hat, eine zentrale Stellung zu. Vgl. Lenk, T. (2001), S. 53.

225 Insbesondere durch die grundgesetzliche Annerkennung der finanziellen Eigenverantwortung der Kommunen (Art. 28 Abs. 2 S. 3 GG) und der Garantie des Beteiligungsrechts der Kommunen an der Einkommensteuer (Art. 106 Abs. 5 GG) sowie an der Umsatzsteuer (Art. 106 Abs. 5a GG). Vgl. Schoch, F., Wieland, J. (1995), S. 79 f.

226 Vgl. Pagenkopf, H. (1981), S. 30; anders Hensel, A. (1922), S. 19 f.; später jedoch unter Einbezug der Gemeinden in Hensel, A. (1926), S. 878.

227 BVerfGE 86, 148 (219).

Finanzverfassung als Glieder des entsprechenden Landes berücksichtigt, d.h. ihre Aufgaben, Ausgaben und Finanzen werden denen des Landes zugerechnet.[228]

Ein einheitlicher, vom Bund bis zu den Gemeinden durchgehender Finanzausgleich existiert also nicht. Die Haushalte der Kommunen sind nicht durch eine ununterbrochene Kette finanzieller Beziehungen mit denen des Bundes und der Länder verbunden, sodass der grundgesetzliche Finanzausgleich aus Sicht der Gemeinden ein *gebrochener Finanzausgleich* ist.[229] Vielmehr existieren ein primärer und sekundärer bundesstaatlicher Finanzausgleich zwischen dem Bund und den Ländern (einschließlich Gemeinden) bzw. unter den Ländern und ein weiterer – selbstständiger – sekundärer kommunaler Finanzausgleich zwischen dem Land und seinen Gemeinden bzw. unter seinen Gemeinden.[230]

3.3 Ziel des Finanzausgleichs

Der Finanzausgleich soll den Bund, die Länder und die Gemeinden finanziell in die Lage versetzen, die ihnen zukommenden Aufgaben wahrnehmen zu können. Nur so kann die staatliche Selbstständigkeit der Gebietskörperschaften real werden und sich die Eigenständigkeit und Eigenverantwortlichkeit der Aufgabenwahrnehmung entfalten.[231]

Dem sekundären Finanzausgleich (Länderfinanzausgleich) kommt dabei eine besondere Bedeutung zu. Sind die Ergebnisse der primären Verteilung der staatlichen Einnahmen nicht akzeptabel, da vorab definierte Ziele nicht erreicht wurden, ermöglicht ein System horizontaler Ausgleichsregelungen eine zielgerichtete Korrektur der vertikalen und horizontalen Primärverteilung. So ist es erklärtes Ziel des Länderfinanzausgleichs nach Art. 107 Abs. 2 GG, einen angemessenen, wenngleich nicht völligen Ausgleich unterschiedlicher Finanzkraft zwischen den Ländern sicherzustellen. Diese Vorgabe ist dem Interesse zur Herstellung einheitlicher bzw. gleichwertiger Lebensverhältnisse im Bundesgebiet geschuldet.[232] Da die ursächlichen Determinanten dieser Ungleichgewichte wie

---

228 Vgl. BVerfGE 86, 148 (215 f.).

229 Vgl. Korioth, S. (1997), S. 41 ff.

230 Vgl. Jörg, A. (1998), S. 145; vgl. Katz, A. (1985), S. 305.

231 Vgl. BVerfGE 72, 330 (384 ff.).

232 Neben den horizontalen Finanzausgleichssystemen (Länderfinanzausgleich / kommunaler Finanzausgleich) haben auch zweckgebundene Zuweisungen (Gemeinschaftsaufgaben, Finanzhilfen, europäischer Strukturfonds), die Transfers im Rahmen der Sozialversicherungssysteme sowie die Hilfen zur individuellen Grundsicherung eine Angleichung der Lebensbedingungen zum Ziel.

Größe, Lage oder naturräumliche Gegebenheiten als unveränderlich gelten, ist in erster Linie der finanzielle Ausgleich das Mittel der Wahl.[233]

Ähnlich dem bundesstaatlichen Finanzausgleich sind für den kommunalen Finanzausgleich die Bereitstellung einer aufgabengerechten Finanzausstattung zur Verwirklichung des verfassungsrechtlich geschützten Selbstverwaltungsrechtes[234] (*fiskalische, vertikale Funktion*) und der tendenzielle Ausgleich von Finanzkraftdisparitäten zwischen Gemeinden mit ähnlichen Aufgabenstrukturen (*distributive, horizontale Funktion*)[235] wesentliche Zielvorgaben.

Daneben ist eine dritte Funktion des kommunalen Finanzausgleichs zu identifizieren, die der Tatsache Rechnung trägt, dass im Rahmen eines *raumordnungspolitischen Versorgungskonzeptes* [236] bestimmte Gemeinden als Zentren der Administration, der Wirtschaft, des Sozialen und der Kultur besondere Aufgaben über die eigenen Gemeindegrenzen hinweg für den umliegenden Raum

---

233 Vgl. Junkernheinrich, M. (2008), S. 2 ff.

234 Vgl. Art. 28 Abs. 2 GG: *„Den Gemeinden muss das Recht gewährleistet sein, alle Angelegenheiten der örtlichen Gemeinschaft im Rahmen der Gesetze in eigener Verantwortung zu regeln. Auch die Gemeindeverbände haben im Rahmen ihres gesetzlichen Aufgabenbereiches nach Maßgabe der Gesetze das Recht der Selbstverwaltung. Die Gewährleistung der Selbstverwaltung umfasst auch die Grundlagen der finanziellen Eigenverantwortung; zu diesen Grundlagen gehört eine den Gemeinden mit Hebesatzrecht zustehende wirtschaftskraftbezogene Steuerquelle."* Die kommunale Selbstverwaltung ist aber nicht nur im Grundgesetzt, sondern auch in den meisten Landesverfassungen verankert. Nur in Berlin und Hamburg gibt es dieses Recht nicht, da diese Länder nur aus einer einzigen Kommune bestehen.

235 Innerhalb vergleichbarer Kommunalgruppen soll zur Deckung eines homogenen Grundbedarfs eine gleiche Finanzbasis geschaffen werden, um eine möglichst *angeglichene Daseinsvorsorge* zu gewährleisten. Der kommunale Finanzausgleich erfolgt dabei nicht direkt zwischen finanzstarken und finanzschwachen Gemeinden (horizontaler Ausgleich), sondern durch vertikale Zuweisungen des Landes, die einen horizontalen Ausgleichseffekt erzeugen. Der Grund ist in der fehlenden Verpflichtung zur Gemeindesolidarität, welche für die Gemeinden untereinander Einstandspflichten begründen würde, zu sehen. Hier ergibt sich eine Diskrepanz zum Länderfinanzausgleich, da hier ein echter horizontaler Ausgleich eintritt, indem die finanzstarken Gliedstaaten und die schwächeren etwas abführen. Der sekundäre vertikale Finanzausgleich auf Kommunalebene führt nicht zu einer unmittelbaren Umverteilung. Vgl. Pagenkopf, H. (1981), S. 75. Dennoch ist darauf hinzuweisen, dass finanzstarke Kommunen teilweise eine Finanzausgleichsumlage aus ihren eigenen Mittel leisten müssen, die die Finanzausgleichsmasse erhöht und damit zur Aufstockung der finanzschwachen Gemeinden dient. Insofern ist auch im kommunalen Finanzausgleich ein horizontales Ausgleichsinstrument zu identifizieren.

236 Zur Theorie der zentralen Orte vgl. Abschnitt 2.2.1 der vorliegenden Arbeit.

unentgeltlich wahrnehmen (defizitäre Leistungsexporte). Sinn dieses Ansatzes ist es vor dem Hintergrund der Einheitlichkeit bzw. Gleichwertigkeit der Lebensverhältnisse, den Bürgern der ländlichen Gebiete in zumutbarer Entfernung ein Netz von Mittelpunkten zu schaffen, in denen sie die in ihrer Gemeinde nicht vorhandenen Infrastruktureinrichtungen vorfinden. Die Bereitstellung der zentralörtlichen Leistungen und die daraus resultierenden Spillover-Effekte sollen durch die Zuweisung zusätzlicher Mittel finanziert werden. Dieser Ansatz besitzt bis heute Gültigkeit, insbesondere weil die durch die Stadt-Umland-Wanderung verursachte Einnahmenerosion der Kernstädte zugunsten der Umlandgemeinden in Verbindung mit der Kostenremanenz öffentlicher Ausgaben zunehmend an Bedeutung gewinnt.[237] Es wird deutlich, dass die beiden erst genannten Ziele[238] der ausreichenden und tendenziell gleichmäßigen Deckung kommunaler Normal- bzw. Grundbedarfe dienen, während das dritte Ziel den mit der Bereitstellung und dem Ausbau der zentralörtlichen Infrastruktur einhergehenden funktionalen Sonderbedarf einzelner Gemeinden honoriert und daher dem Gleichheitspostulat der distributiven Funktion entgegen steht.

3.4 Struktur des bundesstaatlichen Finanzausgleichs

Durch die Regelungen des passiven Finanzausgleichs wird festgelegt, welcher Ebene im föderalen Gefüge bestimmte Aufgaben und die korrespondierenden Ausgaben zufallen.[239] Gleichzeitig ergibt sich dadurch der entsprechende Finanzbedarf der einzelnen staatlichen Leistungsanbieter. Die Verteilung der zur Finanzierung der zugeteilten Auf- und Ausgaben notwendigen Einnahmen regelt der aktive bundesstaatliche Finanzausgleich. Dieser lässt sich in vier verbindlich

---

237 Vgl. Kuhn, T. (1991), S. 5.

238 Ergänzend kann als weiteres Ziel des kommunalen Finanzausgleichs seine gesamtwirtschaftliche Funktion aufgeführt werden. Dieser Aspekt wird kaum explizit in der Begründung eines der kommunalen Finanzausgleichsgesetztes erwähnt, dennoch besteht weitgehend Einigkeit darüber, dass auch die kommunalen Finanzausgleichssysteme der Konjunktur- und Stabilitätspolitik des Bundesstaates zu dienen haben, da die Gemeindeebene traditionell zu einer eher prozyklischen Haushaltspolitik tendiert. Insbesondere die Veränderung der Finanzzuweisungen im Rahmen des kommunalen Finanzausgleichs bietet einen Ansatzpunkt für die Konjunktursteuerung auf kommunaler Ebene. Vgl. Voigt, R. (1980), S. 14.

239 Zu den Regelungen des passiven Finanzausgleichs vgl. Heinemann, A. W. (2004), S. 57 ff.; vgl. Lenk, T. (1993), S. 58 ff.

vorgegebene und interdependente Stufen unterteilen, die nachfolgend kurz erläutert werden.[240]

Die erste Stufe, der primäre vertikale Finanzausgleich (Art. 106 GG), bestimmt die Verteilung der Steuereinnahmen, d.h. der Trennsteuern sowie der Verbundsteuern auf die drei Ebenen Bund, Länder und Gemeinden. Neben der Zuweisung der reinen Bundes-, Landes- und Gemeindesteuern[241] werden die Gemeinschaftssteuern nach folgenden Beteiligungsverhältnissen auf die einzelnen Ebenen verteilt.

Tabelle 4: Beteiligungsverhältnisse an den Gemeinschaftssteuern

Steuerart	**Beteiligungsverhältnisse in Prozent**		
	Bund	**Länder**	**Gemeinden**
Einkommensteuer	42,5	42,5	15,0
Zinsabschlag	44,0	44,0	12,0
Körperschaftsteuer	50,0	50,0	0,0
Umsatzsteuer*	54,6	43,4	2,0

* Anteile für das Jahr 2008 berechnet nach § 1 FAG[242]
Quelle: Art. 106 GG und § 1 FAG.

Die zweite Stufe, der *primäre horizontale Finanzausgleich* (Art. 107 Abs. 1 GG), regelt die Verteilung der den Ländern insgesamt zustehenden Steuereinnahmen unter den Ländern. Dabei wird grundsätzlich nach dem Prinzip des örtlichen Aufkommens (Art. 107 Abs. 1 S. 1 GG) vorgegangen, wonach den Ländern die Anteile der Landes- und Gemeinschaftssteuern zustehen, die auf ihrem Gebiet vereinnahmt wurden. Wo jedoch dieses Prinzip als unangemessen interpretiert wird, wird eine Zerlegung der Steuern vorgenommen. Die Lohnsteuer (§ 7 ZerlG) wird dabei nach dem Wohnsitzprinzip, die Körperschaftsteuer (§ 2 ZerlG) nach

240 Vgl. Bundesministerium der Finanzen (2002), S. 25; vgl. Häde, U. (1996), S. 223.

241 Bundessteuern: z. B. Zölle, Verbrauchssteuern (ohne Biersteuer), Versicherungssteuer, Ergänzungsabgabe zur Einkommensteuer und zur Körperschaftsteuer; Landessteuern: z. B. Erbschaftssteuer, Kraftfahrzeugsteuer, Biersteuer, Spielbankangabe; Gemeindesteuern: z. B. Gewerbesteuer, Grundsteuer.

242 Das zur vertikalen Verteilung anzuwendende Deckungsquotenprinzip hat durch die zunehmende einzelfallbezogene Verteilung an Bedeutung verloren. Insgesamt ist die Umsatzsteuerverteilung damit zu einem hochkomplexen Verteilungsmechanismus geworden, der kaum noch nachvollziehbar ist.

dem Betriebsstättenprinzip und die Zinsabschlagsteuer (§ 8 Abs. 1 ZerlG) nach den Prozentsätzen entsprechend der Höhe des auf die Einkommen- und Körperschaftsteuer angerechneten Zinsabschlags zerlegt. Auch die Verteilung der Umsatzsteuer unter den Ländern wird ohne Bezug zum örtlichen Aufkommen vorgenommen. Der horizontalen Verteilung der Umsatzsteuer, insbesondere dem Umsatzsteuervorwegausgleich, kommt auf dieser Stufe aufgrund der erheblichen finanziellen Ausgleichswirkung eine zentrale Rolle zu.[243]

An die primäre Steuerverteilung schließt als dritte Stufe der *sekundäre horizontale Finanzausgleich*, der so genannte Länderfinanzausgleich, an (Art. 107 Abs. 2 S. 1 und 2 GG). Er bildet im bundesstaatlichen Finanzausgleich das Kernelement der interregionalen Umverteilung.[244] Unter Wahrung der Balance zwischen Landesautonomie und solidargemeinschaftlicher Mitverantwortung für die Existenz der anderen Länder[245] verpflichtet das Solidaritätsprinzip, das im bündischen Einstehen füreinander zum Ausdruck kommt, finanzstarke Länder *brüderlich* zu Hilfeleistungen an finanzschwache Länder.[246]

Die vierte Stufe des bundesstaatlichen Finanzausgleichs, der *sekundäre vertikale Finanzausgleich*, bilden die Bundesergänzungszuweisungen (BEZ) (Art. 107 Abs. 2 S. 3 GG). Dabei lassen sich zwei Arten von BEZ – die allgemeinen Bundesergänzungszuweisungen sowie die Sonderbedarfs-Bundesergänzungszuweisungen – unterscheiden. Allgemeine BEZ erhält jedes

---

243 Nach Art. 107 Abs. 1 Satz 4 GG werden vom Länderanteil der Umsatzsteuer mindestens 75 % nach Einwohnern auf die Länder verteilt. Zuvor können jedoch bis zu 25 % im Rahmen des Umsatzsteuervorwegausgleichs (Umsatzsteuerergänzungsanteile) an steuerschwache Länder vergeben werden. Ein Land gilt als steuerschwach, wenn seine Steuerkraft, die sich aus den Landessteuern und den Anteilen an der Einkommen- und Körperschaftsteuer zusammensetzt, je Einwohner unter den Durchschnittseinnahmen je Einwohner der Ländergesamtheit liegt. Fehlbeträge bis 97 % an der bundesdurchschnittlichen Steuerkraft werden zu 95 % ausgeglichen. Bis 100 % fällt die Auffüllung degressiv von 95 % auf 60 %. Übersteigen die ermittelten Ergänzungsanteile 25 %, sind sie entsprechend herabzusetzen. Unterschreiten sie diese Grenze, ist der Rest nach Einwohnern zu verteilen. Das Ergebnis der primären Aufteilung des Steuerauf-kommens wird dadurch von Bedarfsgesichtspunkten beeinflusst, womit ein erheblicher Vorwegausgleich der Finanzkraft vor allem zugunsten der ostdeutschen Länder erzielt wird.

244 Vgl. Burckardt, T. (2004), S. 91.

245 Vgl. BVerfGE 72, 330 (398).

246 Vgl. Bundeszentrale für politische Bildung (2002), S. 41. Das Solidaritätsprinzip gilt dabei nicht nur unter den Ländern, sondern auch zwischen Bund und Ländern. Letzteres findet zum Beispiel seinen Ausdruck in der Gewährung von Bundesergänzungszuweisungen. Vgl. Wendt, R. (1990), S. 1070.

Land, das nach Finanzausgleich noch eine unterdurchschnittliche Finanzausstattung aufweist.[247] Sonderbedarfs-BEZ erhält jedes finanzschwache Land, das bestimmte Sonderlasten geltend machen kann.[248] Zurzeit erkennt der Bund die Lasten der neuen Länder und Berlins durch den Abbau teilungsbedingter Sonderlasten aus dem bestehenden infrastrukturellen Nachholbedarf und zum Ausgleich unterproportionaler kommunaler Finanzkraft (Art. 5 § 3 SFG), die Belastungen der neuen Länder durch die strukturelle Arbeitslosigkeit (Art. 5 § 3 a SFG), die Kosten politischer Führung kleiner Länder (Art. 5 § 4 SFG) sowie die extreme Haushaltsnotlage (§ 12 Abs. 4 MaßstG) als Anspruchsgrund an.[249]

3.4.1 Länderfinanzausgleich als Kernelement des bundesstaatlichen Finanzausgleichs

Die drei stadtstaatlichen Agglomerationen nehmen im System des bundesstaatlichen Finanzausgleichs eine Sonderrolle ein. Dies zeigt sich wie bereits beschrieben bei der Benachteiligung durch die primäre horizontale Steuerverteilung, aber insbesondere durch ihre Stellung im Länderfinanz-

247 Unangemessenheit ist nach Art. 5 § 11 Abs. 2 SFG dadurch gekennzeichnet, dass die relative Finanzkraft eines Landes unter Berücksichtigung der Zuweisungen im Länderfinanzausgleich kleiner als 99,5 ist. Der Fehlbetrag wird zu 77,5 % aufgefüllt. Dabei gilt, dass alle Länder bei der Vergabe gleich zu behandeln sind, eine vollkommene Nivellierung der Finanzkraft vermieden und die vorher bestehende Finanzkraftreihenfolge der Länder gewahrt wird. Vgl. BVerfGE 72, 330 (404).

248 Ihre Gewährung ist an gewisse Voraussetzungen gekoppelt. Die Sonderlast muss benannt und begründet sein, es dürfen keine kurzfristigen Finanzschwächen, Folgen politischer Entscheidungen und aktuelle Vorhaben finanziert werden. Sonderbedarfs-BEZ sind in der Regel befristet und degressiv auszugestalten. Eine Überprüfung der Gewährungsvoraussetzungen ist in regelmäßigen Zeitabständen Pflicht. Für Sanierungs-Sonderbedarfs-BEZ gelten weitere Bedingungen. Dazu zählen, dass Sonderbedarfe, die durch andere Hilfen abgegolten werden, nicht Ursache der Notlage sein dürfen und dass das Land ausreichend Eigenanstrengungen zur Abwendung / Befreiung aus der Haushaltsnotlage unternommen hat. Außerdem sind ein verbindliches Sanierungsprogramm und strenge Auflagen einzuhalten. Vgl. § 12 MaßstG.

249 Sonderbedarfs-BEZ aufgrund einer extremen Haushaltsnotlage werden derzeit nicht gezahlt. Bis Ende 2004 erhielten die Länder Bremen und Saarland entsprechende BEZ.

ausgleich.[250] Hier ist mit der Einwohnerwertung ein spezifisch agglomerationsberücksichtigendes Instrument zu identifizieren. Aus diesem Grund soll die Struktur des Länderfinanzausgleichs im Folgenden näher betrachtet werden. Die Durchführung des Länderfinanzausgleichs gliedert sich in vier Schritte.

3.4.1.1 Finanzkraftmesszahl

Zunächst wird die Finanzkraftmesszahl (FKM) ermittelt, die einen Maßstab der tatsächlichen Finanzkraft (Ist-Größe) eines Landes einschließlich seiner Gemeinden darstellt.[251] Sie ist definiert als die Summe der Einnahmen eines Landes gemäß Art. 5 § 7 SFG und der Steuern seiner Gemeinden gemäß Art. 5 § 8 SFG.[252] Auf Landesebene werden zur Ermittlung der FKM die Anteile an der Einkommensteuer, der Körperschaftsteuer sowie der Umsatzsteuer nach Art. 5 § 2 SFG, die Landessteuern, der Anteil an der Gewerbesteuerumlage nach § 6 Gemeindefinanzreformgesetz und die Förderabgabe nach § 31 Bundesbergbaugesetz herangezogen. Auf der Gemeindeebene werden die Gemeindeanteile an der Umsatzsteuer und der Einkommensteuer, die Grundsteuern A und B sowie die Gewerbesteuer einbezogen, wobei die Gewerbesteuerumlage, die die Gemeinden an Bund und Länder abführen müssen, abgezogen wird. Dabei ist zu beachten, dass die Steuereinnahmen der Gemeinden nur zu 64 % in der Berechnung der FKM Berücksichtigung finden.[253]

---

250 Auch der Begriff Länderfinanzausgleich wird in der Literatur nicht einheitlich verwendet. Gelegentlich werden darunter der Umsatzsteuervorwegausgleich, der Länderfinanzausgleich, wie er in Abschnitt 3.4.1 beschrieben wird, sowie die Bundesergänzungszuweisungen zusammengefasst. Vgl. Nowotny, E. (1991), S. 101; vgl. Söllner, F. (2001), S. 543. Im Rahmen dieser Arbeit wird unter Länderfinanzausgleich lediglich das in Abschnitt 3.4.1 vorgestellte Verfahren verstanden.

251 Die Finanzkraft im Länderfinanzausgleich ist eine modifizierte Größe und unterscheidet sich von der Steuerkraft zur Ermittlung der Umsatzsteuerergänzungsanteile, indem zur Ermittlung der Finanzkraft auch die Einnahmen der Gemeinden (zumindest teilweise) berücksichtigt und zusätzliche Korrekturen wie das Prämienmodell vorgenommen werden. Vgl. Heinemann, A. W. (2004), S. 156.

252 Vgl. Art. 5 § 6 Abs. 1 SFG.

253 Bis 2005 wurden die zu berücksichtigen Gemeindesteuern zu 50 % einbezogen. Ob die prozentuale Einbeziehung der Gemeindesteuern der Stellung der Gemeinden im föderalen Gefüge gerecht wird, ist in der Literatur und vor dem Bundesverfassungsgericht ein Streitthema. Vgl. Peffekoven, R. (2001), S. 428.

Gegebenenfalls sind gemäß Art. 5 § 7 Abs. 3 SFG (so genanntes Prämienmodell) die nach Art. 5 § 7 Abs. 1 und 2 SFG zugrunde gelegten Einnahmen[254] einzelner Länder zu kürzen, wenn die Veränderungsrate der Steuereinnahmen (ohne Umsatzsteuer und Förderabgabe) eines Landes je Einwohner im Ausgleichsjahr gegenüber dem Vorjahr die entsprechende Veränderungsrate je Einwohner der Ländergesamtheit übersteigt. Erzielt ein Land eine solch überdurchschnittliche Steuereinnahmenentwicklung, werden 12 % dieser Mehrleistung als Prämie von der FKM abgezogen und sind somit nicht ausgleichsrelevant. Durch die Auskopplung eines Teils der erzielten Steuereinnahmen aus dem Länderfinanzausgleich soll der Eigenbehalt der Länder gestärkt und die Pflege der ländereigenen Steuerquellen gefördert werden. Alle Länder sollen motiviert werden, ihre Einnahmesituation durch Eigenanstrengungen zu verbessern, da künftig nicht mehr jeder zusätzlich eingenommene Euro zu einer Verschlechterung der Ausgleichsleistungen bzw. zu höheren Beiträgen im Rahmen des Länderfinanzausgleich führt. Dieses Instrument kann zur spürbaren Absenkung der Grenzbelastung einzelner Länder führen.[255] Die Finanzkraftmesszahl eines Landes *i* ergibt sich somit als

$$FKM_i = (T_i^L - P_i) + (\alpha * T_i^G).$$

T_i^L = ausgleichsrelevante Einnahmen des Landes *i* gemäß Art. 5 § 7 SFG
P_i = Finanzkraftmesszahlabzug des Landes *i* aufgrund Prämienmodell gemäß Art. 5 § 7 Abs. 3 SFG
T_i^G = ausgleichsrelevante Steuern der Gemeinden des Landes *i* gemäß Art. 5 § 8 SFG
α = Anrechnungsfaktor der gemeindlichen Steuereinnahmen (64 %)

Die nach dieser Formel berechneten Finanzkraftmesszahlen der Länder für das Jahr 2008 sind in Tabelle 5 dargestellt.

---

254 Landessteuern und Länderanteile an der Einkommen-/ Körperschaftsteuer und Gewerbesteuerumlage.

255 Vgl. Pohl, M., Sünner, I. (2001), S. 5 f.

Tabelle 5: Finanzkraftmesszahlen der Länder im Ausgleichsjahr 2008

Land	Finanzkraftmesszahl in Euro je EW	Land	Finanzkraftmesszahl in Euro je EW
HH	4.351	**RP**	2.792
HE	3.567	**SL**	2.763
BY	3.331	**BE**	2.687
BW	3.330	**BB**	2.592
NW	2.956	**ST**	2.563
HB	2.894	**SN**	2.531
NI	2.880	**TH**	2.526
SH	2.841	**MV**	2.497

Quelle: Bundesministerium der Finanzen (2008), Vorläufige Abrechnung des Länderfinanzausgleichs 2008.

3.4.1.2 Ausgleichsmesszahl

Der Finanzkraftmesszahl wird die Ausgleichsmesszahl (AMZ) eines Landes gegenübergestellt. Die AMZ ist ein Maßstab zur Abbildung der Finanzkraft, über die *„ein Bundesland einschließlich seiner Gemeinden verfügen würde, wenn dessen Pro-Kopf-Einnahmen mit den länderdurchschnittlichen Pro-Kopf-Einnahmen übereinstimmen würden“* [256] (Soll-Größe). Da im Sinne einheitlicher Lebensverhältnisse, worunter ein gleichwertiges Angebot an öffentlichen Leistungen im Bundesgebiet verstanden wird, ein einheitlicher Pro-Kopf-Finanzbedarf vermutet wird, repräsentiert die AMZ letztlich den (normierten) Finanzbedarf eines Landes einschließlich seiner Gemeinden.[257] Die AMZ ist definiert als „... *die Summe der beiden Messzahlen, die zum Ausgleich der Einnahmen der Länder nach § 7 und zum Ausgleich der Steuereinnahmen der Gemeinden nach § 8* [Anm. d. Verf.: Art. 5 SFG] *getrennt festgestellt werden.*“[258]

Die Messzahl eines Landes zum Ausgleich der Ländersteuern ergibt sich, indem die ausgleichsrelevanten Ländereinnahmen nach Art. 5 § 7 SFG, die auch zur Ermittlung der FKM herangezogen werden, aller Länder addiert, durch die Gesamtbevölkerung der Bundesrepublik dividiert und schließlich mit der

256 Heinemann, A. W. (2004), S. 159.
257 Vgl. Korioth, S. (1997), S. 579 ff.
258 Art. 5 § 6 Abs. 2 SFG.

Einwohnerzahl des jeweiligen Landes, wie sie das Statistische Bundesamt zum 30. Juni des Ausgleichsjahres festgestellt hat, multipliziert werden. Dabei bestimmt § 8 Abs. 3 MaßstG:

> „Um die Finanzkraft der Stadtstaaten einerseits und die der Flächenländer andererseits vergleichen zu können, ist den abstrakten Mehrbedarfen der Stadtstaaten durch eine Modifizierung der Einwohnerzahl Rechnung zu tragen. Ferner kann die Berücksichtigung abstrakter Mehrbedarfe besonders dünn besiedelter Flächenländer notwendig werden.“[259]

Der Art. 5 § 9 Abs. 2 SFG konkretisiert diesen Maßstab:

> „Bei der Ermittlung der Messzahlen zum Ausgleich der Einnahmen der Länder nach § 7 werden die Einwohnerzahlen der Länder Berlin, Bremen und Hamburg mit 135 vom Hundert und die Einwohnerzahlen der übrigen Länder mit 100 vom Hundert gewertet.“

Zur Berechnung der Messzahl eines Landes zum Ausgleich der Gemeindesteuern werden gleichsam die 64 % der ausgleichsbedürftigen Steuern nach Art. 5 § 8 SFG aller Länder addiert, durch die deutsche Gesamtbevölkerung dividiert und mit den jeweiligen Landeseinwohnern multipliziert. Auch hier werden die Einwohner „veredelt“. Art. 5 § 9 Abs. 3 SFG bestimmt:

> „Bei der Ermittlung der Messzahlen zum Ausgleich der Steuereinnahmen der Gemeinden nach § 8 werden die Einwohnerzahlen der Länder Berlin, Bremen, Hamburg mit 135 vom Hundert, die Einwohnerzahlen des Landes Mecklenburg-Vorpommern mit 105 vom Hundert, die Einwohnerzahl des Landes Brandenburg mit 103 vom Hundert, die Einwohnerzahl des Landes Sachsen-Anhalt mit 102 vom Hundert und die übrigen Länder mit 100 vom Hundert gewertet.“

Formal lässt sich die Ausgleichsmesszahl in Abhängigkeit des Landestypus folgendermaßen definieren

---

[259] Das Prinzip der Hinzurechnung fiktiver Einwohner hat den Beinamen *„Toteseelenprinzip“*. Vgl. Pagenkopf, H. (1981), S. 56.

$$AMZ_{Stadtstaaten} = \frac{\sum_{i=1}^{16} T_i^L}{EW^*_{Ges.}} * EW_i^* + \frac{\sum_{i=1}^{16} T_i^G}{EW^{***}_{Ges.}} * EW_i^*$$

$$AMZ_{\substack{Dünnbesiedelte\\Flächenländer}} = \frac{\sum_{i=1}^{16} T_i^L}{EW^*_{Ges.}} * EW_i + \frac{\sum_{i=1}^{16} T_i^G}{EW^{***}_{Ges.}} * EW_i^{**}$$

$$AMZ_{Flächenländer} = \frac{\sum_{i=1}^{16} T_i^L}{EW^*_{Ges.}} * EW_i + \frac{\sum_{i=1}^{16} T_i^G}{EW^{***}_{Ges.}} * EW_i$$

T_i^L = ausgleichsrelevante Einnahmen des Landes i gemäß Art. 5 § 7 SFG
T_i^G = ausgleichsrelevante Steuern der Gemeinden des Landes i gemäß Art. 5 § 8 SFG
EW_i = Einwohner des Flächenlandes i
EW^*_i = Einwohner des Stadtstaates i gewertet mit 135 %
EW^{**}_i = Einwohner des dünnbesiedelten Landes i gewertet mit 105, 103 bzw. 102 %
$EW^*_{Ges.}$ = Einwohner der Bundesrepublik mit gewerteten Einwohnern der Stadtstaaten
$EW^{***}_{Ges.}$ = Einwohner der Bundesrepublik mit gewerteten Einwohnern der Stadtstaaten und der dünnbesiedelten Länder (rund 84,754 Mio. Einwohner)

Die Ausgleichsmesszahlen für das Jahr 2008 sind in Tabelle 6 aufgeführt.

Tabelle 6: Ausgleichsmesszahlen der Länder im Ausgleichsjahr 2008

Land	Ausgleichsmesszahl in Euro je EW	Land	Ausgleichsmesszahl in Euro je EW
HH	4.000	**RP**	2.963
HE	2.963	**SL**	2.963
BY	2.963	**BE**	4.000
BW	2.963	**BB**	2.981
NW	2.963	**ST**	2.975
HB	4.000	**SN**	2.963
NI	2.963	**TH**	2.963
SH	2.963	**MV**	2.993

Quelle: Bundesministerium der Finanzen (2008), Vorläufige Abrechnung des Länderfinanzausgleichs 2008.

3.4.1.3 Relative Finanzkraft

Im Anschluss wird die relative Finanzkraft (RFK) eines Landes bestimmt, indem die FKM ins Verhältnis zur AMZ eines Landes ins Verhältnis gesetzt werden. Sie beschreibt die relative Finanzkraftposition eines Landes und stellt die entscheidende Schlüsselgröße für die Ermittlung der Ausgleichsleistungen bzw. -ansprüche im Länderfinanzausgleich dar.[260] Ist die RFK eines Landes größer (kleiner) eins, wird das jeweilige Bundesland als finanzstark (finanzschwach) eingestuft und damit zum Geberland (Nehmerland). Tabelle 7 gibt die relativen Finanzkraftwerte der Länder in Mio. Euro an.

Tabelle 7: Relative Finanzkraft der Länder im Ausgleichsjahr 2008

Land	Relative Finanzkraft in %	Land	Relative Finanzkraft in %
HH	108,79	**RP**	94,25
HE	120,38	**SL**	93,26
BY	112,42	**BE**	67,18
BW	112,41	**BB**	86,93
NW	99,79	**ST**	86,16
HB	72,37	**SN**	85,44
NI	97,22	**TH**	85,25
SH	95,89	**MV**	83,41

Quelle: Bundesministerium der Finanzen (2008), Vorläufige Abrechnung des Länderfinanzausgleichs 2008.

3.4.1.4 Ausgleichsmodus

Schließlich kann der Ausgleich zwischen Geberländern, die nach einem bestimmten Tarif zu Ausgleichzahlungen verpflichtet werden, und Nehmerländern, die Anspruch auf finanzielle Unterstützung haben, vollzogen werden. Ein punktsymmetrisch, bereichsweise linear progressiv verlaufender Abschöpfungs-/ Zuweisungstarif bestimmt die Höhe der zu leistenden Beiträge bzw. der zu empfangenden Zuweisungen. Mit Blick auf die Eigenstaatlichkeit der Länder ist eine entscheidende Schwächung der Leistungsfähigkeit der ausgleichspflichtigen

[260] Vgl. Huber, B., Lichtblau, K. (1997), S. 5.

Länder[261] sowie eine Nivellierung der Länderfinanzen zu vermeiden und die Finanzkraftreihenfolge der Länder zu wahren.[262] Der Tarif unterteilt sich in drei Zonen, wobei Zuweisungs- und Abschöpfungstarif punktsymmetrisch verlaufen:[263]

- Linearzone
  Bis zu 80 % der AMZ werden zu 75 % ausgeglichen;

- Degressionszone
  Zwischen 80 % und 93 % der AMZ werden degressiv fallend von 75 % bis zu 70 % aufgefüllt;

- Degressionszone
  Zwischen 93 % und 100 % der AMZ werden degressiv fallend von 70 % bis zu 44 % ausgeglichen.

Tabelle 8 führt die sich aus diesem Tarif ergebenden Zuweisungen und Verpflichtungen der einzelnen Bundesländer für das Jahr 2008 auf.

---

261 Um eine übermäßige Belastung der Geberländer zu vermeiden, muss kein Land im Sinne einer Ländersteuergarantie mehr als 72,5 % seiner überproportionalen Einnahmen abgeben. Die rechnerisch über diese Grenze hinausgehenden Ausgleichsbeträge sind von finanzstarken und finanzschwachen Ländern gleichermaßen zu tragen. Vgl. Art. 5 § 10 Abs. 3 SFG.

262 Vgl. § 9 MaßstG; siehe BVerfGE 1, 117 (131).

263 Die Beiträge bzw. Zuweisungen werden je nach Zone gemäß festgelegten Formeln, die in Art. 5 § 10 SFG näher erläutert sind, bemessen.

Tabelle 8: Länderfinanzausgleichszuweisungen und -beiträge im Ausgleichsjahr 2008

Land	Beiträge / Zuweisungen in Euro je EW	Land	Beiträge / Zuweisungen in Euro je EW
HH	-212	**RP**	93
HE	-410	**SL**	113
BY	-235	**BE**	921
BW	-234	**BB**	248
NW	3	**ST**	264
HB	766	**SN**	278
NI	41	**TH**	282
SH	63	**MV**	326

Quelle: Bundesministerium der Finanzen (2008), Vorläufige Abrechnung des Länderfinanzausgleichs 2008.

3.4.2 Finanzielle Bedeutung der stadtstaatlichen Einwohnerwertung

Bei der Ermittlung des Finanzbedarfs wird auf den abstrakten Bedarfsmaßstab des Einwohners zurückgegriffen, der jedoch – wie gezeigt wurde – an zwei Stellen im Länderfinanzausgleich modifiziert wird. So die Stadtstaaten bei der Bestimmung der AMZ auf Länder- und Gemeindeebene eine Einwohnerwertung von 1,35. Während mit der Lohnsteuerzerlegung und der Verteilung der Umsatzsteuer zwei Instrumente gegeben sind, die eine agglomerationsspezifische Benachteiligung bedingen, kann im Länderfinanzausgleich mit der Einwohnerwertung ein agglomerationsbegünstigendes Element identifiziert werden.

Für die Stadtstaaten ist die Einwohnerwertung von erheblicher finanzieller Bedeutung. Aus diesem Grund zieht sich der Streit um die stadtstaatliche Einwohnerwertung wie ein roter Faden durch die verfassungsgerichtlichen Auseinandersetzungen um den bundesstaatlichen Finanzausgleich. Bei einem simulierten Wegfall der Einwohnerwertung für das (vorläufige) Abrechnungsjahr 2008 würde das Volumen des Länderfinanzausgleichs im Ergebnis von 8,322 Mrd. Euro auf 7,543 Mrd. Euro sinken. Das entspricht einer Reduktion von 0,779 Mrd. Euro. Die drei Stadtstaaten würden einen Gesamtverlust von 4,065 Mrd. Euro erleiden. Davon entfällt der größte Teil (3,617 Mrd. Euro) auf die Einwohnerwertung auf Länderebene. Die Zuweisungen im Rahmen des Länderfinanzausgleichs würden für Berlin um 703 Euro je Einwohner (2,407 Mrd. Euro) und für Bremen um 691 Euro je Einwohner (0,457 Mrd. Euro) sinken. Die Beiträge, die

Hamburg zu leisten hat, würden hingegen um 679 Euro je Einwohner (1,201 Mrd. Euro) steigen. Bei Einbeziehung der Finanzausgleichsstufe der allgemeinen BEZ würden sich die Verluste für Bremen und Berlin weiter verschärfen. Bremen würde weitere 207 Euro je Einwohner (0,137 Mrd. Euro) und Berlin 198 Euro je Einwohner (0,678 Mrd. Euro) verlieren. Da Hamburg keine Bundesergänzungszuweisungen erhält, ergeben sich keine weiteren Verluste.

Von einem Wegfall der Einwohnerwertung würden alle Flächenländer profitieren. Tabelle 9 gibt die Gewinne der jeweiligen Flächenländer in Euro je Einwohner an. Dabei würden insbesondere die finanzstarken Länder Hessen, Bayern und Baden-Württemberg gewinnen. Ihre im Rahmen des Länderfinanzausgleichs zu leistenden Beiträge würden sich erheblich reduzieren. Insgesamt liegt die Spannbreite der Gewinne zwischen rund 36 Euro je Einwohner (Nordrhein-Westfalen) und 78 Euro je Einwohner (Hessen).

Tabelle 9: Gewinne der Flächenländer bei einem simulierten Wegfall der Einwohnerwertung

Land	Gewinne LFA		Gewinne A-BEZ		Summe	
	Mrd. Euro	Euro / EW	Mrd. Euro	Euro / EW	Mrd. Euro	Euro / EW
HE	0,741	77,7	-	-	0,741	77,7
BY	0,812	64,9	-	-	0,812	64,9
BW	0,697	64,8	-	-	0,697	64,8
MV	0,091	54,3	0,026	15,5	0,117	69,8
ST	0,128	53,3	0,038	15,9	0,166	69,2
TH	0,121	53,3	0,036	15,7	0,157	69,0
SN	0,224	53,2	0,066	15,2	0,290	68,5
BB	0,135	53,2	0,041	16,1	0,176	69,3
RP	0,203	51,3	0,073	18,0	0,276	69,3
SL	0,053	51,3	0,018	17,3	0,071	68,5
SH	0,132	46,6	0,059	20,8	0,191	67,5
NI	0,344	43,2	0,187	23,5	0,531	66,7
NW	0,654	36,4	-	-	0,654	36,4

Quelle: Bundesministerium der Finanzen (2008), Vorläufige Abrechnung des Länderfinanzausgleichs 2008; Eigene Berechnungen.

3.5 Struktur des kommunalen Finanzausgleichs

Das kommunale Gegenstück zum bisher vorgestellten bundesstaatlichen Finanzausgleich bildet der kommunale Finanzausgleich. Da die Gemeinden und

Gemeindeverbände verfassungsrechtlich Bestandteil der Länder sind, ist das kommunale Ausgleichssystem grundsätzlich Länderangelegenheit.[264] Dieses hat zur Folge, dass die in den jeweiligen Finanzausgleichs- bzw. Gemeindefinanzierungsgesetzen der 13 Flächenländer geregelten Berechnungs- und Ausgleichsmechanismen im Detail sehr unterschiedlich ausgestaltet sind. Trotz vielfältiger Unterschiede lassen sich wesentliche Grundelemente ausmachen, auf denen alle Systeme basieren. Abbildung 9 stellt diese Elemente schematisch dar. Der markierte Pfad beschreibt die Elemente des kommunalen Finanzausgleichs, auf die in den nachstehenden Abschnitten eingegangen wird.

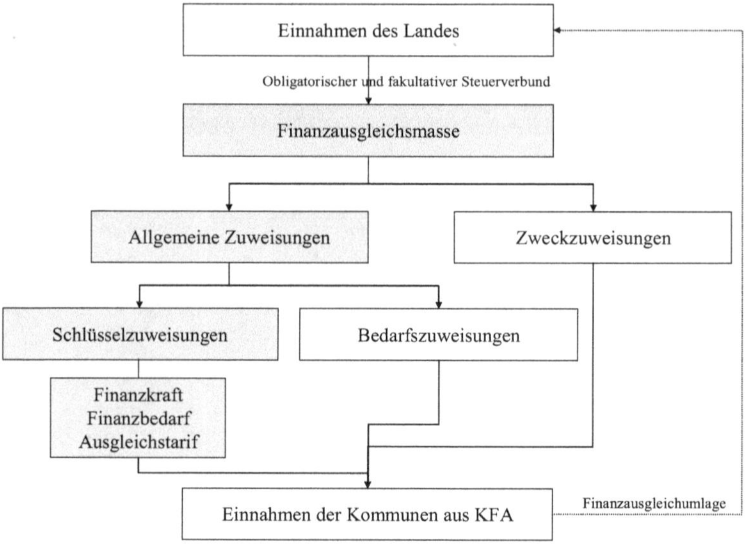

Abbildung 9: Struktur des kommunalen Finanzausgleichs
Quelle: Eigene Darstellung.

[264] Vgl. Art. 30, 70, 109 Abs. 1 GG.

3.5.1 Finanzausgleichsmasse

Die kommunalen Haushalte sind über die Mechanismen der Steuerverbundwirtschaft zwischen Länder- und Gemeindeebene mit den Länderhaushalten durch kommunizierende Röhren verbunden. Sowohl positive als auch negative Entwicklungen des Steueraufkommens der Länder wirken sich umgehend auch auf die Finanzsituation der Gemeinden aus. Die Finanzausgleichsmasse ist die Gesamtsumme der für den kommunalen Finanzausgleich zur Verfügung stehenden Mittel. Sie setzt sich aus dem obligatorischen und fakultativen Steuerverbund sowie aus der in einigen Ländern von den Kommunen erhobenen Finanzausgleichsumlage zusammen.

Art. 106 Abs. 7 GG verpflichtet die Länder, ihre Gemeinden mit einem von der Landesgesetzgebung festzulegenden Prozentsatz am Länderanteil der Gemeinschaftssteuern zu beteiligen (obligatorischer Steuerverbund). Diese verpflichtende Beteiligung an den Steuereinnahmen der Länder (verbundene Steuerwirtschaft) wird oft als „*finanzwirtschaftliche Schicksalsgemeinschaft*“[265] bezeichnet. Daneben bestimmt die jeweilige Landesgesetzgebung, ob und inwieweit ein Teil des Aufkommens der Landessteuern den Gemeinden zukommt (fakultativer Steuerverbund).[266]

Die quantitative Bestimmung der Ausgleichsmasse kann mit Hilfe zweier unterschiedlicher Verfahren erfolgen. Hierbei wird zwischen dem *Verbundquotensystem* (ex ante Festlegung der Verbundquoten) auf der einen Seite und dem *Grundsatz der Gleichmäßigkeit* (endogene Festlegung der Verbundquoten) auf der anderen Seite unterschieden.

Das Verbundquotensystem wird von elf der 13 Flächenländer angewendet. Hierbei wird die Finanzausgleichsmasse durch gesetzlich definierte Verbundgrundlagen und darauf anzuwendende Verbundquoten (prozentualer Beteiligungssatz) bestimmt.

Die Verbundgrundlagen im Rahmen des obligatorischen Steuerverbundes sind für alle Länder verfassungsrechtlich vorgegeben und umfassen die Landesanteile an den Gemeinschaftssteuern, worunter die Einkommen-, Lohn-, Zinsabschlag-, Körperschaft- sowie die Umsatzsteuer zu subsumieren sind. Seit der im Jahre 1996 vollzogenen Neuregelung des Familienlastenausgleichs ist bei der Umsatzsteuer zwischen den „herkömmlichen“ Umsatzsteuereinnahmen und den aus der

265 Voigt, R. (1980), S. 53.
266 Vgl. Lenk, T., Rudolph, H.-J. (2003a).

Neuregelung[267] entstandenen „weitergeleiteten" Umsatzsteuermehreinnahmen zu differenzieren. Hier haben die Länder unterschiedliche Regelungen getroffen, auf die später näher eingegangen wird.

Dagegen sind die Verbundgrundlagen des fakultativen Steuerverbunds nicht grundgesetzlich vorgegeben und unterscheiden sich von Land zu Land. Im Allgemeinen gehören hierzu die Landessteuern, der Landesanteil an der Gewerbesteuerumlage, die Spielbank- bzw. Förderabgabe[268], die Zahlungen im Länderfinanzausgleich, die Bundesergänzungszuweisungen[269] sowie die in einigen Ländern erhobene Finanzausgleichsumlage.

Auf die Verbundgrundlagen werden anschließend die landesgesetzlich festgelegten Verbundquoten angewendet. Diese können sich nicht nur von Land zu Land, sondern auch von Grundlage zu Grundlage unterscheiden. Die länderspezifischen Verbundgrundlagen und jeweiligen Quoten sind der Tabelle 10 zu entnehmen. Die Spanne der Verbundquoten für den Landesanteil an der Einkommen-[270] und Körperschaftsteuer liegt zwischen 11,7 % (BY) und 23 % (BW / HE / NW). Die Umsatzsteuer wird in Niedersachsen (15,5 %) und im Saarland (20,91 %) vollständig, d.h. einschließlich der Ausgleichseinnahmen im Rahmen der Neuregelung des Familienlastenausgleichs berücksichtigt. In den übrigen Ländern werden die herkömmliche Umsatzsteuer (Quoten zwischen 11,7 % (BY) und 23 % (BW / HE / NW)) und die weitergeleiteten Umsatzsteuermehreinnahmen im Rahmen des Familienlastenausgleichs gesondert berücksichtigt. Von den Umsatzsteuermehreinnahmen wird den Kommunen ein bestimmter Anteil außerhalb der Finanzausgleichsmasse, aber im Rahmen des kommunalen Finanzausgleichs zur Verfügung gestellt. Er wird nach dem bei der Verteilung der Einkommensteuer verwendeten Gemeindeschlüssel zugeteilt. Die Beteiligung an den Umsatzsteuermehreinnahmen liegt durchgängig bei rund 26 %.

---

267 Seit dem Rechnungsjahr 1996 wird das Kindergeld nicht mehr als eigenständige Leistung im Sozialbereich, sondern in Form eines Abzuges von der Lohn- bzw. Einkommensteuerschuld gewährt, was zu einer Verminderung des Aufkommens aus diesen Steuerarten bei den Ländern und Gemeinden geführt hat. Zum Ausgleich erhalten die Länder zusätzliche Umsatzsteuerpunkte (5,5 Prozentpunkte), woran die Gemeinden beteiligt werden.

268 Gilt nur für Niedersachsen.

269 Die Einbeziehung der Kosten politischer Führung in Schleswig-Holstein und Rheinland-Pfalz ist systematisch inkonsequent, da diese Mittel allein dem Ausgleich besonderer Kosten *des Landes* dienen. Vgl. Kirchhof, F. (2001), S. 88 f.

270 Einschließlich Lohn- und Zinsabschlagsteuer.

Tabelle 10: Verbundgrundlagen und -quoten

	Landesanteile an den Gemeinschaftssteuern				Landes-anteil an GewSt-Umlage	Landessteuern						
	EStKSt	Umsatzsteuer				alle	ohne		GewSt	Vermögen-steuer	KfzSt	Bier-steuer
		gesamt	abzgl. FLA	USt-Mehr-einnah-men			Feuer-schutz-steuer	Feuer-schutz-/Totalisator-steuer				
BB	20		20	**26,09**	20	20						
BW	23		23	**26**	23				**55,5**		**15,7**	
BY	11,7		11,7	**26,08**	11,7				**38,1**		**50**	
HE	23		23	**26**	23				23	23	23*	
NI	15,5	15,5					15,5		abw. 33			
NW	23		23	**26**					23 v. 4/7			
RP	21		21	**26**					21	21	21	
SH	17,74		17,74	**26**				17,74				
SL	20,555	20,91					20,91				*	
ST	22,3		22,3	**26**	22,3			22,3				
MV	25,199471		25,199471	26,09	25,199471	25,199471					*	
SN	24,200922	24,200922			24,200922	24,200922						

Fett außerhalb der Finanzausgleichsmasse, aber im Rahmen des kommunalen Finanzausgleichs

BB abzgl. 55 Mio. Euro; zzgl. 312 Mio. Euro für örtliche Träger der Sozialhilfe

BW abzgl. 780,8 Mio. Euro.; USt-Einnahmen abzgl. Einnahmen aus KiföG

HE * zzgl. Mauteinnahmen; aus Vervielfältiger resultierendes Mehraufkommen an der GewSt-Umlage bleibt unberücksichtigt

NI abzgl. 6,665 Mio. Euro; abzgl. 4,511 Mio. Euro für kommunale Prüfungsanstalt; abzgl. Einnahmen aus KiföG

NW zzgl. Entlastungsausgleich Ost (220 Mio. Euro); abzgl. Kompensation KfzSt (16 Mio. Euro); abzgl. Kompensation Spielbankabgabe (13 Mio. Euro); abzgl. Einnahmen aus KiföG (16 Mio. Euro); abzgl. 3,1 Mio. Euro (kommunale Tantiemen); abzgl. 166 Mio. Euro

Quelle: Finanzausgleichsgesetze der Flächenländer; Lenk, T., Rudolph, H.-J. (2003a); Eigene Darstellung.

Tabelle 10: Verbundgrundlagen und -quoten

	Landessteuern		Spielbank/ Förder-abgabe	LFA	Bundesergänzungszuweisungen				FA-Umlage
	Rennwett-/ Lotterie-steuer	Erbschaft-steuer ab Jan 1996			allg. BEZ	§ 11 Abs. 4 FAG	§ 11 Abs. 3 FAG	§ 11 Abs. 3a FAG	
BB				20	20		40		
BW				23					88,73
BY				11,7					
HE				23					
NI			15,5	15,5	15,5				100
NW				23					
RP		35,2		21	21	21			100
SH				17,74	17,74	17,74			20
SL				20,91					
ST				22,3	22,3		22,3		30
MV				25,199471	25,199471	25,199471	25,199471	25,199471	anteilig
SN				24,200922	24,200922		24,200922	24,200922	anteilig

RP zzgl. Umlage zur Finanzierung des Fonds „Deutsche Einheit"; zzgl. Stabilisierungsfonds; abzgl. Einnahmen aus KiföG

SH abzgl. 54,1 Mio. Euro (pauschale Kürzung); abzgl. 18 Mio. Euro (kommunaler Investitionsfonds)

SL * zzgl. Mauteinnahmen; abzgl. 67,508 Mio. Euro

MV * zzgl. Mauteinnahmen; zzgl. 15 Mio. Euro Infrastrukturinvestitionen; abzgl. 50 Mio. Euro; abzgl. 3,92 Mio. Euro Einnahmen aus KiföG

SN Einnahmen aus Bundesergänzungszuweisungen abzgl. 1,088 Mrd. Euro; abzgl. 5 Mio. Euro Einnahmen aus KiföG

Quelle: Finanzausgleichsgesetze der Flächenländer; Lenk, T., Rudolph, H.-J. (2003a); Eigene Darstellung.

Der Anteil an den Landessteuern fließt in Brandenburg vollständig, in Niedersachsen und im Saarland abzüglich der Feuerschutzsteuer und in Schleswig-Holstein bzw. Sachsen-Anhalt abzüglich der Feuerschutz- und Totalisatorsteuer in die Verbundgrundlagen ein. Hessen und Rheinland-Pfalz lassen ihren Kommunen zudem einen Teil der Grunderwerb-, Vermögen- und Kraftfahrzeugsteuer (bzw. deren Kompensation) zukommen, wobei Rheinland-Pfalz zusätzlich einen Teil der Erbschaftsteuer zur Verfügung stellt. In Niedersachsen gehen die Grunderwerbsteuer und die Spielbank- und Förderabgabe in die Finanzausgleichsmasse ein. Nordrhein-Westfalen beteiligt seine Kommunen ausschließlich an der Grunderwerbsteuer. In Baden-Württemberg und Bayern haben sich ein Grunderwerbsteuer- und Kraftfahrzeugsteuerverbund außerhalb der Finanzausgleichsmasse, aber im Rahmen des Finanzausgleichs etabliert, womit die Kommunen zumindest teilweise am Landessteueraufkommen partizipieren. Der Landesanteil der Gewerbesteuerumlage ist in Brandenburg, Baden-Württemberg, Bayern, Hessen und Sachsen-Anhalt Teil der Verbundgrundlagen.

Die Länderfinanzausgleichsleistungen[271] gehören ausnahmslos zur Verbundmasse. Zusätzlich zählen die allgemeinen Bundesergänzungszuweisungen in Brandenburg, Niedersachsen, Rheinland-Pfalz, Schleswig-Holstein und Sachsen-Anhalt zu den Verbundgrundlagen. Hinzu kommen die Sonderbedarfs-BEZ für überdurchschnittliche Kosten politischer Führung in Rheinland-Pfalz und Schleswig-Holstein, die Sonderbedarfs-Bundesergänzungszuweisungen zum Ausgleich teilungsbedingter Sonderlasten in Brandenburg und Sachsen-Anhalt.

Die von den Kommunen aufzubringende Finanzausgleichsumlage wird in Rheinland-Pfalz vollständig und in Baden-Württemberg größtenteils (88,73 %) der Finanzausgleichsmasse zugeführt.[272] Niedersachsen führt diese Umlage zu 100 % der Schlüsselmasse für Gemeindeaufgaben zu. In Sachsen-Anhalt stehen 30 % der Finanzausgleichsumlage zur Erhöhung der Bedarfszuweisungen zur Verfügung. In Schleswig-Holstein werden 20 % der Finanzausgleichsumlage hälftig der Gemeindeschlüsselmasse und hälftig den Landkreisen zugeführt. Die Höhe der Umlage richtet sich nach den verfügbaren Steuereinnahmen und Schlüsselzuweisungen bzw. deren Relation zum kommunalen Finanzbedarf. Die Umlage

---

271 Grundsätzlich sollen die Gemeinden sowohl an den Zuweisungen als auch an den Beiträgen im Länderfinanzausgleich beteiligt. Die Länder NI, RP, ST, SH und TH, die unter anderem zu den Empfängerländern von Länderfinanzausgleichsleistungen zählen, nehmen jedoch eine Beschränkung auf die Einnahmen aus dem Länderfinanzausgleich vor.

272 Im Saarland wird ebenfalls eine Finanzausgleichsumlage erhoben, die allerdings zur Deckung des gemeindlichen Anteils der Fördermittel für Krankenhäuser verwendet wird.

dient dabei nicht vornehmlich der Erhöhung der Finanzausgleichsmasse, sondern der Verbesserung der horizontalen Ausgleichsintensität des Finanzausgleichs.[273]

Die Finanzausgleichsmasse entspricht schließlich dem Betrag, der sich aus der Multiplikation von Verbundgrundlagen und -quoten sowie den Ergebnissen der Steuerverbundabrechnung des Vorjahres ergibt. In den meisten Ländern werden darüber hinaus unterschiedliche, quantitativ exakt bestimmte Beträge addiert oder subtrahiert, um bestimmten Schwerpunkten, beispielsweise dem kommunalen Beitrag zur Finanzierung einigungsbedingter Lasten, Rechnung zu tragen. Die einzelnen Beträge für die Jahre 2009/2010 sind der Tabelle 10 zu entnehmen.

Zu erwähnen ist, dass Rheinland-Pfalz ein Verstetigungsmodell eingeführt hat, um den Gemeinden eine gewisse Planungssicherheit zuzusichern. Ab dem Haushaltsjahr 2007 wurde ein Garantiebetrag für die Finanzausgleichsmasse in Höhe von rund 1.638 Mio. festgeschrieben, der sich jährlich um einen festgelegten Prozentsatz erhöht.

Im Gegensatz zu dem oben beschriebenen Verfahren wird die Finanzausgleichsmasse in Mecklenburg-Vorpommern und Sachsen mit Hilfe des Gleichmäßigkeitsgrundsatzes bestimmt. Hierbei wird ebenfalls auf die Verbundgrundlagen eine Verbundquote angewendet. Die Verbundgrundlagen setzen sich in beiden Ländern aus den Landesanteilen an der Einkommen-, Körperschaft- und Umsatzsteuer (in Sachsen vollständig, in Mecklenburg-Vorpommern herkömmliche und weitergeleitete Umsatzsteuermehreinnahmen separiert), dem Länderanteil an der Gewerbesteuerumlage, allen Landessteuern und den Finanzausgleichsleistungen zusammen. Die Verbundgrundlagen erweitern sich in Mecklenburg-Vorpommern um die allgemeinen BEZ sowie die Sonderbedarfs-BEZ für Kosten politischer Führung, teilungsbedingte Sonderlasten und strukturelle Arbeitslosigkeit, in Sachsen um die allgemeinen BEZ, die Sonderbedarfs-BEZ teilungsbedingte Sonderlasten und strukturelle Arbeitslosigkeit. In Mecklenburg-Vorpommern und Sachsen besteht ebenfalls die Möglichkeit, einen Teil der Finanzausgleichsumlage den Verbundgrundlagen zuzuführen.

Die anzuwendende Quote unterscheidet sich vom Verbundsystem dadurch, dass sie nicht exogen vorgegeben ist, sondern sich als endogene Größe aus der Einnahmenentwicklung der Landes- und Gemeindeebene ergibt. Die über den Gleichmäßigkeitsgrundsatz ermittelten Quoten lagen für 2006 in Mecklenburg-Vorpommern bei rund 25,199[274] % und in Sachsen bei 24,201 %.

---

273 Vgl. Finanzministerium des Landes Baden-Württemberg (2006), S. 20.

274 Ausnahme: Umsatzsteuermehreinnahmen 26,09 %.

Während die fixen Quoten des Verbundsystems eine proportionale Entwicklung von Steuereinnahmen des Landes und Finanzausgleichszuweisungen an die Kommunen sicherstellen, gewährleistet der Gleichmäßigkeitsgrundsatz einen parallelen Verlauf der Landeseinnahmen (Steuereinnahmen, Länderfinanzausgleich und BEZ) abzüglich des kommunalen Finanzausgleichs und den kommunalen Gesamteinnahmen (kommunale Steuern und Zuweisungen aus dem kommunalen Finanzausgleich).[275] Bei diesem Verfahren werden die Gemeindesteuern mit in die zu verteilende Gesamtmasse einbezogen. Steuerliche Mindereinnahmen müssen somit nicht von den Kommunen allein getragen werden, analog werden steuerliche Mehreinnahmen teilweise abgeschöpft. Die Kommunen partizipieren somit an günstigeren Einnahmeentwicklungen des Landes ebenso wie an ungünstigeren Entwicklungstendenzen. Dies gilt analog für die kommunalen Steuereinnahmen.[276] Beim Verbundsystem hingegen verbleiben die kommunalen Steuereinnahmen insgesamt bei den Kommunen, Mindereinnahmen werden aber auch nicht abgefedert. Zu einer Reduzierung der Verbundmasse bzw. der Quote kommt es, wenn die originären Steuereinnahmen der Kommunen stärker steigen als die des jeweiligen Landes. Eine Überprüfung der Aufteilungsverhältnisse erfolgt in Mecklenburg-Vorpommern alle vier, in Sachsen alle zwei Jahre.[277]

Neben der stabilisierungspolitischen Zielsetzung durch verstetigte Kommunalfinanzen liegen die besonderen Vorteile dieser Methode in der Wahrung eines vertikalen Finanzgleichgewichts, der Eindämmung finanzpolitischer Willkür der übergeordneten Ebene und damit in einer fiskalischen Kontinuität sowie Planungssicherheit für die kommunale Ebene.[278]

Nachteilig beurteilt wird die Konzentration auf die Einnahmenentwicklung bei weitgehender Ausblendung der aufgabenbedingten Ausgabenseite und des daraus resultierenden Finanzbedarfs, der bedeutungsvoll für die Bestimmung der Finanzmasse ist.[279] Dies ist jedoch solange vertretbar, wie in der Aufgaben- und damit Ausgabenverteilung zwischen Landes- und Kommunalebene keine wesentlichen Veränderungen eintreten. Sollten entsprechende Verschiebungen auftreten, bedarf die nach dem Gleichmäßigkeitsgrundsatz bestimmte Verbundquote einer Überprüfung und gegebenenfalls einer Anpassung.[280]

---

275 Vgl. Birke, A. (2000), S. 94.
276 Vgl. Sächsisches Ministerium der Finanzen (2005), S. 22.
277 Die nächste Überprüfung steht in Sachsen 2011, in Mecklenburg-Vorpommern 2013 an.
278 Vgl. Schweisfurth, T., Voß, W. (1998), S. 4.
279 Vgl. Schweisfurth, T., Voß, W. (1998), S. 5; vgl. Parsche, R. (2001), S. 236.
280 Vgl. Sächsisches Staatsministerium der Finanzen (2005), S. 24.

Ist die Höhe der Finanzausgleichsmasse bestimmt, wird sie anhand der landesgesetzlich festgelegten Verteilungs- und Ausgleichsmechanismen auf die Kommunen verteilt. Die Ausgleichsmasse kann grundsätzlich in zweckgebundene und allgemeine Zuweisungen unterteilt werden. Letztere gliedern sich wiederum in Bedarfs- und Schlüsselzuweisungen. Die Schlüsselzuweisungen stellen rund die Hälfte der Zuweisungen im Rahmen des kommunalen Finanzausgleichs. Sie sind damit der gewichtigste Teil der disponiblen Zuweisungen. Wie die Schlüsselzuweisungen auf die kommunalen Gebietskörperschaften verteilt werden, soll im Folgenden dargestellt werden.

3.5.2 Finanzkraft

Der erste Schritt im Rahmen des *„Drei-Komponenten-Systems“*[281] zur Verteilung der Schlüsselzuweisungen und damit wesentlicher Bestandteil eines jeden kommunalen Finanzausgleichssystems ist die Ermittlung der kommunalen Finanzkraft. Die Finanzkraft, ausgedrückt als Steuer- oder Finanzkraftmesszahl für Gemeinden und als Umlagekraftmesszahl für höherstufige Gemeindeverbände, ist wie im Länderfinanzausgleich ein normierter und monetärer Maßstab, der die eigene finanzielle Leistungsfähigkeit der jeweiligen Kommune abbilden soll. Als normiert wird dieser Maßstab deshalb bezeichnet, da nicht jede monetäre Größe in vollem Umfang Berücksichtigung findet.

Die länderspezifischen Regelungen zur Ermittlung der Finanzkraft unterscheiden sich deutlich. Dennoch sind für ihre Berechnung im Allgemeinen die eigenen Einnahmen der Kommune maßgeblich. Grundsätzlich gilt, dass jede Einnahmeart zu berücksichtigen ist, die die Leistungsfähigkeit der Kommune erhöht. Abgeleitet aus der verfassungsgerichtlichen Vorgabe zur Einbeziehungspflicht von Steuern in den Länderfinanzausgleich existiert hierzu jedoch eine Einschränkung. Die Vernachlässigung einer Einnahmeart ist demnach bei einem nicht ausgleichsrelevanten Volumen (Bagatellsteuern), einem relativ gleichmäßigen Aufkommen oder einem unverhältnismäßig hohem Ermittlungsaufwand statthaft. Folglich unterbleibt die Berücksichtigung der quantitativ eher irrelevanten örtlichen Aufwand- und Verbrauchsteuern, deren aufgrund ihrer regional starken Streuung erforderliche interkommunale Normierung mit einem unangemessen hohen Verwaltungsaufwand verbunden wäre.

---

281 Lenk, T., Rudolph, H.-J. (2003b), S. 7; vgl. Lenk, T., Rudolph, H.-J. (2004a).

Weiterhin kann konstatiert werden, dass Gebühren und Beiträge wegen des Kostendeckungsprinzips und Einnahmen aus Kreditaufnahme aufgrund ihrer Unfähigkeit zur Abbildung der kommunalen Leistungsfähigkeit nicht zur Ermittlung der Finanzkraftmesszahl herangezogen werden. Auch Vermögenserträge wie zum Beispiel Dividenden und Veräußerungsgewinne werden nicht einbezogen. Sie erhöhen die kommunale Leistungsfähigkeit nicht, da die zugrunde liegenden Vorgänge letztlich auf früheren Einnahmen basieren. Finanzkraftabhängige Zuweisungen sollten ebenfalls nicht einbezogen werden, da sie gerade auf den Ausgleich unzureichender Finanzkraft abzielen und eine Anrechnung die Zuweisungshöhe mindern würde. Zweckzuweisungen sollen spezifische Belastungen abdecken und erhöhen die kommunale Leistungsfähigkeit nicht. Erwerbseinkünfte wie Unternehmensbeteiligungen können zwar grundsätzlich als leistungssteigernd klassifiziert werden, aber der infolge der notwendigen internen Verrechnungen unangemessen hohe Erhebungsaufwand und die stark eingeschränkten Vergleichsmöglichkeiten sprechen gegen eine Einbeziehung.[282] Tabelle 11 gibt eine schematische Zusammenfassung der für die gemeindliche Finanzkraftmesszahl relevanten Komponenten.

Zur Ermittlung der Finanzkraftmesszahl der kreisangehörigen Gemeinden und der kreisfreien Städte ziehen die 13 Flächenländer ausnahmslos die Realsteuern (Grundsteuer A und B, Gewerbesteuer) sowie den gemeindlichen Anteil an den Gemeinschaftssteuern (Einkommen- und Umsatzsteuer einschließlich weitergeleitete Umsatzsteuermehreinnahmen) heran. In Rheinland-Pfalz und im Saarland werden außerdem die Schlüsselzuweisungen zur Finanzkraftermittlung herangezogen. Lediglich in Niedersachsen und Thüringen ist die Spielbank- bzw. Troncabgabe[283] Bestandteil der Finanzkraft.

Nachdem die einzelnen Komponenten der Finanzkraft definiert sind, soll ihr Erfassungsgrad erörtert werden. So werden Einnahmen aus der Grund- und Gewerbesteuer nicht in Höhe des tatsächlichen Aufkommens angesetzt, da die Gemeinden für diese Einnahmenkategorien das Hebesatzrecht besitzen und damit die Möglichkeit besteht, die Höhe des Aufkommens autonom zu beeinflussen. Die zu ermittelnde Finanzkraft soll sich aber gerade nicht an der gemeindespezifischen Hebesatzpolitik orientieren, sondern hebesatzneutral sein. Daher wird bei der Einbeziehung der Realsteuern nicht der individuelle Hebesatz zugrunde gelegt, sondern ein landeseinheitlicher Satz. Der Grund hierfür ist darin zu sehen, dass ohne eine entsprechende Nivellierung jene Gemeinden benachteiligt würden, die

---

282 Vgl. Birke, A. (2000), S. 159.

283 Abgabe, die auf die Trinkgelder der Croupiers (Tronc) erhoben wird.

ihre Einnahmenmöglichkeiten durch hohe Hebesätze ausschöpfen. Mehreinnahmen, die auf eine über den Nivellierungshebesatz hinausgehende Anspannung der Hebesätze resultieren, verbleiben im vollen Umfang bei der Gemeinde.[284]

Spiegelbildlich würden Gemeinden mit niedrigen Sätzen zu Lasten der Gemeinden, die ihren Bürgern hohe Steuern aufbürden, unbillig bevorzugt. Zudem dezimieren normierte Hebesätze eine potentielle Strategieanfälligkeit des Finanzausgleichssystems durch steuerpolitische Maßnahmen der einzelnen Gebietskörperschaft.[285] Die Nivellierungssätze unterteilen sich in zwei Ermittlungsgruppen. Von einer Ländergruppe werden die normierten Hebesätze gesetzlich vorgegeben, bei der anderen Gruppe werden Prozentsätze festgeschrieben, die auf den gewogenen Landesdurchschnitt der Hebesätze anzuwenden sind.

Die Gemeindeanteile an der Einkommen- und Umsatzsteuer sowie die weitergeleiteten Umsatzsteuermehreinnahmen werden mehrheitlich mit dem Ist-Aufkommen angesetzt. Einige Bundesländer weichen hiervon jedoch ab. Baden-Württemberg, Niedersachsen, Saarland und Sachsen-Anhalt nehmen bei diesen drei Einnahmenkategorien Abschläge vor. Bayern differenziert bei der Einkommensteuer und den Umsatzsteuermehreinnahmen nach der Relation zum einwohnerbezogenen Landesdurchschnitt. Liegt dieser unter 50 % werden die Einnahmen nur zu 65 % angesetzt. Das niedersächsische Finanzausgleichsgesetz gibt zudem eine Einbeziehung der Spielbankabgabe zu jeweils 90 % vor. In Thüringen hingegen werden der Gemeindeanteil an der Umsatzsteuer zu 110 % und die Spielbankabgabe zu 50 % angesetzt. Rheinland-Pfalz und Saarland geben zusätzlich eine Berücksichtigung der Schlüsselzuweisungen in Höhe von 100 % bzw. 85 % vor.

---

284 Vgl. Finanzministerium des Landes Baden-Württemberg (2000), S. 24.

285 Vgl. Hididen, W. (1999), S. 205.

Tabelle 11: Komponenten zur Ermittlung der kommunalen Finanzkraft

	Steuer- / Finanzkraftmesszahl der Gemeinden								Steuer-/ Finanz-/ Umlagemesszahl der Landkreise					
Bundesland	GrSt A	GrSt B	GewSt vor Abzug der Umlage*	Gemeinde-anteil an der ESt	Gemeinde-anteil an der USt	weiter-geleitete USt-Mehr-einnahmen	Schlüssel-zuweisungen	Spiel-bank-abgabe	FKM der gemeinde-freien Gebiete	Grund-erwerb-steuer	Umlagegrundlagen: **	Umlagegrundlagen: FKM	Umlagegrundlagen: Schlüssel-zuweisungen	Umlagegrundlagen: sonstige Kompo-nenten
	gesetzlich festgelegte Nivellierungshebesätze											kreisange. Gemeinden		
	Hebesätze			prozentualer Erfassungsgrad					prozentualer Erfassungsgrad					
BW	195	185	290	100	80	100				100	Ø	100	100	
BY	250	250	300	65/100	100	65/100			40	50	40	100	80	
HE	220	220	310	100	100	100					46	100/56,6	100	
NW	192	381	403	100	100	100					38,22	100	100	
	kreisangehörige Gemeinden zu 36 v. H.; kreisfreie Städte zu 100 v. H.								Landkreise zu 64 v.H.					
RP	269	317	352	100	100	100	Schlüssel-zuweisung A: 100			100		100	Schlüssel-zuweisungen A: 100	
SH***	260	260	310	100	100	100						100	allg. & Sonder-schlüssel-zuweisungen: 100	abzgl. FA-Umlage
TH	200	300	300	100	110	100		50			30	100	80	sonstige allg. Zu-weisungen: 80

* Zur Finanzkraftbemessung wird von der (nivellierten) Gewerbesteuer die nivellierte Gewerbesteuerumlage abgezogen. Der Vervielfältigerwert der Gewerbesteuerumlage sowie dessen landesspezifischer Ansatz bei der Steuerkraftermittlung variiert nach Zeitraum sowie nach neuem und altem Bundesgebiet. Mit Ausnahme der Sonderregelungen in Bayern (ohne Berücksichtigung der einigungsbedingten Erhöhung des Vervielfältigers) und Niedersachsen (Anhebung des einigungsbedingten Erhöhungsanteils um 1/3) wird der in der Referenzperiode geltende Vervielfältiger in Abzug gebracht. Ohne Berücksichtigung bleibt die Gewerbesteuerumlage in Sachsen-Anhalt.

** Das Durchschnittssymbol steht stellvertretend für die Prozentsätze des gewogenen Durchschnitts der Umlagesätze der Kreisumlage.

*** Abweichend von der Einteilung in Gemeinden und Landkreise erfolgt die Finanzkraftermittlung der kreisfreien Städte im Rahmen der separaten Teilschlüsselmasse in SH sowie der Teilmasse für Kreisaufgaben in NI nach der abgebildeten Methode für die Landkreise.

Quelle: Finanzausgleichsgesetze der Flächenländer; Lenk, T., Rudolph, H.-J. (2004a); Eigene Darstellung.

Tabelle 11: Komponenten zur Ermittlung der kommunalen Finanzkraft

		gewogene landesdurchschnittliche Nivellierungshebesätze								prozentualer Erfassungsgrad					
		Hebesätze			prozentualer Erfassungsgrad										
		v. H. des gewogenen Landesdurchschnitts													
BB		252	365	306	100	100	100					Ø	100	100	
		100													
MV	kreisfrei	254	410	398	100 zzgl.Grund-steuerminder-einnahmen	100	100					Ø	100	100	abzgl. FA-Umlage und 25 % der Umland-umlage
	kreisan-gehörig	236	316	273											
		100													
NI ***	> 100.000 EW	324	428	396	90	90			90	100		90 % des Ø	100	90	
	< 100.000 EW	306	317	318											
		90													
SL		256	369	323	85	85		Schlüssel-zuweisung A: 100 Sonder-schlüssel-zuweisung: 85				Ø	100	Schlüssel-zuweisung B und C: 85	abzgl. FA-Umlage
		85													
SN	kreisfrei	308	540	450	100	100						Ø	100	100	abzgl. FA-Umlage zzgl. Auflösungs-beträge der Vorsorge-rücklagen
	kreisan-gehörig	293	398	383											
		100													
ST	kreisfrei	252	443	446	80	80	80					30	100	80	
	kreisan-gehörig	288	353	299											
		80													

Quelle: Finanzausgleichsgesetze der Flächenländer; Lenk, T., Rudolph, H.-J. (2004a); Eigene Darstellung.

Neben der Gemeindeebene existieren in den Flächenländern die Landkreise, die ebenfalls in den kommunalen Finanzausgleich eingebunden sind. Da die Landkreise in Ermangelung eigener Steuereinnahmen auf die Schlüsselzuweisungen der Länder und auf die Umlagen der Gemeinden angewiesen sind, muss auch ihre Finanzkraft bemessen werden, um die ihnen zustehenden Zuweisungen zu ermitteln. Maßstab ist die Umlagekraft dieser Gebietskörperschaften. Diese setzt sich im Wesentlichen aus der Finanzkraftmesszahl und den Schlüsselzuweisungen der kreisangehörigen Gemeinden zusammen. In Hessen gilt dabei für Gemeinden, die einen Ergänzungsansatz im Rahmen des kommunalen Finanzausgleichs in Anspruch nehmen, ein ermäßigter Satz in Höhe von 56,6 %. Weiterhin wird in Baden-Württemberg, Bayern und Rheinland-Pfalz die Grunderwerbsteuer der Landkreise in die Berechnung einbezogen. Daneben werden in Bayern und Niedersachsen auch die Finanzkraftmesszahlen der kreisfreien Gebiete berücksichtigt. Zudem wird in den Ländern Schleswig-Holstein, Mecklenburg-Vorpommern, Saarland und Sachsen die Finanzausgleichsumlage, die die Gemeinden zu entrichten haben, in Abzug gebracht. Mecklenburg-Vorpommern zieht außerdem die Umlandumlage, die die Umlandgemeinden an kreisfreie (Mittelpunkt-)Städte zu entrichten haben, ab. In Sachsen zählen zudem die Auflösungsbeträge der kommunalen Vorsorgerücklagen zu den Umlagegrundlagen.

3.5.3 Finanzbedarf

Der zweite Schritt zur Verteilung der Schlüsselzuweisungen ist die Quantifizierung des Finanzbedarfs, was den wohl umstrittensten Teil der Finanzausgleichsgesetzgebung darstellt. Aufgrund der mangelnden Validität objektiver Bedarfsmessung entspricht der angesetzte Bedarf nicht dem tatsächlichen Ausgabenbedarf. Der kommunale Finanzbedarf orientiert sich vielmehr als Second-Best-Lösung an der Anzahl der Einwohner[286]. Dieser Einwohnerorientierung liegt der Gedanke zu Grunde, dass der Einwohner an sich Bedarfsverursacher bzw. Leistungsnutzer ist und somit als Bezugsgröße für die Ausgabentätigkeit und Finanzausstattung dienen

[286] Als Einwohner gelten Bürger mit Hauptwohnsitz in der jeweiligen Gemeinde. Zur Erhebung der Einwohnerzahlen haben die Bundesländer unterschiedliche Stichtagsregelungen getroffen (BY, BB, HE, MV, NW, SL, SN, ST, TH: 31. Dezember des vorvergangenen Jahres, SH: 31. März, BW, NI, RP: 30. Juni des Vorjahres).

kann.[287] Nach dem in Art. 106 Abs. 3 Nr. 2 GG verankerten Gebot der Gleichwertigkeit der Lebensverhältnisse in Verbindung mit dem Gleichbehandlungsgebot des Art. 3 Abs. 3 GG gilt, dass jeder Einwohner grundsätzlich gleich zu behandeln ist und daher Anspruch auf die gleichen (wenn auch nicht identischen) Leistungen hat. Daraus lässt sich zunächst ein gleicher Finanzbedarf je Einwohner ableiten, der sich in den jeweiligen kommunalen Finanzausgleichsgesetzen als Grundfestbetrag je Einwohner ausdrückt.[288]

Zur Ermittlung des individuellen Finanzbedarfs einer Gemeinde wird der Grundfestbetrag mit dem kommunalen Gesamtansatz, der sich aus der tatsächlichen Einwohnerzahl, der Hauptansatzstaffel, dem Zentralitätsansatz und diversen Nebenansätzen zusammensetzt, multipliziert.[289] Die Abgeltung besonderer Bedarfe mittels Neben- oder Ergänzungsansätzen kann grundsätzlich auf einer Pauschalabgeltung, aufgabenspezifischen Indikatoren oder den tatsächlichen Ausgaben basieren. Zwecks Einbeziehung in die Bedarfsermittlung wird jedoch meist eine Umrechnung in Einwohnerzahlen vorgenommen. Tabelle 12 gibt einen umfassenden Überblick über die länderspezifische Ausgestaltung der Regeln zur Bedarfsermittlung, die sich vor allem danach unterscheiden, ob

- ein allgemein mit der Gemeindegröße zunehmender Finanzbedarf je Einwohner unterstellt wird (Hauptansatz);
- den Gemeinden nach der Einordnung in ein System der zentralen Orte ein unterschiedlich hoher Finanzbedarf zu geordnet wird;
- einzelbedarfsorientierte Nebenansätze die Verteilung der Zuweisungen beeinflussen.

Nach dem Kriterium der Hauptansatzstaffel (Einwohnerwertung), die in Abhängigkeit der Gemeindegröße die in Ansatz zu bringenden Gewichtungs-

---

287 Die demographische Entwicklung und das Problem der Kostenremanenz stellt die Einwohnerfokussierung des Finanzausgleichs vor besondere Herausforderungen. Vor allem im Bereich der Versorgungsinfrastruktur sowie der kommunalen Einrichtungen bleiben die Gesamtkosten aufgrund von Unteilbarkeiten und fixen Kosten bei der Leistungserstellung auch bei einem Bevölkerungsrückgang konstant. Vgl. Karrenberg H., Münstermann, E. (2002), S. 37; vgl. Vesper, D. (2000), S. 31. Zur Analyse der Auswirkungen des starken Bevölkerungsrückgangs in den neuen Bundesländern vgl. Seitz, H. (2002).

288 Der Grundfestbetrag wird dabei so festgelegt, dass die zur Verfügung stehende Finanzausgleichsmasse vollständig ausgeschöpft wird.

289 Abweichend davon wird in Baden-Württemberg nicht die Einwohnerzahl, sondern der Kopfbetrag gestaffelt.

faktoren für die jeweiligen Einwohner angibt, sind gemäß Tabelle 12 zunächst zwei Gruppen zu unterscheiden. Auf die Anwendung der Hauptansatzstaffel verzichten Mecklenburg-Vorpommern, Schleswig-Holstein und Rheinland-Pfalz. Rheinland-Pfalz verwendet stattdessen einen Zentralitätsansatz bzw. andere Nebenansätze. Mecklenburg-Vorpommern nimmt lediglich eine prozentuale Unterscheidung zwischen Gemeinden mit unter bzw. über 500 Einwohnern vor. Die übrigen zehn Flächenländer gewichten ihre tatsächlichen Einwohner im Rahmen der Hauptansatzstaffel, deren Spreizung in den vergangenen Jahren kontinuierlich zugenommen hat.[290]

Je nach landesspezifischer Regelung listet Tabelle 12 die Hauptansatzstaffel nach separaten Teilschlüsselmassen sowie gemeinsamen Schlüsselmassen auf. Zur Gruppe mit separaten Schlüsselmassen für kreisangehörige Gemeinden, kreisfreie Städte und Landkreise gehören die Länder Hessen, Saarland, Sachsen und Sachsen-Anhalt. Einer Beurteilung der Umverteilungswirkungen, welche sich bei dieser Teilschlüsselmassenbildung im Wesentlichen innerhalb des kreisangehörigen Raumes entfalten, dient ein Blick auf die Veredelungsspanne. Selbst bei Beachtung des äußerst niedrigen Skalenanfangs (1.500 Einwohner) fällt die Umverteilungsintensität in Sachsen (Spreizung 1:2) deutlich höher aus als im Rest der Gruppe (zwischen 1:1,21 (Hessen) und 1:1,28 (Saarland)). Erwähnenswert ist, dass die Hauptansatzstaffel im Saarland einen j-förmigen Verlauf nimmt. Gemeinden mit einer Einwohnerzahl von 5.000 werden mit 104 % gewertet, während dieser Wert mit 10.000 Einwohnern auf 100 % fällt und ab einer Gemeindegröße von 20.000 Einwohnern wieder ansteigt.[291]

---

290 Vgl. Eichler, N. (2000), S. 57.

291 Bei Werten, die zwischen den im Gesetz verankerten Gemeindegrößen liegen, verwenden fast alle Länder das Verfahren der linearen Interpolation und gewährleisten damit eine relativ stetige Gewichtungsskala.

Tabelle 12: Komponenten zur Ermittlung des kommunalen Finanzbedarfs

	Kreisangehörige Gemeinden					Kreisfreie Städte		Landkreise	
Ohne Einwohnerwertung									
	Hauptansatz				Nebenansatz	Hauptansatz	Nebenansatz	Hauptansatz	Nebenansatz
MV	EW von Gemeinden mit unter/ über 500 EW zu 90/100 %				keine	EW von Gemeinden mit unter/ über 500 EW zu 90/100 %	keine	73 % nach Einwohnern	keine
RP	36 % der Einwohner				1. Stationierungskräfte 2. Zentrale Orte 3. Schüleransatz 4. Dünnbesiedlungsansatz	Einwohner	1. Stationierungskräfte 2. Zentrale Orte 3. Soziallasten 4. Schüler 5. Flächenansatz	64 % nach Einwohnern	1. Stationierungskräfte 2. Zentrale Orte 3. Soziallasten 4. Schüler 5. Flächenansatz
SH	Einwohner				keine	Einwohner	keine	Einwohner	keine
Mit Einwohnerwertung (Teilschlüsselmasse für kreisangehörige Gemeinden, kreisfreie Städte und Landkreise)									
	Hauptansatz min - max: EW	Ansatz	EW	Ansatz	Nebenansatz	Hauptansatz	Nebenansatz	Hauptansatz	Nebenansatz
HE	<5.000	107	≥50.000	130	1. Hauptansatz: Mittelzentren 125 %, Mittelzentren mit oberz. Teilfunktion 130 %, Oberzentrum 140 % 2. Bevölkerungsrückgang 3. Gemeinden > 50.000 EW: +15 % des Hauptansatzes 4. Stationierungskräfte 5. Bevölkerungszuwachs 6. Schüleransatz	Darmstadt / Offenbach 100 % Wiesbaden / Kassel 102 % Frankfurt 109 %	1. Stationierungskräfte 2. Bevölkerungszuwachs 3. Schüleransatz	EW von Kreisgemeinden mit EW <7.500 zu 105 %, übrige zu 100 %	Bevölkerungszuwachs
SL	<5.000	104	≥200.000	133	1. Stationierungskräfte 2. Überdurchschnittliche Geburtenrate 3. Straßenansatz 4. Ansatz für Grubengemeinden / Kurorte 5. Zentrale Orte: Mittelzentrum 6 %, Oberzentrum 2 % der EW des Verflechtungsbereichs (ohne eigene EW)			Einwohner	Soziallastenansatz
SN	≤1.500	100	≥105.000	200	Schüleransatz	Dresden und Leipzig 102,5 % Chemnitz 100 %	Schüleransatz	Einwohner	Schüleransatz
ST	≤8.000	100	≥50.000	125	keine	Einwohner: Städte <150.000: EW zu 100 % Städte ≥150.000: EW zu 112%	keine	Einwohner	Dünnbesiedlungsansatz

Quelle: Finanzausgleichsgesetze der Flächenländer; Lenk, T., Rudolph, H.-J. (2003b); Eigene Darstellung.

Tabelle 12: Komponenten zur Ermittlung des kommunalen Finanzbedarfs

Mit Einwohnerwertung (Teilschlüsselmasse für alle Gemeinden, kreisfreien Städte und Landkreise)								
BB	≤2.500	100	>55.000	130	Kreifreie Städte 145 %	Einwohner	keine	Einwohner	Dünnbesiedlungsansatz
BW	≤3.000	100	>600.000	186	Bedarfsmesszahl +15 % für: 1. Wehrpflichtigen / Stationierungskraft 2. Polizeibeamten in Gemeinschaftsunterkunft 3. Student	Einwohner	keine	Einwohner	keine
NI	≤10.000	100	>500.000	180	1. Stationierungskraft 2. Bevölkerungsrückgang	Einwohner	1. Stationierungskraft 2. Bevölkerungsrückgang 3. Sozialhilfeansatz 4. Schülerbeförderung 5. Kreisstraßen	Einwohner	1. Stationierungskraft 2. Bevölkerungsrückgang 3. Sozialhilfeansatz 4. Schülerbeförderung 5. Kreisstraßen
Mit Einwohnerwertung (Teilschlüsselmasse für alle Gemeinden und Landkreise)								
BY	≤5.000	108	>500.000	150 +1%-Punkt je weitere 100.00 EW	1. Stationierungskraft 2. Nebenwohnungsansatz 3. Bevölkerungsrückgang 4. Überdurchschnittliche Arbeitslosigkeit 5. Soziallasten kreisfreie Gemeinden 6. Kreisfreie Gemeinden +10 % des Hauptansatzes			1. Einwohner 2. Jugendansatz 3. Stationierungskraft	Soziallastenansatz
NW	≤25.000	100	>634.000	157	1. Schüleransatz 2. Soziallastenansatz 3. Zentralitätsansatz nach sozialversicherungspflichtig Beschäftigte			Einwohner	Schüleransatz
TH	≤3.000	100	>200.000	150	1. Kreisfreie Städte: +5 %-Punkte 2. Erfurt: 150 %			Einwohner	keine

Quelle: Finanzausgleichsgesetze der Flächenländer; Lenk, T., Rudolph, H.-J. (2003b); Eigene Darstellung.

Andere Wirkungen resultieren aus der Anwendung der Schlüsselmasse für sämtliche Gemeinden. Eine Einbeziehung der kreisfreien Großstädte erfordert eine deutlich ausgeprägtere Spreizung der Hauptansatzstaffel, die in diesem Fall zu einer Umverteilung vom kreisangehörigen Raum zu den kreisfreien Städten führt. Die Spreizung der Hauptansatzstaffel in den Ländern mit gemeinsamen Schlüsselmassen liegt zwischen 1:1,3 (Brandenburg) und 1:1,86 (Baden-Württemberg). Dabei korrespondieren in Baden-Württemberg, Niedersachsen und Thüringen die obersten Staffelwerte mit der Einwohnerzahl der bevölkerungsreichsten Gemeinde, während die Einwohnerzahl der größten kreisfreien Städte in Brandenburg, Bayern und Nordrhein-Westfalen außerhalb des (aktiven) Fortschreibungsbereichs der Hauptansatzstaffel liegt. Anzumerken ist, dass alle drei Länder den Ansatz für kreisfreie Städte außerhalb der Hauptansatzstaffel erhöhen. In Brandenburg erhalten kreisfreie Städte pauschal einen Einwohneransatz von 145 %; in Thüringen erhöht sich der Hauptansatz für kreisfreie Städte um fünf Prozentpunkte; in Bayern erhöht sich die Einwohnerwertung um einen Prozentpunkt je weitere 100.000 Einwohner, zudem erhalten kreisfreie Städte zusätzlich 10 % des Hauptansatzes.

In Brandenburg und Baden-Württemberg gibt es Teilschlüsselmassen für (sämtliche) Gemeinden, kreisfreie Städte und Landkreise, sodass die kreisfreien Städte aus zwei Töpfen bedient werden. Zu dieser Gruppe zählt letztlich auch Niedersachsen, das Schlüsselmassen für Gemeinde- und für Kreisaufgaben ausweist.

Die Auswertung der graphischen Darstellung der Gewichtungsfaktoren in Abbildung 10 verdeutlicht zunächst, dass sich diese in der Regel aus Teilabschnitten mit einer proportionalen Steigung zusammensetzen, deren Aneinanderreihung einen degressiv wachsenden Tarif ergibt. Darüber hinaus lassen sich Extrempositionen ausmachen. Im Bereich bis 100.000 Einwohnern (untere Abbildung) weist Sachsen die mit Abstand stärkste Spreizung auf, während Nordrhein-Westfalen und das Saarland in dieser Gemeindegrößenklasse einen zusätzlichen Finanzbedarf von lediglich 13 bzw. 23 Prozentpunkten berücksichtigen. Es ist jedoch zu konstatieren, dass Nordrhein-Westfalen und das Saarland im Gegensatz zu Sachsen diverse Nebenansätze berücksichtigen, die letztlich die verdeckte Bedarfsspreizung erhöhen. Es ist zu beobachten, dass mit steigender Staffelspreizung (insbesondere in den westdeutschen Ländern) die Anzahl der Nebenansätze tendenziell abnimmt.

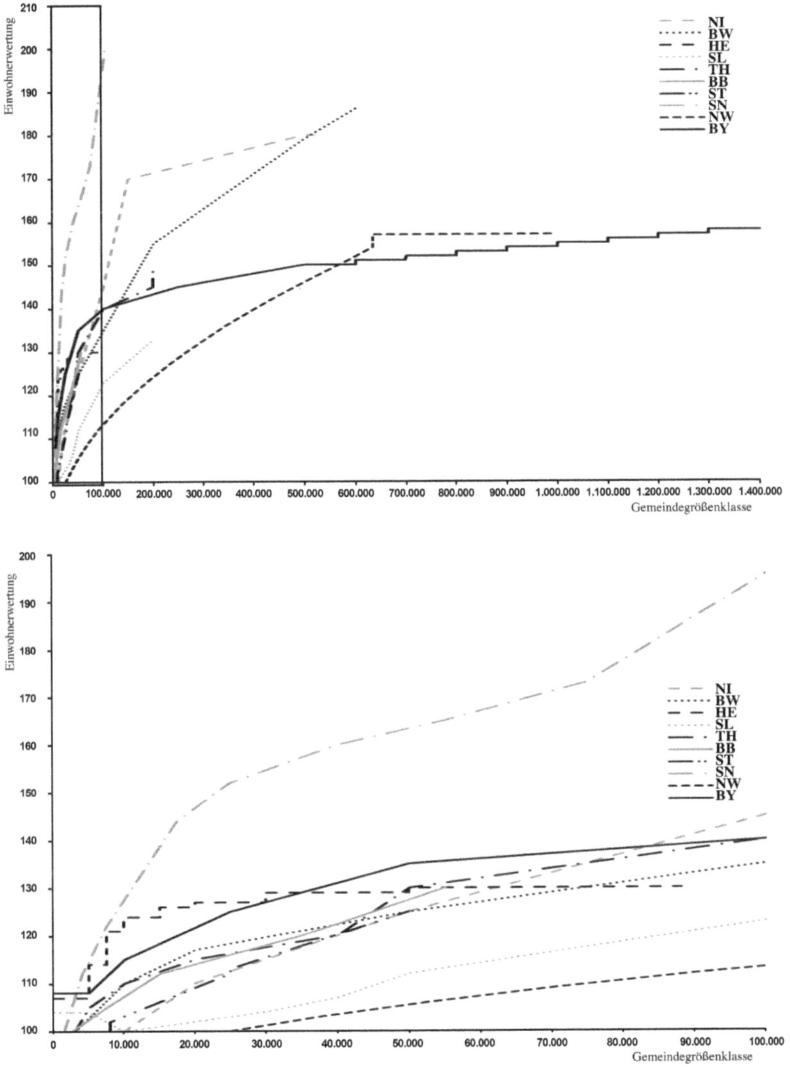

Abbildung 10: Ausgestaltung der Hauptansatzstaffeln in den Flächenländern nach Gemeindegrößenklassen

Quelle: Finanzausgleichsgesetze der Flächenländer; Eigene Darstellung.

Abbildung 10 zeigt weiterhin, dass sich mit steigender Gemeindegröße die Anzahl der Länder mit entsprechenden Werten in der Hauptansatzstaffel reduziert. Bei Ausweitung des Blickfeldes auf über 200.000 Einwohner (obere Abbildung) sind noch sechs Bundesländer zu berücksichtigen, von denen Baden-Württemberg die höchsten Veredelungsfaktoren gewährt. In diesem Gemeindegrößenbereich gilt die Einwohnergewichtung ausnahmslos für sämtliche Gemeinden, bei denen mit Ausnahme des Saarlands letztlich nur die kreisfreien Städte relevant sein dürften. Bei etwa einer halben Million Einwohner verbleiben schließlich Baden-Württemberg, Bayern, Niedersachsen, Nordrhein-Westfalen. Trotz der bis etwa 500.000 Einwohner zum Teil stark divergierenden Verläufe gewähren die Systeme in Bayern und Nordrhein-Westfalen ihren Großstädten mit über 600.000 Einwohnern relativ ähnliche Einwohnerwertungen.

Da im Rahmen dieser Arbeit die Behandlung von Agglomerationen, worunter in diesem Zusammenhang die Großstädte mit über 500.000 Einwohnern in den Flächenländern (zuzüglich Nürnberg, Dresden und Leipzig) zu subsumieren sind, von besonderer Bedeutung ist, gibt Tabelle 13 einen zusammenfassenden Überblick über die diesen Städten gewährte Einwohnerwertung.

Tabelle 13: Einwohnerwertungen der 12 größten Städte in den Flächenländern

gemeinsame Schlüsselmasse		**separate Schlüsselmasse**	
Stuttgart	186	Frankfurt	109
Hannover	180	Dresden	102,5
München	158	Leipzig	102,5
Köln	157		
Düsseldorf	150,9		
Dortmund	150,9		
Essen	150,6		
Nürnberg	150		
Duisburg	145,7		

Quelle: Finanzausgleichsgesetze der Flächenländer; Eigene Berechnungen.

Da die alleinige Ausrichtung an Einwohnern bestimmte Aufgaben und daraus resultierende Ausgabebelastungen oftmals unzureichend widerspiegelt, kommen bei der Vergabe von Schlüsselzuweisungen neben der Hauptansatzstaffel aufgabenbezogene Ergänzungsansätze bzw. Modifikationen zur Berücksichtigung spezifischer Sonderbedarfe im Rahmen der Finanzbedarfsermittlung zur Anwendung. Diese können dabei jeweils komplementär oder subsidiär zum Hauptansatz wirken.[292] Die bedeutendste Gruppe stellt die Abgeltung zentralörtlicher Funktionen dar. Hierzu werden unterschiedliche Instrumente eingesetzt: In Hessen werden beispielsweise Mindestprozentsätze im Rahmen der Hauptansatzstaffel vorgegeben, während in Rheinland-Pfalz und im Saarland die tatsächlichen Einwohnerzahlen durch prozentuale Berücksichtigung der Einwohner der Verflechtungsbereiche erhöht werden. In Nordrhein-Westfalen wird die Einwohnerzahl der zentralen Orte um 0,15 % der erfassten sozialversicherungspflichtig Beschäftigten[293] erhöht.

Zudem kommt es zu einer Begünstigung der kreisfreien Städte, die sich nur bedingt mit dem Konzept der zentralen Orte deckt.[294] Neben der separaten Zuweisung von Teilschlüsselmassen[295] kommt ein über dem höchsten Staffelwert der Einwohnerwertung liegender Hauptansatz in Brandenburg und Thüringen zur Anwendung, während Bayern den Hauptansatz für kreisfreie Städte noch einmal um 10 % erhöht. Anzumerken ist, dass Brandenburg, Mecklenburg-Vorpommern und Thüringen die Zentralörtlichkeit auch außerhalb des finanzkraftabhängigen Schlüsselzuweisungssystems berücksichtigen. So wird in Brandenburg ein Teilbetrag für Mittelzentren und kreisfreie Städte außerhalb der Finanzausgleichsmasse, in Mecklenburg-Vorpommern dagegen ein Teilbetrag für zentrale Orte innerhalb der Finanzausgleichsmasse (Vorwegabzug) bereitgestellt. In Thüringen erhalten zentrale Orte in den Jahren 2008 und 2009 finanzkraftunabhängige Anpassungshilfen, um die nach Novellierung des Gesetzes wegfallende separate Schlüsselmasse für zentrale Orte zu kompensieren.

Weitere Sonderbedarfe werden über die Soziallasten- und die Schüleransätze, die in vielen Systemen eine wichtige Rolle spielen, sowie über den Studentenansatz in Baden-Württemberg abgegolten. Diese Ansätze können als *„aufgabenspezifische*

---

292 Je mehr Sonderbedarfe über entsprechende Ansätze innerhalb oder außerhalb des kommunalen Finanzausgleichs abgegolten werden, desto schwer wird es die Hauptansatzstaffel als pauschales Abgeltungsinstrument insgesamt und in ihrer Intensität zu rechtfertigen. Vgl. Henneke, H.-G. (1999), S. 265.

293 Nach Eichler soll so die Schaffung bzw. der Erhalt von sozialversicherungspflichtigen Arbeitsplätzen belohnt bzw. gefördert werden. Gleichzeitig kann dies jedoch auch als Abgeltung für die besonderen Lasten beispielsweise im Infrastrukturbereich, die im Zusammenhang mit dem Arbeitsplatzangebot stehen, interpretiert werden. Vgl. Eichler, N. (2000), S. 59

294 Vgl. Lenk, T., R., H.-J. (2003b) Nr. 25, S. 30.

295 Eine Begünstigung ist nur bei einer überproportionalen Dotierung dieser Teilschlüsselmasse gegeben.

Zentralitätsansätze"[296] interpretiert werden, in denen zentrale Orte expressis verbis keine Erwähnung finden.[297] Daneben finden auch Sonderbedarfe ohne Gemeindegrößen-, Zentralitäts- oder Gemeindestatusbezug bei der Ermittlung des Finanzbedarfs Beachtung. Zu den *personenbezogenen* Sonderbedarfen zählen hierbei die Ansätze für die ausländischen Stationierungsstreitkräfte, die demographische Entwicklung (Bevölkerungsrückgang bzw. -zuwachs, überdurchschnittliche Geburtenrate), die Wehrdienstleistenden und Polizeibeamten in Gemeinschaftsunterkünften, die Personen mit Nebenwohnsitz sowie den Anteil der unter Achtzehnjährigen. Nicht personenbezogene Ansätze existieren hingegen für Grubengemeinden, Strukturschwäche, das Straßennetz, den Fremdenverkehr (Kurorte), die Fläche (Dünnbesiedlung)[298].

Neben den in Tabelle 12 angegebenen Bedarfskomponenten, die zur Berechnung des Finanzbedarfs herangezogen werden, kommen in den einzelnen Finanzausgleichsgesetzen weitere Zuweisungen zur Berücksichtigung von Sonderbedarfen außerhalb des finanzkraftabhängigen Schlüsselzuweisungssystems zur Anwendung. Hierzu zählen vor allem Zuweisungen für *Kultur, Straßen, ÖPNV, Soziallasten, Asylbewerber* bzw. *Flüchtlinge, Schüler bzw. Jugendliche, Investitionen, Konsolidierungshilfen* und *Gebietsoptimierung.* Daneben enthalten die meisten Finanzausgleichsgesetze eine Option zur Zahlung weiterer, nicht genau spezifizierter Zuweisungen.

Während sich die Einführung neuer und die Abschaffung bestehender Nebenansätze über lange Zeit die Waage gehalten hat[299], ist derzeit eher ein Trend zur Verringerung der Anzahl derartiger Systemelemente zu konstatieren. Grundsätzlich ist dies zu begrüßen, da nicht jede Aufgabe Ergänzungszuweisungen oder einen Sonderlastenausgleich auslösen kann.[300] Je mehr Sonderbedarfe über Ansätze innerhalb oder Transfers außerhalb des kommunalen Finanzausgleichs abgegolten werden, umso schwerer wird es zudem fallen, die Hauptansatzstaffel insgesamt und in ihrer Intensität zu begründen.

---

296 Schelpmeier, H. (1998), S. 301.

297 In diesem Sinne unterscheidet Volmerig Nebenansätze mit expliziter oder impliziter Berücksichtigung zentralörtlicher Funktionen. Vgl. Volmerig, R.-D. (1991), S. 56 ff.

298 Der Berücksichtigung des Flächenindikators liegt die Erkenntnis zugrunde, dass bestimmte Aufgaben mit zunehmender Fläche unabweisbare Kosten hervorrufen und gerade nicht in direkter Relation zur Einwohnerzahl stehen. Vgl. Henneke, H.-G. (2002), S. 147.

299 Vgl. Volmerig, R.-D. (1991), S. 60.

300 Vgl. Katz, A. (2000), 238.

3.5.4 Ausgleichsmodus

Nachdem die beiden zentralen Größen des kommunalen Finanzausgleichs – der normierte Finanzbedarf und die normierte Finanzkraft – ermittelt wurden, wird die Differenz zwischen der Bedarfsmesszahl und der Finanzkraftmesszahl (Schlüsselzahl) bestimmt. Ist die Bedarfsmesszahl größer als die Finanzkraftmesszahl drückt die Schlüsselzahl den ungedeckten Finanzbedarf der Gemeinde aus. Der Ausgleichstarif bestimmt, inwieweit die Differenz über Schlüsselzuweisungen ausgeglichen wird. Reicht die Finanzkraft hingegen aus, um den Finanzbedarf zu decken, oder übersteigt sie diesen (abundante[301] Gemeinde), erhält die Gemeinde keine Schlüsselzuweisungen und kann verpflichtet werden, einen Betrag des Finanzkraftüberschusses abzuführen. Im Gegensatz zum Länderfinanzausgleich wird dieser Abschöpfungsbetrag jedoch nicht in allen Ländern erhoben und die Abschöpfungsquote ist vergleichsweise gering.

Die von den Ländern getroffenen Ausgleichsregelungen zählen wie die Finanzbedarfs- und Finanzkraftermittlung zu den politisch umkämpften Parametern des kommunalen Finanzausgleichs. Grundsätzlich gilt, dass sich die Ausgleichsintensität ständig im Spannungsfeld von Allokation bzw. Effizienz und Distribution bzw. Ausgleich bewegt.

Allokative Aspekte sprechen dabei gegen hohe Ausgleichsätze, da bestehende Unterschiede in der Finanzausstattung nicht nur angemessen ausgeglichen werden, sondern praktisch eingeebnet werden. Diese (verfassungswidrige) Nivellierung verringert für zuweisungsberechtigte Kommunen den Anreiz zur Ausschöpfung bestehender und zur Erschließung neuer Finanzquellen, da eine Steigerung der eigenen Steuereinnahmen der Gemeinde nicht in einem nennenswerten Umfang zu Gute kommt. Der Anreiz, die finanzielle Situation aus eigener Kraft zu verbessern, ist gering. Diese Anreizproblematik besteht auch grundsätzlich auf der Ebene des Länderfinanzausgleichs. Eine Reduzierung des Ausgleichsgrads und die dadurch induzierten Zuweisungsverluste sollen die betroffene Gebietskörperschaft unter erzieherischen Aspekten zu mehr Eigeninitiative und Selbsthilfe bei der Verbesserung ihrer finanziellen Situation anregen. Gerade in der Diskussion um einen eher kompetitiv ausgerichteten Föderalismus wird die Aktivierung dieser Selbstheilungskräfte als positiv eingestuft, wobei betont werden muss, dass die Idee des Konkurrenzföderalismus nur funktionieren kann, wenn unter den Wettbewerbern ähnliche Ausgangsbedingungen und ein gewisses Maß an Chancen-

---

301 Abgeleitet vom lateinischen Wort *abundans*. Abundant bedeutet häufig, reichlich, im Überfluss vorhanden.

gleichheit bestehen.[302] Auch die von einigen Ländern gewährte Sockelgarantie, die sehr steuerschwachen Kommunen ein Existenzminimum sichert[303], kann unter diesem Gesichtspunkt als anreizfeindlich eingestuft werden, da es ebenfalls zu einer Nivellierung der Steuerkraftdisparitäten kommt, wenn diese Regelung von einer Vielzahl von Gemeinden in Anspruch genommen wird.[304]

Redistributive Überlegungen plädieren hingegen für hohe Ausgleichsquoten, um finanzschwache Gemeinden möglichst intensiv zu unterstützen. Im Extremfall wird die Differenz zwischen Finanzkraft und -bedarf voll ausgeglichen. Auch die Anwendung einer Sockelgarantie ist in diesem Fall sinnvoll. [305] Welche Ausgleichsquote letztlich vor dem Hintergrund dieses Zielkonflikts festgelegt wird, bleibt den normativen Wertungen des Landesgesetzgebers überlassen, der somit seiner Zielpräferenz Ausdruck verleihen kann. Dieser Entscheidungsfreiraum spiegelt sich in der Vielfalt der Landesregelungen beim Ausgleichssatz wieder.

In allen Bundesländern mit Ausnahme Baden-Württembergs kommt ein gesetzmäßig festgelegter Ausgleichssatz zur Anwendung, zu dem die Differenz zwischen Finanzbedarf und Finanzkraft abgedeckt wird. In Baden-Württemberg ergibt sich der Ausgleichstarif hingegen aus dem Verhältnis der verfügbaren Schlüsselmasse zu den Schlüsselzahlen aller Gemeinden. Die Ausschüttungsquote wird demnach endogen festgelegt.[306] Tabelle 14 differenziert die Ausgleichstarife nach dem Kommunalstatus, da kreisangehörige Gemeinden, kreisfreie Städte und Landkreise teilweise unterschiedlich behandelt werden. Die Ausgleichsquoten differieren zwischen 50 und 90 % bei den Gemeinden[307], zwischen 50 und 80 % bei den kreisfreien Städten und zwischen 50 und 100 % bei den Landkreisen.

---

302 Vgl. Deutscher Städtetag (2007), S. 43.

303 Vgl. Inhester, M. (1998), S. 178.

304 Vgl. Broer, M. (2000), S. 247 f.

305 Vgl. Lenk, T., Rudolph, H.-J. (2004b), S. 11 f.

306 Vgl. Rummel, (1999), S. 195.

307 Die Extrempositionen werden dabei über weite Teile des Tarifs (ohne Sonderregelungen) vom Saarland (Mindestdeckung nach Schlüsselzuweisung und Garantie von 97 %) und Bayern (ausschließliche Anwendung des 55-prozentigen Ausgleichtarifs) eingenommen, während sich der effektive Ausgleich der übrigen Länder auf einen Bereich zwischen 70 % bis 80 % konzentriert.

Tabelle 14: Ausgleichstarife in Prozent

Land	Gemeinden					kreisfreie Städte			Landkreise		
	Ausgleichs-quote		Sockel-garantie		Besonderheiten	Ausgleichs-quote	Sockel-garantie ex post	Besonder-heiten	Ausgleichs-quote	Sockel-garantie ex post	Besonder-heiten
	alle	kreis-ange-hörig	ex ante	ex post							
BB	75								90		
BW	~70			60		Verteilung nach Einwohnern			~70		
BY	55				Sonderschlüsselzuweisung i. H. v. 15 %, wenn Steuerkraft < 75 % des Landesdurchschnitts				50		
HE		50		80	Mindestschlüssel-zuweisung	50	77	Mindest-schlüssel-zuweisungen	50	80	Mindest-schlüssel-zuweisungen
MV		60				60			60		
NI		75		80		75	80		75	80	
NW	90								100		
RP	50			76,24	zzgl. Zuweisungen nach Kommunalstatus				50		zzgl. Zuweisungen nach Kom-munalstatus
SH	50				zzgl. Sonderschlüsselzu-weisungen i. H. v. 40 % der Unterdeckung zu max. 80 % der Bedarfsmesszahl				50		
SL	90		70						80		
SN		75				75			75		
ST		70				70			70		
TH	70								70		

Quelle: Finanzausgleichsgesetze der Flächenländer; Lenk, T., Rudolph, H.-J. (2004b); Eigene Darstellung.

Dabei ist die von einigen Ländern gewährte Sockelgarantie zu beachten. Hier muss zwischen einer ex ante und ex post Garantie unterschieden werden. Während das Saarland einen Vorwegausgleich vornimmt und anschließend mit Schlüsselzuweisungen weiter aufstockt, gewähren Baden-Württemberg, Niedersachsen, Hessen und Rheinland-Pfalz eine Garantie, die sich am Zustand nach Verteilung der Schlüsselzuweisungen orientiert. Zu konstatieren ist, dass die baden-württembergische Sockelgarantie bei einem aktuellen Ausschüttungssatz von rund 70 % nicht zum Tragen kommt. Auch die niedersächsische Garantieregelung betrifft lediglich extrem steuerschwache Gemeinden. Daneben existieren landesspezifische Sonderregeln. In Bayern beispielsweise erhalten Gemeinden, deren Steuerkraft unter 75 % des Landesdurchschnitts liegt, die Differenz zu 15 % ausgeglichen. In Schleswig-Holstein wird eine Unterdeckung bis zu einem Maximalbetrag von ca. 80 % der Ausgangsmesszahl um weitere 40 % ausgeglichen. Die maximale Aufstockung liegt damit bei 88 %. Auch Rheinland-Pfalz und Hessen haben ergänzende Regelungen getroffen. So erhalten die Gemeinden in Rheinland-Pfalz zusätzliche Pro-Kopf-Zuweisungen und in Hessen profitieren insbesondere die abundanten Gemeinden von einwohnerbezogenen Mindestbeträgen.

Die Vorschriften in den Ländern mit separaten Teilschlüsselmassen für kreisfreie Städte ähneln denen für die kreisangehörigen Gemeinden. Ausnahme ist lediglich die einwohnerbezogene Verteilung in Baden-Württemberg sowie die etwas niedrigere Sockelgarantie in Hessen. Während die meisten Ausgleichstarife für die Landkreise ebenfalls denen der für die Gemeinden ähneln, sticht jedoch eindeutig hervor, dass Nordrhein-Westfalen eine Unterdeckung zu 100 % ausgleicht und Brandenburg eine deutlich höhere Aufstockung als bei den Gemeinden vornimmt, während sie in Bayern und im Saarland etwas niedriger ist.

3.5.5 Bewertung

Es ist deutlich geworden, dass die Regelungen der kommunalen Finanzausgleichssysteme in Deutschland noch erheblich differenzierter, intransparenter und damit letztlich komplizierter sind als die Regelungen des bundesstaatlichen Finanzausgleichs. Dies liegt nicht zuletzt an den von Bundesland zu Bundesland verschieden interpretierten Ausgestaltungsspielräumen insbesondere zur Bemessung des kommunalen Finanzbedarfs. Gleichwohl ist es gelungen, die Einzelregelungen der Finanzausgleichsgesetze vergleichend gegenüberzustellen.

Abschließend stellt sich die Frage, welche finanziellen Ergebnisse sich nach der Durchführung des kommunalen Finanzausgleichs für die einzelnen Gemeinden ergeben. Da es bei einer Anzahl von 12.134 Gemeinden in der Bundesrepublik

Deutschland kaum möglich und auch nicht zweckmäßig ist, Einzelergebnisse darzustellen, kann auf eine Abbildung der Steuereinnahmen (Finanzkraft vor Finanzausgleich) und der Steuereinnahmen zuzüglich allgemeiner Zuweisungen des Landes (Finanzkraft nach Finanzausgleich) in Abhängigkeit der Gemeindegrößenklassen zurückgegriffen werden (vgl. Abbildung 11).

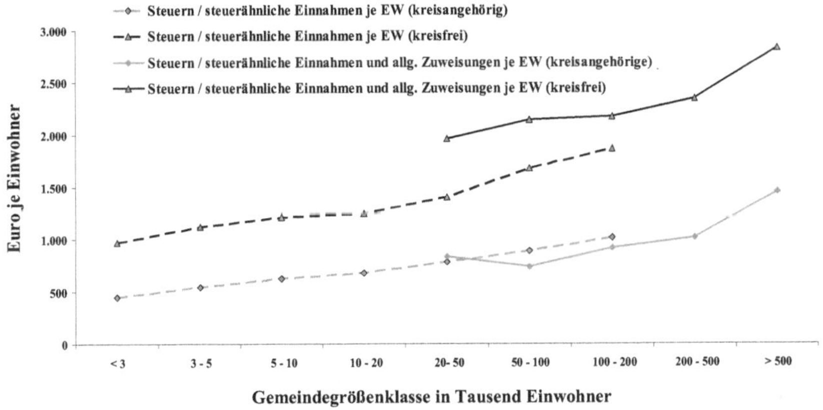

Abbildung 11: Steuereinnahmen und allgemeine Zuweisungen nach Gemeindegrößenklassen
Quelle: Statistisches Bundesamt (2007), Fachserie 14, Reihe 3.3; Eigene Darstellung.

Es ist ersichtlich, dass die kommunale Finanzkraft je Einwohner vor Finanzausgleich mit der Einwohnerzahl der Gemeinde ansteigen. Das ist auf die tendenziell zunehmende Konzentration von Wirtschaftskraft in den großen (bevölkerungsreichen) Gemeinden bzw. den (kreisfreien) Städten zurückzuführen. Gemäß den Zielvorgaben des kommunalen Finanzausgleichs wird durch die Zahlungen des jeweiligen Landes im Rahmen des kommunalen Finanzausgleichs die Finanzbasis der Gemeinden insgesamt erhöht. Trotz Ausgleichsbestrebungen steigt die Finanzkraft auch nach Finanzausgleich mit zunehmender Einwohnerzahl deutlich an. Die Abbildung 12 zeigt, dass die kreisfreien Städte mit über 500.000 Einwohnern vor Finanzausgleich über das 3,2-fache der Steuereinnahmen der kreisangehörigen Gemeinden mit weniger als 3.000 Einwohnern verfügen, während dieser Wert nach Finanzausgleich auf 2,9 leicht sinkt.

Dieses Verteilungsergebnis nach Finanzausgleich ist neben den insgesamt höheren Steuereinnahmen der bevölkerungsreichen Gemeinden insbesondere auf die Anwendung der Hauptansatzstaffel und der diversen Nebenansätze, insbesondere des Zentralitätsansatzes, zurückzuführen. Beide Konzepte sind so ausgestaltet, dass sie große und bevölkerungsreiche Gemeinden bzw. Städte begünstigen.

Tabelle 15: Allgemeine Zuweisungen und Finanzkraft ausgewählter Städte

Städte	Allgemeine Zuweisungen vom Land in Prozent des jeweiligen Landesdurchschnitts	Finanzkraft* in Prozent des jeweiligen Landesdurchschnitts
Stuttgart	199	174
Nürnberg	149	124
Dortmund	128	103
Duisburg	125	101
Essen	95	115
München	86	185
Frankfurt	67	207
Köln	32	116
Düsseldorf	9	159

* Steuern, steuerähnliche Einnahmen, allgemeine Zuweisungen vom Land

Quelle: Eigene Berechnungen auf Grundlage der vierteljährlichen Kassenergebnisse der Gemeinden für 2007, entnommen aus der Regionaldatenbank des Statistischen Bundesamtes.

Anzumerken ist, dass die Einwohnerwertung nicht grundsätzlich zu überdurchschnittlichen Zuweisungen an die begünstigten Gemeinden führt. Für Nordrhein-Westfalen zeigt Tabelle 15 für das Jahr 2006, dass Essen, Köln und Düsseldorf lediglich 95 %, 32 % bzw. 9 % der landesdurchschnittlichen allgemeinen Zuweisungen erhalten. Wird jedoch die Finanzausstattung [308] dieser Städte betrachtet, ergeben sich Werte von 115 %, 116 % bzw. 159 % im Vergleich zum Landesdurchschnitt. Duisburg und Dortmund erhalten hingegen Zuweisungen, die bei 125 % bzw. 128 % des Durchschnitts liegen, während ihre Finanzausstattung nur 101 % bzw. 103 % erreicht. Auch München und Frankfurt erhalten unterdurchschnittliche Zuweisungen, woraus sich dennoch eine deutlich überdurchschnittliche Finanzausstattung ergibt. Nürnberg und Stuttgart verzeichnen

[308] Steuern, steuerähnliche Einnahmen und allgemeine Zuweisungen vom Land.

als einzige Städte überdurchschnittliche Zuweisungen bei einer überdurchschnittlichen Finanzausstattung.[309]

Unabhängig von der Frage, ob bevölkerungsstarke Gemeinden einen begründeten höheren Ausgaben- und Finanzbedarf je Einwohner aufweisen als bevölkerungsschwache Gemeinden, lässt sich grundsätzlich festhalten, dass jedes der 13 Flächenländer seinen städtisch geprägten Gemeinden eine je Einwohner betrachtet höhere Finanzausstattung gewährt als den eher ländlich strukturierten Gebieten. Implizit unterstellt damit jeder Landesgesetzgeber – aus welchen Gründen auch immer –, dass städtisch geprägte Gemeinden einen höheren Finanzbedarf aufweisen als ländliche Gemeinden.

309 Für die Städte Hannover, Dresden und Leipzig kann aufgrund fehlender Daten keine Angabe gemacht werden.

4 Verfassungsrechtliche Sichtweise der Einwohnerwertung

4.1 Länderfinanzausgleich

Am 24. Juni 1986 fällte das Bundesverfassungsgericht sein erstes Urteil zum bundesstaatlichen Finanzausgleich, wobei die seither maßgeblichen Vorgaben für die Ausgestaltung des Finanzausgleichs aufgestellt wurden.[310] Die Verfassungsrichter stellten grundlegend fest, dass die Einwohnerzahl das abstrakte, d.h. jedweder länderspezifischen Prioritäts- und Dringlichkeitsentscheidung vorgelagerte Bedarfskriterium ist, um das disparate Finanzaufkommen der Länder für den im Länderfinanzausgleich geforderten Finanzkraftvergleich mit Blick auf die Aufgabenerfüllung angemessen vergleichbar zu machen. Nur wo diese Angemessenheit aufgrund vorgegebener struktureller Eigenart entfällt, wie es bei den Stadtstaaten der Fall ist, ist es gerechtfertigt, diesen Bezugspunkt zu modifizieren.[311]

Für die Stadtstaaten bildet der ungewertete Einwohner kein hinreichend valides Kriterium für einen finanzkraftorientierten Länderfinanzausgleich.[312] Das Gericht erkannte damit die strukturelle Besonderheit der Stadtstaaten im Vergleich zu den Flächenländern an und entschied, dass die Berücksichtigung der stadtstaatlichen Eigenart im föderalen Gefüge der Bundesrepublik durch die Einwohnerwertung *„dem Grunde nach zumindest zulässig"*[313] ist. Es handelt sich dabei nicht um die unstatthafte Einstellung von Sonderbedarfen in den Länderfinanzausgleich. Die strukturelle Eigenart der Stadtstaaten bringt vielmehr eine spezifische Problematik des deutschen Bundesstaates zum Ausdruck, deren Berücksichtigung im Länderfinanzausgleich sachgerecht ist. Das Gericht stellte deutlich heraus, dass die Andersartigkeit der Stadtstaaten und damit die Einwohnerwertung nicht nur die Anrainerstaaten, sondern alle Länder betrifft. Damit wurde von einem regionalen Sonderausgleich Abstand genommen.

Auch wenn die stadtstaatliche Einwohnerwertung grundsätzlich zulässig ist, dürfen ihr Umfang und ihre Höhe vom Gesetzgeber nicht frei gegriffen werden. Sie muss auf der Grundlage verlässlicher und objektivierbarer Indikatoren festgelegt

---

310 Schon am 20.02.1952 erging vom Ersten Senat ein Urteil zum Finanzausgleich. Dieses befasste sich mit Art. 106 Abs. 4 GG aF. Vgl. Häde, U. (1996), S. 217 f.

311 Vgl. BVerfGE 72, 330 (400 ff.).

312 Vgl. Löffelholz, H.-D., Rappen, H. (1999), S. 15.

313 BVerfGE 72, 330 (415).

werden, wobei auch die Einwohnerwertung bei den Gemeindesteuern mit in den Ansatz zu bringen ist. Hinsichtlich der quantitativen Ermittlung verwies das Bundesverfassungsgericht auf

> „einen schlichten Großstadtvergleich, bei dem die Finanzausstattung von Städten vergleichbarer Größe – unter Einbeziehung der für sie wirksamen staatlichen Sonderleistungen – mit derjenigen der Länder Bremen und Hamburg verglichen wird; das Fehlen der Möglichkeit eines landesinternen Finanzausgleichs in den Ländern Bremen und Hamburg, die beide Ballungszentren ohne Umland sind; die Besonderheit, daß die Länder Bremen und Hamburg Hauptstädte ohne Umland sind."[314]

Dabei ist die Berücksichtigung der hanseatischen Pendelproblematik im Finanzausgleich verfassungsrechtlich nicht unbedingt notwendig, aber zumindest zulässig, da sie insbesondere die Stadtstaaten betrifft, die für ihre Region enklavenähnliche Industrie-, Handels- und Dienstleistungszentren darstellen.[315] Mit den aufgeführten, teilweise vagen Formulierungen beschreibt das Bundesverfassungsgericht einerseits die strukturellen Merkmale stadtstaatlicher Eigenart. Andererseits werden durch die Ausführungen die Anforderungen an einen zu ermittelnden stadtstaatlichen Wertindikator deutlich.[316] Vor diesem Hintergrund gab das Gericht dem Gesetzgeber auf, die Einwohnerwertung der Stadtstaaten zu überprüfen und gegebenenfalls zu korrigieren, wobei auch eine Korrektur nach unten nicht ausgeschlossen wurde. Das Gericht betonte, dass die Einwohnerwertung nicht den Charakter einer finanziellen Status- oder Besitzstandsgarantie innehat und die Stadtstaaten nicht gegen allgemeine wirtschaftliche Strukturveränderungen oder Verschiebungen des Wohlstandsniveaus zwischen den Ländern absichern soll, da diese nicht auf die vom Bundesverfassungsgericht definierte stadtstaatliche Andersartigkeit zurückzuführen sind.[317]

Am 27. Mai 1992 verkündete das Bundesverfassungsgericht sein zweites Urteil zum bundesstaatlichen Finanzausgleich. Das Gericht schloss sich grundsätzlich seinen Ausführungen aus dem Jahr 1986 an und wiederholte, dass die Einwohnerwertung der Stadtstaaten mit dem Grundgesetz vereinbar ist.[318] Das Gericht untermauerte dabei seinen Standpunkt, dass es zulässig ist, der

---

314 BVerfGE 72, 330 (416).
315 Vgl. Wieland, J. (1993), S. 164.
316 Vgl. Hidien, J. W. (1999), S. 393.
317 Vgl. BVerfGE 72, 330 (415 f.).
318 Vgl. BVerfGE 86, 148 (233, 238).

vorgegebenen und historisch gewachsenen strukturellen Eigenart der Stadtstaaten durch eine Einwohnerwertung im Länderfinanzausgleich Rechnung zu tragen.

> „Stadtstaaten müssen die Aufgaben eines Bundeslandes erfüllen und sich zugleich Großstadt- und Hauptstadtfunktionen erhalten können, wobei zu bedenken ist, daß sie nur aus Großstadtgebieten bestehen und von ihrem Umland durch Staatsgrenzen getrennt sind. Indem hierbei den Ländern Bremen und Hamburg die Möglichkeit eines landesinternen Finanzausgleichs fehlt, ist es sachgerecht, dieser Folge stadtstaatenspezifischer Eigenart (zumindest teilweise) auf Ebene des bundesstaatlichen Länderfinanzausgleichs Rechnung zu tragen."[319]

Mit Blick auf die Einwohnerwertung der Stadtstaaten bot das Urteil daher qualitativ nichts Neues. In quantitativer Hinsicht widmete es sich eingehend dem 1986 vom Bundesverfassungsgericht geforderten und vom Institut für Wirtschaftsforschung e. V. erstellten Gutachten zur Überprüfung der Höhe der stadtstaatlichen Einwohnerwertung.[320] Um inhaltliche Überschneidungen zu vermeiden, soll an dieser Stelle auf die verfassungsgerichtlichen Ausführungen nicht eingegangen werden. Diese werden in Abschnitt 7.1.4 der vorliegenden Arbeit erläutert. Dennoch sei angemerkt, dass das Gericht zwar erklärte, dass diverse Aspekte der Vorgehensweise des Gutachtens dem Zweck der Einwohnerwertung nicht gerecht werden. Trotzdem verliert es nicht seine Funktion als Grundlage für die gesetzgeberische Entscheidung, wenn sich die Bandbreite durch unzutreffende Berechnungen geringfügig verschiebt oder sich fehlerhafte Annahmen gegenseitig aufheben. Das Gutachten soll ohnehin nur eine Bandbreite angemessener Einwohnerwertungen aufzeigen.[321] Das Gericht wies darauf hin, dass die Festsetzung der Einwohnerwertung keine bloße Rechenoperation ist, sondern normative Wertungen erfordert, die über eine technische Umsetzung objektiver, finanzwissenschaftlich ermittelter Größen hinausgehen. Diese Wertungen schrieb es dem Gesetzgeber im Rahmen seines Gestaltungs- und Wertungsspielraumes zu.[322] Dieser hat darauf zu achten, dass auch bei der Einwohnerwertung die Balance zwischen Selbstständigkeit sowie Sicherung der Individualität der Länder und der solidargemeinschaftlichen Mitverantwortung gewahrt wird.[323] Die Entscheidung

---

[319] BVerfGE 86, 148 (240).
[320] Vgl. BVerfGE 86, 148 (242 ff.).
[321] Vgl. BVerfGE 86, 148 (241).
[322] Vgl. BVerfGE 86, 148 (240 f., 244).
[323] Vgl. BVerfGE 72, 330 (398); vgl. BVerfGE 86, 148 (240 f.)

des Gesetzgebers, auf Grundlage dieses Gutachtens die Einwohnerwertung von 135 % beizubehalten, wurde nicht beanstandet.[324]

Auch die Einwohnerwertung für Länder mit großen und hochverdichteten Gemeinden sah das Gericht als *„derzeit mit dem Grundgesetz vereinbar."*[325] Aufgrund erheblicher Zweifel an der Tragfähigkeit der Bedarfskriterien der gemeindlichen Einwohnerwertung erteilte es dennoch einen Prüfauftrag. So wurde infrage gestellt, ob der auf Brecht / Popitz beruhende Ansatz der Gemeindegröße und Siedlungsdichte unter heutigen Bedingungen noch zu einem erhöhten Bedarf führt und ob statt dessen oder zusätzlich andere Strukturmerkmale, wie Deglomerationsnachteile, die Zahl der Arbeitslosen oder Sozialhilfeempfänger, der Anteil älterer Menschen oder Kinder, zu berücksichtigen sind, da diese ebenfalls zu abstrakten Mehrbedarfen führen.[326]

Das bisher letzte Urteil des Bundesverfassungsgerichts zum bundesstaatlichen Finanzausgleich, in dem die Einwohnerwertung thematisiert wird, ist vom 11. November 1999. Die Verfassungsrichter blieben wiederum in der Kontinuität der beiden früheren Urteile, sahen aber vor dem Hintergrund der Einbeziehung der neuen Länder in den Finanzausgleich und mit Blick auf das föderale Gleichbehandlungsgebot zwingend einen Prüfbedarf der damals gültigen stadtstaatlichen und gemeindlichen Einwohnerwertung. Abgeleitet aus Art. 20 Abs. 1 GG (Bundesstaatsprinzip) im Verbindung mit Art. 3 Abs. 1 GG (Gleichheitsgrundsatz) legt das Gleichbehandlungsgebot dem Zentralstaat die föderale Pflicht auf, alle Gliedstaaten innerhalb eines Bundesstaates gleich zu behandeln.[327] Die stadtstaatliche und gemeindliche Einwohnerwertung könnten dieses Gebot verletzen, da von ihnen eine Benachteiligung der neuen Länder ausgehe.[328] Das Bundesverfassungsgericht forderte abermals die Überprüfung der stadtstaatlichen und gemeindlichen Einwohnerwertung durch den Gesetzgeber und erklärte wie schon 1986 und 1992,

---

324 Vgl. BVerfGE 86, 148 (239).

325 BVerfGE 86, 148 (233).

326 Vgl. BVerfGE 86, 148 (233 ff.); zur Kritik an Brecht / Popitz vgl. Abschnitt 2.1.4 der vorliegenden Arbeit.

327 Vgl. Maunz, T. et al. (1994), Rn. 68.

328 Der Gleichbehandlungsgrundsatz wird oft als Argument gegen die Einwohnerwertung der Stadtstaaten vorgebracht, da eben nur die Einwohner der Stadtstaaten gewertet werden. Nicht alle Bundesländer dürfen ihre Einwohnerzahl nach denselben Kriterien in die Ausgleichswertung einbringen. Dazu ist anzumerken, dass das Gleichbehandlungsgebot keine formale, sondern eine materielle Gleichbehandlung fordert. Länder, die sich von anderen Ländern durch strukturelle Gegebenheiten unterscheiden, sind entsprechend ihrer strukturellen Ungleichheit anders zu behandeln. Vgl. Wieland, J. (1993), S. 201.

dass ein eventueller Mehrbedarf nur aufgrund verlässlicher und objektiver Indikatoren quantifiziert werden dürfe.[329] Sollten die Überprüfungen Neuregelungen notwendig machen, ordnete das Gericht an, auf eine Vereinfachung und bessere Verständlichkeit der Regelungen hinzuarbeiten.[330]

Die Überprüfungsaufträge ergaben sich aus den neuen Siedlungsstrukturen des vereinten Deutschlands. Den hochverdichteten Stadtstaaten stehen die (extrem) dünnbesiedelten neuen Flächenländer gegenüber. Aus dieser Dünnbesiedelung könnte nach Meinung des Bundesverfassungsgerichts ebenfalls ein ausgleichsrelevanter Mehrbedarf erwachsen. Die Berücksichtigung der neuen Länder im Finanzausgleich mache es daher erforderlich, die Finanzkraft der Stadtstaaten der Finanzkraft der dünnbesiedelten neuen Länder gegenüberzustellen und zu prüfen, ob eine Ballung der Bevölkerung in einem Land oder eine unterdurchschnittliche Bevölkerungszahl einen abstrakten Mehrbedarf begründet.[331] Im wiedervereinten Deutschland können die neuen Bundesländer aufgrund ihrer siedlungsstrukturellen Gegebenheiten, spiegelbildlich zu den Stadtstaaten, als strukturell andersartig bewertet werden. Während die Stadtstaaten Agglomerationen ohne Umland sind, sind die dünnbesiedelten Länder, insbesondere Brandenburg und Mecklenburg-Vorpommern, flächenhafte und ländliche Räume ohne nennenswerte Agglomerationen. Soweit ihnen daraus ein Mehrbedarf erwächst, muss dieser im Länderfinanzausgleich konsequenterweise Berücksichtigung finden. Die Einwohnerwertung der Stadtstaaten wurde von Bundesverfassungsgericht nicht in Frage gestellt. Jedoch verlangten die Verfassungsrichter, im Gegensatz zu den vorherigen Urteilen, zu prüfen, ob eine Ballung tatsächlich einen Mehrbedarf begründet, während 1986 und 1992 lediglich die Höhe des Mehrbedarfs zu bestimmen war. Dieser Auftrag ging dennoch nicht über die bisherigen Anforderungen hinaus, da auch in den Jahren zuvor geprüft werden musste, ob und erst dann in welcher Höhe ein Mehrbedarf der Stadtstaaten vorliegt.[332]

Auch die Regelungen der gemeindlichen Einwohnerwertung, die bis 2005 in Kraft waren, standen im Verdacht, den unterschiedlichen Gegebenheiten eines aufgrund der Wiedervereinigung von der Siedlungsstruktur her sehr heterogenen Bundesstaates nicht gerecht zu werden. Um einen Verstoß gegen das föderale Gleichbehandlungsgebot zu vermeiden, wiederholte das Gericht den bereits 1992 gestellten Prüfauftrag der gemeindlichen Einwohnerwertung[333], dem der Gesetz-

329 Vgl. BVerfGE 72, 330 (415 f.); vgl. BVerfGE 86, 148 (239); vgl. BVerfGE 101, 158 (230).
330 Vgl. BVerfGE 101, 158 (231).
331 Vgl. BVerfGE 101, 158 (230).
332 Vgl. Wieland, J. (2000), S. 12 ff.
333 Vgl. BVerfGE 86, 148 (233).

geber bis dahin nicht nachgekommen war. Dieser wurde als umso dringlicher eingestuft, da der Bedarf der dünnbesiedelten neuen Länder durch die in der Tradition von Brecht und Popitz stehende Ausgestaltung der kommunalen Einwohnerwertung weniger Gewicht erhalten würde als derjenige der alten Länder, die wesentlich größere Gemeinden aufweisen.[334] Die Kosten vieler öffentlicher Leistungen könnten aber gerade in dünnbesiedelten Ländern erheblich höher liegen, weil die Gemeinkosten auf eine geringere Kopfzahl umzulegen seien. Zudem wurde die damalige Dichteklausel von den Verfassungsrichtern infrage gestellt, da auch sie sich aufgrund der geringeren Bevölkerungsdichte in Ostdeutschland nachteilig auf die Leistungsansprüche der neuen Länder im Länderfinanzausgleich auswirkte. Der Gesetzgeber sollte prüfen, ob die Dichteklausel tatsächlich ein nachweisbares Bedarfsindiz erfasst oder nur *„den Einwohnermaßstab durch frei gegriffene Größen"*[335] modifiziert.

4.2 Kommunaler Finanzausgleich

Im Gegensatz zur Einwohnerwertung im Länderfinanzausgleich scheinen die entsprechenden Ansätze in den kommunalen Finanzausgleichssystemen verfassungsrechtlich weniger umkämpft. Dieses verwundert zum einen deshalb, weil sich der Prüfauftrag des Bundesverfassungsgerichts auch auf die kommunale Ebene übertragen lässt. Zum anderen scheint die kommunale Hauptansatzstaffel eng mit dem Schicksal der kommunalen Einwohnerwertung für große und hochverdichtete Gemeinden im Länderfinanzausgleich verbunden, sodass abzuwarten bleibt, ob die Abschaffung dieser Regelung zum Jahr 2005 künftig weitere Verfassungsklagen anstoßen wird.[336] Bisher war die Einwohnerwertung in vier Ländern – Nordrhein-Westfalen (1996), Bayern (1997), Brandenburg (1999) und Sachsen (2000) – Gegenstand vor dem Landesverfassungsgericht.

Am 09. Juli 1996 urteilte der Verfassungsgerichtshof für das Land Nordrhein-Westfalen, dass weder gegen den Hauptansatz noch gegen den Zentralitäts- und Soziallastenansatz verfassungsrechtliche Bedenken vorliegen. Zur Hauptansatzstaffel führte das Gericht aus, dass sie nicht gegen das interkommunale Gleichbehandlungsgebot verstößt und dass das Bedarfskriterium der Einwohnergewichtung trotz unabweislicher Schwächen als Verteilungselement nicht ungeeignet scheint, zumal bislang keine allgemein anerkannten Erkenntnisse

334 Vgl. Ossenbühl, F. (1999), S. 36.
335 BVerfGE 101, 158 (231).
336 Vgl. Dietrich, B. (1996), S. 212.

darüber zur Verfügung stehen, mit welcher Methode und anhand welcher Kriterien der kommunale Finanzbedarf objektiv bestimmt werden kann. Außerdem wurde darauf hingewiesen, dass dem Nachteil der Pauschalität des Einwohneransatzes dadurch Rechnung getragen wird, dass er durch Nebenansätze (insbesondere durch den Zentralitätsansatz) modifiziert wird. Zudem handelt es sich bei der Diskussion um die Einwohnerwertung um einen reinen Methodenstreit, wobei die Entscheidung für oder gegen eine spezifische Methode grundsätzlich im Rahmen des gesetzgeberischen Gestaltungsspielraums liegt. Daneben urteilte das Gericht, dass sich der Gesetzgeber bei Festlegung der Hauptansatzstaffel nicht auf redistributive und fiskalische Gesichtspunkte zu beschränken hat, sondern explizit auch raumordnungsrelevante Aspekte berücksichtigen kann. Die Richter empfahlen jedoch, die Hauptansatzstaffel in nicht allzu großen Zeitabständen regelmäßig zu überprüfen, um geänderten kommunalen Bedingungen oder neuen wissenschaftlichen Erkenntnissen Rechnung zu tragen.[337]

Auch der Bayrische Verfassungsgerichtshof stufte am 27. Februar 1997 die Anwendung der Einwohnerwertung als nicht ungeeignet oder systemwidrig ein. Die Festlegung der in Bayern zur Anwendung kommenden Spreizung der Hauptansatzstaffel legte das Gericht dabei in den Ermessensspielraum des Gesetzgebers, solange dieser die entsprechende Norm nicht offensichtlich willkürlich festsetzt. Insbesondere wurde darauf verwiesen, dass die objektive Bedarfsermittlung immer subjektiven Einflüssen unterliegt, dass aber eventuellen Mängeln in der kommunalen Bedarfsermittlung anhand der Einwohnerwertung durch Ergänzungsansätze Rechnung getragen wird. Dieses gelte auch für einen möglicherweise zu geringen Hauptansatz für größere Gemeinden, deren spezifische Bedarfe zudem über den Zentralitätsansatz Berücksichtigung finden.[338]

Das Landesverfassungsgericht Brandenburg bemängelte am 16. September 1999, dass die Begründung und die Ausgestaltung der Einwohnerwertung im brandenburgischen Finanzausgleichsgesetz gerade nicht auf aktuellen statistischen Erhebungen beruhen. Daher wurde die Einwohnerwertung als bedenklich eingestuft. Das Gericht äußerte zudem Zweifel an der Tragfähigkeit der Bedarfsermittlung, da fraglich sei, ob die Einwohnerzahl noch ein geeigneter Indikator für die Siedlungsdichte sei, da die Gebietsreform das Verhältnis zwischen Siedlungsdichte und Einwohnerzahl verändert habe. Außerdem wurde auf das Zirkelschlussproblem hingewiesen. Unabhängig davon verwies das Gericht jedoch auf die Gängigkeit der Methode und bewertete sie als grobes, aber dennoch

---

337 Vgl. VerfGH 16/96, VerfGH 7/97.

338 Vgl. Vf. 17-VII-94.

anerkanntes und praktikables Verteilungsinstrument. Daher wurde die Einwohnergewichtung für das Haushaltsjahr 1998 nicht beanstandet. Auch für die Jahre 1999 und 2000 wurde dem Gesetzgeber ein Ermessensspielraum zugesprochen, trotz mangelnder gesicherter Erkenntnisse über die Tragfähigkeit anderweitiger Bedarfskriterien an der Hauptansatzstaffel festzuhalten. Spätestens ab dem Haushaltsjahr 2001 hätte die Hauptansatzstaffel jedoch abgeschafft werden müssen, wenn keine nachvollziehbare und tragfähige Begründung ihrer Anwendung gegeben worden wäre. Bei Beibehaltung der Hauptansatzstaffel gab das Gericht allerdings vor, alle drei Jahre ihre Geeignetheit zur kommunalen Bedarfsermittlung zu überprüfen. Zudem sollte der Gesetzgeber prüfen, ob eventuelle Deglomerationsnachteile bestehen und ob andere Aspekte (Anteil der Arbeitslosen, Zentralität etc.) Mehrbedarfe begründen können, die nicht über den Hauptansatz Berücksichtigung finden, aber ebenfalls zu berücksichtigen sind.[339]

Am 20. Oktober 2000 befand der Verfassungsgerichtshof des Freistaates Sachsen, dass die im kommunalen Finanzausgleich enthaltene Einwohnergewichtung zur Bestimmung des kommunalen Finanzbedarfs nicht offensichtlich ungeeignet ist und dass es sich bei der Einwohnergewichtung um einen herkömmlichen Bedarfsindikator handelt, dessen Anwendung nach dem derzeitigen Erkenntnisstand zumindest hinnehmbar erscheint. Dieses gilt insbesondere dann, wenn der Hauptansatz durch einen Nebenansatz ergänzt und es dadurch ermöglicht wird, einen vom einwohnerbezogenen Durchschnittsbedarf abweichenden Finanzbedarf einzelner Gemeinden zu berücksichtigen.[340]

Insgesamt wird deutlich, dass sich die Rechtsprechung zur Einwohnergewichtung im kommunalen Finanzausgleich im Wesentlichen einig ist. Solange es demnach an verlässlichen und präzisen Indikatoren für die objektive Ermittlung des gemeindlichen Finanzbedarfs fehlt, erscheint eine Beibehaltung der Pauschalabgeltung über die Einwohnerwertung als verfassungsrechtlich vertretbar.

339 Vgl. VfGBbg 28/98. Im Jahr 2006 wurde der Zentrale-Orte-Ansatz ebenfalls verfassungsrechtlich nicht beanstandet. Vgl. VfGBbg 39/04.

340 Vgl. Vf. 53-II-97.

5 Alternativmodelle zur Berücksichtigung von Agglomerationsspezifika im Finanzausgleichssystem

In diesem Kapitel sollen Alternativmodelle zur derzeit angewendeten Technik der Berücksichtigung von Agglomerationsspezifika diskutiert werden, um die Grundlage für eine abschließende Bewertung insbesondere der Einwohnerwertung zu legen. Neben der gänzlichen Abschaffung entsprechender Sonderansätze werden in der finanzwissenschaftlichen Literatur auch Reformoptionen entwickelt, von denen hier eine Auswahl sowohl für den Länderfinanzausgleich als auch für den kommunalen Finanzausgleich vorgestellt wird.

5.1 Länderfinanzausgleich

5.1.1 Änderung der Steuerverteilungsprinzipen

Eine eingehend diskutierte Alternative zur Einwohnerwertung ist die Orientierung der Primärverteilung an der Wirtschaftskraft. Dieses kann sich beispielsweise in einer modifizierten Lohnsteuerzerlegung, wobei das Wohnsitzprinzip vollständig oder teilweise durch das Betriebsstättenprinzip ersetzt wird,[341] oder in einer Zerlegung der Lohnsteuer bzw. einer Verteilung der Umsatzsteuer nach dem Bruttoinlandsprodukt ausdrücken.

Für diese Vorgehensweise spricht, dass eine aufgabengerechte Finanzausstattung prinzipiell das Resultat der primären Steuerverteilung sein sollte und dem Länderfinanzausgleich eher eine subsidiäre Bedeutung zugesprochen wird.[342] Eine entsprechende Finanzausstattung vor Durchführung des Länderfinanzausgleichs ist für die Stadtstaaten aber nur zu erreichen, wenn ihre Sonderstellung schon bei der Primärverteilung hinreichend Berücksichtigung findet. Dazu sollte die Steuerverteilung, insbesondere die Lohnsteuerzerlegung, stärker wertschöpfungs- statt personenbezogen ausgestaltet werden. Einpendelnde Arbeitnehmer würden dann über ihre Lohnsteuer an den stadtstaatlichen Finanzierungslasten der von ihnen genutzten Wirtschafts- und Verkehrsinfra-

[341] Vgl. Scherf, W. (2001), S. 5; vgl. Sachverständigenrat zur Begutachtung der gesamtwirtschaftlichen Entwicklung (2001), S. 325; vgl. Wiegard, W. (2006), S. 25.

[342] Vgl. BVerfGE 101, 158 (291).

struktur beteiligt.[343] Auf diese Weise erhalten die Stadtstaaten aus der Lohnsteuer eine Kompensation, die in unmittelbarer Verbindung mit der von ihnen erbrachten Zentralitätsfunktion als Ort der Einkommensentstehung steht. In der Literatur wird eine kombinierte Lohnsteuerzerlegung nach dem Wohnsitz- und Betriebsstättenprinzip als zweckdienlichste Lösung diskutiert, da Infrastruktur sowohl am Arbeits- als auch am Wohnort zur Verfügung gestellt werden muss.[344] Die einseitige Berücksichtigung der Bereitstellung haushaltsorientierter gegenüber unternehmensorientierter Infrastruktur wäre zugunsten einer beides berücksichtigenden Lösung beendet, womit die Schaffung von *Arbeitsplätzen* im Vergleich zur Schaffung von *Schlafplätzen* wieder stärker honoriert würde.

Eine am Betriebsstättenprinzip orientierte Lohnsteuerzerlegung würde die angesprochene Problematik entschärfen, jedoch nicht gänzlich lösen. Nicht nur Berufspendler nehmen die arbeitsplatzbezogenen Leistungen der Stadtstaaten in Anspruch, sondern praktisch alle – erwerbstätigen wie nicht erwerbstätigen – Umlandbewohner nutzen die stadtstaatlichen Angebote beispielsweise als Einkaufsort. Ein Bezug der Lohsteuer zum Bruttoinlandsprodukt wäre daher sinnvoll. Demzufolge muss sich aber auch die Verteilung der Umsatzsteuer an der Wirtschaftskraft (Bruttoinlandsprodukt oder Konsum) orientieren.[345]

Wichtig ist jedoch, dass eine wirtschaftskraftbezogene Steuerverteilung zwar eine Schwächung der originären Steuer- und Finanzkraft der Stadtstaaten verhindert – und so die künstliche Abhängigkeit Bremens vom Länderfinanzausgleich beseitigt –, eine deutliche Besserstellung nach Finanzausgleich jedoch nicht zu erwarten ist.[346] Die Mehreinnahmen, welche die Stadtstaaten infolge einer Wirtschaftskraftorientierung verzeichnen würden, würden zu einem wesentlichen Teil durch den konfiskatorischen Kompensationseffekt des geltenden Finanzausgleichssystems wieder abgeschöpft, da eine bessere Finanzausstattung vor Länderfinanzausgleich höhere Beiträge bzw. geringere Zuweisungen impliziert.

---

343 Vgl. Kitterer, W. (1994), S. 9.

344 Das Bundesverfassungsgericht misst beiden Prinzipien für die Lohnsteuerverteilung Plausibilität zu, legt die konkret Ausgestaltung der Zerlegungsmodalitäten aber in die Hand des Gesetzgebers. Vgl. BVerfGE 72, 330 (406 f.).

345 Eine Verteilung wirtschaftskraftorientierte Umsatzsteuerverteilung erfordert allerdings eine Änderung des Grundgesetzes (Art. 107 Abs. S. 4 GG). Ließe sich diese nicht durchsetzen, wäre eine Kombination aus Wohn-/ Betriebsstättenprinzip bei der Lohnsteuerzerlegung parallel zu einer (reduzierten) Einwohnerwertung der Stadtstaaten eine objektive Lösung. Vgl. Thöne, M., Jacobs, C. (2001), S. 102 ff.

346 Zu den konkreten Auswirkungen veränderter Zerlegungs- und Verteilungsmodalitäten vgl. Kitterer, W., Plachta, R. (2007), S. 41 ff.

Auch die Anspruchsgrundlage für die Einwohnerwertung würde nicht entfallen, da der Komplex der strukturellen Eigenart deutlich weiter gefasst ist. Dieses kommt auch darin zum Ausdruck, dass die Einwohnerwertung schon vor Einführung der *agglomerationsbenachteiligenden* Lohnsteuerzerlegung Anwendung fand. Ein stadtstaatlicher Zusatzausgleich wäre weiterhin erforderlich, da die überzeichnete Finanzkraft im Länderfinanzausgleich als strukturelle Eigenart der Stadtstaaten ansonsten unberücksichtigt bleibt. Eine reformierte Steuerverteilung im Austausch gegen den Wegfall der Einwohnerwertung würde die Stadtstaaten tendenziell zu Geberländern machen, da ihre Finanzkraftwerte durch den Wegfall der Einwohnerwertung und durch die günstigere Steuerverteilung steigen würden. Aus diesen Gründen besteht selbst bei veränderter Steuerverteilung noch berechtigter Anlass, den Stadtstaaten eine Einwohnerwertung – auch wenn über die Höhe neu zu verhandeln wäre – zuzugestehen. Solange die Stadtstaaten aber bei der Primärverteilung benachteiligt werden, sollte diesem Aspekte bei der Bemessung der Einwohnerwertung Rechnung getragen werden.[347]

5.1.2 Streuung der Aufbringung

Wird die Einwohnerwertung als Instrument und auch der Höhe nach akzeptiert, reduziert sich die Diskussion um die Einwohnerwertung auf die Frage nach der Aufbringung ihres Gegenwertes. Da die Spillover-Problematik als wesentlicher Grund für die Einwohnerwertung angesehen wird, wird hierbei immer wieder kritisiert, dass die Einwohnerwertung von allen Gliedern des Bundesstaates finanziert wird und damit Länder in den Ausgleich einbezogen werden, die aus den stadtstaatlichen Spillover-Effekten keinen Vorteil ziehen würden. Die Finanzierung der zentralörtlichen Leistungen der Stadtstaaten soll vielmehr ausschließlich durch die Nutznießer, welche nach Ansicht der Kritiker im Wesentlichen die Anrainerstaaten sind, finanziert werden. Ökonomisch ist es zwingend, dass die Spillover-Effekte den eigentlichen Nutznießern angelastet werden.[348] Verfassungsrechtlich werden die monetären wie intangiblen Kosten der bestehenden

347 Um die Wirtschafts- und Finanzkraft der Länder in Einklang zu bringen, kann nicht allein auf der Stufe der Primärverteilung angesetzt werden. Die sekundäre Verteilung ist dabei ebenfalls einzubeziehen, wobei insbesondere der Länderfinanzausgleich nicht als Finanzkraft-, sondern als Wirtschaftskraftausgleich verstanden werden muss.

348 Zur Spillover-Thematik vgl. Kapitel 2.2 der vorliegenden Arbeit.

Ländergliederung hingegen als Kosten des Bundesstaates bewertet und sind demnach von allen Mitgliedern des Bundesstaates zu tragen.[349]

Bleibt die Problematik der konkreten Quantifizierung der Spillover-Effekte unberücksichtigt, stellt sich die Frage, wer die Profiteure der stadtstaatlichen Spillover-Effekte sind. Wie bereits erwähnt können die Spillovers der Stadtstaaten nicht nur in einem regionalen, sondern auch in einem nationalen Kontext interpretiert werden. Aus diesem Grund scheint es nicht gerechtfertigt, ausschließlich den Anrainerstaaten die Finanzierung der Einwohnerwertung aufzubürden. Die Einordnung der drei Stadtstaaten in ein ökonomisch-funktionales, hierarchisch orientiertes Städtesystem[350] lässt zudem erahnen, dass die Stadtstaaten eine unterschiedliche Zentralität und die produzierten Spillovers eine unterschiedliche räumliche Ausdehnung und Bedeutung aufweisen. Wird davon ausgegangen, dass die räumliche Ausdehnung der Spillover-Effekte positiv mit der Einwohnerzahl des Stadtstaates korreliert, hat Bremen eine größere Bedeutung für das Umland als für die Republik, während die überregionale bzw. nationale Bedeutung Hamburgs und Berlins jeweils höher einzustufen sind.[351] Aus dieser stadtstaatenspezifischen Zentralität sind neben einer unterschiedlich hohen Einwohnerwertung für Bremen, Hamburg und Berlin auch unterschiedliche Finanzierungsanteile der Anrainerstaaten bzw. des übrigen Bundesgebiets abzuleiten.

Daneben muss die Frage berücksichtigt werden, inwieweit die Anrainerstaaten überhaupt in der Lage sind, die Einwohnerwertung aus eigener Kraft zu finanzieren. Welchen Anteil der Einwohnerwertung die Anrainerstaaten tragen können, hängt insbesondere von der Größe des Stadtstaates und des umliegenden Flächenlandes ab. Wird die Einwohnerzahl des den Stadtstaat umgebenden Flächenlandes in Relation zu der mit 1,35 gewerteten Einwohnerzahl des jeweiligen Stadtstaates gesetzt, ergeben sich die folgenden Größenverhältnisse. Ein Brandenburger müsste 1,83 Berliner, eine Schleswig-Holsteiner 0,84 Hamburger und ein Niedersachse 0,11 Bremer finanzieren. Würden diese sechs Länder zu

[349] Vgl. BVerfGE 72, 330 (415). Dazu zählen auch die finanzwirtschaftlichen Konsequenzen der Stadtstaaten. Letztere anerkannt, kann es nur um das Wie und nicht das Ob ihrer Berücksichtigung gehen.

[350] Vgl. Krätke, S. (2009); vgl. Löffelholz, H.-D., Rappen, H. (1999), S. 28.

[351] Hiervon ausgenommen ist die Funktion der Häfen, die eine erhebliche Bedeutung für die gesamte Republik aufweist. Zur (direkten) Finanzierung der Hafenlasten ist die Einwohnerwertung jedoch nicht vorgesehen. Dies erfolgt bis 2019 über Art. 104 a Abs. 4 GG. Ob jedoch die Höhe dieser Abgeltung angemessen ist, ist eine andere Frage und soll hier nicht näher betrachtet werden. Vgl. hierzu Kieserling Stiftung Bremen (2008).

einem Nordstaat zusammengefasst, kämen auf einen Flächenlandbewohner 0,59 Stadtstaatenbewohner.[352] Diese Relationen machen deutlich, dass insbesondere für Brandenburg die Finanzierung Berlins allein nicht zu tragen ist.

Unter Berücksichtigung der regionalen bzw. nationalen Bedeutung des jeweiligen Stadtstaates und der Größe des Anrainerlandes kann die Aufbringung der Einwohnerwertung gestreut werden. So könnte beispielsweise der Gegenwert der Berliner Einwohnerwertung zu 40 % von Brandenburg und zu 60 % von den übrigen Bundesländern getragen werden. Für Hamburg könnte sich eine Relation von 50 % zu 50 % ergeben, während die Bremer Einwohnerwertung zu 70 % von Niedersachsen und zu 30 % von den übrigen Bundesländern finanziert wird. Die Anrainerstaaten der Stadtstaaten würden im Vergleich zu den übrigen Ländern überproportional zur Finanzierung der Einwohnerwertung herangezogen. Die übrigen Bundesländer würden entsprechend entlastet. Dennoch bliebe die Finanzierung der Einwohnerwertung, wie es das Bundesverfassungsgericht vorgegeben hat, eine Sache der gesamten Solidargemeinschaft.

5.1.3 Substitution durch Bundesergänzungszuweisungen

Eine weitere Möglichkeit der Berücksichtigung stadtstaatlicher Besonderheiten besteht darin, diese als Sonderlasten anzuerkennen und im Rahmen von Sonderbedarfs-Bundesergänzungszuweisungen abzugelten. Die Einwohnerwertung im Länderfinanzausgleich könnte entfallen und der Bund könnte aus seinen eigenen Mitteln den derzeitigen Gegenwert der Einwohnerwertung in Höhe von rund 4,07 Mrd. Euro aufbringen. Dieses entspricht in etwa 4,2 % des Umsatzsteueranteils oder 1,7 % der gesamten Steuereinnahmen des Bundes.[353]

Kirchhof hat sich bereits 1982 gegen das pauschale Instrument der Einwohnerwertung im Länderfinanzausgleich ausgesprochen und für eine Berücksichtigung von stadtstaatlichen Sonderbedarfen durch Bundesergänzungszuweisungen.[354] In Art. 107 Abs. 2 GG heißt es dazu:

---

352 Unter Einbeziehung von Mecklenburg-Vorpommern ergäbe sich eine Relation von 1 zu 0,53. Vgl. Statistisches Bundesamt, Fachserie 14, Reihe 2.

353 Vgl. Statistisches Bundesamt (2009), Fachserie 14, Reihe 4. Würde der Bund versuchen, die Transfers zu Lasten der nachgeordneten Gebietskörperschaften beispielsweise durch einen höheren prozentualen Umsatzsteueranteil des Bundes zu refinanzieren, würden wiederum alle Bundesländer belastet und es würden neue Verzerrungen entstehen.

354 Vgl. Kirchhof, P. (1982), S. 114.

„Es (Anm. d. V.: das Finanzausgleichsgesetz) kann auch bestimmen, dass der Bund aus seinen Mitteln leistungsschwachen Ländern Zuweisungen zur ergänzenden Deckung ihres allgemeinen Finanzbedarfs gewährt."

In § 10 Abs. 2 MaßstG wird ergänzt:

„Der Bund kann die Finanzkraft leistungsschwacher Länder allgemein anheben (allgemeine Bundesergänzungszuweisungen) und Sonderlasten leistungsschwacher Länder mitfinanzieren (Sonderbedarfs-Bundesergänzungszuweisungen)."

Die Gewährung von Sonderbedarfs-BEZ ist allerdings an bestimmte, restriktive Vorgaben geknüpft. So muss der Sonderbedarf benannt und begründet und nicht auf aktuelle Vorhaben, politische Entscheidungen oder finanzielle Schwächen zurückzuführen sein. Diese Vorgaben werden zwar durch die laut Bundesverfassungsgericht definierte strukturelle Eigenart der Stadtstaaten erfüllt. Die Auflage einer befristeten und degressiven Ausgestaltung von Sonderbedarfs-BEZ steht dieser Eigenart jedoch entgegen, die dauerhaft gegeben ist und nur durch Abschaffung der Stadtstaaten beseitigt werden kann. Die strukturelle Besonderheit erfordert damit eine langfristige und stetige Abgeltung. Als *„Präzedenzfälle"* der Durchbrechung dieses Grundsatzes, d.h. einer nicht befristeten und nicht degressiv ausgestalteten Berücksichtigung von Sonderbedarfen, können jedoch die Kosten politischer Führung kleiner Länder sowie die strukturelle Arbeitslosigkeit und die daraus entstehenden überproportionalen Lasten bei der Zusammenführung von Arbeitslosenhilfe und Sozialhilfe für Erwerbsfähige angeführt werden. Eine entsprechende Ausnahme könnte demnach auch für die Sonderlasten aufgrund stadtstaatlicher Eigenart getroffen werden. Als problematischer erweist sich aber die Vorgabe, dass nur leistungsschwache Bundesländer Sonderbedarfs-BEZ erhalten. Damit würde für Hamburg keine Möglichkeit bestehen, stadtstaatliche Sonderbedarfe geltend zu machen.[355]

355 Zwar hatte das Bundesverfassungsgericht 1986 noch ausgeführt, dass eine Leistungsschwäche in der Regel durch eine unterdurchschnittliche Finanzkraft definiert ist, dass davon abweichend bei der Vergabe der Sonderbedarfs-Bundesergänzungszuweisungen auch eine Leistungsschwäche bei einem Land vorliegen kann, das keine unterdurchschnittliche Finanzausstattung aufweist. 1992 revidierte das Gericht diese Ansicht und weist deutlich auf die Notwendigkeit des Vorliegens einer finanziellen Leistungsschwäche hin. Vgl. BVerfGE 86, 148 (276); vgl. BVerfGE 72, 330 (403).

Dennoch favorisieren auch Bartsch und Probst dieses Alternativmodell und schlagen folgende Vorgehensweise vor:[356]

- Ermittlung und Anmeldung der Sonderbedarfe durch die Länder;
- Entscheidung des Bundes über die Auswahl der gesondert zu berücksichtigen Bedarfslagen;
- Festsetzung der Ausgleichsmasse für jeden einzelnen im vorherigen Schritt ausgewählten Sonderbedarf;
- Entscheidung über die Gesamthöhe der an die Länder zu verteilenden Bundesergänzungszuweisungen;
- Quantifizierung der ausgewählten Bedarfslagen;
- Festlegung der Verteilungsschlüssel für die einzelnen Bedarfslagen.

Böttcher problematisiert an dieser Vorgehensweise allerdings die erhebliche Entscheidungsverlagerung auf den Bund. Insbesondere wenn die Stadtstaaten anders regiert werden als der Bund, kann es dazu kommen, dass sich der Bund nicht, wie vom Bundesverfassungsgericht gefordert, als ehrlicher Moderator in der Auseinandersetzung um die Festsetzung der Zuweisungen neutral verhalte.[357] Durch die Definition einheitlicher und allgemein verbindlicher Kriterien, welcher Mehrbedarf in welcher Höhe ausgeglichen werden soll, und deren Verankerung im Maßstäbegesetz bzw. Finanzausgleichsgesetz kann diesem Problem jedoch zumindest im Grundsatz begegnet werden.

Die beschriebene Abgeltungsmethodik ist zudem kritisch zu beurteilen, da es bei der Einwohnerwertung zugunsten der Stadtstaaten eine Definitionsfrage ist, ob es sich um einen Sonderbedarf handelt. Das Bundesverfassungsgericht hat in seinem Urteil 1986 vorgegeben, dass die strukturelle Eigenart der Stadtstaaten kein Sonderbedarf ist und demnach nicht durch Bundesergänzungszuweisungen, sondern im Rahmen des Länderfinanzausgleichs zu berücksichtigen ist.[358] In der finanzwissenschaftlichen Literatur wird dagegen häufig die Meinung vertreten, dass den Stadtstaaten aufgrund ihrer strukturellen Eigenart sehr wohl ein Sonderbedarf – insbesondere aus der Spillover-Problematik – erwächst, dessen Berücksichtigung aber weder im Länderfinanzausgleich noch durch

356 Vgl. Bartsch, P., Probst, H. (1988), S. 540 f.
357 Vgl. Böttcher, H.-E. (1989), S. 205 f.
358 Vgl. BVerfGE 72, 330 (415); vgl. ebenso Selmer, P. (1993), S. 10 ff.

Bundesergänzungszuweisungen, sondern in Form zweckgebundener Zuweisungen nach Art. 91 a GG[359] bzw. Art. 104 b GG[360] sachgerecht ist.[361]

Außerdem weisen Kritiker darauf hin, dass das Bundesverfassungsgericht 1992 ausdrücklich den substitutionellen und restriktiven Charakter der Bundesergänzungszuweisungen betont hat und damit die finanziell bedeutsame Berücksichtigung der stadtstaatlichen Besonderheit über Bundesergänzungszuweisungen nicht zulässig sei.[362] Das Bundesverfassungsgericht führt jedoch auch aus, dass das Grundgesetz keine volumenmäßige Begrenzung der Bundesergänzungszuweisungen enthält und dass der Zweck des Art. 107 Abs. 2 Satz 3 GG es erfordern kann, nicht zuletzt wegen der Möglichkeit der Berücksichtigung von Sonderlasten einzelner Länder, Bundesergänzungszuweisungen in einer Höhe bereitzustellen, die im Verhältnis zum horizontalen Finanzausgleich nicht geringfügig ist. Falls sich der Gesetzgeber zur Berücksichtigung von Sonderlasten einzelner Länder entschließt, kann es sogar geboten sein, dass die Bundesergänzungszuweisungen insgesamt im Verhältnis zum horizontalen Länderfinanzausgleich ein beträchtliches Volumen erreichen. [363] Eine volumenmäßige Subsidiarität ist daher nicht abzuleiten, sodass die Berücksichtigung der Stadtstaatlichkeit zumindest nicht in diesem Punkt gegen die Rechtsprechung des Bundesverfassungsgerichts verstößt.[364]

Die Vertikalisierung der Einwohnerwertung hat jedoch den Vorteil, dass die Stadtstaaten ihre Sonderbedarfe benennen und begründen müssen und diese Sonderbedarfe nach Vorgabe des Gesetzes in angemessenen Abständen überprüft werden.[365] Damit wird der Bedarfstransparenz und -kontrolle besser Rechnung getragen als durch die derzeitige Pauschalabgeltung im Rahmen der Einwohnerwertung. Zudem müssten die Stadtstaaten die Verhandlungen um die Abgeltung ihrer Bedarfe künftig *„nur noch"* mit dem Bund und nicht mehr mit den 13 Flächenländern führen. Aufgrund der Verringerung der Anzahl der

---

359 Zu beachten ist, dass die Gebiete der Gemeinschaftsaufgaben wohl definiert sind. Daher ist fraglich, ob die Stadtstaatlichkeit als Tatbestand hier berücksichtigungsfähig ist.

360 Hierbei ergibt sich wiederum das Problem, dass auch diese Finanzhilfen befristet und degressiv zu gestalten sind, womit ihre Anwendung zur Abgeltung stadtstaatlicher Sonderbedarfe eingeschränkt ist.

361 Vgl. Henckel, N.-F., Junkernheinrich, M. (2005), S. 52 ff.; vgl. Peffekoven, R. (2005), S. 33 ff.

362 Vgl. Dietrich, B. (1996), S. 225 f.

363 Vgl. BVerfGE 72, 330 (403).

364 Vgl. Korioth, S. (2005), S. 22.

365 Vgl. § 12 Abs. 1 und 3 MaßstG.

Verhandlungspartner kann es zu einer sachgerechteren und weniger interessengeleiteten Lösung kommen.

5.1.4 Fiktive Integration

Dieser Ansatz versucht zwei Kritikpunkte der Einwohnerwertung zu entschärfen. Zum einen soll dem Argument Rechnung getragen werden, dass von den räumlichen Spillover-Effekten aufgrund der Wahrnehmung zentralörtlicher Funktionen durch die Stadtstaaten nur das Umland profitiert, aber alle Bundesländer zu ihrer Finanzierung herangezogen werden. Zum anderen soll die überdurchschnittliche Finanzkraft der Stadtstaaten aufgrund ihrer strukturellen Andersartigkeit berücksichtigt und eine überproportionale Abschöpfung vermieden werden, die aufgrund der fehlenden Nivellierungseffekte im Länderfinanzausgleich ohne Einwohnerwertung stattfände. Hierzu hat der Wissenschaftliche Beirat beim Bundesministerium der Finanzen das Verfahren der fiktiven Integration entwickelt.

Das Verfahren gliedert sich in zwei Stufen. Zunächst werden die Stadtstaaten mit ihrem wirtschaftlich relevanten Umfeld zu fiktiven Flächenstaaten zusammengefasst. Der Länderfinanzausgleich erfolgt damit nur noch für *strukturell vergleichbare* Flächenländer. Anschließend wird ein Finanzausgleich zwischen den Stadtstaaten und den an der Integration beteiligten Flächenländern simuliert, bei dem die Stadtstaaten wie Großstädte in den betroffenen Flächenländern behandelt werden.[366]

Die Wirkungen des Modells hängen insbesondere von dem regionalen Zuschnitt der fiktiv integrierten Länder ab. Der Beirat spricht sich aufgrund der wirtschaftlichen Verflechtungen für die Zusammenlegung von Berlin und Brandenburg sowie der Länder Hamburg, Bremen, Niedersachsen und Schleswig-Holstein zu einem Nordstaat aus. Kitterer, Burckhardt, Löwer ergänzen diesen Vorschlag um die Varianten *Hamburg / Schleswig-Holstein*, *Niedersachsen / Bremen* und *Berlin / Brandenburg*.[367]

Anwendung findet das Verfahren der fiktiven Integration auf drei Stufen des Finanzausgleichssystems – dem Umsatzsteuervorwegausgleich, dem Länderfinanzausgleich sowie der allgemeinen Bundesergänzungszuweisungen. Diese Stufen werden nicht mehr mit 16 Bundesländern, sondern je nach Variante mit 13 bzw. 12 Flächenländern durchgeführt. Da die Integration lediglich fiktiv ist, muss nach

366 Vgl. Wissenschaftlicher Beirat beim Bundesministerium der Finanzen (1992), S. 73.

367 Vgl. Kitterer, W., Burckhardt, T., Löwer, H. (2004), S. 79 f.

Berechnung des Finanzausgleichs die zugewiesene Finanzmasse zwischen den an der Integration beteiligten Stadtstaaten und Flächenländern verteilt werden.

In den Tabellen 16 und 17 sind die aus der fiktiven Integration resultierenden Wirkungen für das Jahr 2008 angegeben. Dazu wird die Finanzkraftmesszahl vor und nach Länderfinanzausgleich sowie nach den allgemeinen Bundesergänzungszuweisungen analysiert. Deutlich wird, dass in Variante I alle fiktiven Flächenländer nach Abschluss des Finanzausgleichs im Vergleich zum geltenden Recht verlieren. Die höchsten relativen und absoluten Verluste mit 494 Euro je Einwohner (2,946 Mrd. Euro) verzeichnet das fiktive Flächenland Berlin / Brandenburg. Während Berlin / Brandenburg noch von der Umsatzsteuerverteilung profitieren kann, sind die Verluste im Rahmen des Länderfinanzausgleichs und der allgemeinen Bundesergänzungszuweisungen erheblich, was die große Bedeutung der Einwohnerwertung für Berlin verdeutlicht.

Tabelle 16: Finanzielle Auswirkungen der fiktiven Integration I

	FKM vor LFA			**FKM nach LFA**[368]			**FKM nach allg. BEZ**		
	aktuell	fiktiv	Differenz	aktuell	Fiktiv	Differenz	aktuell	fiktiv	Differenz
	Euro je EW		Euro je EW	Euro je EW		Euro je EW	Euro je EW		Euro je EW
NW	2.956	2.962	6	2.959	2.999	40	2.959	3.017	58
BY	3.331	3.337	6	3.096	3.158	62	3.096	3.158	62
BW	3.331	3.336	6	3.096	3.158	61	3.096	3.158	61
HE	3.567	3.572	6	3.157	3.226	69	3.157	3.226	69
RP	2.793	2.798	6	2.885	2.939	54	2.934	3.003	69
SL	2.763	2.769	6	2.873	2.931	58	2.931	2.999	68
HH/SH	3.421	3.323	-97	3.378	3.154	-224	3.399	3.154	-245
HB/NI	2.882	2.886	5	2.978	2.966	-12	3.016	3.010	-6
BE/BB	2.647	2.655	8	3.282	2.897	-385	3.488	2.994	-494
SN	2.533	2.537	6	2.808	2.866	57	2.918	2.987	69
ST	2.564	2.568	6	2.827	2.881	54	2.931	3.002	71
TH	2.524	2.533	6	2.809	2.862	53	2.915	2.985	70
MV	2.499	2.505	6	2.821	2.881	60	2.941	3.013	72

Abweichungen durch Rundungsdifferenzen.
Quelle: Eigene Berechnungen.

[368] Die Einwohnerwertung auf Landes- und Gemeindeebene der Stadtstaaten sowie die Einwohnerwertung auf Gemeindeebene der integrierten Flächenländer wird bei der fiktiven Integration nicht berücksichtigt.

Hamburg / Schleswig-Holstein verlieren 245 Euro je Einwohner (1,128 Mrd. Euro). Die Einbußen des Landes Bremen / Niedersachen sind dagegen mit 6 Euro je Einwohner (52 Mio. Euro) relativ gering. Die übrigen Flächenländer können von den Änderungen profitieren, wobei die Gewinne zwischen 58 (Nordrhein-Westfalen) und 71 Euro je Einwohner (Mecklenburg-Vorpommern) schwanken. Die gesamten Verluste entsprechen dabei annähernd den Verlusten, die sich bei einer Saldierung der Gewinne und Verluste bei einem Wegfall der Einwohnerwertung ergäben. Die fiktive Integration kommt in ihren Wirkungen damit einer ersatzlosen Streichung der Einwohnerwertung gleich. Ist dieses nicht gewollt oder gerechtfertigt, muss die fiktive Integration durch weitere Maßnahmen – innerhalb oder außerhalb des Finanzausgleichs – flankiert werden.

Nachfolgende Tabelle verdeutlicht die Auswirkungen der fiktiven Integration der Variante II. Auch hier ergeben sich für die beteiligten Länder erhebliche Verluste. Insgesamt verliert das Land Berlin / Brandenburg 492 Euro je Einwohner (2,934 Mrd. Euro) in etwa den gleichen Betrag wie in Variante I. Die Verluste des Nordstaats lägen bei 136 Euro je Einwohner (1,799 Mrd. Euro) und damit höher als die aggregierten Verluste für die betroffenen vier Länder in Variante I. Die Gewinne der übrigen Länder streuen – gemessen in Pro-Kopf-Beträgen – zwischen 61 Euro (Nordrhein-Westfalen) und 84 Euro (Hessen) streuen.

Tabelle 17: Finanzielle Auswirkungen der fiktiven Integration II

	FKM vor LFA			FKM nach LFA			FKM nach allg. BEZ		
	aktuell	fiktiv	Differenz	aktuell	fiktiv	Differenz	aktuell	fiktiv	Differenz
	Euro je EW		Euro je EW	Euro je EW		Euro je EW	Euro je EW		Euro je EW
NW	2.956	2.985	28	2.959	3.010	51	2.959	3.020	61
BY	3.331	3.359	28	3.096	3.170	73	3.096	3.170	73
BW	3.331	3.359	28	3.096	3.169	73	3.096	3.169	73
HE	3.567	3.595	28	3.157	3.241	84	3.157	3.241	84
RP	2.793	2.820	28	2.885	2.944	59	2.934	3.006	72
SL	2.767	2.796	33	2.873	2.941	68	2.931	2.999	68
HH/SH/HB/NI	3.069	2.924	-146	3.117	2.982	-135	3.149	3.013	-136
BE/BB	2.647	2.677	30	3.282	2.904	-378	3.488	2.996	-492
SN	2.533	2.559	27	2.808	2.870	62	2.918	2.989	71
ST	2.564	2.593	30	2.827	2.889	63	2.931	3.002	71
TH	2.524	2.555	29	2.809	2.871	61	2.915	2.989	75
MV	2.499	2.522	26	2.821	2.887	66	2.941	3.019	78

Quelle: Eigene Berechnungen.

Da die fiktive Integration der Stadtstaaten mit den Flächenländern keine tatsächliche Fusion ist, müssen Maßstäbe gefunden werden, um die interne Mittelverteilung zwischen Stadt- und Flächenstaaten sicherzustellen. Der Beirat schlägt hierzu vor, die Stadtstaaten wie Großstädte in den Flächenländern zu behandeln, ohne aber konkrete Vorschläge für eine Ausgestaltung des Systems zu geben.[369]

Die einfachste Variante zur Mittelverteilung wäre die Gleichverteilung der Finanzmittel nach Einwohnern. Diese Vorgehensweise ist jedoch ökonomisch abzulehnen, da sie den von den Stadtstaaten ausgehenden Spillover-Effekten, zu deren Internalisierung das Modell beitragen soll, nicht gerecht wird. Zudem impliziert eine gleichmäßige Pro-Kopf-Verteilung einen hundertprozentigen Ausgleich der unterschiedlichen Finanzkraft der fiktiv integrierten Länder. Das finanzstärkere Land würde letztlich die Anhebung des finanzschwächeren Landes auf das gleiche Pro-Kopf-Niveau finanzieren, ohne Integration hingegen nicht. Da in keinem Finanzausgleichssystem – weder auf Kommunal- noch auf Länderebene – ein hundertprozentiger Ausgleich implementiert ist, ist dieser Ansatz nicht sachgemäß. Auch widerspricht er der Vorgabe des Beirates, die Stadtstaaten mit den Großstädten in den Flächenländern gleichzustellen.[370]

Eine weitere Variante ist die Verteilung der Finanzmittel in Anlehnung an den Mechanismus der Einwohnerwertung nach gewichteten Einwohnern. Dazu muss entschieden werden, wie hoch die Wertung anzusetzen ist. Der Gewichtungsfaktor hat dabei erheblichen Einfluss auf die Finanzausstattung der beteiligten Länder. Je höher der Faktor ausfällt, desto höher (niedriger) sind die Zuweisungen (Beiträge) des Landes, dessen Einwohner eine Wertung erfahren.

Es ist außerdem zu beachten, dass zur Berechnung der Zuweisungen und Beiträge des fiktiven Flächenlandes im Länderfinanzausgleich neben den Einnahmen der Länder auch die Steuereinnahmen der Gemeinden berücksichtigt werden. Liegt die Begründung der Einwohnerwertung nun in einem erhöhten städtischen Finanzbedarf, muss diese auch den Gemeinden in den Flächenländern zugestanden werden. Hierzu bietet es sich an, die zu verteilende Finanzmasse in einen kommunalen und einen staatlichen Teil aufzuspalten. Auf den kommunalen Finanzanteil wird für die Stadtstaaten sowie für die Gemeinden in den Flächenländern eine Einwohnerwertung angewendet, während auf den staatlichen Teil nur die Stadtstaaten eine Wertung erhalten. Zur Festsetzung der kommunalen Einwohnerwertung kann beispielsweise auf die Hauptansatzstaffel im kommunalen

[369] Vgl. Wissenschaftlicher Beirat beim Bundesministerium der Finanzen (1992), S. 73.

[370] Vgl. Kitterer, W., Burckhardt, T., Löwer, H. (2004), S. 95 ff.

Finanzausgleich des jeweiligen Flächenlandes zurückgegriffen werden. Zur Verteilung des verbleibenden Landesanteils zur Erfüllung staatlicher Aufgaben können dagegen beispielsweise die Werte des Indikators I[371] (der Aktualisierung) des Ifo-Gutachtens verwendet werden. Alternativ kann auf die bestehenden Verhältnisse in den Flächenländern zurückgegriffen werden. Die Stadtstaaten werden damit nach Vorgabe des Beirates wie vergleichbare Großstädte behandelt.

Soll Bremen in der Ausstattung mit Landesmitteln nicht schlechter gestellt werden als Hannover, so sind die von Niedersachsen an Hannover in Form von überdurchschnittlichen Ausgaben fließenden Landesmittel zu quantifizieren. Dieses kann in Anlehnung an den Ifo-Großstadtvergleich geschehen. Dabei ist anzumerken, dass dieses Vorgehen theoretisch jedoch nur auf das fiktive Flächenland Bremen / Niedersachsen angewendet werden kann. Bei allen anderen Varianten ergeben sich Probleme, da in den entsprechenden Flächenländern keine vergleichbaren Großstädte vorhanden sind.

Die erläuterten Verteilungsmechanismen haben jedoch den bereits angeführten Nachteil, dass ein vollständiger Ausgleich je gewerteten Einwohner vollzogen wird. Eine Beseitigung dieses Nachteils kann nur durch die Simulation eines Finanzausgleichs unter expliziter Berücksichtigung von Finanzkraft und Finanzbedarf erfolgen. Hierzu muss ein Teil der Finanzmasse durch einen kommunalen Finanzausgleich und ein anderer über einen Länderfinanzausgleich verteilt werden. Beim ersten Schritt – der Simulation des kommunalen Ausgleichssystems – ist die Frage zu beantworten, ob ein bestehendes oder ein gänzlich neues System als Grundlage genutzt wird. Dabei wird die Komplexität erhöht, wenn in einem fiktiven Nordstaat die Berücksichtigung des schleswig-holsteinischen als auch des niedersächsischen kommunalen Finanzausgleichs mit ihren sehr unterschiedlichen Regelungen nötig ist. Weiterhin ist es schwierig, einen Stadtstaat in ein bestehendes kommunales Finanzausgleichssystem zu integrieren, wenn dieser Stadtstaat deutlich größer ist als alle anderen Städte des Flächenlandes. Der zweite Schritt – die Simulation des Länderfinanzausgleichs – kann an die Bestimmungen des horizontalen Länderfinanzausgleichs angelehnt werden. Jedoch ist darüber zu entscheiden, wie die im Rahmen der ersten Stufe der fiktiven Integration ermittelten Umsatzsteuereinnahmen, die Zuweisungen im horizontalen Finanzausgleich und die allgemeinen Bundesergänzungszuweisungen den Ländern zur Bestimmung der Finanzkraftmesszahl zugerechnet werden.[372]

---

371 Ausschließlich aus Landessteuern finanzierte Leistungen in den Großstädten im Vergleich zum Durchschnitt der Flächenländer. Vgl. Hummel, M. (2001), S. 10.

372 Vgl. Kitterer, W., Burckhardt, T., Löwer, H. (2004), 105 ff.

Das Verfahren der fiktiven Integration scheint zunächst seine Berechtigung zu haben. Zum einen wird durch die Bildung eines Flächenlandes eine zu hohe Abschöpfung stadtstaatlicher Finanzkraft im Länderfinanzausgleich verhindert. Zum anderen überträgt der Ausgleich innerhalb der fiktiven Flächenländer die Spillover-Problematik auf die Anrainerländer und internalisiert sie damit nach gängiger Meinung verursachungsgerecht. [373] Spätestens auf der zweiten Integrationsstufe wären jedoch Konflikte vorprogrammiert. Für die Durchführung eines Finanzausgleichs innerhalb der fiktiven Länder müssten bilaterale Staatsverträge zwischen den Stadtstaaten und ihren strukturschwachen Anrainerländern geschlossen werden. Es müsste eine Einigung darüber erzielt werden, welchen Anteil die an der Integration beteiligten Länder an der auf der ersten Stufe zugewiesenen Finanzmasse erhalten. Erwartungsgemäß käme es zu erheblichen Verteilungskämpfen. Es stellt sich zudem die Frage, wie mit den dramatischen Veränderungen in der Finanzausstattung der integrierten Länder umzugehen ist. Eine Nichtberücksichtigung der Folgewirkungen würde für die betroffenen Länder, insbesondere für Berlin und Brandenburg, eine kaum zu bewältigende finanzielle Belastung bedeuten.

Neben diesen Schwierigkeiten weist das Verfahren auch methodische Mängel auf. Der Nordstaat wäre schon deshalb nicht mit anderen Flächenländern vergleichbar, weil er de facto nicht eine, sondern vier Landeshauptstädte unterhalten müsste. Damit würden nicht strukturell vergleichbare Flächenländer im Finanzausgleich gegenübergestellt. Dieser Umstand bleibt auf der ersten Stufe aber unberücksichtigt. Ähnliches gilt für die zweite Stufe. Das neue Land müsste vier Hauptstädte unterhalten, ohne dass sich bei einer der Städte eine Vernachlässigung der hauptstädtischen Mehrbelastungen rechtfertigen ließe. Hinzu kommen verfassungsrechtliche Bedenken, da die fiktive Integration die Stadtstaatenproblematik auf eine regionale Dimension reduziert. Dieses hat das Bundesverfassungsgericht 1986 aber ausdrücklich abgelehnt.[374] Insgesamt wiegen die Vorbehalte gegen das Verfahren der fiktiven Integration so schwer, dass dieses Modell auf der politischen Ebene nicht viel Zuspruch gefunden hat. Vielmehr lässt die Komplexität und Sensitivität des Regelsystems gegenüber den zugrunde gelegten Annahmen die Einwohnerwertung gerechter sowie wesentlich einfacher und transparenter erscheinen.

---

[373] Ob die stadtstaatliche Spillover-Problematik tatsächlich ausschließlich regionale Auswirkungen hat, wird unter anderem in Abschnitt 2.4 der vorliegenden Arbeit diskutiert.

[374] Vgl. BVerfGE 72, 330 (415).

5.1.5 Länderneugliederung

Ein weiterer Alternativvorschlag betrifft das föderale Gefüge der Bundesrepublik Deutschland und damit die immer wieder aufflammende Forderung nach einer Neugliederung des Bundesgebietes. Hierzu zählt insbesondere die Reduzierung der Anzahl der Bundesländer, was in diesem Zusammenhang auf eine Fusion der Stadtstaaten mit ihren Nachbarländern hinausläuft. Alternativ kann auch eine Integration der Umlandgemeinden der Stadtstaaten in das stadtstaatliche Hoheitsgebiet thematisiert werden.

Grundsätzlich eröffnet Art. 29 Abs. 1 GG die Möglichkeit zur Neugliederung des Bundesgebiets, „um zu gewährleisten, dass die Länder nach Größe und Leistungsfähigkeit die ihnen obliegenden Aufgaben wirksam erfüllen können." Damit stehen zwar nicht die Bundesländer als solche (Art. 79 Abs. 3 GG), aber deren Zahl und territorialer Zuschnitt durch den Neugliederungsartikel des Grundgesetzes unter Vorbehalt. Einer Neuordnung der Landesgrenzen sind jedoch durch die notwendigen Volksentscheide der betroffenen Länder hohe Hürden gesetzt. Die damit verbundenen politischen, verfassungsrechtlichen und finanziellen Hemmnisse lassen solche Lösungen gegenwärtig illusorisch erscheinen. Unabhängig davon ist anzumerken, dass insbesondere die Stadtstaaten Bremen und Hamburg wirtschaftlich leistungsfähig sind. Mangelnde wirtschaftliche Leistungsfähigkeit kann demnach kein Fusionsargument sein. Vorhandene Finanzierungsprobleme sind vielmehr auf eine nicht aufgabengerechten Finanzausstattung zurückzuführen.[375]

Eine Fusion der Stadtstaaten mit den angrenzenden Umlandgemeinden[376] oder mit einem Flächenland würde dazu führen, dass die Stadtstaaten die Andersartigkeit und strukturelle Eigenart als Großstadt verlieren. Das Bundesverfassungsgericht hat 1992 im Zusammenhang mit dem Antrag des Saarlandes auf Gewährung einer besonderen Einwohnerwertung wie folgt ausgeführt:

> „Die besondere Situation des Saarlandes rechtfertigt keine Gewichtung der Einwohnerzahl; sie ist nicht durch Stadtstaatlichkeit geprägt."[377]

[375] Vgl. hierzu Abschnitt 7.4 der vorliegenden Arbeit.

[376] Die Einbeziehung der Umlandgemeinden in das stadtstaatliche Hoheitsgebiet würde die Einwohnerdichte der Stadtstaaten erheblich reduzieren. Dabei wäre Bremen noch deutlicher betroffen als Berlin und Hamburg. Vgl. Forschungsstelle Finanzpolitik (2005a), S. 2.

[377] BVerfGE 86, 148 (247).

Generell ist davon auszugehen, dass durch eine Fusion eines Stadtstaates mit einem Flächenland die Einwohnerwertung entfällt, da ihr die Grundlage – der Status als Stadtstaat – entzogen wird. *„Eine Fortschreibung des Stadtstaatenprivilegs ... über den Zeitpunkt des Zusammenschlusses hinaus stößt auf verfassungsrechtliche Bedenken.“*[378] Eine Länderfusion hätte aber dieselben dramatischen fiskalischen Effekte, die bereits in den Tabellen 16 und 17 für die erste Stufe der fiktiven Integration dargelegt wurden. Die *neuen* Flächenländer würden – bei einem Wegfall der Einwohnerwertung – erhebliche Verluste erleiden. Zusätzlich wäre zu berücksichtigen, dass auch die Sonderbedarfs-BEZ für die Kosten politischer Führung kleiner Länder entfallen würden, da der Nordstaat sowie die Länder Bremen / Niedersachsen und Berlin / Brandenburg die Voraussetzung der Kleinheit nicht mehr erfüllen. Das Land Hamburg / Schleswig-Holstein wäre zudem Geberland im Länderfinanzausgleich, womit eine weitere Anspruchsvoraussetzung – die Finanzschwäche – nicht mehr gegeben ist. Die Sonderbedarfs-BEZ, die Schleswig-Holstein bisher erhält, würden daher ebenfalls entfallen.

Auch eine Gegenrechnung möglicher Einsparpotenziale durch die Zusammenlegung bzw. die Reduzierung der öffentlichen Verwaltung würde die finanziellen Einbußen der fusionierenden Länder nicht erheblich mindern.[379] Zudem bleibt die „segensreiche“ Wirkung von Länderzusammenschlüssen zu beweisen. Fusionen werden regelmäßig mit mittel- bis langfristig eintretenden positiven Wachstumseffekten, in deren Folge Steuermehreinnahmen erzielt würden, von denen nicht nur das neue Bundesland, sondern über den Steuerverbund der Bund sowie die über den Finanzausgleich auch die übrigen Länder profitieren, begründet und als vorteilhaft eingeschätzt. Es herrscht jedoch Unsicherheit darüber, ob und in welchem Ausmaß solche Effekte überhaupt auftreten.[380] Dass sich trotz der ungewissen künftigen Wachstumspotenziale und der sofort eintretenden fiskalischen Verluste viele Flächenländer für eine Fusion aussprechen, verwundert nicht. Der Verlust, den die neu geschaffenen Bundesländer erleiden, ist die Fusionsrendite der übrigen Länder. Eine Länderfusion löst die Diskussion um die Einwohnerwertung aus dem Länderfinanzausgleich heraus und regionalisiert sie. Die Abgeltung stadtstaatlicher respektive großstädtischer Mehrbedarfe läge dann in der Verantwortung des neuen Flächenlands.

---

378 Wissenschaftliche Dienste des Deutschen Bundestages (1993), S. 3.

379 Einsparpotentiale sind insbesondere bei den Ausgaben für die politische Führung (Kosten der Kleinheit) zu erwarten. Vgl. Heinemann, A. (2009), S. 677 ff.; vgl. Forschungsstelle Finanzpolitik (2005b), S. 3.

380 Vgl. Seitz, H. (2004), S. 40 ff.

Michalk und Möller haben darauf hingewiesen, dass die Einwohnerwertung der Stadtstaaten selbst bei einer Fusion nicht ihre Berechtigung verliere. Die derzeit gültige Einwohnergewichtung sei an das Auftreten abstrakter Mehrbedarfe aufgrund struktureller Eigenarten der Länder und Gemeinden gebunden und nicht – wie es das Bundesverfassungsgericht 1986 vorgegeben hat – an den Status als Stadtstaat.[381] Durch den Rechtsakt der Länderfusion bleibe die Höhe der abstrakten Mehrbedarfe unverändert. Die Einwohnerwertung könne trotz Abschaffung der Stadtstaaten beibehalten werden.[382] Michalk und Möller kommen nach der BBR-Methode[383] zu dem Ergebnis, dass sich eine Einwohnerwertung für ein fusioniertes Bundesland Berlin / Brandenburg in Höhe von 120 % auf der Landes- und Kommunalebene ergibt, sodass letztlich kaum finanzielle Einbußen zu verzeichnen sind. [384] Die Autoren setzen als Mehrbedarfe dabei die getrennt ermittelten Mehrausgaben der Länder Berlin und Brandenburg an. Fraglich ist, ob dieses Vorgehen statthaft ist, da beispielsweise Bayern fernab seiner Agglomerationsräume auch durch Dünnbesiedelung gekennzeichnet ist, hier jedoch keine separate Ermittlung vorgenommen wird. Im Rahmen einer gemeinsamen Berechnung für das fusionierte Land Berlin / Brandenburg könnte es zu einer Relativierung der berlin- oder brandenburgspezifischen Mehrausgaben kommen, da aufgabenbezogene Mehrausgaben in einem Land durch entsprechende Minderausgaben des anderen Landes kompensiert werden. Es bleibt fraglich, weshalb die Existenz einer Großstadt in einem Flächenland einen Mehrbedarf gegenüber anderen Flächenländern mit ähnlichen Großstädten begründen sollte. Daher kann bezweifelt werden, ob die Anwendung einer Einwohnerwertung auf Grundlage des Mehrausgabenkonzeptes für Fusionen von Stadtstaaten mit Flächenländern dauerhaft tragfähig ist.

Wenn die Einwohnerwertung aber dennoch beibehalten werden kann, ist aus dem Blickwinkel der anderen Länder fraglich, ob die Forderung nach einer Länderzusammenlegung noch sinnvoll ist. Ihren eigentlichen Zweck – die ersatzlose Abschaffung der Einwohnerwertung und die damit verbundene Besserstellung der Flächenländer – erfüllt sie nicht. Die Wirkungen auf den Länderfinanzausgleich wären minimal.[385] Wie zuvor erwähnt, ist jedoch auch eine

---

381 Vgl. hierzu Abschnitt 4.1 der vorliegenden Arbeit.

382 Vgl. Michalk, J., Möller, A. (2005), S. 658.

383 Vgl. hierzu Abschnitt 7.2 dieser Arbeit.

384 Es wird jedoch daraufhin gewiesen, dass das neue Bundesland die Sonderbedarfs-BEZ wegen Kosten politischer Führung verlieren würde, da es nicht mehr zu den kleinen Ländern zählt. Vgl. Michalk, J., Möller, A. (2005), S. 659.

385 Vgl. Michalk, J., Möller, A. (2005), S. 659.

Fusion gekoppelt mit einer Beibehaltung der Einwohnerwertung für die beteiligten Länder aufgrund des Verlustes von Sonderbedarfs-BEZ-Ansprüchen nicht finanzierungsneutral. Da weder die Eingemeindung des so genannten Speckgürtels noch die Fusion mit einem Flächenland eine adäquate Lösung der Stadtstaatenproblematik darstellen, legt dieses m. E. zumindest aus Sicht der Stadtstaaten den Schluss nahe, sich für die Beibehaltung der gegenwärtigen Territorialstruktur des Bundesgebietes und der Einwohnerwertung einzusetzen.

5.2 Kommunaler Finanzausgleich

5.2.1 Sozioökonomische Bedarfsermittlung

Zahlreiche Kritiker der Einwohnerwertung haben sich für den kommunalen Finanzausgleich gegen die pauschale Finanzbedarfsberücksichtigung im Rahmen der Hauptansatzstaffel auf Grundlage der Einwohnerzahl und für eine originäre und gemeindescharfe Erfassung aller sozioökonomischen Sonderbedarfe mithilfe mehrerer Nebenansätze ausgesprochen.

Der sozioökonomische Strukturwandel in der Bundesrepublik Deutschland ist in den letzten Jahrzehnten im Wesentlichen durch eine Veränderung des räumlichen Disparitätenmusters geprägt, die nicht ohne Auswirkung auf die kommunalen Ausgabenbedarfe geblieben ist.[386] Aufgrund der lokal divergierenden Wirtschafts- und Bevölkerungsentwicklung sowie der groß- und kleinräumigen Veränderungen der Siedlungsstruktur haben sich horizontale Bedarfsverschiebungen zwischen einzelnen Gemeinden und insbesondere innerhalb einzelner Gemeindeklassen herausgebildet, die der kommunale Finanzausgleich aufgrund seiner Gemeindegrößenorientierung nicht immer präzise erfassen kann.[387]

Diese Bedarfsverschiebungen lassen sich exemplarisch darstellen. So hat insbesondere die unterschiedliche wirtschaftliche Entwicklung – beispielsweise die negative Abkopplung altindustrieller Verdichtungsräume[388] – zu Folgelasten durch Arbeitslosigkeit geführt, die eine Bedarfsintensivierung im Sozialhilfebereich nach sich ziehen. Zwischen der Ortsgröße als Grundlage des Hauptansatzes und der Höhe der Arbeitslosigkeit lässt sich jedoch nur ein sehr geringer statistischer

---

386 Vgl. Klemmer, P. (1986), S. 48 ff.

387 Vgl. Hansmeyer, K.-H., Kops, M. (1985), S. 43 f.

388 Vgl. Junkernheinrich, M. (1989), S. 28 ff.

Zusammenhang nachweisen, weshalb ein einwohnerbezogener Ansatz zum Ausgleich dieses Sonderbedarfs nicht infrage kommt.[389]

Daneben wird angeführt, dass in dienstleistungsorientierten Gemeinden ein überproportionaler Bevölkerungsanteil mit vergleichsweise hohem sozialen Status Sonderbedarfe in den Bereichen gehobene Schulbildung und Verkehrs- und Freizeiteinrichtungen aufweist, während die Bedeutung der sozialen Sicherung oder der Wohnungsbauförderung eher gering ist. Auch diese Bedarfe werden durch die Hauptansatzstaffel nicht gemeindescharf abgegrenzt.

Schließlich führt die Suburbanisierung zu einem Einnahmenverlust der Kernstädte, ohne dass der Bevölkerungsrückgang einen entsprechenden Bedarfsrückgang verursacht, da viele zentralörtliche Funktionen auch weiterhin von den Kernstädten erbracht werden (Remanenz zentralörtlicher Belastungen). Auch diese Bedarfsverschiebungen kann die Hauptansatzstaffel – analog zu den zentralörtlichen Bedarfen solitärer Verdichtungszentren oder ländlicher Mittelpunktstädte – nicht adäquat erfassen.[390]

Auch Münzenmeyer weist insbesondere auf die Bedeutung der Zentralitätsfunktion und der Sozialhilfebelastung hin. So liegt der Zusammenhang zwischen Siedlungsstruktur und kommunalen Ausgaben- bzw. Finanzbedarf vorwiegend im Zentralitätsansatz[391] und in der überdurchschnittlichen Belastung durch Soziallasten großer und verstädterter Gemeinden begründet. Jedoch sieht er grundsätzlich die Geeignetheit der Einwohnerwertung für den Ausgleich dieser bedarfsbeeinflussenden Faktoren, da mit zunehmender Einwohnerzahl die Ausgaben für zentralörtliche Funktionen und Soziallasten überproportional ansteigen. Die Parallelität von zentralörtlichen Funktionen und Ausgabenvolumen konnte auch durch eine Untersuchung im Auftrag des hessischen Finanzministeriums sowie durch eine Studie zu finanzausgleichsrelevanten Problemen zwischen Stadt und Umland in Bayern belegt werden.[392]

Andere Autoren bezweifeln jedoch, dass es einen direkten Zusammenhang zwischen der Bevölkerungszahl der zentralen Orte und dem Zentralitätsgrad bzw. dem Umfang der wahrgenommenen zentralörtlichen Funktionen besteht.[393] So weist Färber darauf hin, dass größere Städte zunehmend weniger zentralörtliche

---

389 Vgl. hierzu insbesondere Lensing, P., Micosatt, G. (1992).

390 Vgl. Junkernheinrich, M. (1992), S. 14 f.

391 Vgl. Münzenmayer, W. (1999), S. 7.

392 Vgl. Bayrisches Staatsministerium für Landesplanung und Umweltfragen (1992).

393 Vgl. Hansmeyer, K.-H. (1980), S. 125.

Funktionen erfüllen müssen, während kleineren Städten in ländlicher Umgebung erhebliche zentralörtliche Funktionen zukommen.[394]

Den Mängeln einer globalorientierten und unspezifischen Bedarfserfassung auf Grundlage der Einwohnerzahl begegnen Kritiker durch die originäre Erfassung einzelner Bedarfe in verschiedenen Aufgabenbereichen.[395] Dazu muss der Finanzbedarf einer Gemeinde anhand objektivierbarer Indikatoren[396] ermittelt werden. So hängt beispielsweise der Ausgabenbedarf für Schulleistungen von der Anzahl der schulpflichtigen Kinder ab. Auf diese Weise werden die bedarfsverursachenden Elemente der einzelnen Aufgabenbereiche erfasst. Multipliziert mit den landesdurchschnittlichen Ausgaben eines Bedarfsfalls lässt sich der Normbedarf in einem Aufgabenbereich ermitteln und summiert über alle Aufgabenbereiche der gesamte normierte Ausgabenbedarf.[397] Nach Meinung der Kritiker bildet diese Vorgehensweise den kommunalen Finanzbedarf exakter ab als der globalorientierte Hauptansatz.

Obwohl das Modell der Nebenansätze sachlich differenzierter und letztlich bedarfsgerechter scheint als eine Pauschalabgeltung über die Hauptansatzstaffel, ist die Gewährung von Nebenansätzen in der Literatur umstritten. Die Bedarfsermittlung wird verkompliziert, intransparenter und aufgrund der aufwendigen Datenerhebung kostenaufwendiger. Insgesamt bedarf es eines erheblichen statistischen Aufwands, was Fragen nach der Praktikabilität einer einzelbedarfsorientierten Methodik aufwirft.[398] Zudem kann im Extremfall jede Gemeinde die Anrechnung eines spezifischen Sonderbedarfs fordern, was zu einer tendenziellen Anhebung des Gesamtansatzes aller Gemeinden führt, sodass die Nebenansätze ihre Funktion als Instrument differenzierter Berücksichtigung besonderer Bedarfe weitgehend verlieren.[399] Daher ist die Anzahl der Nebenansätze unbedingt zu beschränken.

---

394 Vgl. Färber, G. (1992), S. 110.

395 Auch der Sachverständigenrat fordert die Orientierung an konkreten Belastungen statt an pauschalen Maßstäben. Vgl. Sachverständigenrat zur Begutachtung der gesamtwirtschaftlichen Entwicklung (1988), Ziffer 431.

396 Dabei steht eine Vielzahl von Indikatoren zur Verfügung, um die bedarfsverursachenden Faktoren wie Bevölkerung (Schüler, demographische Entwicklung, soziale Schichtung, Kultur etc.), Unternehmen (Arbeitslosigkeit, sektorale Belastungen, Kurorte etc.) sowie Siedlungsstruktur (Fläche, Lage, Ortsgröße, Zentralitätsgrad etc.) zu erfassen.

397 Vgl. Zimmermann, H. (1981), S. 48.

398 Vgl. Münstermann, E. (1990), S. 128 ff.

399 Vgl. Weber, M. (1981), S. 172; vgl. Ehrlicher, W., Gruber, R., Voigtländer, H. (1967), S. 30.

Mit Blick auf die politische Durchsetzbarkeit ist zu beachten, dass insbesondere die zunehmende Intransparenz, die ansteigenden Verwaltungskosten sowie die zu erwartenden Umverteilungseffekte einer entsprechenden Reform im Wege stehen.[400] Dennoch erscheint es sinnvoll, die Hauptansatzstaffel durch die Berücksichtigung originärer Nebenansätze zu ergänzen.[401] Als problematisch erweisen sich jedoch bisher die Schwächen im methodischen Unterbau. So sind wissenschaftlich fundierte und konkrete Vorschläge zur rechnerischen Ableitung und Ausgestaltung solcher Nebenansätze rar.[402] Untersuchungen zum kommunalen Finanzausgleich in Nordrhein-Westfalen konnten vier objektivierte Indikatoren identifizieren, die lediglich 50 % der Ausgabenunterschiede zwischen den Gemeinden erklären.[403] Finanzwissenschaftlich wäre es jedoch konsequent, wenn zumindest 50 % des Bedarfs durch die belegbaren Nebenansätze zum Ausgleich gebracht würden. Dem übrigen Bedarf muss durch Festhalten am Hauptansatz Rechnung getragen, weshalb nahezu alle Flächenländer die Hauptansatzstaffel beibehalten oder sogar ausgebaut haben.

5.2.2 Drei-Komponenten-Modell

Ein anderer Vorschlag zur Berücksichtigung eines agglomerationsbedingt höheren Finanzbedarfs kann aus den Ausführungen Kaehlers abgeleitet werden. Grundsätzlich konstatiert er,

> „..., daß dem „Brechtschen Gesetz", interpretiert als Gesetz des positiven Effekts der Agglomeration bzw. der Bevölkerungsmassierung auf die öffentlichen Ausgaben, ein weiter, aber auch fester theoretischer Rahmen gegeben werden kann."[404]

Gleichzeitig bemängelt er, dass Brecht durch die Fixierung auf die Bevölkerungsmassierung im Sinne von Einwohnerzahl und Bevölkerungsdichte (bzw. Verstädterung) bedeutende, aber nicht die einzigen Einflussvariablen berücksichtigt hat. Damit schätzt Kaehler die einwohnerorientierte Hauptansatzstaffel als ungenügend ein. Für eine wesentlich exaktere Ausgabenbedarfs-

---

400 Vgl. Junkernheinrich, M. (1992), S. 158; vgl. Zimmermann, H., Hardt, U., Postlep, R.-D. (1987), S. 427 f.

401 Vgl. Junkernheinrich, M. (1992), S. 155 f.

402 Vgl. Junkernheinrich, M. (1992), S. 333 ff.

403 Vgl. Micosatt, G. (1990), S. 31; vgl. Mielke, B. (1979), S. 100 ff.

404 Kaehler, J. (1982), S. 445 ff.

ermittlung sollte neben einer Orientierung an der Bevölkerungsdichte auch eine Berücksichtigung der Agglomerationsdimensionen *Urbanisierung* und *Wirtschaftsstruktur* erfolgen, da Kaehler diesen drei Kriterien eine nachweisbare Tendenz zur Ausgabensteigerung attestiert.[405]

Als undifferenziert erweist sich dabei die Objektivierbarkeit der einzelnen Komponenten. Während die Bevölkerungsdichte und auch die Urbanisierung noch relativ einfach bestimmt werden können, schwebt die Komponente *Wirtschaftsstruktur* ohne feste Vorgaben bezugslos im Raum. Zudem macht Kaehler keine Angaben darüber, in welchem Verhältnis die drei Komponenten zu einander stehen sollen. Es stellt sich außerdem die Frage – wie auch bei anderen Nebenansätzen –, welcher Fluktuation diese Ansätze unterworfen sind. Eine hohe Anfälligkeit für kurzfristige Schwankungen könnte zu erheblichen – sowohl positiven als auch negativen – Ausschlägen in der kommunalen Finanzausstattung führen. Dieser Umstand wirkt sich negativ auf die Planungssicherheit der Gemeinden aus, deren politische Selbstverwaltung und finanzielle Eigenverantwortlichkeit nur gesichert ist, wenn die Gemeinden über ausreichend präzise prognostizierbare Finanzmittel verfügen. Sofern diese Grundsätze nicht durch die Verteilungsansätze gewährleistet sind, verstößt eine entsprechende Regelung in letzter Konsequenz gegen die Vorgaben des Grundgesetzes.

Theoretisch scheint dieser Alternativvorschlag praktikabel, da die Nebenansätze benannt werden können und ihre Anzahl nicht zu groß gewählt ist. Zudem sind sie grundsätzlich definierbar, obgleich es an konkreten Vorschlägen fehlt. Es ist aber fraglich, ob der ergänzende Indikator *Wirtschaftsstruktur* differenziert genug ist, um einen bedarfssteigernden Tatbestand abzubilden oder ob es sich hierbei um einen weiteren streitbaren Pauschalindikator handelt.[406] Durch den Verweis auf den Einfluss der Bevölkerungsdichte und der Urbanisierung stellt Kaehler sein Modell im Wesentlichen in die Linie des Brecht-Popitz´schen Gesetztes und der Hauptansatzstaffel, sodass der Erkenntniswert des zusätzlichen Indikators *Wirtschaftsstruktur* wahrscheinlich beschränkt bleibt.

5.3 Zwischenfazit

Eine Bewertung und gegebenenfalls eine Reform der Berücksichtigung von Agglomerationsspezifika über die Einwohnerwertung bedarf zwangsläufig einer umfassenden Bestandsaufnahme. Erst wenn alle wesentlichen Faktoren der

405 Vgl. Kaehler, J. (1982), S. 461.
406 Vgl. Dietrich, B., (1996), S. 230.

Bedarfsermittlung einer Gebietskörperschaft benannt und die unterschiedlichen Transformationsvor- und nachteile möglicher Reformmodelle quantifiziert sind, kann eine fundierte Entscheidung über die Vor- und Nachteile der derzeit gültigen Regelungen getroffen werden. Solange es keine weiteren Erkenntnisse über die Ermittlung des exakten Finanzbedarfs einer Gebietskörperschaft gibt, stellt die Einwohnerwertung ein Instrument, wenngleich auch sehr pauschalierend, zur Berücksichtigung eines agglomerationsbedingten (oder auch deglomerationsbedingten) Bedarfs dar. In diesem Sinne ist die Einwohnerwertung in den Finanzausgleichssystemen ein Nachweis dafür, dass bisher keine bessere Bedarfsobjektivierung vollzogen werden konnte.

Zu den vorgestellten Alternativmodellen kann festgehalten werden, dass weder in der Praxis des Länderfinanzausgleichs noch des kommunalen Finanzausgleichs agglomerationsbedingte Mehrbedarfe per se infrage gestellt werden. Vielmehr konzentriert sich die Kritik an der Einwohnerwertung im Länderfinanzausgleich auf einen anderen Abgeltungsmechanismus. Im kommunalen Finanzausgleich hingegen soll im Wesentlichen über den Hauptansatz hinaus eine exaktere im Sinne einer gemeindescharfen Bedarfsermittlung erfolgen.

Wie die vorstehenden kritischen Ausführungen gezeigt haben, ist gegenwärtig trotz theoretischer Bedenken die Einwohnerwertung in den Finanzausgleichssystemen alternativlos. Es kann zwar nicht davon ausgegangen werden, dass die pauschale Abgeltung über die Einwohnerwertung die spezifische Bedarfssituation exakt abbilden kann, dennoch ist festzuhalten, dass die Einwohnerwertung die wirkliche Bedarfssituation innerhalb vertretbarer Schwankungsbreiten trifft und ihre Abschaffung aus Gründen unvorhersehbarer Transformationsnachteile unterbleiben sollte.[407] Die Einwohnerwertung stellt sicherlich nicht die theoretisch ideale Vorgehensweise für die Berücksichtigung unterschiedlicher Bedarfe oder struktureller Besonderheiten dar, dennoch sind Alternativen nicht leicht zu finden. Wenn diese nüchterne Feststellung dazu beiträgt, dass die Einwohnerwertung als Instrument zukünftig keinen Anlass mehr für zeitraubende, kostspielige und dem Föderalismus schädliche Verteilungskämpfe bietet und wenn sie zudem die Gesetzgeber der verschiedenen Ebenen zur effektiven Verbesserung und Objektivierung ihres Finanzausgleichsinstrumentariums animiert, wäre viel gewonnen.

---

407 Vgl. Dietrich, B. (1996), S. 217.

6 Finanzausgleichssystem in der Schweiz

Um zu einer Einschätzung der Finanzierung von Agglomerationen in Deutschland insbesondere über das Instrument *Einwohnerwertung* zu gelangen, kann es sinnvoll sein, die Erfahrungen anderer föderal organisierter Staaten zu betrachten. Als Beispiele können hier die Schweiz, Österreich, Kanada und Australien genannt werden. Da die Finanzverfassung und die Ausgestaltung des Finanzausgleichs in der Schweiz immer wieder als positive Beispiele für Deutschland angeführt werden, sollen die Schweizer Regelungen im Folgenden dargestellt und analysiert werden.

6.1 Bundesstaatlicher Finanzausgleich

Der schweizerische Föderalismus ist durch einen hohen Grad an Autonomie der Gliedstaaten gekennzeichnet. Die schweizerische Verfassung sieht eine detaillierte Regelung der Aufgabenverteilung vor, wobei die Selbstständigkeit der Kantone verfassungsrechtlich geschützt wird, indem der Bund nur in Bereichen tätig werden darf, für die seine Zuständigkeit explizit in der Verfassung festgeschrieben ist. Die Reform des Finanzausgleichs, die am 01. Januar 2008 in Kraft getreten ist, setzt mit fünf Instrumenten an zwei verschiedenen Hebeln an: zum einen bei den Finanzen über einen Ressourcen- und Lastenausgleich und zum anderen bei den Aufgaben über eine Entflechtung der Aufgaben, neue Formen der Zusammenarbeit zwischen Bund und Kantonen sowie über eine verstärkte interkantonale Zusammenarbeit mit Lastenausgleich. Die Aufgabenverteilung soll in diesem Rahmen als gegeben angesehen und nicht weiter thematisiert werden. Von wesentlichem Interesse ist vielmehr die Ausgestaltung des Finanzausgleichssystems im engeren Sinne, wobei auch das Instrument der interkantonalen Zusammenarbeit erläutert werden soll, das ebenfalls mit einem finanziellen Lastenausgleich einhergeht. Bevor jedoch auf die Einzelregelungen eingegangen wird, soll zunächst das schweizerische Steuersystem in seinen Grundzügen skizziert werden.

Das Schweizer Steuersystem ist als Trennsystem[408] konzipiert, indem sowohl der Bund als auch die 26 Kantone und die rund 2.800 Gemeinden befugt sind, Steuern zu erheben. Dies führt zu unterschiedlicher Steuerbelastung sowohl zwischen den Kantonen als auch zwischen den Gemeinden innerhalb eines Kantons. Mittlerweile existieren Vereinheitlichungsbestrebungen der Steuergesetzgebung, wobei diese allerdings auf eine rein formell und nicht materiell gleiche Steuerbelastung in den Kantonen abzielen.[409]

Die Steuergesetzgebung liegt grundsätzlich bei den Kantonen, soweit nicht die Bundesverfassung dem Bund eine ausschließliche Kompetenz zuweist. Dieses ist bei den indirekten Steuern der Fall. Bei den direkten Steuern stehen die Staatsebenen hingegen in Konkurrenz.[410] Nachfolgend wird ein kurzer Überblick über die erhobenen Steuern der verschiedenen Staatsebenen gegeben.[411]

Bund:	Einkommens- und Gewinnsteuer, Verrechnungssteuer, Spielbankabgabe, Wehrpflichtersatzabgabe, Verbrauchssteuern: Mehrwertsteuer, Stempel-, Tabak-, Bier-, Mineralöl-, Automobilsteuer, Steuer auf Spirituosen, Zollabgaben.
Kantone:	Einkommens- und Vermögenssteuer, Kopf-, Personal- oder Haushaltssteuer, Gewinn-/ Kapitalsteuer, Erbschafts-/ Schenkungssteuer, Lotteriegewinnsteuer, Grundstücksgewinnsteuer, Liegenschaftssteuer, Handänderungssteuer, Spielbankabgabe, Motorfahrzeugs-, Hunde-, Vergnügungs-, Stempel-, Lotterie-, Wasserwerkssteuer.

408 An einigen Bundessteuern werden die Kantone dennoch prozentual beteiligt: Steuern vom Einkommen 15 % - 17 %; besondere Verbrauchssteuern (auf gebranntes Wasser) 10 %; Verrechnungssteuer 10 %. Die Kantonsanteile werden teils nach dem Prinzip des Aufkommens (Einkommenssteuer), teils nach dem Prinzip der Wohnbevölkerung verteilt. Vgl. Art. 128, Art. 131 und Art. 132 Bundesverfassung der Schweizer Eidgenossenschaft vom 18. April 1999 (Stand: 30. November 2008).

409 Vgl. Bundesgesetz über die Harmonisierung der direkten Steuern der Kantone und Gemeinden.

410 Für die Verteilung der kantonalen Steuern zwischen den Kantonen ist das Steuerdomizil, also jener Ort, an dem die Berechtigung einer Besteuerung des Einkommens und Vermögens bzw. Gewinns besteht, maßgebend. Das kann der Wohnsitz oder auch der Unternehmenssitz bzw. die Betriebsstätte sein.

411 Vgl. Eidgenössische Steuerverwaltung (2009), S. 18 f.

Die Gemeinden dürfen nur im Rahmen der ihnen vom Kanton erteilten Ermächtigungen Steuern erheben (delegierte Steuerhoheit). Vielfach erheben die Gemeinden ihre Steuern in Form von Zuschlägen zur kantonalen Steuer (kommunaler Steuerfuß). Die häufigsten Gemeindesteuern sind:

Gemeinden: Einkommens- und Vermögenssteuer, Kopf-, Personal- oder Haushaltssteuer, Gewinn-/ Kapitalsteuer, Erbschafts-/ Schenkungssteuer, Lotteriegewinnsteuer, Grundstücksgewinnsteuer, Liegenschaftssteuer, Handänderungssteuer, Gewerbe-, Hunde-, Vergnügungssteuer.

An die durch das Trennsystem festgelegte primäre Steuerverteilung knüpft der Finanzausgleich im engeren Sinne an.[412] Seine Ziele sind:

- die Verstärkung der kantonalen Finanzautonomie;
- die Sicherung der steuerlichen Wettbewerbsfähigkeit der Kantone im nationalen und internationalen Kontext;
- die Verringerung der Unterschiede in der in der finanziellen Leistungsfähigkeit und in der Steuerbelastung zwischen den Kantonen
- die Gewährleistung einer minimalen kantonalen Finanzausstattung;
- der Ausgleich übermäßiger kantonaler Lasten.

Die Hauptinstrumente des neuen Finanzausgleichs sind der Ressourcen- und der Lastenausgleich.[413]Der *Ressourcenausgleich* ist das Element zur Nivellierung von Disparitäten zwischen ressourcenstarken und ressourcenschwächeren Kantonen. Er wird zum einen von ressourcenstarken Kantonen (horizontaler Ausgleich) sowie zum anderen vom Bund (vertikaler Ausgleich) aufgebracht. Der horizontale Ressourcenausgleich beträgt dabei mindestens 2/3, höchstens aber 4/5 des vertikalen Ressourcenausgleichs. Da die Neugestaltung des Finanzausgleichs erhebliche finanzielle Veränderungen zur Folge hat, wurde ein Härteausgleich

412 Die folgenden Ausführungen orientieren sich an der Verordnung über den Finanz- und Lastenausgleich vom 7. November 2007.

413 Für das Jahr 2008 trägt der Bund 1,799 Mrd. und die ressourcenstarken Kantone 1,259 Mrd. Franken. Für den Lastenausgleich stellt der Bund zusätzlich 341 Mio. Euro jeweils für beide Ausgleichstöpfe bereit. Die Beiträge werden jährlich in Abhängigkeit der Entwicklung der Konsumentenpreise angepasst. Die Beiträge für den Ressourcen- und den Lastenausgleich werden jeweils durch das Parlament auf vier Jahre festgesetzt. Vgl. Verordnung über den Finanz- und Lastenausgleich vom 7. November 2007.

etabliert, der maximal 28 Jahre lang den Übergang vom alten ins neue System abmildert.

Für den Ressourcenausgleich wird zunächst die finanzielle Leistungsfähigkeit, d.h. das Maß der möglichen Finanzstärke der Kantone ermittelt. Hierzu wird das Ressourcenpotenzial, die so genannte aggregierte Steuerbemessungsgrundlage (ASG) [414] berechnet. Das Ressourcenpotenzial besteht aus dem steuerbaren Einkommen der natürlichen Personen, dem Vermögen der natürlichen Personen, dem steuerbaren Gewinn der juristischen Personen sowie den Kantonsanteilen an der Bundessteuer. Der Ressourcenindex ergibt sich letztlich aus dem Ressourcenpotenzial je Einwohner im Verhältnis zum gesamtschweizerischen Mittel.

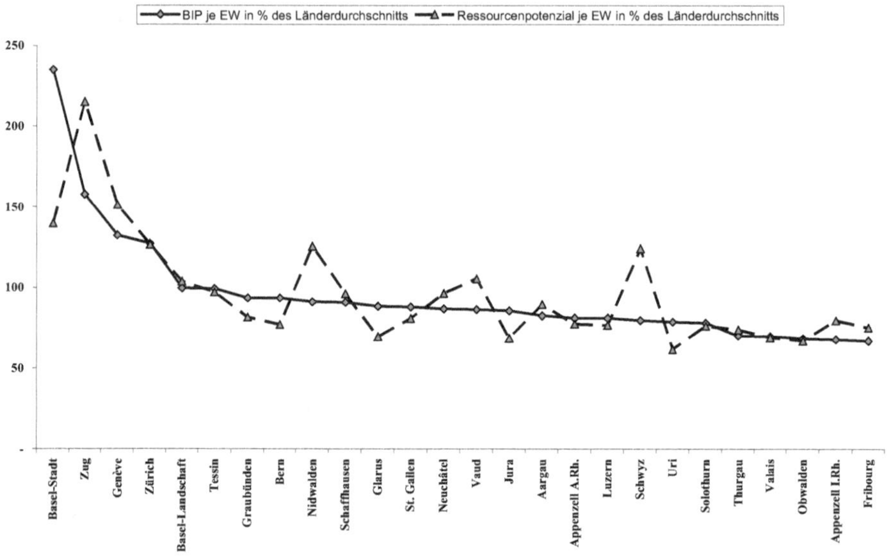

Abbildung 12: Wirtschaftskraft und Ressourcenindex vor Finanzausgleich der Schweizer Kantone

Quelle: Eidgenössische Finanzverwaltung (2008a), Abrechnung des Ressourcenausgleichs; BAK Basel Economics (2008), Wirtschaftsatlas der Kantone; Eigene Berechnungen.

---

414 Zu den einzelnen Komponenten der ASG vgl. Abschnitt 2 bis 7 der Verordnung über den Finanz- und Lastenausgleich vom 7. November 2007.

Abbildung 12 zeigt, dass auch der Ressourcenindex die Wirtschaftskraft nicht genau abbilden kann. Wie bei der Finanzkraftmesszahl im deutschen System ergeben sich teilweise deutliche Abweichungen. Die größte Differenz weist der Stadtkanton Basel auf, dessen Wirtschaftskraft um 95 Prozentpunkte über dem Ressourcenindex liegt.

Kantone mit einem überdurchschnittlichen Ressourcenindex gelten als ressourcenstark, die übrigen als ressourcenschwach. Der Finanzausgleichsbeitrag der starken Kantone je Einwohner ist proportional zur Differenz zwischen dem eigenen und dem gesamtschweizerischen Index. Die Finanzausgleichsleistungen an die schwachen Kantone sind so zu bemessen, dass die eigenen Ressourcen jedes Kantons mindestens 85 % des gesamtschweizerischen Durchschnitts entsprechen. Insgesamt ist allerdings die bestehende Rangfolge des Ressourcenpotentials zu gewährleisten. Formal ergibt sich der Beitrag eines ressourcenstarken Kantons q und die Leistung an einen ressourcenschwachen Kanton p als:

$$Abschöpfung_q = \frac{A}{\sum_{q=1}^{n}\left[(RI_q - 100) * EW_q\right]} * (RI_q - 100) * EW_q$$

$$Zuschuss_p = \frac{B}{\sum_{p=1}^{m}\left[(100 - RI_p)^{1+x} * EW_p\right]} * (100 - RI_p)^{1+p} * EW_p$$

A = *gesamter Beitrag der ressourcenstarken Kantone*
B = *gesamte Leistungen an die ressourcenschwachen Kantone*
$RI_{q/p}$ = *Ressourcenindex des Kantons q bzw. p*
$EW_{q/p}$ = *Einwohnerzahl des Kantons q bzw. p*
x = *Parameter für die Stärke der Progression (>0)*[415]
n = *Anzahl der ressourcenstarken Kantone*
m = Anzahl der ressourcenschwachen Kantone

---

415 Der Wert des Parameters x wird so festgelegt, dass folgende Gleichung mit RI_{min} als Ressourcenindex des ressourcenschwächsten Kantons und $SSE_{Schweiz}$ als standardisierter Steuerertrag der Schweiz (kantonale und gemeindliche Steuereinnahmen zzgl. Kantonsanteile an der direkten Bundessteuer multipliziert mit einem festgelegtem einheitlichen Steuersatz) gilt: $\left[\frac{SSE_{Schweiz}}{EW_{Schweiz}} * \frac{\sum_{p=1}^{m}\left[(100 - RI_p)^{1+x} * EW_p\right]}{(1+x) * B * 100}\right]^{\frac{1}{x}} = 100 - RI_{min}$

Das zweite Instrument – der *Lastenausgleich* – entschädigt Kantone mit nicht beeinflussbaren geographischtopographischen (Gebirgskantone) oder soziodemographischen (Zentrumskantone) für Sonderlasten, die zu höheren Kosten bei der Bereitstellung öffentlicher Leistungen führen. Die Mittel zum Ausgleich dieser Lasten werden ohne Zweckbindung entrichtet und voll vom Bund finanziert.

Der *geographischtopographische Lastenausgleich* entschädigt Gebirgskantone und dünn besiedelte Regionen für Sonderlasten aufgrund der Höhenlage (höhere Kosten des Winterdienstes oder des Infrastrukturunterhalts), aufgrund der Steilheit (höhere Kosten der Waldbewirtschaftung, des Gewässerbaus sowie der Lawinenverbauung) und aufgrund der feingliederigen Besiedlung (höhere Kosten für Infrastruktur, Schul-/ Gesundheitswesen oder die Anbindung an den öffentlichen Verkehr). Als entsprechende Teilindikatoren wurden definiert:

- Siedlungshöhe: Anteil der Wohnbevölkerung über 800 m ü. M. an der gesamten Wohnbevölkerung;
- Steilheit des Geländes: Höhenmedian der produktiven Flächen ü. M.;
- Siedlungsstruktur: Anteil der Wohnbevölkerung mit Wohnsitz außerhalb des Hauptsiedlungsgebietes;
- Bevölkerungsdichte: Ständige Wohnbevölkerung pro Quadratkilometer.[416]

Für jeden Teilindikator wird ein Lastenindex ermittelt. Dieser entspricht dem mit dem Faktor 100 multiplizierten Verhältnis zwischen dem Teilindikatorwert des Kantons und dem Teilindikatorwert der gesamten Schweiz. Der Lastenindex der Schweiz insgesamt beträgt 100 Indexpunkte. Die maßgebende Sonderlast ergibt sich aus der gewichteten Differenz zwischen dem Lastenindex des Kantons und der gesamten Schweiz. Ist der Lastenindex des Kantons kleiner als derjenige der Schweiz, ist die Sonderlast des Kantons Null. Die tatsächliche Ausgleichszahlung an den einzelnen Kanton ergibt sich letztlich in Abhängigkeit des für die jeweilige Sonderlast durch die Bundesversammlung festgelegten Ausgleichstopfs. Die Zahlung erfolgt proportional zum Kantonsanteil an der Summe der entsprechenden Sonderlasten aller Kantone.

Der *soziodemographische Lastenausgleich* konzentriert sich auf die Zentrumskantone. Diese weisen häufig einen überdurchschnittlichen Anteil an älteren, ausländischen und armen Personen auf. Hierdurch können einerseits hohe Lasten in den Bereichen Gesundheit, soziale Wohlfahrt und Integration entstehen, zum anderen können hierdurch geringere Steuereinnahmen resultieren. Hinzu

---

[416] Vgl. Art. 29 Verordnung über den Finanz- und Lastenausgleich vom 7. November 2007.

kommen überproportionale Kosten, die die Kernstädte aufgrund ihrer Funktion als Zentren der wirtschaftlichen, kulturellen und sozialen Aktivitäten tragen. Dabei handelt es sich zum Beispiel um höhere Ausgaben für die öffentliche Sicherheit oder um die Kosten, die mit einer hohen Arbeitsplatz- und Siedlungsdichte in Zusammenhang stehen (Kosten der Enge). Während die Lasten der Gebirgskantone bereits im früheren Finanzausgleich Berücksichtigung gefunden haben, ist der Ausgleich von Zentrumslasten neu. Als Indikatoren wurden die folgenden Maßstäbe festgesetzt:

- Armut: Anteil der Sozialhilfeempfänger;
- Altersstruktur: Anteil der Einwohner älter als 80 Jahre;
- Ausländerintegration: Anteil der Ausländer, die nicht aus Nachbarstaaten kommen und maximal seit zwölf Jahren in der Schweiz leben;
- Sonderlasten der Kernstädte einer Gemeinde:
- Gemeindegröße;
- Siedlungsdichte;
- Beschäftigungsquote.

Die soziodemographischen Sonderlasten werden ermittelt, indem die Teilindikatoren standardisiert[417] werden und mithilfe von Gewichten zu einem Lastenindex zusammengefasst werden. Aus dem Lastenindex wird eine Maßzahl für die Lasten je Einwohner ermittelt, die der Differenz zwischen dem Lastenindex des Kantons und dem Lastenindex desjenigen Kantons mit dem tiefsten Indexwert entspricht. Die maßgebende Sonderlast ist dann die mit der Wohnbevölkerung gewichtete Differenz zwischen den Lasten je Einwohner des Kantons und dem Mittelwert der Lasten je Einwohner aller Kantone.[418] Sind die kantonsspezifischen Lasten je Einwohner kleiner als der Mittelwert, sind die maßgebenden Sonderlasten Null. Auch hier ergibt sich die tatsächliche Ausgleichszahlung wiederum in Abhängigkeit des für die jeweilige Sonderlast durch die Bundesversammlung festgelegten Ausgleichstopfs.

---

417 Die Standardisierung des Teilindikator eines Kantons i ergibt sich aus:

$$\frac{\textit{Teilindikator des Kantons i} - \textit{Mittelwert der Teilindikatoren aller Kantone}}{\textit{Standardabweichung der Teilindikatoren aller Kantone}}$$

418 Da für die Sonderlasten der Kernstädte die Lastenindices für die Gemeinden berechnet werden, müssen diese zu einem Lastenindex für den Kanton zusammengefasst werden. Der Lastenindex eines Kantons ist die Summe der gemeindlichen Lastenindices multipliziert mit der entsprechenden Einwohnerzahl dividiert durch die Einwohnerzahl der Kantons.

Ein weiteres Instrument, das im Bundesgesetz über den Finanz- und Lastenausgleich verankert ist und das finanzielle Auswirkungen auf die Kantone hat, ist die *interkantonale Zusammenarbeit* mit Lastenausgleich. Bereits vor Inkrafttreten des neuen Finanzausgleichs konnten die Kantone auf freiwilliger Basis bei kantonsübergreifenden Aufgaben zusammenarbeiten. Jetzt kann der Bund jedoch in den Bereichen[419] Straf- und Maßnahmenvollzug, Universitäten und Fachhochschulen, Kultureinrichtungen von überregionaler Bedeutung, Abfallbewirtschaftung, Abwasserreinigung, Agglomerationsverkehr, Spitzenmedizin und Spezialkliniken, Institutionen zur Eingliederung und Betreuung von Invaliden auf Antrag beteiligter Kantone eine bereits bestehende interkantonale Vereinbarung als allgemeinverbindlich erklären oder einen kooperationsunwilligen Kanton zum Beitritt verpflichten[420], um eine Mindestversorgung mit öffentlichen Leistungen zu sichern, deren wirtschaftliche Bereitstellung im Verbund mit anderen Kantonen zu gewährleisten und einen gerechten Ausgleich kantonsübergreifender Leistungen bei angemessener Mitsprache und Mitwirkung der betroffenen Kantone herbeizuführen. Ein Beispiel für eine für alle Kantone gültige Zusammenarbeitsvereinbarung ist der Aufgabenbereich kantonale Universitäten. Im Rahmen dieser Vereinbarung leisten zahlungspflichtige Kantone, d.h. solche, in denen die Studierenden ihre Hochschulzulassung erworben haben, aber nicht studieren, einen pauschalen Beitrag an die Universitätskantone. Im Gegenzug werden die Nichtuniversitätskantone an den Arbeiten und Entscheidungen der Universitätskantone in angemessener Weise beteiligt.[421]

6.2 Innerkantonaler Finanzausgleich

Von den 26 Kantonen der Schweizer Eidgenossenschaft haben alle (bis auf Jura und Tessin) einen innerkantonalen Finanzausgleich etabliert. Obwohl diese – ähnlich wie in Deutschland – aufgrund der unterschiedlichen Organisationsstruktur und der tatsächlichen Gegebenheiten in den Kantonen sehr vielgestaltig sind, können dennoch im Wesentlichen zwei zentrale Instrumente identifiziert werden, die in fast allen Ausgleichssystemen vorkommen. Dies ist zum einen der Ressourcen- bzw. Steuerkraftausgleich und zum anderen der Ausgleich verschiedener Sonderlasten. Welche Sonderlasten im Einzelnen Berücksichtigung finden, ist sehr unterschiedlich. Die am häufigsten benannten Sonderlasten sind die

[419] Vgl. Eidgenössisches Finanzverwaltung (2008b), S. 27 f.
[420] Vgl. Regierungsrat des Kantons Aarau (2005).
[421] Vgl. Interkantonale Universitätsvereinbarung vom 20. Februar 1997.

Zentrumslasten, topographische Lasten oder sozio-demografische Lasten, wobei die verwendeten Begriffe nicht einheitlich sind.

Die Ziele der innerkantonalen Finanzausgleichssysteme sind neben dem Auftrag, die Gemeinden finanziell in die Lage zu versetzen, ihre Aufgaben zu erfüllen, bestehende Unterschiede zwischen den Gemeinden zu begrenzen. Insbesondere sollen die Gemeindesteuerfüße nicht erheblich voneinander abweichen.

Da im Rahmen dieser Arbeit die Finanzierung von Agglomerationen im Mittelpunkt steht, sollen im Folgenden die Ausgestaltung der innerkantonalen Finanzausgleichssysteme in der Schweiz für die Kantone dargestellt werden, die eine nennenswerte Agglomeration aufweisen. Die Schweizer Städte mit über 100.000 Einwohnern sind Zürich (358.540 Einwohner), Genf (179.971 Einwohner), Basel (163.521 Einwohner), Bern (122.658 Einwohner) und Lausanne (119.180 Einwohner).[422] Es ist anzumerken, dass viele Kantone ihre Finanzausgleichssysteme kürzlich reformiert haben oder reformieren wollen. Der Grund liegt in der Vorbildfunktion des Bundesmodells. Die Kantone sind angehalten, ihre innerkantonalen Systeme diesem anzupassen. Aufgrund dieser beiden Faktoren wurden die Regelungen der Finanzausgleichssysteme der Kantone Zürich, Basel-Stadt und Bern ausgewählt.

6.2.1 Kanton Zürich

Der reformierte innerkantonale Finanzausgleich des Kantons Zürich soll zum 01. Januar 2011 in Kraft treten.[423] Er orientiert sich stark am neuen Finanzausgleich des Bundes und sieht ebenfalls neben einem Ressourcen- auch einen Sonderlastenausgleich vor. Der Gesamtaufwand des neuen Finanzausgleichs wird zu 75 % durch den Kanton und zu rund 25 % durch die Gemeinden finanziert.[424]

---

422 Einwohnerzahlen zum 01.01.2008. Vgl. Schweizer Bundesamt für Statistik (2008), Bilanz der ständigen Wohnbevölkerung nach Städten 2000-2008.

423 Die folgenden Darstellungen orientieren sich am Antrag des Regierungsrates des Kantons Zürich vom 28. Januar 2009 zum Finanzausgleichsgesetz.

424 Ein großer Teil der kantonalen Finanzausgleichsmittel fließt den Gemeinden im alten System in Form von finanzkraftabhängigen und aufgabenbezogenen (z.B. Volksschulen, Kultur, Nationalstraßen, Gesundheitswesen, Sozial- und Jugendhilfe) Staatsbeiträgen zu. Im Zuge der Einführung des neuen Finanzausgleichs werden diese Staatsbeiträge auf einen prozentualen Minimalsatz vereinheitlicht. Die dadurch frei werdenden Mittel werden zur Finanzierung des kantonalen Beitrags an den neuen Finanzausgleich verwendet. Da diese

Hauptinstrument des neuen Züricher Finanzausgleichssystems ist der *Ressourcenausgleich*, der zu knapp zwei Dritteln vertikal, d.h. vom Kanton, und zu einem Drittel horizontal, d.h. von den finanzstarken Gemeinden, finanziert wird. Disparitäten in der (finanziellen) Ressourcenausstattung der Gemeinden sollen ausgeglichen werden, indem die überdurchschnittlichen Ressourcen der finanzstarken Gemeinden, das sind Gemeinden deren Steuerkraft mindestens 110 % der durchschnittlichen Steuerkraft aller Gemeinden je Einwohner entspricht, zu 75 % abgeschöpft werden. Finanzschwache Gemeinden, deren Steuerkraft unter 95 % der durchschnittlichen einwohnerbezogenen Steuerkraft liegt, erhalten zweckfreie Zuschüsse. Diese sollen sicherstellen, dass alle Gemeinden mit Einnahmen ausgestattet sind, die 95 % der durchschnittlichen relativen Steuerkraft des Kantons (Mindestausstattung) entsprechen (Kantonsmittel ohne Stadt Zürich)[425].

Für die Bemessung der Zuschüsse ist neben der Steuerkraft, die sich aus den allgemeinen Gemeindesteuern gemäß § 187 Abs. 1 Steuergesetz, das heißt der Einkommens- und Vermögenssteuer von natürlichen Personen, der Gewinn- und Kapitalsteuer von juristischen Personen sowie der Quellensteuer von Personen mit steuerrechtlichem Wohnsitz oder Aufenthalt im Kanton zusammensetzt, auch der Gesamtsteuerfuß (Kantons- und Gemeindesteuerfuß) der begünstigten Gemeinde maßgebend. Dabei fällt der Zuschuss umso geringer aus, je tiefer der Gemeindesteuerfuß gesetzt ist. Gemeinden, die ihre eigenen Ressourcen schonen, sollen nicht in demselben Ausmaß durch den Finanzausgleich unterstützt werden wie Gemeinden mit einer hohen Steuerbelastung.

Für die Berechnung der Abschöpfungen spielt die Veränderung des kantonalen Gesamtsteuerfußes eine Rolle. Vermindert sich der Durchschnittssteuerfuß, so ist dies in der Regel Ausdruck eines geringeren Finanzbedarfs der Gemeinden. Wenn die Gemeinden weniger Geld benötigen, um ihre Aufgaben zu erfüllen, beispiels-

Minimalsätze durch die Finanzausgleichsverordnung festgelegt werden, die jedoch noch nicht erlassen ist, soll an dieser Stelle nicht weiter darauf eingegangen werden.

425 Die Mindestausstattung entspricht in etwa 83 % unter Berücksichtigung der Stadt Zürich. Wäre der Durchschnittswert aller Gemeinden einschließlich der Stadt Zürich für den Ressourcenausgleich maßgebend, so würde die Stadt Zürich diesen dominant beeinflussen. Die Steuerkraft der Stadt Zürich hängt stark von der Ertragslage der juristischen Personen ab und entwickelt sich oft anders als in den übrigen Gemeinden. Obwohl sich außerhalb der Stadt Zürich möglicherweise wenig verändert, könnten deshalb die Ressourcenabschöpfungen und -zuschüsse in allen Gemeinden empfindlich schwanken. Wird bei der Ermittlung der durchschnittlichen relativen Steuerkraft als Referenzwert die Steuerkraft der Stadt Zürich außer Acht gelassen, so sorgt dies im Interesse aller Gemeinden für einen stabilen Ressourcenausgleich.

weise infolge von Aufgabenverlagerungen, wird auch der Bedarf nach einem Finanzausgleich und damit nach Ressourcenabschöpfungen kleiner. Der Steuerfußindex bewirkt eine Erhöhung der Ressourcenabschöpfungen, wenn der Mittelbedarf der Gesamtheit der Gemeinden zu einer steigenden Steuerbelastung führt. Tendenziell ist der Steuerfuß im Kantonsmittel rückläufig, sodass es im Zeitablauf eher zu einer Entlastung der finanzstarken Gemeinden kommen wird.[426]

Formal lassen sich der Ressourcenzuschuss und die -abschöpfung wie folgt ausdrücken, wobei sich die maßgebenden Werte und Indikatoren jeweils auf das vorletzte Jahr vor dem Bemessungsjahr beziehen (zweijährige Vergangenheitsbemessung):

$$Zuschuss = (RSK_i * 0{,}95 - RSK_{KM}) * EW_i * GSF_i$$
$$Abschöpfung = (RSK_i - RSK_{KM} * 1{,}1) * 0{,}75 * EW_i * GSFI$$

RSK_i = *Relative Steuerkraft (Steuerkraft je Einwohner) der Gemeinde i*
RSK_{KM} = *Relative Steuerkraft (Steuerkraft je Einwohner) im Kantonsmittel*
EW_i = *Einwohnerzahl der Gemeinde i*
GSF_i = *Gesamtsteuerfuß der Gemeinde i*
$GSFI$ = *Gesamtsteuerfußindex (Gesamtsteuerfuß im Kantonsmittel in Relation zum Gesamtsteuerfuß im Kantonsmittel im zweiten der Inkraftsetzung des Finanzausgleichsgesetzes vorhergehenden Jahr)*

Neben dem einnahmeseitigen Ressourcenausgleich wird zudem ein ausgabenorientierter Ausgleich von Sonderlasten vollzogen. Treten erhebliche Ausgabenunterschiede auf, die auf äußere Umstände zurückzuführen und von den Gemeinden nicht beeinflussbar sind, können diese äußeren Umstände mit geeigneten Kennzahlen erfasst werden. Belasten die Sonderlasten den Gemeindehaushalt mit Blick auf den Steuerfuß außerordentlich, werden die Sonderlasten ausgeglichen.[427] Der Sonderlastenausgleich wird vollständig vom Kanton finanziert. Hierzu existieren vier Instrumente:

Der *geografisch-topografische Sonderlastenausgleich* soll den außerordentlich hohen Aufwendungen der Gemeinden Rechnung tragen, die als Folge einer feingliedrigen Besiedelung und schwieriger topografischer Verhältnisse auftreten. Anspruchsberechtigt sind Gemeinden, deren Bevölkerungsdichte unter 150 Einwohner pro qkm liegt und / oder bei denen mehr als 15 % des Gemeindegebiets

---

426 Vgl. Direktion der Justiz und des Inneren des Kantons Zürich (2009), S. 23 ff.
427 Vgl. Direktion der Justiz und des Inneren des Kantons Zürich (2009), S. 28.

eine Hangneigung von über 35 % (Steigungsindex) aufweisen. Je geringer dabei die Bevölkerungsdichte ist und je größer der Anteil an steiler Gemeindefläche, desto höher ist der Zuweisungsbetrag je Einwohner. Dieser Ausgleich gilt der Unterstützung von Gemeinden, die aufgrund ihrer Siedlungsstruktur und Topographie in der Regel in Bereichen wie Gemeindestraßen, Gewässerverbauungen, Waldpflege und Feuerwehr hohe Kosten aufweisen und deshalb einen verhältnismäßig hohen Steuerfuß erheben müssen. Ist dies in einzelnen Gemeinden nicht der Fall, so werden die Zuweisungen im Rahmen dieses Sonderlastenausgleichs wie beim demografischen Ausgleich gekürzt.

Der *Zentrumslastenausgleich* gleicht die Zusatzlasten der Städte Zürich und Winterthur pauschal, d.h. umfassend, aber ohne detaillierte Bemessung, aus. Diese fallen einerseits als Folge der Erbringung zentralörtlicher Leistungen für Dritte an (beispielsweise in den Bereichen Kultur und Verkehr), andererseits führt die großstädtische Bevölkerungsstruktur zu einer erhöhten finanziellen Belastung (beispielsweise in den Bereichen Soziales und öffentliche Sicherheit). Der Zentrumslastenausgleich wird dabei so dotiert, dass die beiden Städte finanziell etwa gleichgestellt werden wie im alten System (Besitzstandswahrung).[428] Das bedeutet, die Zentrumslasten werden aus den Regeln des alten Finanzausgleichs hergeleitet und setzen sich aus den folgenden Elementen zusammen: Zentrumslastenabgeltung[429], Beiträge an die Kulturinstitute, Beitragsminderung bei den Staatsbeiträgen, Beiträge zum Steuerkraftaugleich[430] sowie Kompensation einer Besser-/ Schlechterstellung durch den neuen Ressourcenausgleich[431]. Es sind Ausgleichsbeiträge von 74,6 Mio. Franken für die Stadt Winterthur und 432,9 Mio. Franken für die Stadt Zürich vorgesehen.[432] Die Zentrumszuschüsse werden dabei in Form eines zweckungebundenen und eines zweckgebundenen Beitrags (Zürich:

---

428 Vgl. Direktion der Justiz und des Inneren des Kantons Zürich (2009), S. 45.

429 Nach dem alten System hat nur die Stadt Zürich in den Bereichen Polizei, Kultur und Sozialhilfe bereits einen Sonderlastenausgleich.

430 Auch im vorherigen System war ein Steuerkraftausgleich vorgesehen, in den jedoch nur Winterthur einbezogen wurde. Zürich hingegen wurde von einer etwaigen Steuerkraftabschöpfung mit Verweis auf die (indirekte) Abgeltung von Zentrumslasten befreit. Im neuen System wird aber auch Zürich in den Ressourcenausgleich integriert.

431 Beitragsleistungen in bzw. Zuschüsse aus dem Finanzausgleich werden den beiden Städten als Lasten zu- bzw. aberkannt. So wird der Beitrag (310,3 Mio. Franken), den Zürich in das System abführen muss, als zusätzliche Last berücksichtigt, während der Zuschuss (1,1, Mio. Franken) den Winterthur erhält von den Lasten abgezogen wird.

432 Die pauschalen Zuschüsse werden nach Maßgabe der allgemeinen Teuerung der Konsumentenpreise erhöht, womit komplizierte Aufwandsermittlungen entfallen.

10,2 %; Winterthur: 8,0 % des Gesamtausgleichsbetrags) für den Bereich Kultur gewährt.

Der *demografische Sonderlastenausgleich* gleicht außerordentlich hohe Aufwendungen aus, die den Gemeinden aufgrund eines hohen Anteils an Kindern und Jugendlichen an der Gesamtbevölkerung (Jugendquote) entstehen. Übersteigt die gemeindespezifische Quote 110 % des kantonalen Durchschnitts, erhält die entsprechende Gemeinde für jede zusätzliche Person unter 20 Jahren über der Anspruchsgrenze einen Betrag in Höhe von 12.000 Franken.[433] Dabei ist zu beachten, dass nur Gemeinden mit einer hohen Gesamtsteuerbelastung von $\geq$ 130 % des Kantonsmittels den vollen Lastenausgleichsbeitrag erhalten, während Gemeinden, die einen Gesamtsteuerfuß von $\leq$ 75 % des Kantonsmittels haben, keinen Ausgleich erhalten. Im Bereich zwischen diesen beiden Extrempunkten werden die Beiträge nach Maßgabe des Steuerfußes linear gekürzt. Der Grund ist darin zu sehen, dass gemeindliche Sonderlasten nur ausgeglichen werden, wenn die Gemeinden außerordentlich belastet sind. Gemeinden mit niedrigen Steuerfüßen tragen aber keine außerordentliche Steuerlast. Ihnen wird demnach zugemutet, einen größeren Teil ihrer Sonderlasten selbst zu tragen.

Der *individuelle Sonderlastenausgleich* gleicht Sonderlasten aus, die nur bei einzelnen Gemeinden und nur in einzelnen Bereichen anfallen. Sie dürfen nicht bereits durch die übrigen Sonderlasteninstrumente abgedeckt werden und müssen für die Gemeinden zu einer stark überdurchschnittlichen finanziellen Belastung führen. Denkbar wären einmalige Ereignisse (beispielsweise Sturm- oder Unwetterschäden) oder andauernde außerordentliche Zustände (beispielsweise eine hohe Zahl von Vormundschafts- und Sozialfällen). Die Gemeinde hat dabei den Nachweis über die Ursache und deren Exogenität sowie über die Eignung und die Erforderlichkeit der sich daraus ergebenden Maßnahmen zu erbringen. Die Anspruchsberechtigung ist dabei wiederum abhängig von den bereits beschriebenen oberen Steuerfußgrenzen.

6.2.2 Kanton Basel-Stadt

Der Kanton Basel-Stadt ist der kleinste und am dichtesten besiedelte Kanton der Schweiz. Er besteht aus lediglich drei Gemeinden. Aufgrund der Größenverhältnisse zwischen der größten Gemeinde, der Stadt Basel mit rund 166.000 Einwohnern und den beiden Gemeinden Riehen und Bettingen mit rund

[433] Der Wert entspricht etwa den Durchschnittskosten, die für eine Person jünger als 20 Jahre im Kanton Zürich anfallen.

21.000 bzw. 1.000 Einwohnern wird auch von einem Stadtkanton oder Stadtstaat gesprochen. Dieser Bezeichnung kommt jedoch keine offizielle Bedeutung zu und wird ansonsten nur noch für den Kanton Genf gebraucht. Nichtsdestotrotz ähnelt die Struktur des Kantons damit der Struktur der deutschen Stadtstaaten. Strukturell besonders ist zudem, dass die Aufgaben der Einwohnergemeinde Basel durch die kantonalen Organe und Behörden erfüllt werden.[434] Daraus ergibt sich auch, dass die Gemeinde Basel über keine eigene kommunale Steuerhoheit verfügt.[435] Diese für Basel etablierte Lösung der Zusammenlegung der Gemeindebehörden mit den Kantonsbehörden ist in der Schweiz aber eher unüblich.

Der Finanzausgleich des Kantons Basel wurde zum 01. Januar 2008 neu geregelt und setzt sich ebenfalls aus einem Ressourcenausgleich und einem Lastenausgleich zusammen.[436] Der Ressourcenausgleich ist dabei sehr einfach gehalten. So entspricht das Ressourcenpotenzial einer Gemeinde dem Wert seiner fiskalisch ausschöpfbaren Ressourcen, die sich aus den auf die Gemeinden entfallenden Anteilen an der Einkommens-, Quellen-, Vermögens-, progressiven Gewinn-, Kapital-, Grundstücks- und Grundstücksgewinnsteuer zusammensetzen. Gemeinden, deren Ressourcenindex (Ressourcenpotenzial je Einwohner) über dem kantonalen Durchschnitt liegt, gelten als ressourcenstark und müssen 25 % der Differenz zwischen ihren maßgebenden eigenen Ressourcen und dem kantonalen Durchschnitt abführen. Die ressourcenschwachen Gemeinden erhalten hingegen 25 % der entsprechenden Differenz. Der Ressourcenausgleich ist damit horizontal ausgerichtet.

Im Rahmen des Lastenausgleichs leisten die Gemeinden Riehen und Bettingen ihren Anteil zum einen zur Abgeltung von zentralörtlichen Leistungen, worunter die vom Zentrum erbrachten und von einem konkret definierbaren Personenkreis außerhalb des Zentrums in Anspruch genommenen Leistungen (z.B. Universitätsstudium, Museum, Theater, Krankenhaus) zu verstehen sind. Beide Gemeinden leisten daher eine horizontale pauschal lineare Abgeltung in Höhe von 2,5 % des

---

434 Lediglich die Aufgabenbereiche Gemeindebürgerrecht, Betreuung von Kranken, Betagten, Behinderten, Kindern und Jugendlichen, Betreuung ihres Vermögens und das ihrer Institutionen sowie die Beaufsichtigung der ihr zugeordneten Stiftungen und Korporationen kommen der Einwohnergemeinde Basel zu. Vgl. § 2 Gemeindeordnung der Bürgergemeinde der Stadt Basel vom 22. Oktober 1985.

435 Vgl. § 18 und § 19 Gemeindegesetz des Kantons Basel-Stadt vom 17. Oktober 1984.

436 Die folgenden Ausführungen basieren auf dem Finanz- und Lastenausgleichgesetz des Kantons Basel-Stadt vom 06. Juni 2007.

kantonalen und kommunalen Einkommenssteuerpotenzials. [437] Die besondere Organisationsstruktur bedingt, dass die Gemeinden Riehen und Bettingen die Ausgleichsbeiträge direkt an den Kanton leisten, da dieser die Aufgaben der Stadt Basel wahrnimmt. Zum anderen sollen allgemeine Zentrumslasten, die als jene Kosten definiert sind, die in einem Zentrum aufgrund seiner Zentrumsfunktion anfallen, die aber nicht eindeutig Personen von außerhalb des Zentrums angelastet werden können (z. B. erhöhte Kosten für Sicherheit sowie für das Sozialwesen), abgegolten werden. Im Gesetz ist jedoch verankert, dass diese Lasten bereits über die Kantonssteuern der Steuerpflichtigen der Gemeinden Riehen und Bettingen beglichen sind.

6.2.3 Kanton Bern

Zum 01. Januar 2002 ist der neue innerkantonale Finanzausgleich des Kantons Bern in Kraft getreten. Der bernische Finanzausgleich besteht im Wesentlichen aus drei Elementen: Disparitätenabbau, Mindestausstattung und Sonderlastenausgleich sowie aus einem aufgabenspezifischen Lastenausgleichssystem, das für bestimmte Bereiche die Verhältnisse zwischen Kanton und Gemeinden regelt.[438]

Das Finanzausgleichsinstrument *Disparitätenabbau* ist als allgemeiner und horizontaler Steuerkraftausgleich zur Abmilderung der Unterschiede in der Leistungsfähigkeit finanzstarker und finanzschwacher Gemeinden (Einnahmenseite) konzipiert. Grundlage für seine Berechnung ist der harmonisierte Steuer-

---

437 Der Vorschlag des Regierungsrats geht von zentralörtlichen Leistungen der Stadt Basel in Höhe von 100 Mio. Franken sowie von einer Bevölkerung in der Metropolitanregion Basel von insgesamt rund 600.000 Personen aus. Wird die Personenzahl nach der Nutzungsintensität in drei Kreise geteilt, lassen sich die gesamten zentralörtlichen Leistungen auf die Gebietskörperschaften austeilen. Rund 41 Mio. Franken bleiben davon im Kanton Basel-Stadt, wovon 36,6 Mio. Franken auf die Stadt Basel, 4,5 Mio. Franken auf Riehen und 0,26 Mio. Franken auf Bettingen entfallen. Werden diese Beträge mit den Erträgen aus den Einkommenssteuern ins Verhältnis gesetzt, ergibt sich für Riehen und Bettingen ein Wert von ungefähr 2,5%. Vgl. Regierungsrat des Kantons Basel-Stadt (2006), S. 12 f.

438 Die folgenden Ausführungen orientieren sich vorwiegend am Gesetz über den Finanz- und Lastenausgleich des Kantons Bern.

ertrag der Gemeinden, der als harmonisierter ordentlicher Gemeindesteuerertrag zuzüglich der harmonisierten Liegenschaftssteuer definiert ist.[439]

Auf Basis des harmonisierten Steuerertrags ist der harmonisierte Steuerertragsindex *(HEI)* zu berechnen, indem der harmonisierte Pro-Kopf-Steuerertrag einer Gemeinde ins Verhältnis zum mittleren harmonisierten Pro-Kopf-Steuerertrag aller Gemeinden gesetzt wird. Ist der *HEI* < 100, wird die Differenz derzeit zu 25 % ausgeglichen[440], ist der *HEI* > 100 muss die Gemeinde einen entsprechend prozentualen Ausgleichsbeitrag erbringen.[441] Zudem wurde eine Mindestausstattungsklausel im Finanzausgleichsgesetz verankert, wonach alle Gemeinden, deren *HEI* nach Disparitätenabbau unter 80 Indexpunkten (Bandbreite von 75 bis 90 Indexpunkten) liegt, Anspruch auf Ausgleich der Differenz zur festgelegten Mindesthöhe haben.

Neben dem beschriebenen Disparitätenabbau schreibt das Gesetzt zudem Maßnahmen für besonders belastete Gemeinden zur Abgeltung eines strukturell bedingten, hohen Aufwands (Ausgabenseite) fest. Strukturelle Sonderlasten sind dabei die Kosten der Enge (Zentrumslasten) und die Kosten der Weite (Lasten der ländlichen Regionen). Im Rahmen der Abgeltung von Zentrumslasten der Gemeinden mit Zentrumsfunktion werden diese bei der Ermittlung des harmonisierten Steuerertrags in Abzug gebracht.[442] Zudem erhalten die Gemeinden Bern, Biehl und Thun pauschale Abgeltungen für die bedeutendsten übrigen

---

439 Als ordentliche Gemeindesteuern zählen die folgenden Steuerarten: Einkommens- und Vermögenssteuer der natürlichen Personen, Gewinn- und Kapitalsteuer der juristischen Personen und Quellensteuer von bestimmten natürlichen und juristischen Personen sowie die Liegenschaftssteuer.

440 Die per Gesetz vorgegebene Spannbreite liegt bei 20 % bis 30 %.

441 Wie hoch der maßgebende Prozentsatz zum Disparitätenabbau und die sich daraus ergebende Ausgleichsleistungen sind, wird jedes Jahr vom Regierungsrat festgesetzt.

442 Zentrumsgemeinden im Sinne des Gesetzes sind Bern, Biel, Thun, Burgdorf und Langenthal. Der Regierungsrat erfasst die Zentrumslasten periodisch, wobei er den Zentrumsnutzen, die Standortvorteile des Zentrums und dessen Eigenfinanzierungsmöglichkeiten berücksichtigt, und letztlich den Anteil der abzugeltenden Zentrumslasten festsetzt. Derzeit kann Bern 56,7 Mio., Biel 16,3 Mio., Thun 5,0 Mio., Burgdorf 2,0 Mio. und Langenthal 1,8 Mio. Franken bei den ordentlichen Gemeindesteuern in Abzug bringen. Vgl. Art. 13 Gesetz über den Finanz- und Lastenausgleich des Kantons Bern.

zentralörtlichen Aufgabenbereiche[443] wie privater Verkehr, öffentliche und soziale Sicherheit, Gästeinfrastruktur und Sport. Diese werden bisher zu drei Vierteln vom Kanton und zu einem Viertel von den jeweiligen Agglomerationsgemeinden getragen. Die Agglomerationsgemeinden werden dabei nach Anteil ihres harmonisierten Steuerertrags an der Summe des entsprechenden Ertrags der Agglomeration zur Finanzierung herangezogen.[444]

Um die Kosten der Weite zu berücksichtigen, werden Gemeinden, deren Gesamtsteueranlage[445] eine bestimmte Mindestschwelle (Bandbreite 105 bis 115 Indexpunkten) wegen strukturell bedingter Aufwendungen übersteigt, Zuschüsse zum einen aufgrund der Gemeindefläche und zum anderen aufgrund der Straßenlänge gewährt. Zuschussberechtigt sind Gemeinden, die eine Gemeindefläche je Einwohner (Straßen je Einwohner) aufweisen, die größer (länger) als 80 % des Gemeindedurchschnitts ist.[446] Die Zuschüsse werden ausschließlich durch den Kanton finanziert.

Zudem existiert im Kanton Bern ein aufgabenspezifisches Lastenausgleichssystem, das der deutschen Gemeinschaftsaufgabe ähnelt. So werden die Aufgabenbereiche Lehrergehälter, Fürsorge, Sozialversicherungen und öffentlicher Verkehr gemeinsam durch den Kanton und die Gemeinden finanziert. Beispiels-

---

443 Zentrumslasten im Bildungsbereich werden durch die beschlossene Kantonalisierung praktisch vollständig abgegolten und daher nicht weiter berücksichtigt. Für den Kulturbereich wurden auch regionale Lösungen gefunden, indem sich die Umlandgemeinden über Subventionsverträge an den Ausgaben für die Aufgabe Kultur beteiligen. Vgl. Regierungsrat des Kantons Bern (2000), S. 31.

444 Bern, Biehl und Thun erhalten als pauschale Zentrumsabgeltung 32,12 Mio., 8,73 Mio. und 1,25 Mio. Franken.

445 Die Gesamtsteueranlage sind die ordentlichen Gemeindesteuern, die Liegenschaftssteuer und die übrigen Abgaben geteilt durch die Steuerkraft. Gemeinden in ländlichen Regionen haben in der Regel ein unterdurchschnittliches Steuereinkommen und eine im Verhältnis zum oftmals bescheidenen Dienstleistungs-angebot hohe Ausgaben- und Steuerlast. Mit gezielter Unterstützung soll es auch diesen Gemeinden möglich sein, ein Minimum an Leistungen anzubieten, ohne die Steueranlage zusätzlich anheben zu müssen. Auf diese Weise kann der Abwanderung in städtische Gebiete entgegengewirkt werden. Damit hat der Finanzausgleich auch eine raumordnerische Dimension. Das Schweizer Raumordnungskonzept verfolgt unter anderem das Ziel, gleichwertige Lebensbedingungen und Entwicklungschancen für die verschiedenen Gebiete zu schaffen. Hierzu gehört als Strategie auch die Stärkung der ländlichen Räume.

446 Am Beispiel Gemeindefläche bedeutet das:
*Zuschuss = Schlüsselzahl * (Gesamtzuschusssumme / Gesamtsumme der Schlüsselzahlen)*
mit *Schlüsselzahl = (Fläche pro Einwohner – 80 % der durchschnittlichen Fläche) * Wohnbevölkerung.*

weise werden im Bereich der Verbundaufgabe *Fürsorge* (soziale Sicherung, Angebote für Familien, ältere Menschen und spezifische Bedürfnisse, Suchthilfe und Gesundheitsförderung) 50 % der Ausgaben von den Gemeinden und 50 % vom Kanton getragen. Das Lastenverteilungskriterium dabei ist die zivilrechtliche Wohnbevölkerung, d.h. je Einwohner werden alle Gemeinden einheitlich zur Finanzierung herangezogen.[447]
Im Rahmen des Projektes *Finanz- und Lastenausgleich 2012* wurde der Finanzausgleich des Kantons Bern überarbeitet. Die Projektergebnisse liegen derzeit zur Vernehmlassung[448] aus. Das Gesetzgebungsverfahren wird voraussichtlich Ende 2009/Anfang 2010 abgeschlossen sein. Die wesentlichen Änderungen sind folgende: Künftig werden nicht mehr alle Zentrumslasten bei der Berechnung des harmonisierten Steuerertrags abgezogen, sondern lediglich solche, die nicht bereits über die pauschale Abgeltung berücksichtigt wurden. So wird eine Doppelabgeltung vermieden. Künftig sollen auch die Städte Burgdorf und Langenthal in der Pauschalabgeltung berücksichtigt werden. Zudem werden die pauschalen Zuschüsse an die Zentren künftig nur noch vom Kanton finanziert. Diese Änderung sollte kritisch gewertet werden, da zuvor zumindest der Versuch unternommen wurde, die Nutznießer (Agglomerationsgemeinden) der Zentrumsleistungen überproportional an der Finanzierung zu beteiligen. Daneben wird die Abgeltung der Lasten der Weite angepasst, sodass künftig jede Gemeinde anspruchsberechtigt ist, die nach Maßgabe der festgelegten Kriterien (disperse Siedlungsstrukturen und geringe Bevölkerungsdichte) übermäßig belastet ist. Hinzu kommt ein Ausgleich der Sonderlasten, die aufgrund soziodemographischer Faktoren (hohe Anteile an Ausländern, Alleinerziehenden und Beziehern von Sozialhilfe) gegeben sind. Wie genau die Regeln für den Ausgleich jedoch auszugestalten sind, wird erst nach Abschluss der Vernehmlassung durch eine Regierungsverordnung bestimmt.[449]

---

447 Zur alten und neuen Struktur des Lastenausgleichs vgl. Finanzdirektion des Kantons Bern (2000), S. 7 ff.

448 Die Vernehmlassung ist eine Phase im Gesetzgebungsverfahren der Schweiz. Den Kantonen, dem Ständerat, den politischen Parteien und interessierten Kreisen (insbesondere Verbände) wird dabei die Möglichkeit zur Stellungnahme eingeräumt.

449 Auch der aufgabenbezogene Lastenausgleich wird reformiert, dessen Einzelheiten an dieser Stelle jedoch nicht vertieft werden sollen. Zu alle dem vgl. Regierungsrat des Kantons Bern (2008).

6.3 Kritische Bewertung des Finanzausgleichssystems in der Schweiz

Die Darstellung des Schweizer Finanzausgleichssystems zwischen Bund und Kantonen sowie unter den Kantonen verdeutlicht zweierlei. Im Gegensatz zum bundesdeutschen Finanzausgleich werden im Rahmen des Ressourcenausgleichs alle Kantone gleich behandelt. Das bedeutet, dass auch die Stadtkantone Basel-Stadt und Genf, die strukturell am ehesten mit den deutschen Stadtstaaten vergleichbar sind, ohne eine Einwohnerwertung zur Vermeidung einer überhöhten Steuerkraftabschöpfung in den Ressourcenausgleich einbezogen werden. So sind Genf mit 760 Franken je Einwohner und Basel-Stadt mit 585 Franken je Einwohner auch die zweit- und drittgrößten Geberkantone. Interessant ist zudem, dass der Kanton Zürich, dessen Werte deutlich durch die Stadtgemeinde Zürich beeinflusst werden, mit 462 Franken der viertgrößte Geberkanton ist.

Daneben ist deutlich geworden, dass in der Schweiz sowohl deglomerations- als auch agglomerationsbedingte Sonderlasten anerkannt und finanziell abgegolten werden. Im Rahmen dieser Arbeit ist der sozio-demographische Lastenausgleich, der im Wesentlichen die Zentrumskantone tangiert, von Bedeutung. Während diese Lasten in Deutschland über die Einwohnerwertung, die von den Bundesländern solidarisch finanziert wird, abgegolten werden, stellt der Bund in der Schweiz einen vertikal organisierten Ausgleichstopf bereit. Auch im Rahmen des Lastenausgleichs sind die Stadtkantone Genf und Basel-Stadt mit 264 Franken und 254 Franken je Einwohner die größten Nutznießer. Zürich erhält 68 Franken, während der Kanton Bern mit 19 Franken je Einwohner die geringste Kompensationszahlung erhält.

Auch die Analyse der innerkantonalen Finanzausgleichssysteme verdeutlicht die besondere Berücksichtigung von Agglomerationen. Die meisten Systeme in der Schweiz erkennen Zentrumslasten mittlerweile an und gelten sie entsprechend ab. In den drei vorgestellten Systemen wird dieses durch den Kanton vollzogen, wobei im Kanton Bern zunächst auch die Agglomerationsgemeinden zur Finanzierung herangezogen wurden, da diese am stärksten von den Zentrumsleistungen profitieren. Die Schweizer Systeme kennen das Pauschalinstrument der Einwohnerwertung nicht. Vielmehr wird versucht, eine explizite monetäre Quantifizierung der Lasten anhand ausgewählter Indikatoren vorzunehmen.[450] Dieses Vorgehen ist mit den Nebenansätzen in den kommunalen Finanzausgleichssystemen vergleichbar.
Grundsätzlich kann festgehalten werden, dass sich die Instrumente und die Technik in der zur Abgeltung der besonderen Leistungen und Lasten der Schweizer Zentren

---

450 Vgl. hierzu beispielsweise Walter, F. et al. (1997), S. 6 ff.

im Vergleich zu Deutschland zwar unterscheiden, unabhängig davon wird die Notwendigkeit einer angemessenen Berücksichtigung aber sowohl innerhalb des Bundes als auch innerhalb der einzelnen Kantone anerkannt.

7 Quantifizierung stadtstaatlicher Mehrbedarfe

Wie die vorstehenden Ausführungen gezeigt haben, ist eine besondere Berücksichtigung von Agglomerationen im Finanzausgleich erforderlich. Im System des Länderfinanzausgleichs ist die Einwohnerwertung der Stadtstaaten das zentrale Instrument, um ihrer strukturellen Andersartigkeit angemessen Rechnung zu tragen. Dabei kann die Höhe der Einwohnerwertung nicht frei gegriffen werden, sondern bedarf vielmehr einer wissenschaftlich überzeugenden Ableitung. In der Literatur existieren prinzipiell drei unterschiedliche methodische Verfahren, welche das Ziel einer konzeptionellen Quantifizierung der stadtstaatlichen Einwohnerwertung verfolgen. Sowohl die vorgeschlagene Vorgehensweise als auch die ermittelte Höhe der Einwohnerwertung weichen dabei deutlich voneinander ab, was eine separate Betrachtung der einzelnen Gutachten und ihrer Ergebnisse notwendig macht. Daher sollen an dieser Stelle in chronologischer Reihenfolge ihrer Entstehung das Gutachten des Instituts für Wirtschaftsforschung aus dem Jahr 1986/87, die Methode des Bundesamtes für Bauwesen und Raumordnung aus dem Jahr 2001 sowie der Alternativansatz des Instituts für Wirtschaftsforschung aus demselben Jahr vorgestellt werden.

7.1 Indirekter Großstadtvergleich: Gutachten des Instituts für Wirtschaftsforschung

Am 24. Juni 1986 gab das Bundesverfassungsgericht dem Gesetzgeber erstmals auf, die Höhe der damals gültigen Einwohnerwertung der Stadtstaaten, die aus dem Jahr 1969 stammte, finanzwissenschaftlich anhand verlässlicher, objektivierbarer Indikatoren zu überprüfen und gegebenenfalls zu korrigieren.[451] Aufgrund der Überprüfungsanordnung beauftragte der Bundesfinanzminister das Institut für Wirtschaftsforschung (Ifo-Institut) mit der Expertise[452], *„ob und in welcher Höhe*

[451] Vgl. BVerfGE 72, 330 (416).

[452] Die Erstellung des Gutachtens durch das Ifo-Institut wurde von einem Arbeitskreis, dem Vertreter des Bundesfinanzministeriums sowie Vertreter der Bundesländer Baden-Württemberg, Bayern, Bremen, Hamburg, Hessen, Niedersachsen, Nordrhein-Westfalen angehörten, begleitet.

im Rahmen des Länderfinanzausgleichs eine Einwohnerwertung bei den Landessteuern der beiden Stadtstaaten Hamburg und Bremen gerechtfertigt ist."[453]

7.1.1 Methodischer Ansatz

Die vor der Überprüfung geltende Einwohnerwertung beruhte auf dem Ansatz, dass Stadtstaaten wie Großstädte einen strukturell höheren Ausgaben- bzw. Finanz***bedarf*** je Einwohner haben als der Durchschnitt der Kommunen der Flächenstaaten. Im Länderfinanzausgleich ist damit nur die Finanzkraft zu berücksichtigen, die diesen strukturellen Unterschied übersteigt. Da die tatsächliche Ausgabentätigkeit als Näherungsgröße für den erhöhten Bedarf der Stadtstaaten akzeptiert wurde, wurde in einem direkten Vergleich der Ausgaben je Einwohner[454] zwischen den Stadtstaaten und dem ausgabenintensivsten Flächenland Nordrhein-Westfalen für das Jahr 1955 die Höhe der Einwohnerwertung ermittelt.[455] Bremen bzw. Hamburg erhielten eine Einwohnerwertung zum Ausgleich der Ländersteuern von 125 % (ab 1970 ebenfalls 135 %)[456] bzw. 135 %.

Zu berücksichtigen ist jedoch, dass die Aussagekraft der Gleichung *Ausgabe gleich Bedarf* generell kritisch zu sehen ist, da unterschiedlich hohe Ausgaben nicht zwangsläufig auf einen unterschiedlichen Bedarf, sondern auch auf verschieden hohe Einnahmen zurückgeführt werden können.[457] Zudem weisen die Ausgaben als Bedarfsindikator das Problem auf, dass sie durch landesinterne Entscheidungen, also durch die eigene Ausgabenpolitik, beeinflussbar sind. Diese lokalen Entscheidungen können zu einer Über- oder Unterversorgung mit öffentlichen Gütern führen. Da also nicht nur die notwendigen Ausgaben abgebildet werden

---

453 Hummel, M., Leibfritz, W. (1987), S. I.

454 Dabei wurden nicht die Ist-Ausgaben verglichen, sondern der Steuerbedarf. Dieser bezieht sich auf die laufenden Ausgaben vermindert um die laufende Verwaltungseinnahmen (Zuweisungen, Gebühren und Entgelte sowie sonstige Einnahmen der Verwaltung) und erhöht um den Netto-Schuldendienst. Weiterhin wurden die sonstigen Einkünfte und die stadtstaatlichen Hafenausgaben abgezogen. Vgl. Hickel, R., Roth, B., Troost, A. (1988), S. 150.

455 Vgl. Hummel, M., Leibfritz, W. (1987), S. 33 ff.

456 Die Einwohnerwertung wurde schon 1958 in das System des Länderfinanzausgleichs eingeführt. Damals erhielt Hamburg eine Wertung von 135 % und Bremen von 125 %, die 1970 mit der Neuregelung des Länderfinanzausgleichs aufgrund erheblicher Einnahmeverluste aus der Steuerneuverteilung durch die Finanzreform auf 135 % angehoben wurde.

457 Vgl. Eltges, M. et al. (2001), S. 13.

können, stellen sie kein objektives Kriterium dar.[458] Je höher die Ausgaben der Stadtstaaten sind, desto höher fällt die Einwohnerwertung aus und desto geringer (höher) sind die stadtstaatlichen Zahlungen (Leistungen) im Rahmen des Länderfinanzausgleichs.[459] Ein direkter Ausgabenvergleich zwischen Stadtstaaten und Flächenländern könnte deshalb eine Mittelverschwendung implizieren und die Anreize zur wirtschaftlichen Haushaltsführung vermindern.[460] Tendenziell birgt der gliedstaatliche Bedarfsansatz antiföderative Gefahren.[461]

Zudem führt das gewählte Verfahren zu einer Benachteiligung der Stadtstaaten, da ihre strukturelle Sonderstellung als Großstädte ohne Umland vielmehr einen Vergleich mit andern Großstädten erfordert, deren Finanzkraft funktionsbedingt über derjenigen Nordrhein-Westfalens liegt.[462] Aus diesen Gründen hat das Bundesverfassungsgericht von einem im Detail problematischen ausgabenorientierten Vergleich zwischen Stadtstaaten und Flächenländern Abstand genommen und als Indikator zur Erfassung der strukturellen Andersartigkeit der Stadtstaaten und zur Ableitung der Einwohnerwertung unter anderem einen *„schlichten Großstadtvergleich, bei dem die Finanzausstattung von Städten vergleichbarer Größe – unter Einbeziehung der für sie wirksamen staatlichen Sonderleistungen – mit derjenigen der Länder Bremen und Hamburg verglichen wird ...“*[463], vorgeschlagen.

Diese Empfehlung greift das Ifo-Gutachten auf. Im Gegensatz zum oben beschriebenen Ansatz basiert es auf der These, dass Großstädte und damit Stadtstaaten eine strukturell höhere Pro-Kopf-Finanzkraft aufweisen als kleinere Gemeinden und als die Flächenländer im Durchschnitt. Bliebe dieser strukturelle Unterschied unberücksichtigt, würden bei dem vom Länderfinanzausgleich angeordneten unmittelbaren Vergleich der Finanzkraft der Stadtstaaten mit derjenigen der Flächenländer die Stadtstaaten potenziell zu Nettozahlern gemacht, selbst wenn ihre Finanzausstattung gegenüber vergleichbaren Städten schlechter ist.[464] Die fiskalische Eigenständigkeit der Stadtstaaten kann aber nur gewahrt werden, wenn ihre strukturellen Besonderheiten gegenüber den Flächenländern

---

458 Vgl. Hickel, R., Roth, B., Troost, A. (1988), S. 160.

459 Dabei sei dahingestellt, ob die Stadtstaaten tatsächlich ihr Ausgabenverhalten ändern würden, aber allein die Tatsache, dass dies möglich ist, macht diesen Ansatz fragwürdig. Vgl. Hummel, M., Leibfritz, W. (1987), S. 34 ff.

460 Vgl. Dietrich, B. (1996), S. 92.

461 Vgl. Hidien, J. W. (1999), S. 395.

462 Vgl. Hickel, R., Roth, B., Troost, A. (1988), S. 151.

463 BVerfGE 72, 330 (416).

464 Vgl. Hidien, J. W. (1999), S. 395.

Berücksichtigung findet. Deshalb ist in den Länderfinanzausgleich nur der Teil der stadtstaatlichen Finanzkraft einzubeziehen, der diese strukturelle Komponente übersteigt.[465]

Da die Besonderheit der Stadtstaaten darin begründet liegt, dass sie mit Großstädten und nicht mit Flächenländern vergleichbar sind, versucht das Ifo-Gutachten Indikatoren abzuleiten, die das strukturelle Gefälle der Finanzkraft zwischen ausgewählten Großstädten (als Stellvertretervariable der Stadtstaaten) und dem Flächenländerdurchschnitt zum Ausdruck bringen. Grundlage hierfür ist ein indirekter Großstadtvergleich, bei dem die durchschnittliche Finanzkraft einer Gruppe von (westdeutschen) Großstädten[466], die durch die Ergänzung um einen *„fiktiven Landeshaushalt"* zu *„hypothetischen Stadtstaaten"* werden, ins Verhältnis zur durchschnittlichen Finanzkraft der (westdeutschen) Flächenländer gesetzt wird.[467] Aus dem quantitativen Umfang der überdurchschnittlichen Finanzkraft der Großstädte lässt sich dann die gebotene stadtstaatliche Einwohnerwertung ableiten. Die Höhe der Einwohnerwertung muss sich aus dem Ziel definieren, die Finanzkraft der Stadtstaaten derjenigen vergleichbarer Großstädte anzupassen. Die strukturell bessere Finanzkraft der Großstädte gegenüber dem Flächenländerdurchschnitt soll auch den Stadtstaaten zugestanden werden.[468] Stadtstaaten sind somit finanziell wie vergleichbare Großstädte auszustatten.[469]

Das Bundesverfassungsgericht hat dazu angeregt, den Stadtstaaten Städte *„vergleichbarer Größe"*[470] gegenüberzustellen. Das Gutachten greift diesen Gedanken auf, geht aber davon aus, dass damit nicht unbedingt Städte mit möglichst gleicher Einwohnerzahl gemeint sind, sondern lediglich Städte, die unter die Kategorie Großstädte fallen.[471] Gemessen an der Einwohnerzahl wäre Hamburg ansonsten, wenn Berlin wegen seines damaligen Sonderstatus vernachlässigt wird, nur mit München vergleichbar. Die Einwohnerwertung für Hamburg wäre nur von der Situation in München abhängig. Die strukturellen Unterschiede zwischen Großstadt und Flächenland würden nur unbefriedigend erfasst und Besonderheiten

465 Vgl. Hummel. M., Leifritz, W. (1987), S. 37 f.

466 Die Stadtstaaten zählen selbst nicht zur Vergleichsgruppe. Sie werden vollständig aus der Betrachtung ausgeklammert, womit ein abstrakter Mehrbedarf ermittelt werden kann, der von konkreten Bedarfen der Stadtstaaten unabhängig ist.

467 Vgl. Hummel, M. (2001), S. 8 f.

468 Vgl. Hickel, R., Roth, B., Troost, A. (1988), S. 141 ff.

469 Vgl. Hummel, M. (2001), S. 9.

470 Vgl. BVerfGE 72, 330 (416).

471 Vgl. Hummel. M., Leifritz, W. (1987), S. 55.

einer Stadt bzw. Zufälligkeiten fielen zu sehr ins Gewicht.[472] Deshalb ist eine möglichst große Anzahl von unterschiedlichen Städten zu berücksichtigen. Um Verzerrungen zu vermeiden, ist darauf zu achten, dass die Auswahl der Vergleichsstädte repräsentativ ist und nicht einseitig finanzstarke oder -schwache Städte oder nur Städte aus finanzstarken oder -schwachen Bundesländern einbezogen werden.[473] Würden allein die Städte als Referenzstädte herangezogen, die sich erfolgreich im Strukturwandel behauptet haben, würde die Einwohnerwertung zu einer Status- bzw. Besitzstandsgarantie mutieren, was der Intention des Bundesverfassungsgerichts widerspricht.[474] Das Ifo-Institut nimmt aus diesen Gründen alle Großstädte mit über 500.000 Einwohnern in die Gruppe der Vergleichsstädte auf. Dazu zählen die neun Städte München, Stuttgart, Frankfurt, Hannover, Köln, Düsseldorf, Dortmund, Essen und Duisburg. Nach Meinung der Autoren ist die getroffene Auswahl breit genug, um die strukturellen Unterschiede in der Finanzkraft deutscher Großstädte im Vergleich zu den Flächenländern aufzuzeigen. Es wird aber darauf hingewiesen, dass die Auswahl der Vergleichsstädte grundsätzlich mit Unsicherheiten und einer gewissen Willkür behaftet ist und dass die Sensitivität der Ergebnisse bezüglich des Städtesamples eminent ist.[475]

Es ist zu berücksichtigen, dass die Finanzkraft der Stadtstaaten und der Großstädte für sich genommen nicht vergleichbar ist. Letztere finanzieren aus ihrer Finanzkraft nur kommunale Aufgaben. Die Stadtstaaten müssen hingegen aus ihrer Finanzkraft kommunale und staatliche Aufgaben bestreiten.[476] Um eine Vergleichbarkeit der Finanzkraft zu gewährleisten, werden nach der Ifo-Methode die Großstädte auf die Ebene der Stadtstaaten angehoben und zu fiktiven Stadtstaaten umkonstruiert. Dazu werden die gesamten, vom Land in der Stadt eingesetzten finanziellen und realen Leistungen ermittelt und den Städten zugerechnet.[477] Da aber nur Landesleistungen relevant sind, die aus Landessteuern finanziert werden, sind die staatlichen Ausgaben für die Großstädte um spezielle Einnahmen wie Gebühren (Konzept der Nettoausgaben) und eine durchschnittliche Kreditfinanzierungsquote zu kürzen.

Diese Art der Vergleichbarmachung erfordert die Regionalisierung der staatlichen Leistungen für die Großstädte. Die Ausgaben für die Großstädte, die

---

472 Vgl. BVerfGE 86, 146 (244).
473 Vgl. Hummel, M. Leibfritz, W. (1987), S. 60 f.
474 Vgl. BVerfGE E 72, 330 (416 f.).
475 Vgl. Hummel, M. Leibfritz, W. (1987), S. 54 ff.
476 Vgl. Hidien, J. W. (1999), S. 395 f.
477 Vgl. Hummel, M. Leibfritz, W. (1987), S. 38 ff.

nicht direkt in den Landeshaushalten abzulesen sind, wurden über ein vom Ifo-Institut entwickeltes Regionalisierungsraster von den beteiligten Finanzministerien den Vergleichsstädten zugeschlüsselt. Als zentraler Schlüssel wurde dabei das eingesetzte Personal in der Stadt herangezogen. Die Ausgaben für den Bereich Polizei wurden nach dem Anteil der in der Stadt beschäftigten Polizisten an den Polizisten im Land insgesamt zugeteilt. Andere Ausgabenkategorien (beispielsweise die Ausgaben für Wohnungswesen, Raumordnung und Landesplanung) wurden nach schlichten Einwohnerschlüsseln verteilt.[478]

Zwei staatliche Aufgabenbereiche werden vom Ifo-Institut einer besonderen Analyse unterzogen. Dabei handelt es sich um die gliedstaatlichen Bereiche *politische Führung* und *Hochschulen*. Bei der Zurechnung der im Haushalt der Flächenländer ausgewiesenen Ausgaben für die staatliche politische Führung tritt das Problem auf, dass diese Ausgaben je Einwohner nicht proportional zur Einwohnerzahl verlaufen. Sie steigen mit abnehmender Größe des Staates tendenziell an (Kostenprogression mit zunehmender Kleinheit). Ursächlich dafür sind so genannte Unteilbarkeiten. Ein Land muss, um regierungsfähig zu sein, eine von der Einwohnerzahl unabhängige Mindestausstattung (Regierung bzw. Senat, Bürgerschaft, Verwaltung etc.) unterhalten. Die daraus resultierenden Fixkosten verteilen sich in kleinen Ländern wie den Stadtstaaten auf eine geringere Einwohnerzahl. Deshalb sind ihre Pro-Kopf-Ausgaben höher als diejenigen einwohnerreicher Flächenländer. Um die strukturelle Situation der Stadtstaaten realistisch abzubilden, rechnet das Ifo-Institut den fiktiven Stadtstaaten Zusatzkosten für die politische Führung *(Kosten der Kleinheit)* hinzu. Diese Kosten werden über eine Regressionsfunktion zwischen den Ausgaben für die staatliche politische Führung und der Bevölkerung in den Flächenländern geschätzt. Der

---

478 Vgl. Hummel, M., Leibfritz, W. (1987), S. 110 ff. Da die Regionalisierung sehr komplex, aber notwendig ist, wird der Gewinn an Vergleichbarkeit durch einen Mangel an Schlichtheit erkauft. Um der problematischen Regionalisierung der Ausgaben zu entgehen, wurde zusätzlich ein alternativer schlichter Großstadtvergleich durchgeführt. Die Stadtstaaten werden zu fiktiven Großstädten in Flächenländern, indem zur kommunalen Finanzkraft der Stadtstaaten der im Durchschnitt der Vergleichsstädte ermittelte Pro-Kopf-Betrag auf dem kommunalen Finanzausgleich hinzuaddiert wurde. Die so ermittelte kommunale Finanzkraft der Stadtstaaten liegt 32 % über derjenigen der Flächenländer. Nach dem Ifo rechtfertigt dieses eine stadtstaatliche Einwohnerwertung von 132 %. Dieser Ansatz ist zwar empirisch wesentlich einfacher durchzuführen, ist dem oben genannten Ansatz schon aus sachlogischen Gründen unterlegen. Dieser Vergleich gibt eher Hinweise auf eine Einwohnerwertung bei den Kommunalsteuern. Vgl. Hummel, M., Leibfritz, W. (1987), S. 46 ff.

ermittelte Zusammenhang wird auf die Vergleichsstädte übertragen. Für den Durchschnitt der Jahre 1980-1984 ergibt sich folgende Gleichung:

$$\text{Ausgaben für politische Führung} = \\ 55{,}71 \text{ Mio. Euro} + 9{,}12 \text{ Euro Steigerungsbetrag je Einwohner}$$

Die theoretisch errechneten Ausgaben je Einwohner werden den realen Landesleistungen hinzuaddiert, wobei zusätzlich die Mehrausgaben durch Folgekosten in den Bereichen Versorgung, Beihilfen und Schuldendienst berücksichtigt werden. Im Durchschnitt aller Vergleichsstädte betragen die Zusatzkosten für die staatliche politische Führung rund 94 Euro je Einwohner.[479]

Im Gegensatz zu der Hinzurechnung der Kosten der Kleinheit werden die Hochschulausgaben in den Großstädten um die Kosten der Flächenversorgung gekürzt. Der Grund wird darin gesehen, dass die Hochschulausgaben der Länder in den Städten nicht nur der Bereitstellung von Studienplätzen für die Großstädter (Eigennutzung) dienen, sondern ebenso der Versorgung der Fläche (Fremdnutzung). Es entstehen also Spillovers. Nach Meinung des Ifo-Instituts kommt den Stadtstaaten die Aufgabe der Flächenversorgung nicht in derselben Weise zu[480] und die Großstädte würden als fiktive Stadtstaaten ihre Hochschulkapazitäten reduzieren. Aus diesem Grunde werden die faktischen Hochschulausgaben, um die Kosten der Flächenversorgung gekürzt.

Aufgrund unterschiedlicher Meinungen darüber, welche Kapazitäten die Großstädte als fiktive Stadtstaaten anbieten würden, wurden vier Szenarien unterstellt. In Szenario I entsprechen die Hochschulkapazitäten dem Verhältnis von Studierenden aus der jeweiligen Stadt zu Studierenden in der Stadt (Eigennutzungsquote der Stadt). Die Stadt München, die seinerzeit eine Eigennutzungsquote von 31 % aufwies, würde demnach nur noch knapp ein Drittel seiner Studienplätze anbieten. Die von Bayern zugewiesenen Hochschulausgaben würden nur zu 31 % der Finanzkraft Münchens zugerechnet. Szenario II orientiert sich zur Berechnung der Hochschulkapazitäten an der Relation der Studierenden, die in dem Bundesland studieren, in dem die jeweilige Großstadt liegt, zu den Studierenden, die aus diesem Bundesland stammen und in der Bundesrepublik studieren (Eigennutzungsquote der Flächenländer). Szenario III billigt den Großstädten eine Hochschulkapazität zu, die der durchschnittlichen Eigennutzungsquote der Stadtstaaten Hamburg und

479 Vgl. Hummel, M., Leibfritz, W. (1987), S. 68 ff; vgl. Hickel, R., Roth, B., Troost, A. (1988), S. 171 f.

480 Vgl. Hummel, M., Leibfritz, W. (1987), S. 45.

Bremen (73,4 %) entspricht.[481] In Szenario IV wird versucht, eine angemessene Eigennutzungsquote bzw. Hochschulkapazität über einen normativen Ansatz abzuleiten. Dazu wird ein regressionsanalytischer Ansatz zwischen den Eigennutzungsquoten der Vergleichsstädte und der Anzahl der Studenten, die aus den Städten stammen, durchgeführt. Es zeigt sich, dass mit zunehmender Größe der Vergleichsstadt oder vielmehr mit zunehmender Anzahl von Studenten, die einen ständigen Wohnsitz in der Stadt haben, die Eigennutzungsquote tendenziell sinkt. Anhand der ermittelten Regressionsgerade werden für die Referenzstädte eine Eigennutzungsquote und ein angemessenes Volumen der Hochschulausgaben abgeleitet.[482] Insgesamt bleibt festzuhalten, dass je niedriger (höher) die Eigennutzungsquoten angesetzt werden, desto größer (geringer) fallen die Abschläge bei den Hochschulausgaben aus. Damit sinken (steigen) ceteris paribus die Finanzkraft der Großstädte und die daraus abgeleitete Einwohnerwertung.[483]

Durch die Berücksichtigung / Nichtberücksichtigung der Kosten der Kleinheit und durch die vier alternativen Szenarien bei den Kosten der Flächenversorgung werden sechs Varianten für den Ansatz der realen Landesleistungen:

- Variante I: ohne „Kosten der Kleinheit"; ohne „Kosten der Flächenversorgung";
- Variante II: mit „Kosten der Kleinheit"; ohne „Kosten der Flächenversorgung";
- Variante III: mit „Kosten der Kleinheit"; mit „Kosten der Flächenversorgung" (Szenario I);
- Variante IV: mit „Kosten der Kleinheit"; mit „Kosten der Flächenversorgung" (Szenario II);
- Variante V: mit „Kosten der Kleinheit"; mit „Kosten der Flächenversorgung" (Szenario III);
- Variante V: mit „Kosten der Kleinheit"; mit „Kosten der Flächenversorgung" (Szenario IV).[484]

---

481 In Bayern studieren 4,7 % mehr Studenten als aus Bayern stammen. In Baden-Württemberg sind es 5,6 %. In Hessen, Nordrhein-Westfalen und Niedersachen werden 1,8 %, 1,3 % bzw. 18,2 % weniger Studenten ausgebildet als aus diesen Ländern stammen. Vgl. Hummel, M., Leibfritz, W. (1987), S. 75.

482 Vgl. Hummel, M., Leibfritz, W. (1987), S. 73 ff.

483 Vgl. Hickel, R., Roth, B., Troost, A. (1988), S. 174 ff.

484 Vgl. Hummel, M., Leibfritz, W. (1987), S. 86.

Um Aussagen über eine angemessene Einwohnerwertung treffen zu können, wird das strukturelle Gefälle der Finanzkraft zwischen den Großstädten und den Flächenländern ermittelt. Dafür werden zwei Indikatoren ermittelt:[485]

Indikator I: Struktureller Unterschied der aus Landessteuern finanzierten realen und finanziellen Leistungen in der Vergleichsstadt je Einwohner im Verhältnis zum Durchschnitt der Flächenstaaten

Das Verhältnis aus dem Durchschnitt der Vergleichsstädte und dem Durchschnitt der Flächenländer gibt die Höhe der isolierten Einwohnerwertung bei den Landessteuren der Stadtstaaten an. Implizit wird unterstellt, dass die Höhe der Einwohnerwertung bei den Gemeindesteuern angemessen ist.[486]

Indikator II: Struktureller Unterschied der gesamten Finanzkraft (entsprechend der Abgrenzung im Finanzausgleichsgesetz)[487] in der Stadt je Einwohner im Verhältnis zum Durchschnitt der Flächenstaaten

Prinzipiell wird dem Indikator I die kommunale Steuerkraft der jeweiligen Großstadt (in entsprechender Abgrenzung zum damals geltenden Finanzausgleichgesetz) zugefügt.[488]

7.1.2 Empirische Ergebnisse

Tabelle 18 bildet die empirischen Ergebnisse für die gesamten steuerfinanzierten Leistungen der Flächenländer in den Vergleichsgroßstädten sowie die kommunale Finanzkraft dieser Städte im Vergleich zum Flächenländerdurchschnitt ab.

---

485 Vgl. Hummel, M., Leibfritz, W. (1987), S. 52 ff.

486 Vgl. Hummel, M., Leibfritz, W. (1987), S. 82 ff.

487 Das bedeutet, dass die kommunale Steuerkraft (Gemeindeanteil an der Einkommen-steuer, Realsteuern nach Finanzausgleichsgesetz abzüglich der Gewerbesteuerumlage) nur hälftige Berücksichtigung findet und normierte Hebesätze zu Ermittlung der Realsteuern herangezogen werden.

488 Vgl. Hickel, R., Roth, B., Troost, A. (1988), S. 96 f. und 185 f.

Tabelle 18: Gesamte steuerfinanzierte Finanzkraft in den Vergleichsstädten nach Varianten

	Vergleichsstädte insgesamt	Darunter Hauptstädte	Flächenländer-durchschnitt
	Euro je Einwohner	Euro je Einwohner	Euro je Einwohner
Reale staatliche Leistungen			1.066
Variante I	1.424	1.612	
Variante II	1.518	1.701	
Variante III	1.327	1.408	
Variante IV	1.323	1.403	
Variante V	1.400	1.491	
Variante VI	1.412	1.476	
Empfangene staatliche Leistungen im KFA	187	137	189
Gesamte staatliche Leistungen			1.254
Variante I	1.612	1.749	
Variante II	1.707	1.837	
Variante III	1.512	1.545	
Variante IV	1.509	1.539	
Variante V	1.587	1.627	
Variante VI	1.584	1.612	
Kreditfinanzierungsquote in %	11,7	8,9	10,7
Gesamte steuerfinanzierte staatliche Leistungen			1.120
Variante I	1.429	1.596	
Variante II	1.512	1.676	
Variante III	1.336	1.407	
Variante IV	1.333	1.402	
Variante V	1.401	1.485	
Variante VI	1.398	1.468	
Unterschied zwischen gesamten steuerfinanzierten staatlichen Leistungen in den Städten und FLØ			
Variante I	28	43	
Variante II	35	50	
Variante III	19	26	
Variante IV	19	25	
Variante V	25	33	
Variante VI	25	31	
Kommunale Steuerkraft in FAG	310	338	210
Gesamte in den Städten eingesetzte (steuerfinanzierte) Finanzkraft nach FAG			1.330
Variante I	1.739	1.934	
Variante II	1.822	2.014	
Variante III	1.646	1.745	
Variante IV	1.643	1.741	
Variante V	1.712	1.824	
Variante VI	1.709	1.806	
Unterschied zwischen Finanzkraft und der Finanzkraft im Flächenländerdurchschnitt			
Variante I	31	45	
Variante II	37	51	
Variante III	24	31	
Variante IV	24	31	
Variante V	29	37	
Variante VI	28	36	

Quelle: Hummel, M., Leibfritz, W. (1987), S. 86 ff.; Eigene Berechnungen.

Für die Variante I ergibt sich für die gesamten steuerfinanzierten Landesleistungen ein Wert von 1.429 Euro je Einwohner. Der Durchschnitt der Flächenländer beläuft sich auf 1.120 Euro. Für den Indikator I ergibt sich damit eine potenzielle Einwohnerwertung von 128 % (Variante I). Werden zusätzlich die *Kosten der Kleinheit* berücksichtigt, liegt der Wert bei 135 % (Variante II). Werden weiterhin die unterschiedlichen *Kosten der Flächenversorgung* für die Hochschulen abgezogen, ergeben sich Werte von 119 % (Variante III und IV) und 125 % (Variante V und VI).[489] Im Durchschnitt aller Vergleichsstädte ergibt sich also für beide Stadtstaaten eine Bandbreite von 119 % bis 135 %, werden ausschließlich die Hauptstädte berücksichtigt von 125 % bis 150 %.[490]

Für die Ermittlung des Indikators II muss den gesamten steuerfinanzierten staatlichen Leistungen die kommunale Finanzkraft in Abgrenzung des Finanzausgleichsgesetzes hinzugerechnet werden. Das dann errechnete Verhältnis des Städtedurchschnitts zum Flächenländerdurchschnitt liegt zwischen 124 % (Variante IV) und 151 % (Variante II, nur Hauptstädte).

Das Bundesverfassungsgericht hat dabei vorgegeben, die Auswirkungen der damals gültigen Einwohnerwertung bei den Gemeindesteuern gemäß § 9 Abs. 3 FAG aF mit in Ansatz zu bringen. Dieses soll eine Doppelabgeltung der strukturellen Andersartigkeit der Stadtstaaten vermeiden bzw. eine zu geringe Einwohnerwertung bei den Gemeindesteuern ausgleichen. Das Ifo-Gutachten selbst enthält Hinweise auf eine zu niedrig ausfallende gemeindliche Einwohnerwertung für die Stadtstaaten.[491] Um diese Differenz zu kompensieren und den Stadtstaaten eine großstadtspezifische Finanzkraft zu sichern, muss die Einwohnerwertung bei den Landessteuern über den eigentlichen strukturellen Finanzkraftunterschied zwischen den Großstädten und Flächenländern angehoben werden.[492] Dazu führt das Ifo-Institut folgende Rechnung (hier exemplarisch für Bremen) durch.

489 Vgl. Dannemann, G. (1987), S. 1 f.
490 Vgl. Hummel, M., Leibfritz, W. (1987), S. 87 f.
491 Vgl. Hummel, M., Leibfritz, W. (1987), S. 97 ff.
492 Vgl. Hickel, R., Roth, B., Troost, A. (1988), S. 188 ff.

Für die Variante I beträgt die gesuchte Größe (Höhe der Einwohnerwertung) 136 %. Die Rechnung verdeutlicht, dass die Einwohnerwertung auf Landesebene auch davon abhängt, inwiefern die Einwohnerwertung bei den Gemeindesteuern dem strukturellen Finanzkraftunterschied Rechnung trägt.[493]

Tabelle 19: Ermittlung der Einwohnerwertung bei den Landessteuern unter Berücksichtigung der Einwohnerwertung bei den Gemeindesteuern

Gesamte Finanzkraft der Städte je Einwohner nach FAG-Abgrenzung im Verhältnis zur Finanzkraft der Flächenländer (struktureller Finanzkraftunterschied) * 100 =	(1.739 Euro / 1.330 Euro *100) = 130,8 =
Anteil der steuerfinanzierten Landesleistungen an der gesamten Finanzkraft der Städte nach FAG-Abgrenzung *	(1.429 Euro / 1.739 Euro) = 0,822 *
Einwohnerwertung nach § 9 Abs. 2 FAG +	gesuchte Größe X +
Anteil der kommunalen Finanzkraft in FAG-Abgrenzung an der gesamten Finanzkraft der Städte *	(310 Euro / 1.739 Euro) = 0,178 *
Überdurchschnittliche Einwohnerwertung nach § 9 Abs. 3 FAG aF für Bremen	109

Quelle: Dannemann, G. (1987), S. 2.

Im Gegensatz zum Indikator I kommt der Indikator II aufgrund der *„Größen- und Dichteklausel“,* die den Stadtstaaten verschieden hohe Einwohnerwertungen bei den Gemeindesteuern zuteilte, auch zu unterschiedlichen Einwohnerwertungen bei den Landessteuern.[494] Werden alle Vergleichsstädte als Referenzbasis herangezogen, ergeben sich für die Varianten I bis VI, die folgenden Bandbreiten. Die Werte in Klammern ziehen nur die Hauptstädte als Vergleichsbasis heran:[495]

493 Als ergänzender Indikator wurde die nicht ganz unproblematische „Nettomittelposition“ der Städte errechnet. Sie gibt an, ob und in welcher Höhe die Städte das Umland aus Landessteuern mitfinanzieren und sich damit in einer der Stadtstaaten ähnlichen Situation befinden. Es konnte festgestellt werden, dass die Großstädte zur Finanzierung der Fläche beitragen (außer Hannover) und zwar umso ausgeprägter, desto höher die Finanzkraft der Städte ist. Daher wird im Gutachten der Schluss gezogen, dass es gerechtfertigt ist, dass starke Stadtstaaten wie Hamburg im Länderfinanzausgleich ausgleichspflichtig sind. Vgl. Hummel, M., Leibfritz, W. (1987), S. 94 ff.

494 Vgl. Hummel, M. (2001), S. 25.

495 Vgl. Hummel, M., Leibfritz, W. (1986), S. 89 ff.

- Bremen 127 % - 143 % (136 % - 160%)
- Hamburg 125 % - 141 % (134 % - 158 %)

Auf Grundlage des Indikators II entschied sich der Gesetzgeber im Rahmen seines Wertungs- und Gestaltungsspielraumes dazu, die Einwohnerwertung in Höhe von 135 % beizubehalten. Das Bundesverfassungsgericht beanstandete diese Entscheidung nicht.[496]

7.1.3 Teilaktualisierung der Ergebnisse aus dem Jahr 2001

Im Auftrag der drei Stadtstaaten wurde im Jahr 2001 durch Marlies Hummel eine Aktualisierung des Ifo-Gutachtens veröffentlicht. Die Aktualisierung greift die bereits erläuterte und vom Bundesverfassungsgericht gebilligte Ifo-Methode des indirekten Großstadtvergleichs auf[497] und stellt diese auf eine aktuelle Datenbasis der Jahre 1995-1998.

Bei der Auswahl der Vergleichsstädte wird dem „alten" Gutachten gefolgt. Des Weiteren wird den verfassungsgerichtlichen Ausführungen aus dem Jahr 1992 zur Einbeziehung der Ruhrgebietsstädte Rechnung getragen. Da sie nicht uneingeschränkt als Vergleichsstädte herangezogen werden können, erhalten sie nur halbes Gewicht, indem zur Quantifizierung der Einwohnerwertung die Werte mit und ohne die Ruhrgebietsstädte bzw. der entsprechende Mittelwert berechnet wird.[498] Außerdem wird auf die Hinzurechnung der „Kosten der Kleinheit" und auf die Korrekturen bei den Kosten der Flächenversorgung verzichtet. [499] Die Neuauflage des Gutachtens berücksichtigt zudem die Weiterentwicklung des bundesstaatlichen Finanzausgleichs. [500] Auf die höchst komplexe und zeitaufwendige Bestimmung des Umfangs der in den Großstädten wahrge-

---

496 Vgl. BVerfGE 86, 148 (239).

497 Vgl. BVerfGE 86, 148 (241).

498 Vgl. BVerfGE 86, 148 (244).

499 Vgl. BVerfGE 86, 148 (242 ff.).

500 Neben den westdeutschen Flächenländern werden daher auch die neuen Länder in die Berechnungen aufgenommen. Um jedoch ihrem erhöhten teilungsbedingten Strukturanpassungs- und Investitionsbedarf, der vom Bund im Rahmen von S-BEZ und dem Investitionsförderungsgesetz Aufbau Ost (IfG) Berücksichtigung findet bzw. fand, Rechnung zu tragen, werden diese Sonderzuweisungen in Höhe von 16,7 Mrd. DM von der Finanzkraft der Länder abgezogen. Ansonsten wären die steuerfinanzierten Leistungen je Einwohner im Verhältnis zu den westdeutschen Ländern deutlich überzeichnet. Vgl. Hummel, M. (2001), S. 13 f.

nommenen staatlichen Aufgaben (Regionalisierung der Landesausgaben) wurde allerdings verzichtet. Vielmehr wurde unterstellt, dass im Vergleich zu 1980-1984, trotz Strukturänderungen in einzelnen Ausgabenkategorien, die Relation der monetären und realen Leistungen an die Großstädte im Verhältnis zur Fläche annähernd konstant geblieben ist. Diese Annahme wird anhand einer Plausibilitätsprüfung kontrolliert. Es zeigt sich, dass sogar von einer Steigerung des relativen Umfangs der Landesleistungen für die Großstädte auszugehen ist. Trotzdem wird mit den niedrigeren Werten des ursprünglichen Gutachtens gearbeitet. Dieses führt zu einer Unterzeichnung der Ausgaben.[501] Die Autorin selbst bestätigt, dass *„die Ergebnisse der Quantifizierung von Indikator II eine absolute Untergrenze für eine adäquate Einwohnerwertung der Stadtstaaten darstellen"*[502] und tendenziell eher zu niedrig ausfallen.

Aufgrund der angewendeten indirekten Methode ist es möglich, die Aussagen auf den Stadtstaat Berlin zu übertragen. Für den Indikator I kommt die Neuquantifizierung auf Grundlage aller Vergleichsstädte zu einer Einwohnerwertung für alle drei Stadtstaaten von 128 %. Ohne die Ruhrgebietsstädte ergibt sich ein Wert von 134 % und bei ausschließlicher Berücksichtigung der Hauptstädte von 143 %.[503]

Für den maßgeblichen Indikator II, den der Gesetzgeber zur Quantifizierung der Einwohnerwertung herangezogen hat, kommt die Aktualisierung zu folgenden Bandbreiten. Die Werte in Klammern ergeben sich, wenn lediglich die Hauptstädte als Vergleichsstädte herangezogen werden:

- Berlin 131 % - 144 % (149 % - 152 %)
- Bremen 133 % - 147 % (152 % - 155 %)
- Hamburg 132 % - 154 % (150 % - 153 %)
- Stadtstaaten 131 % - 145 % (149 % - 153 %)

Zusätzlich wird ein Indikator III ermittelt. Dem Urteil des Bundesverfassungsgerichts vom 27. Mai 1992 ist zu entnehmen, dass auch die volle Kommunalsteuerkraft zur Bestimmung der Einwohnerwertung herangezogen werden kann.[504] Hierzu wird der Ansatz aus dem Jahr 1987 erweitert. Die Berechnung erfolgt wie die des Indikators II, jedoch wird die gemeindliche

501 Vgl. Hummel, M. (2001), S. 7 ff.
502 Hummel, M. (2001), S. 23.
503 Vgl. Hummel, M. (2001), S. 15 f.
504 Vgl. BVerfGE 86, 148, S. 246.

Steuerkraft nicht zu 50 %, sondern zu 100 % angesetzt. Dadurch erhöht sich die gesamte Finanzkraft der Vergleichsstädte. Da diese eine höhere kommunale Steuerkraft aufweisen als die Flächenländer, vergrößern sich die Finanzkraftunterschiede zwischen den Großstädten und den Flächenländern.[505] Nach dieser Variante ergeben sich folgende Einwohnerwertungen:

▪ Berlin	133 % - 155 %	(155 % - 162 %)
▪ Bremen	139 % - 160 %	(160 % - 168 %)
▪ Hamburg	135 % - 156 %	(157 % - 164 %)
▪ Stadtstaaten	135 % - 156 %	(156 % - 163 %)

In Bezug auf den maßgeblichen Indikator II belegt die Aktualisierung des Ifo-Gutachtens die Verfassungskonformität der 135 %, weil der Wert innerhalb der Bandbreiten liegt. Dieses ist aufgrund der unterstellten Konstanz der realen Landesleistungen nicht überraschend. Dennoch liegt der Wert am untersten Rand und die Autorin selbst merkt an, dass die Aktualisierung auch eine Erhöhung der Einwohnergewichtung aufgrund der Unterbewertung der Ausgaben gut begründen würde.[506]

7.1.4 Kritische Bewertung

Dem Ifo-Institut ist es erstmalig gelungen, die Spezifizierung der Einwohnerwertung auf eine vom Ansatz her konsistente und finanzstatistisch begründete Basis zu stellen. Das Ifo-Gutachten stellt deshalb *„eine Innovation in der empirischen Finanzwissenschaft“*[507] dar. Prinzipiell bietet der Ansatz die Grundlage für eine adäquate Lösung des Problems der Quantifizierung der Einwohnerwertung anhand verlässlicher und objektivierbarer Indikatoren. Gleichwohl weist die methodische Vorgehensweise Schwachstellen auf, weshalb das Gutachten der angemessenen Abgeltung der strukturellen Andersartigkeit der Stadtstaaten nur bedingt gerecht wird.[508]

(1) Grundsätzlich stellt die vom Ifo-Institut gewählte Methode mithilfe der Regionalisierung der steuerfinanzierten Landesausgaben eine Möglichkeit dar, die hypothetische Finanzkraft der Großstädte zu ermitteln. Es ist aber daraufhin

505 Vgl. Hummel, M. (2001), S. 27 ff.
506 Vgl. Hummel, M. (2001), S. 30.
507 Hickel, R., Roth, B., Troost, A. (1988), S. 158.
508 Vgl. BVerfGE 86, 148 (241).

zuweisen, dass das Finanzkraftgefälle ebenso von der Einnahmenseite her zu berechnen ist, indem die Landessteuern den jeweiligen Städten zugeordnet werden. Vesper, der diese Herangehensweise verfolgt, kommt zu dem Ergebnis, dass eine stadtstaatliche Einwohnerwertung auf Landesebene von 140 % angemessen ist.[509] Welche Methode bevorzugt wird, liegt letztlich in der Interpretation der Vorgaben des Bundesverfassungsgerichts, das daraufhin weist, dass die Finanzausstattung der Vergleichsstädte unter Einbeziehung der für sie wirksamen Sonderleistungen zu bestimmen ist. [510] Da der Begriff *Sonderleistungen* eher der Ausgabenseite zuzuordnen ist, entspricht die Ifo-Vorgehensweise den bundesverfassungsgerichtlichen Vorgaben. Da die aus Landessteuern finanzierten Ausgaben einerseits und die Landessteuern andererseits aber zwei Seiten der gleichen Medaille sind, scheint eine einnahmenseitige Bemessung ebenfalls statthaft zu sein.

(2) Von Seiten der Stadtstaaten wurde kritisiert, dass das Finanzkraftgefälle zwischen den Großstädten und den Flächenländern zum Maßstab der Einwohnerwertung gemacht wird und nicht, wie es dem Wortlaut des Bundesverfassungsgerichtsurteils zu entnehmen ist, ein direkter Vergleich ihrer realen Situation mit derjenigen der Großstädte.[511] Da ein direkter Vergleich, der die aktuelle Situation in den Stadtstaaten einbezieht, ist jedoch kein abstrakter Maßstab. Daher wird hier von dieser Variante Abstand genommen. Grundsätzlich ist der indirekte Großstadtvergleich das adäquate Verfahren, um die Andersartigkeit der Stadtstaaten als Großstädte ohne Umland auszudrücken.[512]

---

509 Auch das Deutsche Institut für Wirtschaftsforschung hat sich 2001 der Frage der Quantifizierung der Einwohnerwertung gewidmet und sich ebenfalls der Methodik des indirekten Großstadtvergleichs angeschlossen. Jedoch wird nicht auf die Bestimmung der Finanzkraft von der Ausgabenseite her zurückgegriffen – wie es das Ifo-Institut bei der Berechnung der aus Steuern finanzierten Landesleistungen getan hat –, sondern es wird die Finanzkraft von der Einnahmenseite bestimmt, indem die Landessteuern den ausgewählten Vergleichshauptstädten zugeordneten werden. So werden die Länderanteile an der Einkommensteuer über die Anzahl der Steuerpflichtigen und deren Steuerzahlungen festgesetzt. Die Körperschaftsteuer wird anhand des regionalen Gewerbesteueraufkommens und der Zinsabschlag nach der tatsächlichen Zerlegungspraxis verteilt. Die Kfz-Steuer wird nach dem Kfz-Bestand und die übrigen Landessteuern nach der Einwohnerzahl zugeordnet. Im Vergleich zum Landesdurchschnitt (ohne die betrachteten Vergleichsstädte) ergibt sich für die Einwohnerwertung (auf Landesebene) ein Wert in Höhe von 140 %. Vgl. Vesper, D. (2001), S. 6 f.

510 Vgl. BVerfGE 72, 330 (416).

511 So wurden nur die Hauptstädte herangezogen und die gesamte Finanzausstattung zugrunde gelegt. Vgl. Leibfritz, W. (1989), S. 6 f.; vgl. BVerfGE 86, 148 (242).

512 Vgl. Hickel, R., Roth, B., Troost, A. (1988), S. 219 f.

(3) Außerdem wird beanstandet, dass der Indikator I nicht sachgerecht sei, da er die Vorgabe des Bundesverfassungsgerichts, die gesamte Finanzausstattung der Städte zu berücksichtigen, missachte. Der Indikator I bildet nur die realen und finanziellen Landesleistungen für die Städte ab. Die strukturelle Komponente der eigenen kommunalen Steuerkraft der Städte wird nicht einbezogen.[513] *„Die Definition der Teil-Finanzkraft im Indikator I entspricht somit nicht den Anforderungen an einen stadtstaatenadäquaten Großstadtvergleich."*[514] Ferner werden beim Indikator I nicht, wie vom Bundesverfassungsgericht verlangt, die Auswirkungen der Einwohnerwertung bei den Gemeindesteuern mit in Ansatz gebracht. Somit wird unterstellt, dass die Höhe der gemeindlichen Einwohnerwertung angemessen ist. Das Ifo-Institut selbst führt jedoch an, dass die gesamte kommunale Finanzkraft (normierte Steuerkraft nach FAG) der Städte bei 127 % und die gesamte kommunale Finanzausstattung bei 143 % des Flächendurchschnitts liegen.[515] Bremen bzw. Hamburg erhielten aber lediglich Wertungen bei den Gemeindesteuern von 109 % bzw. 117 %.[516] Da der Indikator II die nicht über die gemeindliche Einwohnerwertung berücksichtigten strukturellen Unterschiede der Stadtstaaten in der kommunalen Finanzkraft berücksichtigt, ist nur dieser Indikator akzeptabel.

(4) Des Weiteren ist die Regionalisierung der Daten als problematisch einzustufen. Aus Vereinfachungsgründen und wegen fehlender Daten wurden vorwiegend einfache Einwohnerschlüssel sowie sehr pauschale Schlüssel angewendet, was zu einer Unterschätzung der Landesleistungen in den Städten führt. Die aktualisierte Fassung teilt sogar zusätzliche Ausgaben nach schlichten Einwohnerschlüsseln zu. Außerdem finden weitere *Kosten der Kleinheit* wie statistische Landesämter oder oberste Gerichte und andere kleinere Aufgabenbereiche keine Berücksichtigung. Ebenso ist die Regionalisierung der Ausgaben der Landesverbände bzw. der überörtlichen Träger bedenklich.[517] Aus diesen Gründen kann von einer Unterzeichnung der Landesleistungen an die Großstädte ausgegangen werden, was besonders auf die in Großstädten sehr kostenintensiven Bereiche wie die soziale Sicherung zutrifft. Damit fällt aber auch die Einwohnerwertung tendenziell zu niedrig aus.

(5) Daneben stellen die vorgenommenen Kürzungen im Bereich der Hochschulausgaben einen wichtigen Kritikpunkt dar. Im Grunde schreibt das

513 Vgl. Hickel, R. Roth, B., Troost, A. (1988), S. 196.
514 Hickel, R. Roth, B., Troost, A. (1988), S. 215.
515 Vgl. Hummel, M., Leibfritz, W. (1987), S. 98.
516 Vgl. Dannemann, G. (1987), S. 2.
517 Vgl. Dannemann, G. (1987), S. 5.

Bundesverfassungsgericht vor, die tatsächlich für die Stadt wirksamen staatlichen Sonderleistungen einzubeziehen. Die Abzüge werden damit begründet, dass die Hochschulausgaben eben nicht allein für die Städte wirksam werden, sondern zum Teil der Versorgung der Fläche dienen. Den Stadtstaaten sei die Pflicht zur Umlandsversorgung nicht auferlegt und die Nutzenspillovers würden teilweise unfreiwillig geschehen. Tatsächlich werden aber viele Ausgaben, die der Umlandversorgung dienen, von den Flächenländern aus raumordnerischen Gründen bewusst in den Großstädten getätigt (zum Beispiel Staatstheater).[518] Konsequenterweise müssten dann alle diese Ausgabenbereiche und nicht nur ein willkürlicher Bereich gekürzt werden. Das Ifo-Institut hingegen sieht die Abschläge nicht als willkürlich an, da der Hochschulbereich als einer der größten Aufgabenbereiche für die Flächenversorgung besonders relevant ist.[519] Durch eine *„Kleindimensionierung"* staatlicher Aufgabenbereiche würden die Stadtstaaten aber zu Groß- bzw. Hauptstädten zweiter Klasse degradiert.[520] Sie wären im Standortwettbewerb der Großstädte nicht mehr konkurrenzfähig. Dieses kann nicht statthaft sein. Es ist vermutlich sogar die Pflicht der Stadtstaaten, das Umland mitzuversorgen, da ansonsten dessen Unterversorgung oder eine ökonomisch und fiskalisch paradoxe Doppelversorgung mit öffentlichen Leistungen droht.

Die Stadtstaaten erzeugen durch ihre oberzentralen Funktionen Spillover-Effekte. Damit gleicht ihr Aufgabenprofil dem der Großstadt, wobei die Umlandeffekte der Stadtstaaten, wie oben beschrieben, nicht durch einen internen Ausgleich abgegolten werden können. Dieses muss über die Einwohnerwertung geschehen, was aber nur angemessen geschieht, wenn die tatsächlichen Kapazitäten der Großstädte die Ausstattungsnorm für die Stadtstaaten bilden.[521] Gerade die Berücksichtigung der Hochschulausgaben im Ausmaß der Eigennutzungsquoten der Städte entspricht nicht der gängigen Hochschulpraxis, da jede Groß- bzw. Hauptstadt aus ökonomischen Gründen oder aus Zwecken der Umlandversorgungsfunktion ihre Infrastruktur breiter auslegt.[522] Daneben hätte die Orientierung an der durchschnittlichen Eigennutzungsquote der Stadtstaaten den Status quo des Universitätsausbaus in den Stadtstaaten festgeschrieben.[523] Finanzierungsschwierigkeiten, die einen Hochschulausbau in den Stadtstaaten verhindern, würden zementiert, womit den Stadtstaaten in der Konsequenz eine

518 Vgl. Hummel, M., Leibfritz, W. (1986), S. 44 f.
519 Vgl. Leibfritz, W. (1989), S. 15.
520 Vgl. Dannemann, G. (1987), S. 3 f.
521 Vgl. Hickel, R., Roth, B., Troost, A. (1988), S. 207 f.
522 Vgl. Hidien, J. W. (1999), S. 405.
523 Vgl. BVerfGE 86, 148 (182).

angemessene Hochschulkapazität vorenthalten bliebe. Nur die Berücksichtigung der gesamten Ausgaben der „gewachsenen“ Universitäten wird den Stadtstaaten eine den Großstädten vergleichbare Hochschulentwicklung und deren Finanzierung sichern.[524] Die Aktualisierung des Gutachtens nimmt zwar von diesen Kürzungen Abstand, das Bundesverfassungsgericht hingegen beanstandet sie nicht, hält allerdings die Varianten III und IV für unangebracht.[525]

(6) Auch die Hinzurechnung fiktiver Kosten für die politische Führung ist abzulehnen.[526] Diese Kosten betreffen nicht nur Stadtstaaten, sondern alle kleinen Bundesländer und erfassen somit keine stadtstaatliche Besonderheit.[527] Da sie über das Instrument der Sonderbedarfs-Bundesergänzungszuweisungen abgegolten werden, können sie nicht zur Quantifizierung der Einwohnerwertung herangezogen werden. Dieser Argumentation ist grundsätzlich zuzustimmen. Sie wurde 1992 auch vom Bundesverfassungsgericht bestätigt[528] und in der Aktualisierung des Gutachtens berücksichtigt.

(7) Darüber hinaus wird kritisiert, dass nicht alle Städte mit mehr als 500.000 Einwohnern gleichermaßen als Vergleichsstädte geeignet seien. So ist die Einbeziehung der drei Ruhrgebietsstädte Essen, Dortmund und Duisburg problematisch. Sie erfüllen zwar das Kriterium der Einwohnerzahl, nehmen aber im Vergleich zu den Stadtstaaten weniger oberzentrale Funktionen wahr. Die Ruhrgebietsstädte sind keine solitären Zentren, die weit in den Raum ausstrahlen. Ihre Umlandversorgungsfunktion ist deshalb nicht mit derjenigen der Stadtstaaten vergleichbar. Aufgrund ihrer Lage innerhalb desselben Verdichtungsraumes kommt es zu einer verflechtungs- und kooperationsbedingten Funktions- und Kostenteilung, die ausgabensenkend wirkt und den Finanzbedarf der Städte verringert.[529] Dieses spiegelt sich in der niedrigeren Finanzkraft der Ruhrgebietsstädte im Vergleich zu den übrigen Referenzstädten wieder.[530]

Die Einbeziehung der Ruhrgebietsstädte wirkt sich nachteilig für die Stadtstaaten aus, denn *„je mehr fiskalisch notleidende Großstädte in den Vergleich einbezogen werden, umso* .. [Anm. d. Verf.: geringer] *fällt die gegenüber dem Durchschnitt der Flächenländer abgeleitete Einwohnerwertung der Stadtstaaten aus.“*[531] Trotzdem

524 Vgl. Hickel, R., Roth, B., Troost, A. (1988), S. 208 ff.
525 Vgl. BVerfGE 86, 148 (242 f.).
526 Vgl. Dannemann, G. (1987), S. 3.
527 Vgl. BVerfGE 86, 148 (183).
528 Vgl. BVerfGE 86, 148 (243 f.).
529 Vgl. Hidien, J. W. (1999), S. 399 f.
530 Vgl. Hummel, M., Leibfritz, W. (1986), S. 91.
531 Hickel, R., Roth, B., Troost, A. (1988), S. 165.

ist es nicht geboten, die Ruhrgebietsstädte völlig außer Acht zu lassen, da sonst Zufälligkeiten und stadtspezifische Merkmale zu großes Gewicht bekämen. Das Bundesverfassungsgericht hat dem Gesetzgeber untersagt, den Ruhrgebietsstädten volles Gewicht beizumessen. Vielmehr solle das Mittel der Werte zugrunde gelegt werden, das sich bei der Einbeziehung und Ausklammerung dieser Städte ergibt.[532] Die Aktualisierung des Gutachtens berücksichtigt diesen Vorschlag.

(8) Ebenso wird darauf hingewiesen, dass die Stadtstaaten aufgrund ihrer Funktion als Hauptstadt ohne Umland nicht mit allen Städten vergleichbar sind. Vielmehr kämen nur die Hauptstädte als Referenzstädte in Betracht, da sie ähnliche Aufgabenprofile wie die Stadtstaaten wahrnehmen. Dass die Hauptstadtfunktion über die Großstadtfunktion hinausgeht, wird allein daran deutlich, dass die realen Landesleistungen für die Hauptstädte merklich über dem Durchschnitt der übrigen Großstädte liegen. Hauptstädte erhalten aufgrund der Konzentration von verschiedenen Landesaufgaben eine stärkere Unterstützung aus dem Landeshaushalt, weswegen ihre Finanzkraft generell höher ist. Deshalb forderte Bremen den Vergleich mit den ähnlich großen Hauptstädten Stuttgart, Düsseldorf und Hannover.[533] Das Ifo-Institut sieht in dieser Auswahl eine unzulässige Beschränkung auf Städte, die überdurchschnittlich finanzstark sind oder untypisch hohe Landesleistungen aufweisen.[534] Auch das Bundesverfassungsgericht verneinte eine ausschließliche Berücksichtigung der Hauptstädte.[535]

(9) In Zweifel gezogen wird die Ifo-Methode auch in Hinblick darauf, ob sie die Phänomene der Pendlerproblematik bzw. der Stadt-Umland-Wanderung hinreichend erfasst. Wegen ihres Charakters als Ballungszentren ohne Umland verlieren die Stadtstaaten aufgrund des Wohnsitzprinzips erheblich an Einkommen- und Lohnsteueraufkommen.[536] Dazu entstehen den Stadtstaaten pendlerbedingte Kosten für die Pflege von Arbeitsplätzen und Infrastruktur. Die Zunahme der Stadt-Umland-Wanderung verstärkt dieses Problem und führt zusätzlich wegen abnehmender Einwohnerzahlen der Stadtstaaten zu Verlusten bei der

532 Vgl. BVerfGE 86, 148 (244 f.).

533 Vgl. Dannemann, G. (1987), S. 5.

534 Vgl. Leibfritz, W. (1989), S. 19.

535 Vgl. BVerfGE 86, 148 (242).

536 Die veranlagte Einkommensteuer fließt von vornherein dem Wohnsitzland des Arbeitnehmers zu und wird nicht zerlegt. Die Lohnsteuer, die zunächst am Unternehmenssitz erhoben wird, steht nach dem Wohnsitzprinzip dem Land zu, in dem der Arbeitnehmer seinen Wohnsitz hat. Da viele Arbeitnehmer in den Stadtstaaten arbeiten, aber im Umland wohnen, fließt das Aufkommen der Einkommen- und Lohnsteuer den Anrainerländern zu.

Umsatzsteuerverteilung und im Länderfinanzausgleich. Hierbei können die Stadtstaaten ihr öffentliches Leistungsangebot nicht analog zum wanderungsbedingten Bevölkerungsrückgang reduzieren.[537]

Nach Ansicht der Ifo-Gutachter trägt die „... *Methode zur Quantifizierung der Einwohnerwertung .. der Pendlerproblematik insoweit Rechnung als die Situation im Durchschnitt der Vergleichsstädte zugrunde gelegt wird.*“[538] Die Großstädte verzeichnen ebenso wie die Stadtstaaten abwanderungs- und pendlerbedingte Mindereinnahmen und Mehraufwendungen. Sofern die Städte dafür landesintern entschädigt werden, erhöht sich die Finanzkraft der Städte gegenüber dem Flächenländerdurchschnitt und fließt in die Quantifizierung der Einwohnerwertung mit ein. Dabei erhebt das Gutachten nicht den Anspruch, die gesamten Auswirkungen der stadtstaatlichen Pendlerproblematik „einfangen“ zu können. Vielmehr ist nach Ansicht des Ifo-Instituts die Pendlerproblematik nicht durch eine Änderung der Einwohnerwertung, sondern der Zerlegungsvorschriften zu kompensieren. Ein Pendlerzuschuss zur Einwohnerwertung ist undurchsichtig bzw. kaum ermittelbar und belastet auch die nicht von den Pendlergewinnen profitierenden Länder.[539]

Andere Finanzwissenschaftler befürworten hingegen eine pendlerbedingte Erhöhung der Einwohnerwertung, solange es zu keiner anderen Regelung kommt. Die „.. *Pendlerproblematik trifft die Stadtstaaten fiskalisch systematisch stärker als den Durchschnitt der Vergleichsgroßstädte*“[540], da Vergleichsstädte einbezogen werden, die hinsichtlich der aus der Zentralitätsfunktion resultierenden Pendlerproblematik nicht vergleichbar mit den Stadtstaaten sind. Dabei besteht aber die Gefahr, dass dieser Zuschlag zu einer verfassungsrechtlich abgelehnten Statusgarantie auswächst. Das Bundesverfassungsgericht ist der Ansicht, dass die Ifo-Methode die Pendlerproblematik prinzipiell ausreichend berücksichtigt.[541] Dieser Auffassung ist grundsätzlich zuzustimmen.

---

537 Vgl. Hickel, R., Roth, B., Troost, A. (1988), S. 145.

538 Hummel, M., Leibfritz, W. (1987), S. 66.

539 Dabei sind einer Änderung der Zerlegungsvorschriften enge verfassungsrechtliche Grenzen gesetzt, da das Bundesverfassungsgericht diese Vorschriften als verfassungskonform abgeurteilt hat. Vgl. BVerfGE 72, 330 (390 ff., 406 ff.). Allerdings ist dem entgegenzusetzen, dass die Differenz zwischen Wirtschaft- und Steuerkraft in manchen Ländern mittlerweile solch ein Ausmaß angenommen hat, dass die geltenden Zerlegungsvorschriften unbedingt überdacht werden sollten.

540 Hickel, R., Roth, B., Troost, A. (1988), S. 166.

541 Vgl. BVerfGE 86, 148 (243).

(10) Des Weiteren ist anzumerken, dass das Bundesverfassungsgericht ursprünglich auf einen Vergleich der Finanzausstattung und nicht der Finanzkraft verwiesen hat.[542] Die Ifo-Gutachter ziehen mit Verweis auf die Synchronisation mit der Länderfinanzausgleichssystematik nicht die tatsächliche Finanzausstattung der Großstädte, also das tatsächliche Finanzaufkommen als Ergebnis des Verteilungs- und Ausgleichssystems, heran. Vielmehr wird die Finanzkraft verglichen, bei deren Berechnung die Realsteuern mit nivellierten Hebesätzen angesetzt werden und die Gemeindesteuern nur zu 50 % Berücksichtigung finden.[543] Da die Einwohnerwertung im Zusammenhang mit dem gesamten Finanzausgleichssystem steht, deren zentrales Element die Finanzkraft ist, sehen die Ifo-Gutachter in dem Ansatz der gesamten Finanzausstattung zur Quantifizierung der Einwohnerwertung bei gleichzeitig teilweiser Berücksichtigung der Finanzkraft im Länderfinanzausgleich einen Widerspruch.[544]

Dem widerspricht, dass sich die Entfaltungsmöglichkeiten der Städte in ihren faktischen und nicht normierten finanziellen Möglichkeiten ausdrücken. Daher führt die unzureichende Erfassung der Gemeindesteuerkraft für die Stadtstaaten zu nachteiligen Verzerrungen. Dieses Vorgehen scheint nicht gerechtfertigt und läuft dem Zweck eines Großstadtvergleichs entgegen.[545] Aus heutiger Sicht ist die Anwendung normierter Hebesätze zu beanstanden, da diese Regelung infolge der Neugestaltung des Finanzausgleichs entfallen ist. Würde die gesamte kommunale Finanzausstattung einbezogen, verschöbe sich die Bandbreite der Einwohnerwertung für Bremen auf 135 % - 148 % und für Hamburg auf 128 % - 141 %.[546] Das Bundesverfassungsgericht teilt diesen Kritikpunkt zwar, kommt aber zu dem Ergebnis, dass selbst bei voller Berücksichtigung der Gemeindesteuerkraft die Einwohnerwertung von 135 % im Rahmen der Bandbreite verbleibt.

Unter Berücksichtigung der genannten Kritik berechnen Hickel, Roth und Troost in Anlehnung an das Ifo-Gutachten eine ihrer Meinung nach adäquate Einwohnerwertung. Sie nehmen dabei keine Abschläge für die Flächenversorgung vor, rechnen keine *Kosten der Kleinheit* hinzu, beziehen sich lediglich auf die Landeshauptstädte (Stuttgart, Düsseldorf, Hannover, München) und berücksichtigen die

542 Vgl. BVerfGE 72, 330 (416).
543 Vgl. Dannemann, G. (1987), S. 3.
544 Vgl. Leibfritz, W. (1989), S. 6.
545 Vgl. Hickel, R., Roth, B., Troost, A. (1988), S. 215 f.
546 Bei dieser Berechnung kommt das Bundesverfassungsgericht einigen Kritikpunkten nach und gesteht den Ruhrgebietsstädte nur halbes Gewicht zu, berücksichtigt keine Zusatzkosten der Kleinheit und schließt die Varianten III und IV aus. Vgl. BVerfGE 86, 148 (246).

faktische Finanzausstattung der Großstädte. Durch drei Berechnungsmethoden (direkter Vergleich mit und ohne Länderfinanzausgleichsleistungen sowie indirekter Großstadtvergleich) ermitteln sie eine Einwohnerwertungsbandbreite von 163 % - 173 %.[547]

7.2 Berücksichtigung abstrakter Mehrbedarfe im Länderfinanzausgleich: Das Gutachten des Bundesamtes für Bauwesen und Raumordnung

7.2.1 Methodischer Ansatz

In seinem Urteil vom 11. November 1999 erteilte das Bundesverfassungsgericht dem Gesetzgeber zum zweiten Mal den Auftrag, die im damaligen Finanzausgleichsgesetz festgeschriebenen Einwohnerwertungen für die Stadtstaaten sowie für Länder mit großen und bevölkerungsdichten Gemeinden anhand verlässlicher, objektivierbarer Indikatoren zu überprüfen.

> „Überprüfungsbedürftig ist auch die Einwohnergewichtung. Dabei hat das Maßstäbegesetz eine Gleichbehandlung aller Länder sicherzustellen. Umfang und Höhe eines Mehrbedarfs sowie die Art seiner Berücksichtigung dürfen vom Gesetzgeber nicht frei gegriffen werden. Sie müssen sich nach Maßgabe verlässlicher, objektivierbarer Indikatoren als angemessen erweisen. Die Einbeziehung der neuen Länder in den Länderfinanzausgleich macht es erforderlich, die Finanzkraft der Stadtstaaten der Finanzkraft der dünn besiedelten Flächenstaaten gegenüberzustellen und zu prüfen, ob eine Ballung der Bevölkerung in einem Land oder eine unterdurchschnittliche Bevölkerungszahl einen abstrakten Mehrbedarf pro Einwohner rechtfertigen kann.“[548]

> „Soweit der Einwohnermaßstab auch in Zukunft modifiziert werden soll, wird dieser Prüfungsauftrag umso dringlicher, als der Bedarf der neuen Länder Brandenburg, Mecklenburg-Vorpommern und Thüringen durch die gegenwärtige Einwohnerwertung weniger Gewicht erhält, die Kosten vieler öffentlicher Leistungen in dünn besiedelten Gebieten deutlich höher liegen können als in den Städten, zudem die Gemeinkosten auf eine geringere Kopfzahl umgelegt werden müssen. Die Dichteklausel des § 9 Abs. 3 Satz 2 FAG läßt nicht erkennen, ob sie ein empirisch nachweisbares Bedarfsindiz erfaßt oder erfassen könnte. [Sie] … ist auch deshalb überprüfungsbedürftig.“[549]

---

547 Vgl. Hickel, R., Roth, B., Troost, A. (1988), S. 217 ff.
548 BVerfGE 101, 158 (230).
549 BVerfGE 101, 158 (230 f.).

Daher beauftragte das Bundesministerium der Finanzen im Zusammenhang mit der Vorbereitung des Maßstäbegesetzes und der Neufassung des Finanzausgleichsgesetzes das Bundesamt für Bauwesen und Raumordnung (BBR), eine Untersuchung zur Begründung und Quantifizierung abstrakter Mehrbedarfe im Länderfinanzausgleich durchzuführen. Folglich war das Ziel der BBR-Expertise, zu prüfen, *„ob strukturelle Unterschiede zwischen den Ländern bestehen, die abstrakte Mehrbedarfe begründen können und ob diese über Indikatoren sachgerecht erfasst werden können. Des Weiteren sind abstrakte Mehrbedarfe in den Ländern zu quantifizieren und Schlüsse für die Einwohnerwertungen zu ziehen."*[550] Die vom BBR durchgeführte Untersuchung zur Bestimmung abstrakter Mehrbedarfe umfasst dabei folgende Systematik:[551]

(1) Die Bundesländer werden hinsichtlich ihrer unterschiedlichen Bevölkerungsdichte bzw. Siedlungsstruktur sowie ihrer sozioökonomischen Zusammensetzung analysiert.
(2) Um zu prüfen, ob sich die gefundenen Unterschiede in der gemeinde- und länderspezifischen Aufgabenerfüllung und den Ausgaben widerspiegeln, wird der Frage nachgegangen, ob Großstädte wie die Stadtstaaten oder dünn besiedelte Flächenländer aufgabenspezifische Mehrausgaben aufweisen. Ziel ist es, staatliche und kommunale Aufgabenbereiche zu identifizieren, die einen abstrakten Mehrbedarf begründen können.
(3) Die ermittelten Aufgabenbereiche werden anhand objektivierbarer Bedarfsindikatoren auf das Vorliegen abstrakter Mehrbedarfe überprüft.
(4) Um zu einer abschließenden Schätzung über die Höhe der Einwohnerwertung zu kommen, werden die abstrakten Mehrbedarfe quantifiziert.

Im Folgenden werden die einzelnen Verfahrensschritte vorgestellt, um daraufhin den methodischen Ansatz des BBR einer kritischen Würdigung zu unterziehen.

---

550 Eltges, M. et al. (2001), S. 11.

551 Vgl. Eltges, M. et al. (2001), S. 11 f.

7.2.1.1 Analyse siedlungsstruktureller und sozioökonomischer Unterschiede zwischen den Bundesländern

Neben der Bevölkerungsdichte können auch die Siedlungsstruktur[552] und die sozioökonomische Zusammensetzung eines Gebietes Einfluss auf die Ausgaben haben.[553] Daher untersucht das BBR, inwieweit zwischen den Bundesländern Unterschiede in diesen Bereichen bestehen.

Mehrbedarfe liegen vor, wenn gleiche Staatsaufgaben unterschiedlich hohe Pro-Kopf-Ausgaben in den Ländern verursachen. Im Finanzausgleichsgesetz, das bis Ende 2004 in Kraft war, wurde grundsätzlich ein progressiver Zusammenhang zwischen den Pro-Kopf-Ausgaben der Leistungserstellung und der Bevölkerungsdichte unterstellt. Diese Annahme spiegelte sich in der Ausgestaltung der Einwohnerwertungen wider.[554] Indes sind auch degressive, u-förmige oder konstante Verläufe zwischen Pro-Kopf-Ausgaben und Einwohnerdichte denkbar.[555]

Die Spannbreite der Bevölkerungsdichte reicht dabei von 78 (Mecklenburg-Vorpommern) bis 3.818 (Berlin) Einwohnern je qkm in den neuen Bundesländern und von 165 (Niedersachsen) bis 2.251 (Hamburg) Einwohnern pro qkm in den alten Ländern. Die Siedlungsstruktur wird anhand des Indikators *„Anteil der Menschen, die in Verbandsgemeinden mit einer Bevölkerungsdichte von unter 100 Einwohnern je qkm leben"* erhoben.[556] Mecklenburg-Vorpommern und Brandenburg weisen mit 43 % bzw. 36 % verhältnismäßig hohe Werte auf, gefolgt von Sachsen-Anhalt und Thüringen mit jeweils 28 %. Die Stadtstaaten haben strukturell bedingt einen Wert von 0 %. Im Ergebnis zeigen sich zwischen den Stadtstaaten und Flächenländern sowie zwischen den alten und neuen Ländern erhebliche Unterschiede in der Siedlungsdichte und -struktur.[557]

---

552 Die BBR-Autoren definieren den Begriff *Siedlungsstruktur* als die Verteilung der Bevölkerung in einem Land und das daraus resultierende Siedlungs- und Infrastrukturgefüge.

553 Vgl. Eltges, M. et al. (2001), S. 17 f.

554 Vgl. § 9 Abs. 2 und 3 Gesetz über den Finanzausgleich zwischen Bund und Ländern vom 23. Juni 1993 (BGBl. I S. 944/977), zuletzt geändert durch Solidarpaktfortführungsgesetz vom 20. Dezember 2001 (BGBl. I 3955) und Viertes Gesetz für moderne Dienstleistungen am Arbeitsmarkt vom 29. Dezember 2003 (BGBl. I S. 2954).

555 Vgl. Eltges, M. et al. (2001), S. 15 f. In der Literatur wird die einseitige Berücksichtigung von Ballungsnachteilen zunehmend kritisiert. Vgl. Seitz, H. (2002); vgl. Fischer-Menshausen, H. (1980), S. 636 ff.

556 Die Daten Bevölkerungsdichte und Siedlungsstruktur beziehen sich auf das Jahr 1998.

557 Vgl. Eltges, M. et al. (2001), S. 19 ff.

Zudem können die sozialen und ökonomischen Gegebenheiten in einem Land Einfluss auf den Bedarf an öffentlichen Leistungen und damit auf die Pro-Kopf-Ausgaben haben. Zur Abbildung der sozioökonomischen Rahmenbedingungen werden Strukturdaten wie Bruttoinlandsprodukt je Erwerbstätigem, Erwerbstätige und Arbeitslose je 1.000 Einwohner sowie Sozialhilfeempfänger je 1.000 Einwohner erhoben. Das Bruttoinlandsprodukt je Einwohner der neuen Länder weist trotz ihres Aufholprozesses noch einen deutlichen Rückstand zu den alten Bundesländern auf. Ihre Wirtschaftskraft erreicht gerade 70 % des westdeutschen Niveaus. 30 % der gesamtdeutschen Arbeitslosen sind in Ostdeutschland registriert, obwohl sich hier nur rund 19 % der gesamtdeutschen Bevölkerung konzentrieren. Die Sozialhilfeempfängerquote wird aufgrund des massiven Einsatzes arbeitsmarktpolitischer Maßnahmen in Ostdeutschland unterzeichnet und ist daher wenig aussagekräftig. Dabei weisen unter den ostdeutschen Ländern die extrem dünn besiedelten Länder Mecklenburg-Vorpommern, Brandenburg und Sachsen-Anhalt schlechtere Werte auf als Thüringen und Sachsen. Auch die drei Stadtstaaten unterscheiden sich deutlich von den westdeutschen Flächenländern. Mit Ausnahme Berlins sind sie relativ wirtschaftsstark. [558] Gleichzeitig weisen sie eine überdurchschnittliche Arbeitslosigkeit und mit Abstand die höchsten Sozialhilfeempfängerquoten auf.

Zusammenfassend konstatiert das BBR, dass sich die Stadtstaaten und die dünn besiedelten neuen Länder nicht nur in ihrer Siedlungsdichte und -struktur von den anderen Bundesländern, sondern auch in den damit korrespondierenden wirtschaftlichen und sozialen Indikatoren unterscheiden.[559]

7.2.1.2 Bestimmung der Mehrausgaben in ausgleichsrelevanten Aufgabenbereichen

In einem zweiten Schritt wird der Frage nachgegangen, ob sich die festgestellten siedlungsstrukturellen bzw. sozio-ökonomischen Unterschiede in der gemeinde- und länderspezifischen Aufgabenerfüllung widerspiegeln und ob diese Aufgabenbereiche abstrakte Mehrbedarfe begründen. Zur Ermittlung abstrakter Mehrbedarfe verwendet das BBR das Konzept der Mehrausgaben. Diese werden hierbei als *„Differenz zwischen den Bruttoausgaben und den Bruttoeinnahmen [einschließlich*

---

558 Um eine umfassende Analyse der Stadtstaaten zu gewährleisten, wird Berlin den westdeutschen Ländern gegenübergestellt.

559 Vgl. Eltges, M. et al. (2001), S. 22 ff.

der Zahlungen des Bundes] in den einzelnen Aufgabenbereichen"[560] definiert. Sie zeigen, welche Aufgabenbereiche zur Deckung ihrer Ausgaben Mittel aus der allgemeinen Finanzwirtschaft beziehen, also im wesentlichen auf Einnahmen aus Steuern, allgemeinen Zuweisungen oder Kreditaufnahme angewiesen sind.[561]

An dieser Stelle sei darauf hingewiesen, dass das BBR zur Berechnung der Mehrausgaben nicht zwischen der kommunalen und staatlichen Ebene differenziert, sondern aus finanzwissenschaftlichen[562] und verfassungsrechtlichen[563] Gründen eine zusammenfassende Betrachtung beider Ebenen vornimmt. Zum einen liegt dies in dem intensiven Finanzgeflecht zwischen Ländern und Gemeinden begründet, das nur wenige kommunale Aufgaben vom Landeseinfluss unberührt lässt. Zum anderen erübrigt sich das Problem, dass die Finanzstatistik keine Werte für die Stadtstaaten auf der kommunalen Ebene ausweist. Die für die Landes-/Gemeindeebene aggregierten Mehrausgaben sind demnach definiert als:

Mehrausgaben = Unmittelbare Ausgaben der Lände
+ Zahlungen der Länder an den öffentlichen Bereich
+ unmittelbare Ausgaben der Gemeinden
+ Zahlungen der Gemeinden an den öffentlichen Bereich
- unmittelbare Einnahmen der Länder[564]
- Zahlungen vom öffentlichen Bereich an die Länder[565]
- unmittelbare Einnahmen der Kommunen
- Zahlungen vom öffentlichen Bereich an die Kommunen abzgl. Zahlungen vom Land an die Kommunen.[566]

560 Eltges, M. et al. (2001), S. 13.
561 Vgl. Eltges, M., Jakubowski, P., Zarth, M. (2001), S. 155.
562 Vgl. Eltges, M., Zarth, M., Jakubowski, P. (2001), S. 327.
563 Vgl. BVerfGE 86, 148 (218 ff.); vgl. Eltges, M. et al. (2001), S. 12; vgl. Grawert, R. (1989), S. 30 f.
564 Unmittelbare Einnahmen = Steuern + Gebühren und sonstige Entgelte + Vermögensverkäufe + Zahlungen von anderen Bereichen. Vgl. Seitz, H. (2006b), S. 27.
565 Zahlungen vom öffentlichen Bereich an die Länder = Bruttoeinnahmen – unmittelbare Einnahmen. Dabei ergeben sich die Bruttoeinnahmen als unmittelbare Einnahmen + Zahlungen von gleicher Ebene + Zahlungen von anderer Ebene. Vgl. Seitz, H. (2006b), S. 27.
566 Unmittelbare Ausgaben = Personalausgaben + laufender Sachaufwand + Zinsausgaben + Sachinvestitionen + Beteiligungserwerb + Zahlungen an andere Bereiche. Vgl. Seitz, H. (2006b), S. 26.

Die Mehrausgaben der einzelnen Aufgabenbereiche werden als Durchschnittswerte für den Zeitraum der Jahre 1994 bis 1998 berechnet. Zu diesen Aufgabenbereichen zählen:

- Allgemeine Dienste (Aufgabenbereich 0)
- Bildungswesen, Wissenschaft, Forschung, kulturelle Angelegenheiten (Aufgabenbereich 1)
- Soziale Sicherung, soziale Kriegsfolgeaufgaben, Wiedergutmachung (Aufgabenbereich 2)
- Gesundheit, Sport und Erholung (Aufgabenbereich 3)
- Wohnungswesen, Raumordnung (Aufgabenbereich 4)
- Ernährung, Landwirtschaft und Forsten (Aufgabenbereich 5)
- Energie-/ Wasserwirtschaft, Gewerbe, Dienstleistungen (Aufgabenbereich 6)
- Verkehr- und Nachrichtenwesen (Aufgabenbereich 7)
- Wirtschaftsunternehmen, Allgemeines Grund- und Kapitalvermögen, Sondervermögen (Aufgabenbereich 8)
- Allgemeine Finanzwirtschaft (Aufgabenbereich 9).

Der Aufgabenbereich 8 bleibt unberücksichtigt, da die in diesem Bereich erwirtschafteten Einnahmen die Ausgaben übersteigen und sich somit keine Mehrausgaben ergeben. Außerdem wird der Aufgabenbereich 9 mit Ausnahme der Mehrausgaben für Versorgung und Beihilfen ausgeklammert, weil die hier verbuchten Mehreinnahmen der Deckung der Mehrausgaben in den Aufgabenbereichen 0 bis 7 dienen.[567] Damit entsprechen die Mehrausgaben dem Konzept der steuer- und kreditfinanzierten Primärnettoausgaben.

Beim durchgeführten Ländervergleich der Mehrausgaben (vgl. Abbildung 13) wird eine analytische Trennung zwischen den alten und neuen Ländern vorgenommen, da die Vergleichbarkeit der Mehrausgaben der west- und ostdeutschen Länder wegen des Nachholbedarfs der neuen Bundesländer noch stark eingeschränkt ist. Berlin wird den alten Bundesländern zugeordnet, um eine umfassende Analyse der Stadtstaaten zu gewährleisten.[568]

Die räumliche Verteilung der Mehrausgaben je Einwohner verdeutlicht die besondere Stellung der Stadtstaaten. Ihre Mehrausgaben liegen beträchtlich über denen der Flächenländer. Zudem liegt das Niveau der Mehrausgaben in den neuen Ländern über dem Niveau der alten Flächenländer. Insgesamt konzentrieren sich

567 Vgl. Eltges, M. et al. (2001), S. 36 f.
568 Vgl. Eltges, M. et al. (2001), S. 15.

die Mehrausgaben (rund 61 %) auf die Aufgabenbereiche *Schule, Schulverwaltung, Schülerbeförderung, soziale Sicherung, Jugendhilfe, zentrale Verwaltung, Hochschulen (ohne Hochschulkliniken) und öffentliche Sicherheit und Ordnung (ohne Brandschutz).*

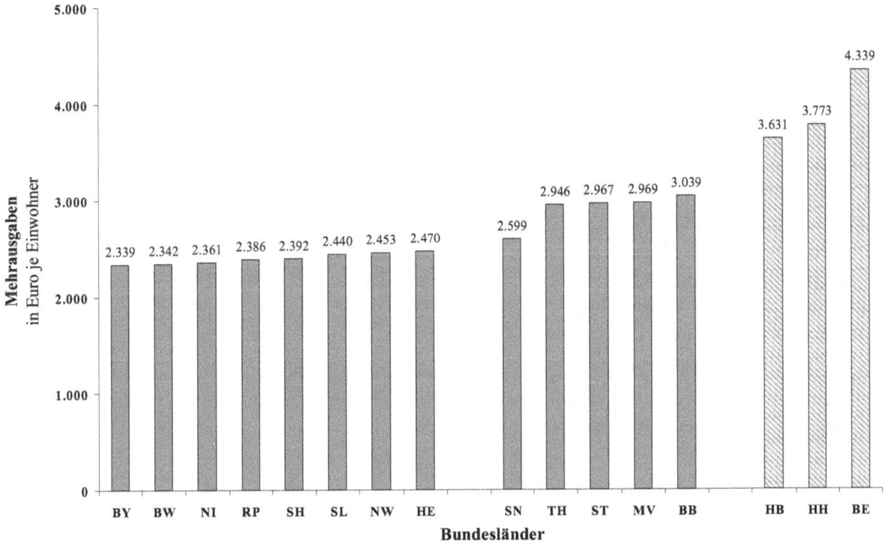

Abbildung 13: Mehrausgaben der Länder und Gemeinden / Gemeindeverbände
Quelle: In Anlehnung an Eltges, M. et al. (2001), S. 37; Eigene Darstellung.

Es ist zu berücksichtigen, dass nicht alle aufgabenspezifischen Mehrausgaben einen ausgleichsfähigen Mehrbedarf begründen. Für die Ableitung ausgleichsrelevanter Aufgabenbereiche ist das Urteil des Bundesverfassungsgerichtes zur Berücksichtigung abstrakter Mehrbedarfe ausschlaggebend. Die Höhe und der Umfang eines Mehrbedarfs sind demnach vom Gesetzgeber nicht frei zu bestimmen, sondern sie müssen sich anhand von verlässlichen und objektivierbaren Indikatoren als angemessen erweisen. Das BBR leitet hieraus die Anwendung eines mehrstufigen Verfahrens ab, das sich in zwei Hauptschritte unterteilt. Zum einen müssen die Aufgabenbereiche festgelegt werden, die ausgleichsrelevant sind, zum anderen müssen diese Bereiche anhand objektivierbarer Indikatoren überprüft werden. Nach Ansicht des BBR sind Mehrbedarfe nur dann ausgleichsfähig, wenn sie abstrakt sind. Das bedeutet, sie müssen

- objektiv (messbar) und von ländereigenen sowie lokalen Prioritäts- oder Dringlichkeitsentscheidungen unabhängig (politisch nicht gestaltbar) sein und
- sich auf Aufgabenbereiche beziehen, die allen Ländern gleichermaßen vorgegeben sind (keine Sonderlasten einzelner Länder).[569]

Demnach können Aufgabenbereiche, die durch hohe landes- und kommunalpolitische Freiheitsgrade (Freiwilligkeit und Eigengestaltbarkeit) bestimmt sind, keine abstrakten Mehrbedarfe begründen und bleiben deshalb unberücksichtigt. Dieses betrifft die Bereiche Kunst und Kulturpflege, Theater und Musik, Sport und Erholung, sonstiges Bildungswesen sowie Wissenschaft, Forschung und Entwicklung außerhalb der Hochschulen. Zwar sind Ausgaben in den genannten Bereichen grundsätzlich gesellschaftspolitisch erwünscht, sie unterliegen jedoch nach Meinung des BBR einem geringen Pflichtigkeitsgrad bzw. einer hohen Gestaltbarkeit.[570] Insgesamt machen diese Bereiche circa 6 % aller Mehrausgaben aus. Zudem werden Bereiche, die schon anderweitig abgegolten werden (z. B. Hafenlasten), und der Bereich Politische Führung aus der weiteren Betrachtung ausgeklammert, da diese Aufgaben Sonderlasten begründen, die nicht alle Länder gleichermaßen betreffen. Damit abstrakte Mehrbedarfe schließlich ausgleichserheblich werden, müssen sie zusätzlich

- finanziell erheblich sein und
- alle Länder – aber in unterschiedlicher Intensität – betreffen.[571]

Beide Kriterien erfordern die Festlegung eines (letztlich normativen) Schwellenwertes. Nach Einschätzung des BBR sind nur die Aufgabenbereiche finanziell erheblich und begründen damit eine weitere Analyse, deren Anteil an den gesamten Mehrausgaben mehr als 0,5 % beträgt. Damit fallen rund 3 % aller Mehrausgaben aus der Prüfung.

Zudem müssen abstrakte Mehrbedarfe alle Länder, aber in unterschiedlicher Intensität, betreffen. Die Intensität wird mithilfe der relativen Streuung gemessen, deren statistisches Maß der Variationskoeffizient ist. Rechnerisch ist der Variationskoeffizient das prozentuale Verhältnis von Standardabweichung zum

---

569 Vgl. BVerfGE 86, 148 (223 f.).
570 Vgl. Eltges, M. et al. (2001), S. 39.
571 Vgl. Eltges, M. et al. (2001), S. 9.

arithmetischen Mittel.[572] Hätten alle Länder bei einer Aufgabe exakt die gleichen Mehrausgaben, so würde der Variationskoeffizient den Wert Null annehmen. Je näher dieser Wert also bei null liegt, desto geringer sind die aufgabenspezifischen Unterschiede zwischen den Ländern und desto weniger sind diese ausgleicherheblich.[573] Das BBR berücksichtigt die Aufgabenbereiche nicht weiter, deren Variationskoeffizient unter 20 % liegt. Diese Aufgaben vereinigen rund ein Drittel aller Mehrausgaben. Dazu zählen die Bereiche *Schulen, Schulverwaltung, Schülerbeförderung, Raumordnung, Landesplanung, Vermessungswesen* und *zentrale Verwaltung.*[574] Nur die Mehrausgaben in den verbleibenden Aufgabenbereichen können nach Ansicht des BBR ausgleichsrelevante abstrakte Mehrbedarfe begründen.

7.2.1.3 Überprüfung der Mehrausgaben anhand objektivierbarer Bedarfsindikatoren

Ob diese Mehrausgaben tatsächlich abstrakte Mehrbedarfe begründen, wird, wie vom Bundesverfassungsgericht gefordert, in einem dritten Schritt anhand verlässlicher, objektivierbarer Bedarfsindikatoren geprüft. Die Bedarfsindikatoren müssen dabei in einem engen inhaltlichen – meist unmittelbaren – Zusammenhang mit den aufgabenspezifischen Mehrausgaben stehen und einen hohen Beitrag zur Erklärung struktureller Unterschiede leisten.[575]

Die Überprüfung erfolgt dann anhand von zwei Schritten. Zunächst wird die Streuung der Finanz- und Bedarfsindikatoren verglichen. Aber erst die Durchführung einer Korrelationsanalyse zwischen den aufgabenspezifischen Mehrausgaben je Einwohner und den ausgewählten Bedarfsindikatoren zeigt, wie gut die ermittelten Indikatoren die beobachteten Mehrausgaben erklären.[576] Dabei kann der Korrelationskoeffizient Werte zwischen 0 (kein Zusammenhang) und 1 (sehr hoher Zusammenhang) annehmen. Das Vorzeichen des Koeffizienten kann positiv oder negativ sein und gibt die Richtung der Korrelation an. Je näher der absolute Wert des Korrelationskoeffizienten bei 1 liegt, desto besser können die Bedarfs-

---

572 Vgl. Bohley, P. (2000), S. 165.

573 Vgl. Eltges, M., Jakubowski, P., Zarth, M. (2001), S. 158.

574 Vgl. Eltges, M. et al. (2001), S. 40 ff.

575 Als Indikatoren wurden je nach Bereich bspw. *„Empfänger von Hilfe zum Lebensunterhalt je 1.000 Einwohner“, „Straftaten je 1.000 Einwohner“, „Studenten je 1.000 Einwohner“ oder „Einwohnerdichte“* ausgewählt. Vgl. Eltges, M. et al. (2001), S. 98.

576 Vgl. Eltges, M. et al. (2001), S. 44 ff.

indikatoren die Streuung der Mehrausgaben erklären.[577] Die Aufgabenbereiche, die statistisch signifikante Korrelationen[578] zwischen den Mehrausgaben und den Bedarfsindikatoren aufweisen, begründen abstrakte Mehrbedarfe und werden damit ausgleichsrelevant.

Tabelle 20: Aufgabenbereiche und Ausgabenanteile

Aufgabenbereiche	**Anteil der Ausgaben an gesamten Mehrausgaben in den alten Ländern**
Mehrausgaben insgesamt	100%
- Summe der vorab auszuschließenden Aufgabenbereiche (a + b + c + d)	- ~ 42,8 %
a) Bereiche mit hohen Freiheitsgraden	~ 6,5 %
b) Aufgaben, die nur in einzelnen Ländern anfallen bzw. Ausgaben für Politische Führung/Hafenlasten	~ 2,5 %
c) Bereiche, deren Anteil unter 0,5 % liegt	~ 2,4 %
d) Aufgaben mit einer Streuung von < 20 %	~ 31,4 %
= Aufgabenbereiche mit potentiell abstrakten Mehrbedarfen	= ~ 57,2 %
- Aufgaben ohne signifikante Korrelation zwischen Mehrausgaben und Bedarfsindikatoren bzw. ohne fundierte Indikatoren	- ~ 5,9 %
= Aufgabenbereiche, die abstrakte Mehrbedarfe begründen Basis für die Quantifizierung der Einwohnerwertung	= ~ 51,3 %

Quelle: Seitz, H. (2006b), S. 31.

Nach den Berechnungen des BBR zählen hierzu die Bereiche *Familien-, Sozial- und Jugendhilfe*[579], *Arbeitsmarktpolitik* und *Arbeitsschutz, öffentliche Sicherheit*

[577] Der Korrelationskoeffizient beschreibt die Stärke des Zusammenhangs zwischen zwei Variablen. Je näher er bei |1| liegt, desto stärker ist der Zusammenhang. Das Vorzeichen des Koeffizienten gibt die Richtung des Zusammenhangs an. Vgl. Eltges, M., Zarth, M., Jakubowski, P. (2001), S. 330.

[578] Die Signifikanz eines Parameters besagt, dass ihm im statistischen Sinn Bedeutsamkeit zukommt. Signifikant deutet auf „mehr als nur zufällig“ hin und lässt weitere Schlüsse über eine Gesetzmäßigkeit zwischen zwei Variablen zu, auch wenn „nur“ eine Stichprobe zugrunde gelegt wurde. Vgl. Bohley, P. (2000), S. 205 und S. 672.

[579] Hierbei handelt es sich um Laufende Hilfe zum Lebensunterhalt, Hilfe zur Pflege, Krankenhilfe, Leistungen nach dem Asylbewerbergesetz, Wohngeld, Sozialamt, Jugendamt und -hilfeleistungen sowie Einrichtungen der Jugendhilfe, Kindertages-seinrichtungen und Förderung der freien Jugendhilfe.

(ohne Brandschutz), Rechtsschutz, Brandschutz, Hochschulen (ohne Hochschulkliniken), Gesundheitsbehörden und *Maßnahmen des Gesundheitswesens, Wohnungswesen, Kreis-/ Gemeindestraßen, Ernährung, Landwirtschaft* und *Forsten* sowie *Versorgung* und *Beihilfen.*

Aufgrund nicht signifikanter Korrelationen scheiden die Bereiche *Eingliederungshilfe für Behinderte* sowie *Einrichtungen der Sozialhilfe* und *Förderung der freien Wohlfahrtspflege* und die Bereiche *Einrichtungen des Gesundheitswesens* sowie *regionale Fördermaßnahmen* aus. Zusätzlich entfallen die Aufgaben *soziale Leistungen für Krieg und politische Ereignisse* bzw. *sonstige soziale Angelegenheiten*, da für sie keine Bedarfsindikatoren abgeleitet werden konnten. Eine zweifelsfreie Bedarfsprüfung war aufgrund dessen nicht möglich.[580] Tabelle 20 gibt einen Überblick über die für die Quantifizierung der Einwohnerwertung verbleibenden Mehrausgaben.

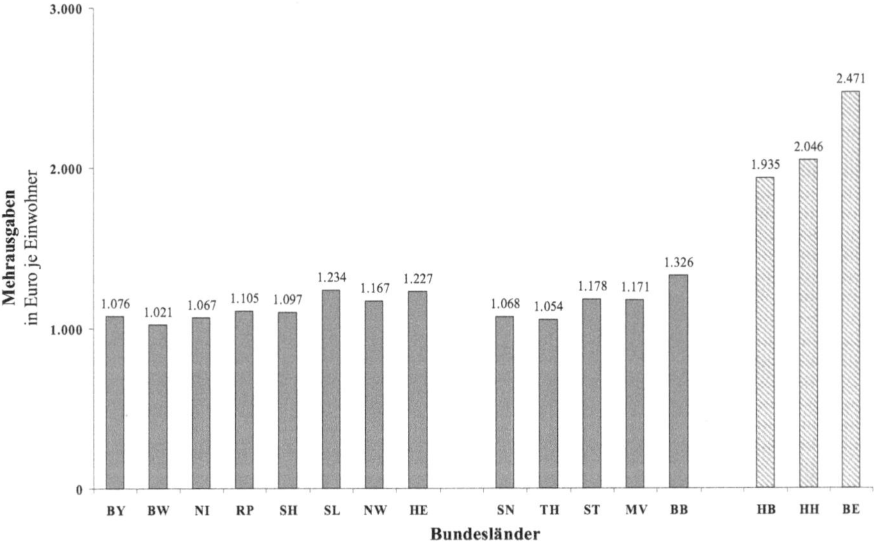

Abbildung 14: Mehrausgaben der Länder und Gemeinden / Gemeindeverbände mit abstraktem Mehrbedarfshintergrund

Quelle: In Anlehnung an Eltges, M. et al. (2001), S. 83; Eigene Darstellung.

580 Vgl. Eltges, M. et al. (2001), S. 44 und S. 81 f.

Werden die 51,3 % der Mehrausgaben mit abstraktem Mehrbedarfshintergrund zusammengefasst, verbleiben für die einzelnen Länder die in Abbildung 14 dargestellten Mehrausgaben.In der Gesamtschau dokumentiert Abbildung 14 die strukturellen Besonderheiten der hochverdichteten Stadtstaaten. Ihre Mehrausgaben mit Mehrbedarfshintergrund liegen deutlich über denen der Flächenländer. Diese strukturellen Unterschiede können anhand objektiver Indikatoren belegt werden. Die Mehrausgaben der Stadtstaaten sind vor allem auf die Bereiche *Familien-, Sozial- und Jugendhilfe, öffentliche Sicherheit und Ordnung, Rechtsschutz, Hochschulen* und *Wohnungswesen* zurückzuführen. Staatliche und kommunale Aufgabenbereiche prägen die stadtstaatlichen Mehrbedarfe gleichermaßen.[581]

Daneben sind entgegen der Annahme eines progressiven Verlaufs von Ausgaben und Einwohnerdichte Hinweise auf einen u-förmigen Verlauf erkennbar.[582] Bei den neuen Ländern grenzen sich die dünnbesiedelten Länder Brandenburg, Mecklenburg-Vorpommern und Sachsen-Anhalt ab. Ihre Mehrausgaben liegen insbesondere in den Bereichen *Kreis-/ Gemeindestraßen, Jugendhilfe, öffentliche Sicherheit und Ordnung* sowie *Ernährung, Landwirtschaft* und *Forsten.* Im Vergleich zu den Stadtstaaten treten ihre abstrakten Mehrbedarfe nicht ganz so eindeutig hervor, dennoch belegen die Indikatoren für jene Aufgaben, die mehrheitlich im kommunalen Zuständigkeitsbereich liegen, abstrakte Mehrbedarfe.[583]

---

581 Vgl. Eltges, M. et al. (2001), S. 98 f.
582 Vgl. Eltges, M., Zarth, M., Jakubowski, P. (2001), S. 330.
583 Vgl. Eltges, M. et al. (2001), S. 82 f.

7.2.1.4 Quantifizierung der abstrakten Mehrbedarfe

Nachdem die Frage beantwortet wurde, ob abstrakte Mehrbedarfe vorliegen, müssen diese quantifiziert werden. Dazu wird ein lineares Regressionsmodell[584] für das Land *i* und den Aufgabenbereich *j* mit der Form

$$Mehrausgaben_{ij} = a + b * Bedarfsindikator_{ij} + Residualgröße_{ij}$$

aufgestellt. Ziel der Regressionsanalyse ist es, eine Funktion über alle Länder hinweg zu ermitteln, die möglichst viel Erklärungskraft auf sich vereinigt. Nicht erfasste Einflussgrößen kommen in der Residualgröße zum Ausdruck. Je kleiner dieser Wert ist, desto besser erklären die Bedarfsindikatoren die Mehrausgaben. Durch Einsetzen der Werte der einzelnen Bedarfsindikatoren in die durch die Regressionsanalyse geschätzten Gleichungen für die einzelnen Aufgabenbereiche *j* lässt sich der jeweilige Bedarf des Landes *i* errechnen.

$$Bedarf_{ij} = \alpha + \beta * Bedarfsindikator_{ij}$$

α = *Schätzwert des Parameters a*

β = *Schätzwert des Parameters b*

Der gesamte abstrakte Bedarf eines Landes ergibt sich, indem die aufgabenspezifischen abstrakten Bedarfe addiert werden. Das BBR errechnet jedoch keinen exakten Bedarf, sondern einen Bedarfskorridor, um verschiedenen

---

584 Die lineare Regressionsanalyse soll eine Funktion der Form $\hat{Y} = b0 + b1 * x$, die die statistische Abhängigkeit des Merkmal *Y* vom Merkmal *X* beschreibt, schätzen. Im Gutachten wurde die Methode der kleinsten Quadrate angewandt, deren notwendige Bedingung die Minimierung der Summe der quadrierten Residuen ist. Die Residuen sind die Abweichung des beobachteten (tatsächliche Mehrausgaben) vom geschätzten (abstrakter Bedarf) Wert der abhängigen Variablen. Sie spiegeln die nicht erfassten Einflussgrößen wieder. Je kleiner diese Größe ist, desto besser erklären die Bedarfsindikatoren die Mehrausgaben. Zudem sind folgende Aspekte zu beachten: Das Modell wird wegen der eingeschränkten Vergleichbarkeit zwischen den alten und neuen Ländern nur auf Grundlage der Daten der alten Länder (einschließlich Berlin) geschätzt. Die ermittelten Zusammenhänge werden auf die ostdeutschen Länder übertragen. Zudem ist mit Blick auf das Endogenitätsproblem auf Input-Indikatoren zu verzichten. Die Aufgabe Öffentliche Sicherheit und Ordnung ist beispielsweise nicht mit dem Bedarfsindikator „Personal bei der Polizei" zu erklären, sondern mit dem Indikator *„Straftaten"*. Der Indikator sollte also möglichst unabhängig von staatlicher Beeinflussung sein. Außerdem verwendet das BBR angesichts der geringen Fallzahlen nur eine erklärende Variable. Vgl. Eltges, M. et al. (2001), S. 85; vgl. Backhaus, K. et al. (2003), S. 46 ff.

Faktoren wie Unterschiede in den gesetzlichen Ausführungsbestimmungen oder Schätzunsicherheiten Rechnung zu tragen. Daher werden eine enge und eine weite Abgrenzung der relevanten Aufgabenbereiche vorgenommen. Zu der engen Abgrenzung gehören Aufgaben, die durch gesetzliche Regelungen normiert sind und der Befriedigung von Grundbedürfnissen dienen. Die weite Abgrenzung umfasst zusätzlich Aufgaben mit staatlichen oder kommunalen Spielräumen.[585]

Um letztlich die Höhe der Zielgröße *abstrakter Mehrbedarf* zu bestimmen, wird ein Bundesland als Referenzland festgelegt. Die Differenz der abstrakten Bedarfe der einzelnen Länder zum Referenzland gibt den landesspezifischen abstrakten Mehrbedarf an. Bei der Ermittlung der unteren Bedarfsgrenze wird das Flächenland als Referenz herangezogen, dessen Bedarf in der engen Abgrenzung dem der Stadtstaaten am nächsten kommt. Bei der Bestimmung der oberen Bedarfsgrenze wird das Land mit dem geringsten Bedarf in der weiten Abgrenzung zum Referenzland.

Abschließend werden die ermittelten abstrakten Mehrbedarfe in Einwohnerwertungen überführt, indem sie auf die durchschnittliche Finanzkraft der jeweiligen Länder und Gemeinden im Finanzausgleich für die Jahre 1994-1998 bezogen werden. Dabei findet die kommunale Finanzkraft über drei alternative Varianten (60-, 70- und 80-prozentiger Einbezug)[586] Berücksichtigung. Dadurch ergibt sich eine Einwohnerwertung für die konsolidierte Landes- und Gemeindeebene.

7.2.2 Empirische Ergebnisse

Tabelle 21 dokumentiert die vom BBR errechneten Werte für die abstrakten Bedarfe und abstrakten Mehrbedarfe der einzelnen Länder.

---

585 Innerhalb der weiten Abgrenzung bilden die Versorgungsausgaben einen wichtigen Posten. Sie werden jedoch nicht vollständig berücksichtigt, sondern, um die Bereiche, die keinen abstrakten Mehrbedarf begründen, auszuklammern, lediglich entsprechend dem Anteil, den die Mehrausgaben in der weiten Abgrenzung (ohne Versorgung und Beihilfen) an den gesamten Mehrausgaben haben. Vgl. Eltges, M. et al. (2001), S. 84 ff.

586 Da die abstrakten Mehrbedarfe der Gemeinden indikatorengestützt begründet werden können, lässt sich eine 50-prozentige Einbeziehung der gemeindlichen Finanzkraft nicht rechtfertigen. Eine vollständige Einbeziehung kommt aber angesichts methodischer und empirischer Probleme bei der Bedarfsprüfung ebenfalls nicht infrage. Daher hat das BBR die obige Sensitivitätsanalyse vorgenommen. Vgl. Eltges, M., Jakubowski, P., Zarth, M. (2001), S. 164.

Tabelle 21: Abstrakter Bedarf und abstrakter Mehrbedarf

Land	Abstrakter Bedarf in Euro/Einwohner enge Abgrenzung	Abstrakter Bedarf in Euro/Einwohner weite Abgrenzung	Abstrakter Mehrbedarf in Euro/Einwohner untere Grenze	Abstrakter Mehrbedarf in Euro/Einwohner obere Grenze
BE	774	1.839	284	1.029
HH	873	1.832	383	1.023
HB	865	1.839	375	1.029
NW	460	1.055	-30	246
SL	445	1.070	-45	261
BW	328	809	-162	**0**
HE	437	1.008	-53	198
RP	372	920	-118	110
SH	490	1.049	**0**	240
BY	319	828	-171	18
NI	445	1.011	-44	202
SN	361	1.005	-128	195
TH	337	956	-153	146
ST	440	1.118	-50	308
BB	423	1.111	-66	301
MV	459	1.215	-31	406

Quelle: Eltges, M. et al. (2001), S. 95.

Für Berlin errechnet sich in der engen Abgrenzung bspw. eine Einwohnerwertung von 113 %, indem der abstrakte Mehrbedarf von 284 Euro je Einwohner mit 3,456 Mio. Einwohnern (durchschnittliche Einwohnerzahl Berlins in den Jahren 1994-1998) multipliziert und durch 7.607 Mio. Euro (durchschnittliche Finanzkraft Berlins in den Jahren 1994-1998 bei 60-prozentigem Einbezug der kommunalen Finanzkraft) dividiert wird. Nach den Berechnungen des BBR ergeben sich aus den oben aufgeführten abstrakten Mehrbedarfen der einzelnen Länder die folgenden Werte für die konsolidierte Einwohnerwertung auf der Landes- und Gemeindeebene (vgl. Tabelle 22).

Die drei Stadtstaaten Berlin, Hamburg und Bremen liegen mit einer Bandbreite von 112 % (untere Grenze) bis 147 % (obere Grenze) deutlich über den Einwohnerwertungen für die west- und ostdeutschen Flächenländer. Daneben liegen die sehr dünnbesiedelten neuen Bundesländer Mecklenburg-Vorpommern, Brandenburg und Sachsen-Anhalt mit einer Bandbreite von 97 % (untere Grenze) bis 118 % (obere Grenze) merklich vor Sachsen und Thüringen respektive den westdeutschen Flächenländern.[587]

Tabelle 22: Einwohnerwertungen nach der BBR-Methode in Prozent

	Einbezug der gemeindlichen Finanzkraft zu 80%		**Einbezug der gemeindlichen Finanzkraft zu 70 %**		**Einbezug der gemeindlichen Finanzkraft zu 60 %**	
	Einwohnerwertung		Einwohnerwertung		Einwohnerwertung	
Land	untere Grenze	obere Grenze	untere Grenze	obere Grenze	untere Grenze	obere Grenze
BE	112	144	113	145	113	147
HH	116	144	117	145	117	146
HB	116	144	117	145	117	147
NW	99	111	99	111	99	111
SL	98	111	98	112	98	112
BW	93	100	93	100	93	100
HE	98	109	98	109	98	109
RP	95	105	95	105	95	105
SH	100	110	100	111	100	111
BY	93	101	92	101	92	101
NI	98	109	98	109	98	109
SN	94	108	94	109	94	109
TH	93	106	93	106	93	107
ST	98	113	98	114	98	114
BB	97	113	97	113	97	114
MV	99	117	99	118	99	118

Quelle: Eltges, M. et al. (2001), S. 97.

Aufgrund des BBR-Gutachtens entschied der Gesetzgeber, die gesetzlichen Bestimmungen zur Einwohnerwertung neu zu regeln. So wurde die für alle Bundesländer geltende Einwohnerwertung bei den Gemeindesteuern nach der Einwohnerzahl und der Besiedlungsdichte der Gemeinden abgeschafft. Seit 2005 erhalten auf der Gemeindeebene nur noch die Stadtstaaten eine Einwohnerwertung von 135 % sowie die dünnbesiedelten Länder Mecklenburg-Vorpommern, Brandenburg und Sachsen-Anhalt von 105 %, 103 % und 102 %. Dagegen wurde die Einwohnerwertung für die drei Stadtstaaten bei den Ländersteuern von 135 % beibehalten. Die Stadtstaaten erhalten seit 2005 einheitliche Einwohnerwertungen

[587] Vgl. Eltges, M. et al. (2001), S. 97 ff.

auf der Landes- und Gemeindeebene, da ihre abstrakten Mehrbedarfe etwa gleichgewichtig auf beide Ebenen entfallen. Eine Differenzierung zwischen den Stadtstaaten sah das BBR aufgrund ihrer sehr ähnlichen Mehrbedarfe als nicht erforderlich an. In den drei ostdeutschen Ländern bestimmt vorwiegend, wenn auch nicht ausschließlich, die kommunale Ebene die abstrakten Mehrbedarfe.[588] Aus Praktikabilitätsgründen wurden diese vollständig der Gemeindeebene zugeschlagen und so auf eine Aufteilung der Einwohnerwertung auf die Landes- und Kommunalebene verzichtet.[589]

7.2.3 Kritische Bewertung

Das Gutachten des BBR baut grundsätzlich auf einer in sich schlüssigen und konsequenten Methode auf. Es weist aber dennoch einige zentrale Schwachstellen auf, die im Folgenden diskutiert werden. Zugleich wird unter Berücksichtigung der angeführten Kritikpunkte eine Modifikation der BBR-Methode vorgenommen. Die aus der Modifikation abgeleiteten Ergebnisse für die stadtstaatliche Einwohnerwertung werden abschließend dargestellt.

(1) Schon 1986 hat das Bundesverfassungsgericht ausdrücklich einen Großstadtvergleich zur Ermittlung der Einwohnerwertung empfohlen.

> „Als ... Indikatoren kommen etwa in Betracht: ein schlichter Großstadtvergleich, bei dem die Finanzausstattung von Städten vergleichbarer Größe – unter Einbeziehung der für sie wirksamen staatlichen Sonderleistungen – mit derjenigen der Länder Bremen und Hamburg verglichen wird; das Fehlen der Möglichkeit eines landesinternen Finanzausgleichs in den Ländern Bremen und Hamburg, die beide Ballungszentren ohne Umland sind; die Besonderheit, daß die Länder Bremen und Hamburg Hauptstädte ohne Umland sind."[590]

Das BBR führt zur Quantifizierung der abstrakten Mehrbedarfe der Stadtstaaten keinen Großstadtvergleich, sondern einen Ländervergleich durch. Hierbei wird die Höhe der Einwohnerwertung abgeleitet, indem die Stadtstaaten den (westdeutschen) Referenzländern gegenübergestellt werden. Es muss bezweifelt werden, ob ein Ländervergleich die strukturellen Besonderheiten der Stadtstaaten als Groß- und Hauptstädte ohne Umland im vollen Umfang erfassen kann.[591] Die

---

588 Vgl. Eltges, M. et al. (2001), S. 94.
589 Vgl. Bundesministerium der Finanzen (2003), S. 46.
590 BVerfGE 72, 330 (416).
591 Vgl. Arndt, O., Waluga, M. (2003), S. 161.

von den Stadtstaaten wahrzunehmenden großstadttypischen Funktionen können nur durch die Ausrichtung der Stadtstaaten an vergleichbaren Großstädten angemessen Berücksichtigung finden.[592] Ihre strukturelle Andersartigkeit erfordert somit einen Großstadtvergleich, wie ihn das Ifo-Institut bereits 1986/87 durchgeführt hat.

(2) Neben der Länder-/ Großstadtvergleichsproblematik ist vor allem kritisch zu bewerten, dass die BBR-Methode die Stadtstaaten selbst in die Berechnungen zur Quantifizierung der Einwohnerwertung einbezieht. Diese Problematik betrifft gleich zwei methodische Komponenten des BBR-Gutachtens – die Regressionsgleichungen und die Bedarfsindikatoren. Durch die Berücksichtigung der Stadtstaaten verwendet das BBR einen konkreten und nicht, wie vom Bundesverfassungsgericht verlangt, einen abstrakten Maßstab.[593] Zwar haben weder die Verfassungsrichter noch der Gesetzgeber eindeutig definiert, welche Anforderungen ein abstrakter Maßstab erfüllen muss. Jedoch ist davon auszugehen, dass es sich bei einem abstrakten Maßstab (für die Einwohnerwertung) um ein Maß handeln soll, das von der konkreten Situation in den betroffenen Ländern (Stadtstaaten) losgelöst und von diesen Ländern nicht individuell beeinflussbar ist.

(2.1) Die Regressionsgleichungen zur Bestimmung der Bedarfe werden auf Basis der tatsächlichen Ausgaben der Länder aufgestellt. Die Ableitung abstrakter Mehrbedarfe unter Berücksichtigung der tatsächlichen Ausgaben der Stadtstaaten ist aber problematisch, da das Ausgabeverhalten der jeweiligen Gebietskörperschaft nicht egalisiert wird. Theoretisch könnten die Stadtstaaten die eigenen Bedarfe und damit schließlich die Einwohnerwertung autonom beeinflussen. So würden Ausgabensteigerungen der Stadtstaaten ceteris paribus zu höheren Mehrausgaben führen, die die Regressionsgleichungen derart beeinflussen würden, dass derselbe Bedarfsindikator zu höheren Mehrbedarfen und im Endeffekt zu einer höheren Einwohnerwertung führen würde.

Derzeit ist allerdings ein gegenteiliger Prozess zu beobachten. Das Verhältnis der durchschnittlichen Mehrausgaben der Stadtstaaten zu den Mehrausgaben des Westflächenländerdurchschnitts ist von 163 % zum Zeitpunkt der BBR-Untersuchung auf 156 % im Durchschnitt der Jahre 2000-2002 gesunken.[594] Damit reduzieren sich im Vergleich zu den Flächenländern aber auch die abgeltungsfähigen Mehrbedarfe der Stadtstaaten.

---

592 Vgl. Hickel, R., Roth, B., Troost, A. (1998), S. 151.

593 Vgl. BVerfGE 72, 330 (415 f.).

594 Vgl. Statistisches Bundesamt, Fachserie 14, Reihe 3.1.

Unter diesen Umständen würde eine Aktualisierung[595] des BBR-Gutachtens vermutlich zu einer niedrigeren Einwohnerwertung führen. Da die Mehrausgaben und -bedarfe der Stadtstaaten aber Folge ihrer strukturellen Besonderheit und nicht einer verschwenderischen Ausgabenpolitik sind, ist der Zirkelschluss, dass Sparanstrengungen Kürzungen der Einwohnerwertung nach sich ziehen, für die stadtstaatliche Finanzausstattung fatal. *„... [D]ie strukturelle Eigenart der Stadtstaaten [kann] nicht verändert werden, ohne die Stadtstaaten als Stadtstaaten zu beseitigen."*[596] Demnach kann die strukturelle Andersartigkeit der Stadtstaaten nicht „weggespart" werden, ohne die Stadtstaaten als eigenständiges Gebilde abzuschaffen, d.h. ohne sie letztlich zu kleinen Flächenländern werden zu lassen.

(2.2) Neben der Beeinflussbarkeit der tatsächlichen Ausgaben können zudem die verwendeten Bedarfsindikatoren, die ebenfalls zentral für die Höhe der Einwohnerwertung sind, beeinflusst werden. So könnten die Stadtstaaten (durch die Erhöhung ihrer Ausgaben) Einfluss auf die Bedarfsindikatoren nehmen, was ebenfalls erhöhte Mehrbedarfe bzw. eine höhere Einwohnerwertung zur Folge hätte. Diese Problematik kann vor allem am Beispiel des Hochschulsektors verdeutlicht werden. Insbesondere Bremen hat in den letzten Jahren in Umsetzung des mit dem Bund vereinbarten Sanierungsprogramms[597] sein Hochschulangebot quantitativ und qualitativ ausgebaut und seine Ausgaben für die Hochschulen daher erhöht. Dieses drückt sich unter anderem in einem deutlichen Zuwachs der Anzahl der Studenten im Vergleich zu den anderen Bundesländern aus.

Als Bedarfsindikator für den Hochschulbereich wird vom BBR die Anzahl der Studenten je 1.000 Einwohner herangezogen. Für Hamburg werden 38 Studenten je 1.000 Einwohner, für Bremen 37 und für Berlin 32 angesetzt, die in die vom BBR für den Aufgabenbereich Hochschulen (ohne Hochschulkliniken) aufgestellte Regressionsgleichung eingesetzt werden.[598]

Bedarf für Hochschulen in Euro =
*14,883 + 6,992 * Studenten je 1.000 Einwohner*

595 Das Maßstäbegesetz bestimmt in § 2 Abs. 2 MaßstG, dass den finanzwirtschaftlichen Verhältnissen Rechnung zu tragen ist und eine Anpassung an veränderte finanzwirtschaftliche Gegebenheiten sicherzustellen ist. Daraus lässt sich eine periodische Überprüfung der Regelungen des FAG ableiten.

596 BVerfGE 86, 148 (248).

597 Vgl. Dannemann, G. (1992).

598 Vgl. Eltges, M. et al. (2001), S. 87 und S. 115.

Generell ist zunächst die eingeschränkte Aussagekraft der vom BBR aufgestellten Regressionsgleichung zu kritisieren. Hätte Bremen beispielsweise insgesamt 1.412 Studenten (ca. 2 Studenten je 1.000 Einwohner), würde der Stadtstaat nach der obigen Gleichung einen Bedarf von Null aufweisen (vgl. Abbildung 15). Fraglich ist aber, wie ein Bedarf von Null zu erklären ist, wenn 1.412 Studenten mit Professoren, Gebäuden und Lehrmitteln versorgt sein wollen. Die vom BBR aufgestellten Regressionsgleichungen wurden offensichtlich losgelöst von realitätsnahen Grundüberlegungen nur auf Basis der besten statistischen Anpassung ermittelt.

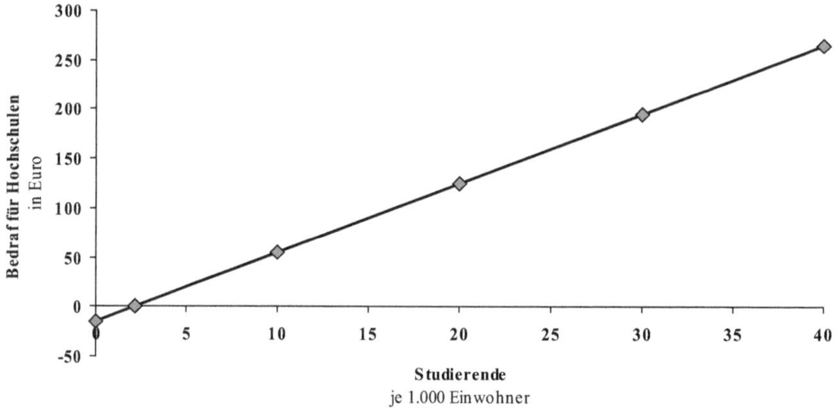

Abbildung 15: Regressionsgleichung für den Aufgabenbereich Hochschulen (ohne Kliniken)
Quelle: Eltges, M. et al. (2001), S. 85; Eigene Berechnungen.

Die Zielgröße *„abstrakter Mehrbedarf“* und damit die Einwohnerwertung werden bestimmt, indem der abstrakte Bedarf des jeweiligen Referenzlandes vom abstrakten Bedarf der Länder abgezogen wird. Diese Vorgehensweise folgt nicht der Systematik des Länderfinanzausgleichs. Dieser findet vielmehr zwischen allen 16 Bundesländern statt und nicht nur zwischen den Stadtstaaten (bzw. den drei ostdeutschen Ländern Mecklenburg-Vorpommern, Brandenburg und Sachsen-Anhalt) und dem als Referenzland festgelegten Bundesland. Die Einwohnerwertung betrifft, wie es auch das Bundesverfassungsgericht formuliert hat, alle

Glieder des Bundes.[599] Daher wäre es konsequent, die relevanten abstrakten Mehrbedarfe und somit die Einwohnerwertung im Verhältnis zum Durchschnitt der Flächenländer zu bestimmen.[600]

Die durch die BBR-Methode bedingte Beeinflussbarkeit der Einwohnerwertung durch die Stadtstaaten soll im Folgenden am Hochschulbereich verdeutlicht werden. Das BBR ermittelt einen abstrakten Bedarf für den Hochschulsektor in Höhe von 251 Euro je Einwohner für Hamburg, 244 Euro für Bremen und 209 Euro für Berlin. Für alle relevanten Aufgabenbereiche der weiten Abgrenzung weist Hamburg einen abstrakten Bedarf von 1.832 Euro je Einwohner auf, Bremen und Berlin jeweils von 1.839 Euro. Unter Berücksichtigung des Bedarfs des Referenzlandes (Baden-Württemberg mit 809 Euro je Einwohner) bleibt ein abstrakter (und abgeltungsbedürftiger) Mehrbedarf von 1.023 Euro je Einwohner für Hamburg und 1.030 Euro für Bremen sowie für Berlin. Die Bandbreite für die stadtstaatliche Einwohnerwertung entspricht damit 112 % - 147 %.

Werden für den Aufgabenbereich Hochschulen aktuelle Bedarfsindikatoren verwendet, beeinflusst dieses die Höhe der „abstrakten" Mehrbedarfe und damit der Einwohnerwertung. Im Wintersemester 2004/2005 weist Hamburg 35, Bremen 51 und Berlin 40 Studenten je 1.000 Einwohner auf.[601] Die Studentenzahl der Flächenländer wird ebenso aktualisiert. Durch Einsetzen der Daten in die vom BBR aufgestellte Regressionsgleichung ergeben sich die folgenden Werte.

Hamburg muss ein hochschulspezifischer abstrakter Bedarf von 230 Euro, Bremen von 342 Euro und Berlin von 265 Euro je Einwohner zugestanden werden. Unter Berücksichtigung des aktuellen hochschulspezifischen Bedarfs ergibt sich insgesamt ein abstrakter Bedarf von 1.811 Euro für Hamburg, 1.937 Euro für Bremen und 1.895 Euro für Berlin. Abzüglich des aktualisierten Bedarfs des Referenzlandes (Baden-Württemberg mit 817 Euro je Einwohner) bleibt ein abstrakter Mehrbedarf in Höhe von 994 Euro für Hamburg, 1.120 Euro für Bremen und 1.078 Euro für Berlin. Damit steigt der abstrakte Mehrbedarf Bremens bzw. Berlins um 90 Euro bzw. 48 Euro je Einwohner. Hamburgs Mehrbedarf sinkt hingegen um 29 Euro, da der entsprechende Bedarfsindikator niedriger ausfällt. Durch die Veränderung der abstrakten Mehrbedarfe verschiebt sich ceteris paribus die Bandbreite der stadtstaatlichen Einwohnerwertung von 112 % - 147 % auf 112 % - 151 %.

---

599 Vgl. BVerfGE 72, 330 (415).

600 Diese Rechnung ergibt eine Bandbreite von 116% - 139 %.

601 Aus dem Landeshaushalt finanzierte Studenten: Studentenzahl ohne Studenten an privaten und theologischen bzw. kirchlichen Hochschulen sowie ohne Studenten an Hochschulen des Bundes. Vgl. Statistisches Bundesamt, Fachserie 11, Reihe 4.1.

Es wird deutlich, dass die Stadtstaaten durch ihr eigenes Verhalten tendenziell die Höhe der Einwohnerwertung (über die Regressionsgleichungen und die Bedarfsindikatoren) beeinflussen können.

> „Auch wenn offen ist, ob ... die Stadtstaaten ihr Ausgabenverhalten ändern würden, weil sie dann einen Teil des ... überproportionalen Ausgabenanstiegs zu Lasten der Flächenstaaten finanzieren könnten, allein die Tatsache, dass dies möglich wäre, macht den Ansatz fragwürdig. Dies dürfte mit ein Grund dafür sein, warum das Bundesverfassungsgericht diese früher verwendete Methode jetzt nicht mehr empfohlen hat.“[602]

Denn grundsätzlich läuft diese Möglichkeit der Anforderung des Bundesverfassungsgerichts an einen abstrakten Maßstab zur Festsetzung der Einwohnerwertung entgegen. Im Gegensatz dazu besteht bei der Methode des Großstadtvergleichs, unabhängig davon ob dieser direkt (Vergleich Großstädte mit Stadtstaaten) oder wie vom Ifo-Institut durchgeführt indirekt (Vergleich Großstädte mit Flächenländern) ist, keine Möglichkeit zur Einflussnahme auf die Einwohnerwertung durch die Stadtstaaten. Damit bietet nur ein Großstadtvergleich einen abstrakten Maßstab zur Bestimmung der stadtstaatlichen Einwohnerwertung und ist aus diesem Grund der BBR-Methode eindeutig vorzuziehen.

(3) Daneben ist die Nichtberücksichtigung bestimmter Mehrausgaben als kritisch zu bewerten.[603] Im BBR-Gutachten selbst wird darauf hingewiesen, dass nicht ausgeschlossen werden kann, *„dass die „tatsächlichen“ abstrakten Mehrbedarfe noch über den hier „rechnerisch“ ermittelten Werten liegen.“*[604] Dieses ist vor allem darauf zurückzuführen, dass fast 49 % der gesamten Mehrausgaben aus verschiedenen Gründen nicht zur Quantifizierung der Einwohnerwertung herangezogen werden.

Vorab scheiden fast 32 % der Mehrausgaben aus, da sie eine Streuung von unter 20 % aufweisen und die Länder damit in einem relativ gleichen Ausmaß betreffen. Prinzipiell ist das Abschichten der Mehrausgaben nicht zu beanstanden. Dennoch ist dieses Vorgehen in zweierlei Hinsicht problematisch. Zum einen ist es

---

602 Vgl. Hummel, M., Leifritz, W. (1986), S. 35.

603 Das BBR selbst weist darauf hin, dass die finanziell gewichtigen Mehrausgaben der Verschuldung vernachlässigt werden. Da die Verschuldung aber unberücksichtigte Mehrbedarfe der Vergangenheit repräsentieren kann, ist dieses gerade für die extrem verschuldeten Stadtstaaten, insbesondere für Berlin und Bremen, aufgrund der daraus resultierenden Schuldenspirale prekär.

604 Vgl. Eltges, M. et al. (2001), S. 84.

denkbar, dass die Streuungsgrenze bei einer höheren Disaggregation in dem einen oder anderen Aufgabenbereich überschritten wird. Zum anderen ist es fraglich, ob nicht gerade solche Bereiche unberücksichtigt bleiben, die trotz geringer Streuung aber aufgrund ihrer absoluten Höhe signifikante Mehrbedarfe in den Stadtstaaten begründen können. Hierzu könnte beispielsweise der Bereich *Schulen, Schulverwaltung* und *Schülerbeförderung* [605] zählen, auf den 21,4 % der Mehrausgaben der alten Länder entfallen.[606]

Zwar ist die Streuung der Mehrausgaben in diesem Bereich relativ gering, allerdings weisen die Stadtstaaten absolut betrachtet recht hohe Mehrausgaben auf. Hamburg hat um 179 Euro, Bremen um 130 Euro und Berlin um 154 Euro je Einwohner höhere Mehrausgaben als der Durchschnitt der westdeutschen Flächenländer. Hier muss die Frage gestellt werden, ob das absolute Ausmaß dieser Mehrausgaben nicht doch als so bedeutend eingeschätzt werden muss, dass ihre Nichtberücksichtigung zu einer für die Stadtstaaten nachteiligen Verzerrung der Einwohnerwertung führt. Anstatt den Variationskoeffizienten als ausschließliches Auswahlkriterium anzuwenden, müsste zusätzlich die absolute Höhe der aufgabenspezifischen Mehrausgaben Berücksichtigung finden.

Ferner ist die Nichtberücksichtigung von 6,5 % der Mehrausgaben, die auf Bereiche mit hohen Freiheitsgraden entfallen, kritisch zu bewerten.[607] Dem politischen Entscheidungsträger vor Ort dürfte es trotz angespannter Haushaltslage faktisch kaum möglich sein, sich diesen Verpflichtungen zu entziehen. Das BBR stimmt dieser Kritik zwar zu, weist aber gleichzeitig auf den Ausgestaltungsspielraum, der sich auf die Leistungserfüllung an sich und auf die Finanzierungs-

605 Hierbei müsste der Bereich Schülerbeförderung unberücksichtigt bleiben, da in den Stadtstaaten die Schülerbeförderung insbesondere über den ÖPNV und die Finanzierung dieses Bereichs somit indirekt über die Zuschüsse an die Verkehrsbetriebe erfolgt. Da im BBR-Gutachten die Verkehrsbetriebe und der ÖPNV unberücksichtigt bleiben, müsste dieser Bereich konsequenterweise, um eine asymmetrische Betrachtung zu vermeiden, vernachlässigt werden. Da die Mehrausgaben der Schülerbeförderung relativ gering sind, verändert eine (Nicht-)Berücksichtigung das Ergebnis aber kaum. Vgl. Seitz, H. (2006b), S. 68 f.

606 Vgl. Seitz, H. (2006b), S. 43.

607 Dabei ist anzumerken, dass sich die sechs Prozentpunkte auf alle Länder beziehen. Ob die Stadtstaaten von diesen Aufgabenbereichen jedoch überproportional betroffen sind, wird nicht hinterfragt.

möglichkeiten über Gebühren oder Beiträge bezieht[608], hin und sieht darin ein relativ hohes Maß an Autonomie.[609] Vor dem Hintergrund der Vorgabe des Bundesverfassungsgericht, die Stadtstaaten finanziell wie vergleichbare Großstädte auszustatten, und dem Gebot der Gleichwertigkeit der Lebensverhältnisse scheint es zudem nicht gerechtfertigt, freiwillige Ausgaben aus der Betrachtung auszuklammern, da entsprechende Ausgaben auch in den Großstädten getätigt werden.

Würden die freiwilligen Ausgaben für *Kultur, Sport und Erholung* bzw. für die *außeruniversitäre Wissenschaft / Forschung* oder das *sonstige Bildungswesen (Volkshochschulen und Lehrerfortbildung)* auf das Niveau der Flächenländer oder sogar darunter gekürzt, würde der Standort im Vergleich zu anderen Großstädten erheblich an Attraktivität und Wettbewerbsfähigkeit verlieren. Dieses hätte letztlich das Abwandern oder Fortbleiben von Einwohnern und Arbeitsplätzen zur Folge und würde sich darüber hinaus auf die Finanzausstattung und die Lebensfähigkeit der Stadtstaaten auswirken. Daher ist es angebracht, auch diese Aufgabenbereiche zur Quantifizierung der Einwohnerwertung heranzuziehen.[610]

Dazu wird von Seitz in Anlehnung an die Vorgehensweise des BBR der abstrakte Bedarf für freiwillige Aufgaben anhand einer Regressionsgleichung geschätzt und dem vom BBR ermittelten abstrakten Bedarf in den übrigen Aufgabenbereichen hinzuaddiert. Für die Bereiche *Kultur* bzw. *Sport / Erholung* wird der Indikator Einwohnerdichte, für die Aufgabe *außeruniversitäre Wissenschaft / Forschung* der Indikator Studenten je 1.000 Einwohner verwendet.[611] Die Aufgabe *sonstiges Bildungswesen* wird aufgrund fehlender Bedarfsindikatoren nicht weiter berücksichtigt, wobei aber die Analyse der Kommunalfinanzstatistik in diesem Bereich auf einen abstrakten Mehrbedarf der (westdeutschen) Großstädte (und damit der Stadtstaaten) schließen lässt. Würden

---

608 Im BBR-Gutachten wird als Beispiel für diesen Ausgestaltungsspielraum auf die verschiedenen Eintrittspreise für Freibäder verwiesen. Ein Freibadbesuch in Köln kostet beispielsweise circa 2 Euro, in Bonn 2,6 Euro und in Bielefeld 3 Euro. Vgl. Vallendar, F. (2001), *Theater günstig, Gitarrenunterricht teuer – Ein Städtevergleich*, in: General Anzeiger vom 28.3.2001, Bonn.

609 Vgl. Eltges, M. et al. (2001), S. 39.

610 Vgl. Seitz, H. (2006b), S. 59.

611 Für die Regressionsanalyse werden die vom BBR verwendeten Daten der westdeutschen Länder im Durchschnitt der Jahre 1994-1998 herangezogen. Die Regressionsanalyse für den Bereich Kultur weist eine hohe Anpassungsgüte von 0,917 auf. Im Bereich *Sport/Erholung* bzw. *außeruniversitäre Wissenschaft und Forschung* ist das Bestimmtheitsmaß mit 0,441 bzw. 0,262 relativ niedrig.

die genannten Bereiche in die Rechnungen einbezogen, verschöbe sich die Bandbreite der Einwohnerwertung unter sonst gleichen Umständen auf 112 % - 153 %.

Des Weiteren werden Aufgabenbereiche, für die das BBR keine Indikatoren ermitteln oder keine signifikante Korrelationen zwischen Mehrausgaben und Bedarfsindikatoren feststellen konnte, ausgesondert. Es bleibt zu klären, ob tatsächlich keine Indikatoren und Korrelationen vorliegen oder ob dies lediglich auf eine unzureichende Spezifikation bzw. Auswahl der Bedarfsindikatoren zurückzuführen ist.[612]

(4) Des Weiteren muss problematisiert werden, dass die BBR-Studie zwar den Aufgabenbereich Straßen einbezieht, den Bereich *ÖPNV* bzw. *Verkehrsbetriebe* aber vernachlässigt.[613] Für die Stadtstaaten führt dieses Vorgehen zu einer bedenklichen Asymmetrie. Denn der Bereich Straßen spielt in den Stadtstaaten eine geringere Rolle als in den Flächenländern, wohingegen es sich im Bereich *ÖPNV* umgekehrt verhält. In Großstädten (und in den Stadtstaaten) bildet die ÖPNV-Infrastruktur das Gegenstück zur Straßeninfrastruktur und ersetzt diese teilweise. Das BBR verzichtet aber aus Gründen der Datenverfügbarkeit und der privatwirtschaftlichen Organisationsstruktur auf die Berücksichtigung des *ÖPNV* bzw. der *Verkehrsbetriebe*.[614]

Dieses hat für die Stadtstaaten nachteilige Auswirkungen auf die Höhe ihrer abgeltungsfähigen Mehrbedarfe und der Einwohnerwertung. Konsequenterweise müssten die abstrakten Bedarfe im Bereich Straßen ebenfalls aus der Betrachtung ausgeschlossen werden. Dann verschöbe sich die Einwohnerwertung der Stadtstaaten auf 112 % - 148 %.[615]

Wie gezeigt werden konnte, weist die vom Bundesamt für Bauwesen und Raumordnung gewählte Methode einige konzeptionelle Mängel auf. Insgesamt wiegen diese Mängel so schwer, dass nicht davon ausgegangen werden kann, dass die Vorgehensweise des BBR eine adäquate Lösung zur Quantifizierung stadtstaatlicher Mehrbedarfe und damit zur Ableitung der Einwohnerwertung darstellt. Da die aktuelle Einwohnerwertung der Stadtstaaten auf Grundlage des vorgestellten BBR-Gutachtens abgeleitet wurde, ist den Stadtstaaten zu empfehlen, verfassungsgerichtlich prüfen zu lassen, ob die BBR-Methode die Vorgaben des Bundesverfassungsgerichts in angemessener Weise erfüllt.

---

612 Vgl. Seitz, H. (2006b), S. 69.

613 Vgl. Seitz, H. (2006b), S. 53.

614 Vgl. Eltges, M. et al. (2001), S. 75.

615 Dabei muss erwähnt werden, dass sich dieses Vorgehen sicherlich nachteilig auf die Einwohnerwertung der dünn besiedelten Länder auswirkt.

Der ursprünglich vom Ifo-Institut konzipierte (indirekte) Großstadtvergleich ist dem BBR-Konzept überlegen und eindeutig vorzuziehen, da er alle hier angeführten Mängel vermeidet. Die großstadttypische Sonderstellung der Stadtstaaten wird angemessen erfasst. Die Stadtstaaten selbst werden aus der Betrachtung ausgeschlossen, d.h. es kommt ein abstrakter und kein konkreter Maßstab zur Anwendung. Der Ifo-Ansatz vermeidet weitgehend zweifelhafte Bedarfsschätzungen mit Hilfe von Regressionsgleichungen[616] und orientiert sich nicht an den tatsächlichen Ausgaben der Stadtstaaten, sondern an der Finanzkraft vergleichbarer Großstädte. Eine autonome Beeinflussung der Einwohnerwertung von Seiten der Stadtstaaten ist somit nicht möglich. Außerdem ist davon auszugehen, dass beim Ifo-Ansatz die Berücksichtigung der strukturellen Eigenart der Stadtstaaten umfassender ausfällt, da im Prinzip keine Abschichtung der Aufgabenbereiche vorgenommen wird.

Trotz der Vorzüge, die der (indirekte) Großstadtvergleich des Ifo-Instituts bietet, muss berücksichtigt werden, dass dieses Verfahren vor allem aufgrund der benötigten Datenbasis für die Regionalisierung der Landesaufgaben deutlich komplizierter und zeitaufwendiger ist als das Mehrausgaben-Konzept des BBR. An einer Neuauflage des Ifo-Gutachtens geht dennoch im Sinne einer fairen und angemessenen Behandlung der Stadtstaaten im Länderfinanzausgleich kein Weg vorbei.

7.3 Input-Output-Ansatz: Das neue Gutachten des Instituts für Wirtschaftsforschung

Im Zuge des Bundesverfassungsgerichtsurteils vom 11. November 1999[617] mit der Vorgabe, die Einwohnerwertung zu überprüfen, hat das Ifo-Institut im Jahre 2001 im Auftrag der Länder Bayern, Baden-Württemberg, Hessen und Nordrhein-Westfalen ein Gutachten mit dem Titel *„Die Einwohnergewichtung auf Länderebene im Länderfinanzausgleich“* vorgelegt.

Die vom Ifo-Institut gewählte Vorgehensweise unterscheidet sich dabei deutlich von dem Ansatz aus dem Jahr 1986/87. Den Ausgangspunkt der theoretischen Überlegungen des „neuen“ Ifo-Gutachtens bildet die Annahme, dass ein stadtstaatlicher Mehrbedarf weder durch Spillover-Effekte noch durch einen fehlenden Finanzkraftnivellierungseffekt oder die gesamtwirtschaftliche Bedeutung

---

616 Lediglich bei den *Kosten der Flächenversorgung* im Hochschulbereich werden vom Ifo-Institut verschiedene Bedarfsschätzungen vorgenommen.

617 Vgl. BVerfGE 101, 158.

der Stadtstaaten zu begründen ist. Vielmehr wird unterstellt, dass Mehrbedarfe ausschließlich auf – im Vergleich zu den Flächenländern – höhere Kosten bei der Bereitstellung öffentlicher Güter und Leistungen zurückzuführen sind.[618] Ein Mehrbedarf wäre demnach wie folgt zu definieren:

> „Der Mehrbedarf eines Stadtstaates ist der Betrag, den er aufwenden muss, damit er unter seinen ungünstigeren Kostenstrukturen eine Versorgung mit öffentlichen Gütern gewährleisten kann, die seinen Bürgern das gleiche Nutzenniveau stiftet, das bei den niedrigeren Kosten der Flächenländer erreichbar wäre."[619]

Es ist dabei unstrittig, dass eine Quantifizierung stadtstaatlicher Mehrbedarfe schon aus finanzpolitischer Sicht notwendig ist. Zur Quantifizierung dieser Mehrbedarfe orientieren sich die Autoren am mikroökonomischen Konzept der kompensierenden Variation. Konkret ergibt sich folgende Überlegung: Wenn die Kosten je Einwohner, die ein Stadtstaat[620] pro Einheit einer öffentlichen Leistung aufwenden

---

618 Vgl. Baretti, C., Huber, B., Lichtblau, K. (2005), S. 181 ff.

619 Baretti, C. et al. (2001), S. 24.

620 Ergänzend untersucht das Ifo-Institut die Auswirkungen der Dünnbesiedlung auf die Kosten öffentlicher Leistungen. Der Hintergrund für diese Untersuchung sind mögliche Kostenvorteile einer dichteren Besiedlung bei der Bereitstellung öffentlicher Güter, die beispielsweise auf kürzere Versorgungswege zurückgeführt werden können. Da dünnbesiedelte Länder diese Vorteile nicht wahrnehmen können, könnte für sie ein ausgleichsfähiger Mehrbedarf entstehen. Analog zum Outputansatz werden die aufgabenspezifischen Ausgabenüberschüsse auf Landesebene der am dünnsten besiedelten Länder Mecklenburg-Vorpommern und Brandenburg untersucht. Um strukturellen Unterschieden zwischen den Ost- und Westländern Rechnung zu tragen, werden diese Pro-Kopf-Überschüsse denen der übrigen ostdeutschen Flächenländer gegenübergestellt. Im Ergebnis zeigt sich, dass sich aus der Dünnbe-siedelung kein genereller Mehrbedarf ableiten lässt. Zwar ergibt die Analyse, dass Dünnbesiedlung in einigen Aufgabenbereichen einen Einfluss auf die Ausgabenüberschüsse hat, aber es zeigt sich kein einheitliches Bild. So wird beispielsweise ein möglicher Mehrbedarf Brandenburgs im Bereich *Verkehr und Nachrichtenwesen* durch niedrigere Aufwendungen für den *Hochschul-bereich* sogar überkompensiert. Kostenvorteile und damit Minderbedarfe werden auch in den Aufgabenbereichen *Gesundheit, Sport, Erholung* sowie im Bereich der *öffentlichen Sicherheit* vermutet. Die Vor- und Nachteile der Dünnbesiedlung gleichen sich also weitgehend aus. Zudem sind ein Teil der Ausgabenüberschüsse Mecklenburg-Vorpommerns und Brandenburgs gegenüber den anderen ostdeutschen Ländern freiwilligen Versorgungsleistungen zuzuschreiben, die den politischen Präferenzen des jeweiligen Landes entsprechen. Auch auf wirtschaftliche Differenzen und einen unterschiedlichen Nachholbedarf wird verwiesen. Beides rechtfertigt allerdings keinen Mehrbedarf aufgrund von Dünnbesiedlung.

muss, für einige oder alle öffentlichen Leistungen höher liegen als dies für die Flächenländer der Fall ist, besteht für den Stadtstaat im Vergleich zu den Flächenländern ein relativer Kostennachteil. Könnte der Stadtstaat dagegen die günstigeren Kostenstrukturen der Flächenländer nutzen, könnte er seinen Bürgern eine bessere Versorgung mit öffentlichen Gütern als im Status quo bieten. Daraus leitet sich die Frage ab, durch Einkommenstransfers welcher Höhe die Preisänderung nutzenmäßig kompensiert werden kann, damit die Bürger der Stadtstaaten im Vergleich zu den Bürgern der Flächenländer keine Wohlfahrtseinbußen erleiden.[621] Die kompensierende Variation (CV) ist bestimmt durch:

$$CV = e(p^1, u^1) - e(p^1, u^0)$$

e = Ausgabenfunktion
p^i = Preisvektor in Periode i
u^i = Nutzenniveau in Periode i

Zur empirischen Umsetzung der kompensierenden Variation müssen die angebotenen Mengen der öffentlichen Güter sowie die Kosten je Einwohner, die je Mengeneinheit in den Stadtstaaten und den Flächenländern anfallen, ermittelt werden. Zudem müssen die Präferenzen der Bürger bzw. deren Nutzenfunktionen bekannt sein. Da sich diese kaum erfassen lassen, ist die konkrete Bestimmung der kompensierenden Variation nicht möglich. Eine Annäherung an das theoretische Konzept ergibt sich, indem die empirisch beobachtbare Differenz zwischen den tatsächlichen Ausgaben eines Stadtstaates und den hypothetischen Ausgaben dieses Stadtstaates, welche sich ergeben würden, wenn die gegenwärtig bereitgestellte Menge der öffentlichen Güter zu Herstellungskosten der Flächenländer erzeugt werden könnte, berechnet wird. Die Summe entspricht den Mehrkosten, die in einem Stadtstaat aufgrund seines Kostennachteils anfallen.

Zur Messung von Kostenunterschieden werden im Gutachten eine Output- sowie die Inputmethode angewandt. Beide Konzepte analysieren den Prozess der öffentlichen Leistungserstellung aus verschiedenen Blickwinkeln. Vom theoretischen Standpunkt her sollten beide Ansätze zum gleichen Ergebnis führen, jedoch ist bei der empirischen Umsetzung eine solche Übereinstimmung nicht zu erwarten, was auf verschiedene Datengrundlagen und Messprobleme zurückzuführen ist.[622]

---

621 Vgl. Bönte, W., Lucke, B. (2005), S. 191.

622 Vgl. Baretti, C. et al. (2001), S. 28.

7.3.1 Methodischer Ansatz – Outputkonzept

Der Outputansatz untersucht die Mehrkosten, die den Stadtstaaten bei der Herstellung eines öffentlichen Gutes unter der Bedingung eines im Vergleich zu den Flächenländern quantitativ und qualitativ identischen Leistungsangebots entstehen. Dazu werden die Ausgaben einer Ausgabenart durch die Menge des Gutes, das diese Ausgabenart repräsentiert, dividiert (Stückkosten). Kernpunkt des Outputansatzes ist eine Analyse der Mengen und Qualitäten der öffentlichen Güter, auf deren Basis die tatsächlichen Ausgaben korrigiert werden. Durch diese Bereinigung werden, Ausgabenanteile, die aus einem quantitativ oder qualitativ höheren Leistungsangebot resultieren und daher keinen Kostennachteil begründen, eliminiert. Die Stückkosten sind damit das Maß für den Preis, den Stadtstaaten und Flächenländer für die Erstellung einer Einheit des jeweiligen öffentlichen Gutes zu zahlen haben. Bei höheren Stückkosten der Stadtstaaten liegt ein struktureller Kostennachteil vor, der einen auszugleichenden Mehrbedarf begründet.[623] Formal ergibt sich der strukturelle Kostennachteil eines Stadtstaates *S* als:

$$Kostennachteil_S = \sum_{k=1}^{K} (c_{S,k} - c_{F,k})$$

Der Kostennachteil ist demnach die Summe der Differenzen zwischen den Stückkosten des Stadtstaates *S* für das Gut *k* ($c_{S,k}$) und den Stückkosten des Flächenlandes *F* für dasselbe Gut ($c_{F,k}$). Die Outputanalyse[624] erfolgt dabei in vier Stufen:

(1) Abgrenzung der Aufgabenbereiche;

(2) Saldierung von unmittelbaren Ausgaben und Einnahmen (Ausgabensaldo);

(3) Bereinigung der Salden um die kommunale Ebene zur Ermittlung der hypothetischen Landesausgaben (Mehrkosten auf Landesebene);

(4) Berücksichtigung der bereitgestellten Mengen (Mengenanalyse), Gebührendeckungsquoten sowie der zweckgebundenen Zuweisungen von anderen staatlichen Ebenen.

---

623 Vgl. Baretti, C. et al. (2001), S. 26 ff.

624 Für den Outputansatz werden Daten für die Jahre 1994 bis 1996 verwendet.

Die Analyse konzentriert sich dabei auf folgende Aufgabenbereiche[625]:

- Politische Führung und zentrale Verwaltung;
- Öffentliche Sicherheit und Ordnung;
- Rechtsschutz;
- Schulen und vorschulische Bildung;
- Wissenschaft und Kultur (ohne Hochschulen);
- Krankenhäuser;
- Gesundheit, Sport, Erholung (ohne Krankenhäuser);
- Wohnungswesen, Landwirtschaft, Energie, Verkehr;
- Versorgung.

Zunächst werden für die Stadtstaaten und Flächenländer die Salden von unmittelbaren Einnahmen und Ausgaben in den genannten Aufgabenbereichen im Durchschnitt der Jahre 1994-1996 gebildet. Um datentechnisch eine Vergleichbarkeit von Stadtstaaten und Flächenländern zu ermöglichen, wird – soweit es sich nicht ausschließlich um Landesaufgaben handelt – eine Trennung von Landes- und Kommunalebene vorgenommen. Dazu wird für jede Ausgabenposition der Saldo der Stadtstaaten um einen Gemeindeanteil korrigiert. Dieser Anteil ergibt sich aus dem Saldo der unmittelbaren Einnahmen und Ausgaben der neun größten deutschen Städte mit mehr als 500.000 Einwohnern.[626] Daraus ergeben sich die konkreten aufgabenbezogenen Mehrkosten der Stadtstaaten auf Landesebene.[627] Tabelle 23 zeigt für Hamburg und Bremen die Ausgabensalden und die Differenz zum westdeutschen Flächenländerdurchschnitt. Um die strukturellen Besonderheiten Berlins zu eliminieren, wurde dieser

---

625 Hier wurde bereits eine erste Bereinigung um die kommunale Ebene vorgenommen. So wurden die Bereiche soziale Sicherung und kommunale Gemeinschaftsdienste, die im Wesentlichen kommunalen Charakter haben, außer Acht gelassen. Auch die Bereiche Wirtschaftsunternehmen und allgemeines Grund- und Kapitalvermögen / Sondervermögen wurden nicht weiter berücksichtigt. Vgl. Baretti, C. et al. (2001), S. 83.

626 Dabei handelt es sich um die Städte Dortmund, Düsseldorf, Duisburg, Essen, Frankfurt, Hannover, Köln, München und Stuttgart. Für Berlin werden zusätzlich die beiden Städte Dresden und Leipzig einbezogen. Konkret wird die kommunale Ebene für Berlin aus 60 % des Durchschnitts der benannten westdeutschen Städte und aus 40 % der beiden ostdeutschen Städte berechnet. Vgl. Baretti, C. et al. (2001), S. 84.

627 Für den Bereich Krankenhäuser lassen sich die Aufwendungen für die Krankenhäuser mit kaufmännischem Rechnungswesen nicht nach Gemeindegrößen aufgliedern, daher wird hier der Durchschnitt der gesamten kommunalen Ebene abgezogen. Vgl. Baretti, C. et al. (2001), S. 84.

Stadtstaat mit einem idealisierten Ost-West-Flächenland verglichen, das zu 40 % aus den Ausgaben der ostdeutschen und zu 60 % aus den Ausgaben der westdeutschen Flächenländer besteht.

Die höheren Ausgabensalden der Stadtstaaten reflektieren jedoch noch keinen ausgleichsfähigen Mehrbedarf, da höhere Ausgaben sowohl Ausdruck von Kostennachteilen als auch eines höheren Versorgungsniveaus sein können. Daher müssen sie genauer betrachtet werden. Im Mittelpunkt der Untersuchung steht die indikatorgestützte Bereinigung der Überschüsse, um die Menge und Qualität der angebotenen Leistungen in den Stadtstaaten und den Flächenländern vergleichbar zu machen. Dazu wird die bereitgestellte Menge einer Leistung ins Verhältnis zu der Anzahl der jeweiligen Leistungsempfänger gesetzt.

In einigen Aufgabenbereichen werden die Leistungsindikatoren der Stadtstaaten jedoch nicht mit denen der Flächenländer verglichen, sondern es wird auf Indikatoren aus Großstädten in diesen Flächenländern zurückgegriffen. Dieses Vorgehen soll großstadttypische Mehrkosten adäquat erfassen. Als Beispiele werden die Bereiche *innere Sicherheit* und *Kultur* angeführt.

Aufgrund einer höheren Anzahl an Straftaten kann es notwendig sein, in den Stadtstaaten mehr Polizisten einzusetzen, um das gleiche Maß an öffentlicher Sicherheit zu gewährleisten wie in den Flächenländern. Zudem ist in Großstädten und damit in Stadtstaaten das Angebot an kulturellen Leistungen höher als im Durchschnitt der Flächenländer. Die Gutachter berücksichtigen die sich hieraus ergebenden Kosten, indem die aus dem Großstadtvergleich abgeleiteten Mehrkosten den Stadtstaaten als Mehrbedarf zugestanden werden.

Ferner wird in einigen Bereichen eine Bereinigung um Einnahmen aus Gebühren vorgenommen. Ist bei gleicher Menge und Qualität der öffentlichen Leistung eine höhere Belastung des Stadtstaates festzustellen, kann dieses ebenso auf unterdurchschnittliche Einnahmen – beispielsweise durch eine geringere Gebührenbelastung der Bürger – zurückzuführen sein. Dieses begründet jedoch keinen Mehrbedarf.

Letztlich werden in allen Aufgabenbereichen die zweckgebundenen Zuweisungen von anderen Ebenen berücksichtigt, indem die Ausgabensalden um die Unterschiede zwischen den Flächenländern und den Stadtstaaten bereinigt werden. Erhalten die Stadtstaaten pro Kopf einen geringeren (höheren) Zuweisungsbetrag als der Durchschnitt der Flächenländer, ist dieser Betrag zu addieren (subtrahieren).[628]

---

628 Vgl. Baretti, C. et al.. (2001), S. 87 f.

Tabelle 23: Saldo aus unmittelbaren Einnahmen und Ausgaben je Einwohner

Aufgabenbereich	Berlin*		Bremen**		Hamburg**		Flächenländer	
	Euro	Differenz	Euro	Differenz	Euro	Differenz	West	Ost/West
Politische Führung / zentrale Verwaltung								
Gesamt	335	58	359	128	275	43	232	277
L	214	102	252	156	167	71	96	113
G	121	-44	107	-28	107	-28	136	165
Öffentliche Sicherheit								
Gesamt	316	175	224	93	239	109	131	142
L	259	161	175	79	191	95	96	99
G	57	14	49	14	49	14	35	43
Rechtsschutz								
Gesamt	87	46	67	27	93	52	41	41
L	87	46	67	27	93	52	41	41
G	0	0	0	0	0	0	0	0
Schulen / vorschulische Bildung								
Gesamt	556	-31	592	62	573	43	530	587
L	288	-67	374	31	354	11	343	355
G	267	36	219	32	219	32	187	232
Hochschulen								
Gesamt	395	237	268	109	275	116	159	158
L	395	237	268	109	275	116	159	158
G	0	0	0	0	0	0	0	0
Wissenschaft / Kultur								
Gesamt	291	131	185	50	197	62	134	160
L	176	91	92	21	104	34	70	85
G	115	40	93	29	93	29	64	74
Krankenhäuser* **								
Gesamt	69	14	25	-14	79	40	39	55
L	33	14	3	-14	57	40	17	19
G	36	0	22	0	22	0	22	36
Gesundheit, Sport, Erholung								
Gesamt	178	93	69	1	78	9	69	86
L	97	76	-9	-22	0	-13	13	21
G	81	16	77	22	78	22	55	65
Wohnungswesen, Verkehr, Sport								
Gesamt	637	200	374	110	359	96	264	437
L	454	181	263	110	248	96	152	273
G	183	19	111	0	111	0	111	164
Versorgung								
Gesamt	246	120	329	120	389	180	209	126
L	198	100	248	84	308	144	164	98
G	49	21	81	36	81	36	46	28
Summe								
Gesamt	3.111	1.043	2.492	686	2.556	750	1.806	2.068
L	2.202	941	1.733	582	1.797	646	1.151	1.262
G	909	102	759	104	759	104	655	806

Abweichungen durch Rundungsdifferenzen.

* Differenz zum gewogenen Durchschnitt 0,4 Flächenländer Ost + 0,6 Flächenländer West

** Differenz zum Flächenländerdurchschnitt West

*** Hypothetische kommunale Ebene der Stadtstaaten bei den Krankenhäusern: Durchschnitt aller Kommunen (Bremen und Hamburg: Gemeinden West; Berlin: 0,4 Ost + 0,6 West)

Quelle: Baretti, C. et al. (2001), S. 86; Eigene Berechnungen.

Ergeben sich durch die Berechnungen stadtstaatliche Minderbedarfe (negativer Ausgabensaldo) geht das Ifo-Institut nach drei Varianten vor, die jeweils zu unterschiedlichen Mehrbedarfen führen. Der *Bruttoansatz* lässt Minderbedarfe gänzlich unberücksichtigt und nimmt einen Mehrbedarf von 0 an. Der *strikte Nettoansatz* nimmt eine stringente Mengenbereinigung vor, auch wenn sich Minderbedarfe ergeben sollten. Nicht genutzte Agglomerationsvorteile werden berechnet und können zu höheren Minderaufwendungen führen, als sie im Haushalt tatsächlich zu beobachten sind. Der *modifizierte Nettoansatz* hingegen nimmt keinen Mengenabschlag vor, wenn die Mehrbedarfe dadurch negativ werden. Minderbedarfe werden also nur berücksichtigt, wenn sie sich aus den Haushaltsdaten direkt ergeben.[629]

Im Folgenden sollen die für den jeweiligen Aufgabenbereich gewählten Ansätze der Mengenanalyse kurz skizziert werden. Dabei wird das exakte Vorgehen exemplarisch an den Aufgaben *politische Führung und zentrale Verwaltung* sowie *öffentliche Sicherheit und Ordnung* erläutert.

Politische Führung und zentrale Verwaltung

Wie Tabelle 23 zeigt, geben Bremen und Hamburg 156 Euro bzw. 71 Euro je Einwohner mehr aus als der Westflächenländerdurchschnitt für die politische Führung und zentrale Verwaltung auf Landesebene.[630] Berlin wendet rund 102 Euro je Einwohner mehr für diesen Bereich auf als das idealisierte Ost-West-Flächenland. Um ausgleichsfähige Mehrbedarfe zu begründen, müssen diese Mehrausgaben der Stadtstaaten auf höhere Faktoreinsatzkosten zurückzuführen sein. Die Analyse dieses Sachverhaltes erweist sich jedoch als problematisch, da es nicht möglich ist, einen geeigneten Mengenindikator zu bestimmen. Die Einwohnerzahl scheidet als Maßstab aus, da sie weder Qualitätsunterschiede noch die Fixkostenkomponente, die sich gerade im Bereich *politische Führung und zentrale Verwaltung* niederschlägt, zu eliminieren vermag. Aufgrund der Schwierigkeiten, den Effekt höherer Kosten von anderen ausgabentreibenden Effekten zu isolieren, wird in diesem Aufgabenbereich vom Outputverfahren abgewichen. Vereinfachend wird unterstellt, dass die drei Stadtstaaten Mehrbedarfe in Höhe von 3,5 % des Saarlandes, das das im Bereich *politische Führung und zentrale Verwaltung* ausgabenintensivste westdeutsche Flächenland ist, aufweisen. Es ergibt sich ein stadtstaatlicher Mehrbedarf in Höhe von 6 Euro je Einwohner. Weiterhin werden die Ausgaben um die Zuweisungen von anderen Ebenen

---

629 Vgl. Baretti, C. et al. (2001), S. 95 f.

630 Dabei ist anzumerken, dass die Ausgaben Hamburgs für die politische Führung eher zu niedrig ausfallen, weil diese nicht zentral, sondern in den einzelnen Ressorts verbucht werden (Behördenprinzip). Sie sind daher nicht mit denen Bremens und Berlins vergleichbar.

bereinigt. Diese liegen in Berlin um 4 Euro und in Hamburg um 1 Euro je Einwohner unter, in Bremen um 8 Euro je Einwohner über dem Referenzwert der Flächenländer.[631]

Für Berlin bzw. Hamburg ergeben sich schließlich Mehrbedarfe in Höhe von 9 Euro bzw. 7 Euro je Einwohner. Für Bremen wäre an sich ein Minderbedarf von 2 Euro je Einwohner anzusetzen, aus Gründen der Vorsicht setzen die Gutachter für Bremen jedoch einen Mehrbedarf von 0 an.[632]

Öffentliche Sicherheit und Ordnung

Für diesen Bereich geben Berlin, Hamburg und Bremen 175 Euro, 109 Euro bzw. 93 Euro je Einwohner mehr aus als die Referenzländer. Auch hier ist zu prüfen, welche Gründe diese Mehraufwendungen haben.

Die Mengenbereinigung anhand eines Outputindikators erweist sich jedoch als schwierig, da die Beobachtung der Outputmenge des Gutes *öffentliche Sicherheit und Ordnung* kaum möglich ist. Daher greift das Ifo-Institut an Stelle eines Outputindikators auf die Inputmenge zurück, welche durch die Anzahl an Polizeikräften je 1.000 Einwohner ausgedrückt wird. Die Stadtstaaten weisen dabei einen deutlich höheren Polizeibesatz als die Flächenländer auf. Gleichzeitig werden sie als Ballungszentren aber auch durch deutlich mehr (erfasste) Straftaten je 1.000 Einwohner im Vergleich zu den Flächenländern belastet. Fraglich ist, wie viele zusätzliche Polizisten notwendig sind, um dieser erhöhten Belastung entgegenzuwirken.

Als Benchmark greift das Ifo-Institut auf einen Großstadtvergleich zurück, um die Situation in den Stadtstaaten nicht mit den Flächenländern, sondern mit den Landeshauptstädten mit über 500.000 Einwohnern und Frankfurt/Main zu vergleichen. Mit 4,1 Polizisten je 1.000 Einwohner liegt dabei der Großstadtdurchschnitt unter den Werten von Berlin (5,4) und Hamburg (4,5). Bremen weist je nach Statistik einen über- (4,8) bzw. unterdurchschnittlichen (3,7) Polizeibesatz auf.[633] Aufgrund der unklaren Datenlage wird Bremen aus der Betrachtung ausgeklammert und der entsprechende Mehrbedarf auf 0 gesetzt. Für Berlin und Hamburg sind aber 1,3 bzw. 0,4 Polizisten nicht stadtstaatenspezifisch. Daher wird

---

631 Hamburg und Bremen: Westflächenländer; für Berlin: 0,6 * Westflächenländer + 0,4 * Ostflächenländer.

632 Vgl. Baretti, C. et al. (2001), S. 88 ff.

633 Diese Unterschiede erklären sich aus der Berücksichtigung bzw. des Ausklammerns der Wasserschutzpolizei.

ein prozentualer Abschlag[634] auf die unmittelbaren Landesausgaben[635] vorgenommen. Der Abschlag ergibt sich aus dem Prozentsatz, um den die Polizeiversorgung der Stadtstaaten die der Vergleichsstädte übersteigt. In Berlin reduzieren sich die Ausgaben damit um 24,1 % (66 Euro je Einwohner) und in Hamburg um 7,9 % (16 Euro je Einwohner).
Weiterhin sind auch hier die Zahlungen von anderen Ebenen zu berücksichtigen. In diesem Fall übersteigen sie in Hamburg um 3 Euro und Berlin um 3 Euro je Einwohner das Mittel der Flächenländer. In Bremen sind sie um 1 Euro je Einwohner unterdurchschnittlich. Insgesamt ergibt sich ein Pro-Kopf-Mehrbedarf von 92 Euro für Berlin, von 80 Euro für Bremen und von 76 Euro für Hamburg.[636]

Rechtsschutz
Höhere Ausgabenüberschüsse als die Flächenländer weisen die Stadtstaaten auch beim Rechtsschutz auf. Für die Unteraufgabe *Gerichte und Staatsanwaltschaften* wird als Leistungsindikator die Zahl der je Richter erledigten Verfahren herangezogen. Je niedriger dabei die Zahl der von einem Richter erledigten Verfahren, desto höher ist die angebotene Qualität. In den Stadtstaaten liegt der Leistungsindikator durchweg unter dem Flächenländerdurchschnitt.[637] Dies lässt vermuten, dass die Stadtstaaten in diesem Bereich gegenüber den Flächenländern einen Qualitätsvorsprung aufweisen. Als Folge müssen sie einen Abschlag in Höhe des Prozentsatzes, um welchen die Anzahl der Verfahren je Richter im Flächenländerdurchschnitt den entsprechenden Wert des jeweiligen Stadtstaates übersteigt, hinnehmen.

Ein analoges Verfahren findet im Bereich *Justizvollzugsanstalten* Anwendung. Als Leistungsindikator wird die Zahl der Vollzeitbeschäftigten je Inhaftierten herangezogen. Auch hier weisen die Stadtstaaten eine bessere Ausstattung als der

---

634 Die Formel für den prozentualen Abschlag lautet: *Zahl der überdurchschnittlichen Polizisten / Gesamtzahl der Polizisten im Stadtstaat * 100.* Vgl. Baretti, C. et al. (2001), S. 92.

635 Obwohl der Polizeibesatz eher die Personalkosten beschreibt, wird der Abschlag auf die gesamten Ausgaben vorgenommen, da unterstellt wird, dass sich der sonstige Aufwand proportional verhält. Dieses Vorgehen wird entsprechend bei den übrigen Aufgabenbereichen vollzogen.

636 Am Beispiel Berlin ergibt sich: 161 Euro je Einwohner (Ausgabendifferenz) abzüglich 66 Euro (Mengenabschlag) abzüglich 3 Euro (Zuweisungen). Vgl. Baretti, C. et al. (2001), S. 90 ff.

637 Erledigte Verfahren je Richter an ordentlichen Gerichten (Durchschnitt 1994-1996): Flächenländerdurchschnitt: 247; Bremen: 245; Berlin: 243; Hamburg: 196. Vgl. Baretti, C. et al. (2001), S. 94, Tabelle 25.

Flächenländerdurchschnitt auf.[638] Aus diesem Grund wird auch im Bereich *Justizvollzugsanstalten* ein Abschlag in Höhe der Abweichung vom durchschnittlichen Betreuungsverhältnis vorgenommen.[639]

Schulen und vorschulische Bildung

Bremen und Hamburg weisen im Schulbereich überdurchschnittliche Ausgabensalden auf, Berlin liegt hingegen unter dem Flächenländerdurchschnitt, d.h. es ergibt sich ein Minderbedarf, der durch Bezugnahme auf drei Varianten (Bruttoansatz, modifizierter Netto- und strikter Nettoansatz) Berücksichtigung findet. Für die Mengenanalyse im Schulbereich wird die Schüler-Lehrer-Relation als Qualitätsindikator herangezogen. In allen drei Stadtstaaten kommen auf einen Lehrer weniger Schüler als im Durchschnitt der Flächenländer. Um zu prüfen, ob das bessere Betreuungsverhältnis strukturell bedingt ist, greift das Ifo-Institut wiederum auf einen Großstadtvergleich zurück. Es zeigt sich, dass der Großstadtdurchschnitt keine bessere Betreuungsrelation aufweist als der Flächenländerdurchschnitt. Damit lässt sich die bessere Ausstattung der Stadtstaaten nicht auf ihre Stadtstaatlichkeit zurückführen. Aus diesem Grund wird auch hier ein Abschlag von den unmittelbaren Ausgaben[640] der Stadtstaaten in Höhe der besseren Schüler-Lehrer-Relation im Vergleich zu den Flächenländern vorgenommen.[641]

Hochschulen

Aufgrund der Konzentration von Studienplätzen in Großstädten weisen auch die Stadtstaaten höhere Ausgabenüberschüsse im Vergleich zu den Flächenländern auf, wobei das Konzentrationsmaß zwischen den Stadtstaaten erheblich streut. Zur Mengenbereinigung wurde der Indikator Hochschulpersonal je 1.000 Studenten gewählt. Es zeigt sich, dass Bremen mit 5,99 leicht über, Hamburg und Berlin mit 10,97 bzw. 13,92 deutlich über dem Flächenländerdurchschnitt von 5,89 liegen. Da der deutlich höhere Personalbesatz Berlins nicht insgesamt als stadtstaatenspezifisch anerkannt, sondern teilweise auf vereinigungsbedingte Sonderlasten (hoher Personalbestand im Ostteil der Stadt) zurückführt wird, wird ein

---

638 Vollzeitbeschäftigte in Justizvollzugsanstalten je Inhaftierten (Durchschnitt 1994-1996): Flächenländerdurch-schnitt: 0,56; Bremen: 0,68; Berlin: 0,77; Hamburg: 0,80. Vgl. Baretti, C. et al. (2001), S. 95, Tabelle 26.

639 Vgl. Baretti, C. et al. (2001), S. 93 ff.

640 Es wird unterstellt, dass sich der Sachaufwand proportional zum Personalaufwand, der ohnehin 70 % bis 85 % der unmittelbaren Ausgaben in diesem Bereich ausmacht, verhält.

641 Vgl. Baretti, C. et al. (2001), S. 95 ff.

Ausgabenabschlag um den Prozentsatz, um den der Leistungsindikator Berlins denjenigen Hamburgs überschreitet, vorgenommen.[642]

Wissenschaft und Kultur (ohne Hochschulen)
Die Analyse der Ausgabensalden zeigt für Berlin eine hohe Differenz zum Flächenländerdurchschnitt. Aufgrund der Bedeutung des Sektors hat das Ifo-Institut seine Analyse auf den Bereich Kultur beschränkt. Als Mengenindikator wird daher nur die Anzahl der angebotenen Plätze in öffentlichen Theatern je 1.000 Einwohner verwendet. Es zeigt sich, dass die Stadtstaaten deutlich mehr Plätze anbieten als der Flächenländerdurchschnitt. Das Ifo-Institut greift allerdings aufgrund der großstadttypischen Mehrkosten auch in diesem Bereich auf einen Großstadtvergleich zurück. Bremen und Hamburg liegen dabei mit 3,88 bzw. 3,72 Plätzen je 1.000 Einwohner unter dem Durchschnitt der Großstädte (5,63). Berlin hingegen überschreitet diesen Wert (7,32). Wird unterstellt, dass sich die übrigen Bereiche des Kultursektors und Teile der Wissenschaft strukturell ähnlich verhalten, sind die Berliner Landesausgaben in diesen Bereichen um die Differenz zum Großstadtdurchschnitt zu kürzen (1,69 Plätze oder 23 %). Da gerade Kultur ein hochgradig konsumtives und zudem ausschließbares öffentliches Gut ist, analysiert das Ifo-Institut zusätzlich die Gebührendeckungsquoten in diesem Bereich. Da die Stadtstaaten durchweg einen wesentlich geringeren Anteil ihrer Kulturausgaben durch Gebühreneinnahmen finanzieren als die Flächenländer, wird ihnen ein fiktiv höheres Gebührenaufkommen (in Höhe des Flächenländerdurchschnitts) durch die rechnerische Erhöhung ihrer unmittelbaren Einnahmen zugerechnet.[643]

Krankenhäuser
Hamburg und Berlin weisen leicht positive Ausgabendifferenzen auf, Bremen eine leicht negative Differenz. Eine Mengenbereinigung wird – trotz der Existenz adäquater Indikatoren wie Krankenhausbetten je Einwohner – nicht vorgenommen. Die beobachteten Mehrausgaben der Stadtstaaten werden insgesamt anerkannt. Lediglich den Stadtstaaten Hamburg und Berlin werden fiktive höhere Einnahmen zugerechnet, da ihre Gebührendeckungsquoten unter dem Durchschnitt der vergleichbaren Flächenländer liegen. Bremens Landesausgaben sind unterdurchschnittlich, was zu einem Minderbedarf führen würde. Die Gegenrechnung der

---

642 Vgl. Baretti, C. et al. (2001), S. 98.
643 Vgl. Baretti, C. et al. (2001), S. 100 ff.

hohen bremischen Deckungsquoten führt jedoch zu einem unterstellten Mehrbedarf von 0.[644]

Gesundheit, Sport, Erholung (ohne Krankenhäuser)
Nach der Kommunalbereinigung ergibt sich für Bremen und Hamburg ein negativer Ausgabensaldo. Berlins Saldodifferenz ist hingegen deutlich positiv. Da der Saldo Berlins erheblich von denjenigen der anderen beiden Stadtstaaten abweicht, unterstellt das Ifo-Institut, dass diese Mehrausgaben nicht stadtstaatenspezifisch sondern Ausdruck der Budgetautonomie und einer anderen Buchungstaktik Berlins sind. Daher werden die Ausgaben der Hauptstadt um den Wert, der die Ausgaben des gewogenen Durchschnitts der ost- und westdeutschen Flächenländer übersteigt, reduziert. Ferner wird bei Berlin die unterdurchschnittliche Gebührendeckung durch eine Einnahmenanhebung berücksichtigt.[645]

Auf die Mengenanalyse des Teilbereichs *Gesundheit und Reinhaltung von Luft, Wasser und Erde* wird aus statistischen Gründen (mit Ausnahme der Gebührenanhebung) verzichtet; die aufgabenspezifischen Mehrausgaben der Stadtstaaten werden vollständig als Mehrbedarf anerkannt.[646]

Wohnungswesen, Landwirtschaft, Energie, Verkehr
Dieses Aufgabenkonglomerat setzt sich aus diversen Positionen zusammen, die einzeln untersucht werden. Im Unterbereich *Wohnungswesen* liegen die stadtstaatlichen Ausgabensalden über dem des Flächenländerdurchschnitts, wobei der Wert Berlins die Werte von Hamburg und Bremen deutlich übersteigt. Nach Analyse des Bestands an Sozialwohnungen, der Anzahl an Bewilligungen sowie des Mietpreisniveaus kommt das Ifo-Institut zu dem Schluss, dass Berlins höhere Ausgaben nicht vollständig auf die Stadtstaatlichkeit zurückzuführen sind und kürzt dementsprechend die Mehrausgaben auf das Hamburger Niveau.
Ein ähnliches Vorgehen wird für Berlin im Bereich *Städtebauförderung*, für Bremen im Bereich *Regionalförderung* sowie *Bergbau / verarbeitendes Gewerbe / Baugewerbe* und für Hamburg im Bereich *Wasserstraßen / Häfen / Förderung der Schifffahrt* angewendet. Im Bereich *Energie- und Wasserwirtschaft / Kulturbau* weisen die Stadtstaaten überdurchschnittliche Ausgabensalden auf, die lediglich um die niedrigeren Gebührendeckungsquoten der Stadtstaaten bereinigt werden. Für

---

644 Vgl. Baretti, C. et al. (2001), S. 103 ff.

645 Auch Hamburg weist eine unterdurchschnittliche Gebührendeckung auf, was aber aufgrund des sehr niedrigen Niveaus des Ausgabenüberschusses vernachlässigt wird.

646 Vgl. Baretti, C. et al. (2001), S. 105 ff.

die Aufgabe *ÖPNV / Eisenbahn* ergeben sich marginale Ausgabenüberschüsse, was insbesondere auf privatwirtschaftlich geführte Verkehrsbetriebe und eine hohe Quersubventionierung zurückzuführen ist. Ballungsvorteile und damit geringere Ausgabensalden als die Flächenländer zeigen sich dagegen in den Bereichen *Straßenbau und Raumordnung / Landesplanung.* Aufgrund der vorgenommenen Abschläge weist Berlin bei konsequentem Vorgehen einen Minderbedarf aus, sodass die bereits erwähnten Alternativansätze (Brutto-/ Nettoansatz) zum Tragen kommen.[647]

Versorgung
In diesem Bereich wendet das Ifo-Institut einen Ansatz an, der die Versorgungslasten in laufende Personalkosten umwandelt. Dazu werden Beamte in Angestellte umgerechnet, indem die Beamtenaufwendungen um die Mehrkosten, die entstehen würden, wenn – bei gleichem Nettolohn – ein Angestellter an die Stelle des Beamten treten würde, erhöht werden.[648] Es ergibt sich ein rechnerischer Mehraufwand gegenüber den Flächenländern. Dieser ist proportional um die höheren Mengen der einzelnen Aufgabenbereiche zu bereinigen, sodass sich letztlich die fiktiven Mehrbedarfe im Bereich Versorgung ergeben.[649]

7.3.2 Empirische Ergebnisse – Outputkonzept

Tabelle 24 gibt die vom Ifo-Institut ermittelten empirischen Ergebnisse der Schätzung der stadtstaatlichen Mehrbedarfe nach dem Outputkonzept an.

---

647 Vgl. Baretti, C. et al. (2001), S. 109 ff.

648 Berücksichtigt werden der volle (Arbeitgeber- und Arbeitnehmer-)Beitrag zur Renten- und Arbeitslosenversicherung sowie zur Versorgungsanstalt des Bundes und der Länder. Zudem werden die Beihilfekosten erfasst, sodass nur der halbe Beitragssatz zur Kranken- und Pflegeversicherung angesetzt wird.

649 Vgl. Baretti, C. et al. (2001), S. 117 ff.

Tabelle 24: Mehraufwendungen, Abschläge und Mehrbedarfe je Einwohner in Euro

Aufgabenbereich	Berlin	Bremen	Hamburg
Politische Führung / zentrale Verwaltung	102	156	71
Differenz zu höheren Faktorkosten	-93	-156	-65
Differenz Zuweisungen	0	0	1
Mehrbedarf	9	0	7
Öffentliche Sicherheit	161	79	95
Mengenabschlag	-66	0	-16
Differenz Zuweisungen	-3	1	-3
Mehrbedarf	92	80	76
Rechtsschutz	46	27	52
Mengenabschlag Richter	-4	-5	-34
Mengenabschlag JVA	-6	-4	-10
Differenz Zuweisungen	0	0	-1
Mehrbedarf	36	17	7
Schulen / vorschulische Bildung*	-67	31	11
Mengenabschlag	-33	-62	-50
Differenz Zuweisungen	0	-13	-3
Mehrbedarf			
Bruttoansatz	0	0	0
strikter Nettoansatz	-67	0	0
modifizierter Nettoansatz	-100	-44	-42
Hochschulen	237	109	116
Mengenabschlag	-124	0	0
Differenz Zuweisungen	-16	-52	-8
Mehrbedarf	97	57	108
Wissenschaft / Kultur	91	21	34
Gebührenanhebung	-4	-2	-3
Mengenabschlag	-42	0	0
Differenz Zuweisungen	-14	-14	-13
Mehrbedarf	30	5	18
Krankenhäuser	14	-14	40
Gebührenanhebung / -senkung	-2	8	-7
Differenz Zuweisungen	7	7	7
Mehrbedarf	20	0	40
Gesundheit, Sport, Erholung*	76	-22	-13
Gebührenanhebung	-7	0	0
Mengenabschlag	-57	0	0
Differenz Zuweisungen	0	-4	0
Mehrbedarf			
Bruttoansatz	12	0	0
mod. & strikter Nettoansatz	12	-26	-13
Wohnungswesen, Verkehr, Sport	181	110	96
Wohnungswesen (Menge, Gebühr)	-203	0	-4
Energie (Gebühr)	-1	-7	-1
Seehäfen	0	0	-89
Verarbeitendes Gewerbe	0	-16	0
Reg. Fördermaßnahmen	0	-76	0
Städtebauförderung	-22	0	0
Differenz Zuweisungen	32	15	26
Mehrbedarf			
Bruttoansatz & mod. Nettoansatz	0	27	27
strikter Nettoansatz	-13	27	27
Versorgung	100	84	144
Differenz zum geschätzten Wert	39	-12	-72
Mengenabschlag	-48	-37	-36
Differenz Zuweisungen	-3	-3	-3
Mehrbedarf	88	33	33
Summe			
Bruttoansatz	386	219	316
modifizierter Nettoansatz	319	193	303
strikter Nettoansatz	273	149	261

* Dargestellt sind die maximalen Abschläge des strikten Nettoansatzes.

Quelle: Baretti, C. et al. (2001), S. 119 f.

Durch die Multiplikation der ausgewiesenen Pro-Kopf-Mehrbedarfe mit der durchschnittlichen Einwohnerzahl der Jahre 1994-1996 ergeben sich die absoluten Mehrbedarfe. Auf Basis der Preise des Jahres 1999 führt der Outputansatz somit zu folgenden Mehrbedarfen.

Tabelle 25: Absolute Mehrbedarfe nach Varianten im Mio. Euro

	Berlin	Bremen	Hamburg
Bruttoansatz	1.582	176	638
Modifizierter Nettoansatz	1.307	155	610
Strikter Nettoansatz	1.118	120	526

Quelle: Baretti, C. et al. (2001), S. 121.

Ausgehend vom modifizierten Nettoansatz und unter Berücksichtigung der Regelungen des bis 2004 gültigen Finanzausgleichsgesetzes ergeben sich daraus für die Einwohnerwertung auf Landesebene folgenden Werte:[650]

- Berlin 120 %
- Hamburg 119 %
- Bremen 113 %

Es wird deutlich, dass die Spanne der Einwohnerwertungen, zu denen der Outputansatz führt, unter der derzeitigen stadtstaatlichen Einwohnerwertung von 135 % liegt.

7.3.3 Methodischer Ansatz – Inputkonzept

Der Inputansatz basiert auf der Erkenntnis, dass die Ausgaben eines Landes *(A_i)* üblicherweise Ausgaben für Inputfaktoren wie Personal oder Sachmittel darstellen, die zur Erstellung öffentlicher Güter und Leistungen eingesetzt werden. Formal lässt sich diese Beziehung für ein Land *i* wie folgt ausdrücken:

$$A_i = \sum_{m=1}^{M} v_{i,m}(x_i) * q_{i,m}(G_{i,1} \ldots G_{i,K}, x_i)$$

[650] Vgl. Baretti, C. et al. (2001), S. 177.

Dabei beschreibt $v_{i,m}$ den Preis des m-ten Inputfaktors und $q_{i,m}$ die eingesetzte Menge. Die Inputmengen und -preise werden von zahlreichen Faktoren (x_i) beeinflusst. Als bedeutendster Faktor ist dabei die bereitgestellte Güterangebotsstruktur ($G_{i,K}$) zu nennen. [651] Mögliche Kostennachteile und daraus resultierende Mehrbedarfe eines Stadtstaates können somit auf zwei Effekte zurückgeführt werden. Zum einen sind Mehrbedarfe zu erwarten, wenn die exogen gegebenen Faktorpreise für Inputfaktoren (wie beispielsweise Löhne oder Baupreise) in den Stadtstaaten die Faktorpreise in den Flächenländern übersteigen. Die Stadtstaaten werden folglich im Vergleich zu den Flächenländern mit höheren Herstellungsstückkosten (*Preiskomponente*) belastet. Zum anderen kann ein Mehrbedarf auch darauf zurückgeführt werden, dass Stadtstaaten aufgrund ihrer strukturellen Eigenart mehr Inputfaktoren je Outputeinheit einsetzen müssen (*Strukturkomponente*), um die gleiche Menge und Qualität einer bestimmten öffentlichen Leistung zu erbringen, die ein Flächenland seinen Bürgern bietet.[652]

7.3.3.1 Preiskomponente

Das Ifo-Institut analysiert die Preiskomponente anhand der unmittelbaren Ausgaben je Einwohner differenziert nach den Ausgabenarten *Personal, Unterhaltung, Bewirtschaftung, Erwerb von Sachen, Bau und Sachaufwand.* Diese Ausgabenarten, die in Berlin und Hamburg gut zwei Drittel, in Bremen rund die Hälfte der unmittelbaren Ausgaben ausmachen, stellen zu einem erheblichen Teil Ausgaben für Inputfaktoren dar. Von dem Bereich *Zahlungen an andere Bereiche* werden lediglich die Sozialleistungen einbezogen, der Schuldendienst und die Unterstützungsleistungen an öffentliche Unternehmen bleiben dagegen aus systematischen und methodischen Gründen unberücksichtigt. Der Erwerb von Beteiligungen wird gänzlich aus der Betrachtung ausgeklammert, weil es sich um Vermögenstransfers handelt, die nicht zu den Kernaufgaben von Ländern gehören.[653] Im Folgenden werden die Überlegungen vorgestellt, die das Ifo-Institut zu den einzelnen Ausgabenarten anstellt.

Personalausgaben

Die Ausgaben für Personal bilden in allen Ländern den größten Ausgabenblock. Das Ifo-Institut berechnet in seiner Studie, um welchen Prozentsatz die

---

651 Vgl. Seitz, H. (2006b), S. 14.
652 Vgl. Baretti, C. et al. (2001), S. 45.
653 Vgl. Baretti, C. et al. (2001), S. 44 ff.

Personalkosten je Beschäftigten[654] in den Stadtstaaten vom Westflächenländerdurchschnitt abweichen würden, wenn die Stadtstaaten den gleichen Stellenkegel aufweisen würden wie die westdeutschen Flächenländer. Um die preisstrukturbedingten Mehrausgaben der Stadtstaaten zu bestimmen, wird dieser Prozentsatz mit den tatsächlichen Personalausgaben (inkl. Versorgungsleistungen) der Stadtstaaten multipliziert. Die Analyse zeigt Kostennachteile für Hamburg und Bremen. Für Berlin hingegen ergibt sich ein Kostenvorteil, der vor allem auf die verhältnismäßig günstige Eingruppierung der Beschäftigten zurückzuführen ist. Bei der Mehrkostenberechnung wird für Berlin jedoch kein Abschlag vorgenommen. Es wird vielmehr unterstellt, dass keine Mehrkosten anfallen.

Unterhaltung, Bewirtschaftung und Erwerb von Sachen

Diesen Ausgabenarten ist gemein, dass sie von der öffentlichen Hand am Markt erworben werden müssen. Dabei wird unterstellt, dass dies auf dem regionalen Markt passiert. Um Kostennachteile zu ermitteln, nimmt das Ifo-Institut einen Vergleich regionaler Preisniveaus zwischen den Stadtstaaten und den Flächenländern vor. Aufgrund der hohen strukturellen Unterschiede innerhalb der einzelnen Aufgabenarten schätzt das Ifo-Institut ab, welches Gut oder welche Gütergruppe das Ausgabeverhalten der Länder innerhalb der einzelnen Ausgabenkategorien am besten repräsentiert. Danach werden für die ausgewählten Güter bzw. Gütergruppe regional differenziert vorliegende Preise gesucht. Dazu wird auf eine vom Statistischen Bundesamt für das Jahr 1994 vorgelegte Untersuchung zu den Verbraucherpreisen in 50 deutschen Städten zurückgegriffen.[655]

Beim sehr personalintensiven Unterhaltungsaufwand werden die regionalen Lohndifferenzen, die sich bereits bei der Ermittlung der Personalkosten ergeben haben, zwischen dem einzelnen Stadtstaat und dem westdeutschen Bundesgebiet als Indikator herangezogen. Beim Bewirtschaftungsaufwand wird unterstellt, dass es sich hauptsächlich um Versorgungskosten (Strom, Wasser, Gas) handelt und er daher durch die regionalen Preisdifferenzen für Energie, Strom und Wasser abgebildet werden kann. Beim Erwerb beweglicher und unbeweglicher Sachen werden hingegen Waren angeschafft, die mit den regionalen Verbraucherpreisen für Gebrauchs- und Verbrauchsgüter bewertet werden können.

---

[654] Die Personalkosten je Beschäftigten wurden nach dem Nettolohnprinzip berechnet, d.h. die Gehälter der Beamten, Angestellten und Arbeiter enthalten keine Zahlungen für die Altersversorgung und Arbeitslosenversicherung.

[655] Vgl. Ströhl, G. (1994), S. 415 ff.

Bau
Für die Bauinvestitionen wird mithilfe von Baupreisindices für Neubauten in den Bereichen Anstaltsgebäude, Büro- und Verwaltungsgebäude sowie sonstige Nichtwohngebäude eine Preiskomponente bestimmt. Um eine differenzierte Analyse zu gewährleisten, müssten jedoch die Kosten von Landes- und Gemeindebauten differenziert nach Gebäudetypen und Art der Baumaßnahme verglichen werden. Auf diese Analyse verzichtet das Ifo-Institut.

Übriger laufender Sachaufwand
Dieser Posten wird aufgrund des unterschiedlichen Ausgabencharakters in die Bereiche sonstiger Sachaufwand und Erstattungen unterteilt. Der sonstige Sachaufwand umfasst Güter und Dienstleistungen, welche die Verwaltung für ihre Arbeit benötigt. Um die Preiskomponente zu bewerten, werden die Preisniveaudifferenzen für Güter und Dienstleistungen (hauptsächlich Mieten) herangezogen.[656] Bei den Erstattungen handelt es sich um Aufwendungen im Bereich soziale Fürsorge, Krankenhilfe, Betreuung von Behinderten und Randgruppen. Da diese Aufgaben sehr personalintensiv sind, werden die Mehrkosten auf Basis der regionalen Lohn- und Gehaltsunterschiede berechnet.

Zahlungen an andere Bereiche
Hier kommen nur die Ausgaben für die soziale Sicherung als Ursache für einen Mehrbedarf in Betracht. Die Sozialhilfe stellt den größten Ausgabenanteil und steht daher im Mittelpunkt der Untersuchung. Da die Sozialhilfesätze bundeseinheitlich geregelt sind, die Mietbeihilfen unberücksichtigt bleiben und freiwillige Sozialleistungen keinen Mehrbedarf begründen, bleiben lediglich die Zuschüsse an soziale Einrichtungen übrig. Die Preiskomponente wird analog zu den Erstattungen mit regionalen Lohnkostendifferenzen bewertet.

7.3.3.2 Strukturkomponente

Neben preisbedingten Mehrbedarfen werden auch strukturbedingte Mehrbedarfe, welche auf höhere Inputeinsatzmengen zurückzuführen sind, untersucht. Die Analyse der Strukturkomponente wird dabei ausschließlich für die Bereiche *soziale Sicherung* bzw. *öffentliche Sicherheit* durchgeführt.

---

[656] Hamburg hat im Finanzbericht 2000 eine detaillierte Aufgliederung dieses Bereiches vorgenommen. Zur Vereinfachung wird unterstellt, dass die Struktur in den anderen Stadtstaaten entsprechend ist. Vgl. Baretti, C. et al. (2001), S. 55.

Um die Strukturkomponente von möglichen Ineffizienzen zu isolieren, greift das Ifo-Institut auf den Best-Practice-Ansatz zurück. Mithilfe eines Benchmarks werden die Referenzobjekte, die im Vergleich zu anderen am erfolgreichsten produzieren (Best-Practice), definiert. In diesem Fall sind es die Städte, die bei gleichen bzw. ähnlichen Outputmengen die niedrigsten Durchschnittskosten aufweisen. Soweit in der Best-Practice-Gruppe höhere Inputmengen eingesetzt werden als in den Flächenländern, werden die daraus resultierenden Mehrausgaben als stadtstaatenspezifischer Strukturunterschied angerechnet.[657]

Es kann jedoch nicht davon ausgegangen werden, dass mögliche Ineffizienzen somit vollständig eliminiert werden, da der beobachtete Best-Practice-Wert nicht mit dem theoretischen Optimum einer technisch effizienten Produktion übereinstimmen muss. Dieses Vorgehen approximiert die relative Ineffizienz der Mitglieder der Referenzgruppe und gesteht den Stadtstaaten dieses Ineffizienzlevel zu. Abbildung 16 verdeutlicht diesen Zusammenhang.

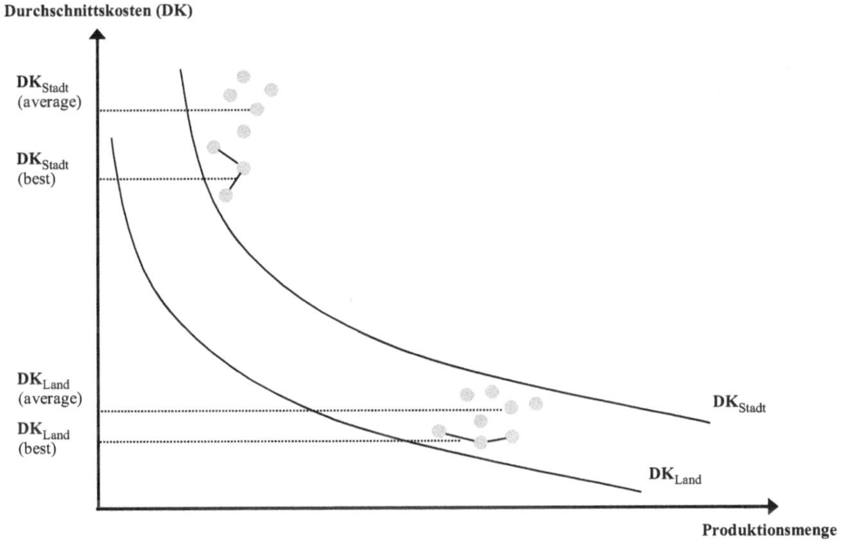

Abbildung 16: Best-Practice-Ansatz
Quelle: In Anlehnung an Bönte, W., Lucke, B. (2005), S. 198; Eigene Darstellung.

---

657 Vgl. Baretti, C. et al. (2001), S. 67 ff.

Die Durchschnittskostenkurven (DK) beschreiben die jeweils technisch effizienten Kombinationen von Output und Durchschnittskosten. Die Punkte geben die beobachteten Kombinationen für Städte und Flächenländer wieder. Je weiter ein Punkt von der Kurve entfernt liegt, desto technisch ineffizienter ist die Produktion der entsprechenden Stadt oder des Flächenlandes. Die Best-Practice-Städte bzw. -Länder sind in der Abbildung durch Linien gekennzeichnet. Die Differenz zwischen der Kurve und des Best-Practice-Durchschnitts wird den Stadtstaaten als Ineffizienz zugestanden.

Soziale Sicherung

Im Bereich *soziale Sicherung* stellt die Sozialhilfe den gewichtigsten Ausgabenposten dar und wird stellvertretend für den gesamten Aufgabenbereich untersucht. Aufgrund der höheren Anzahl an Sozialhilfeempfängern[658] ergeben sich für die Stadtstaaten deutlich höhere Sozialhilfeausgaben als für die Flächenländer. Ob den Stadtstaaten aufgrund ihrer Funktion als Großstadt daraus ein Kostennachteil erwächst, überprüft das Ifo-Institut anhand des Best-Practice-Ansatzes.

Die Gruppe der Großstädte mit den niedrigsten Empfängerzahlen dient dabei als Referenzgruppe. Ihr Sozialhilfeempfängerbesatz wird als für eine Großstadt und damit für die Stadtstaaten erreichbares Minimum angesehen. Die Best-Practice-Gruppe[659] setzte sich aus den fünf erfolgreichsten der 12 größten westdeutschen Städte zusammen. Der Best-Practice-Wert liegt bei 40 Sozialhilfeempfängern je 1.000 Einwohner; der Bundesdurchschnitt – bereinigt um die 12 Großstädte – dagegen bei 30 Sozialhilfeempfängern je 1.000 Einwohner. Die Stadtstaaten müssen also aufgrund ihrer Eigenschaft als Großstädte 10 Sozialhilfeempfänger je 1.000 Einwohner mehr finanzieren als die Flächenländer. Die daraus entstehenden Mehrausgaben sind ausgleichsfähig.

Nicht ausgleichsfähig ist hingegen eine darüber hinausgehende Empfängerdichte. Die ausgleichsfähigen Ausgaben ergeben sich aus dem Anteil des ausgleichsfähigen Sozialhilfeempfängeransatzes an den gesamten Sozialhilfeempfängern in den Stadtstaaten (Bremen: 98; Hamburg: 84; Berlin: 78 Empfänger je 1.000 Einwohner). Berlin, Hamburg und Bremen können somit rund 13 %, 12 % bzw. 11 % ihrer Ausgaben im Sozialbereich als Mehrkosten geltend machen:

---

[658] Das Ifo verwendet als Indikator die Anzahl der Sozialhilfeempfänger, was aber problematisch ist, da dieser Indikator weder den Output noch einen Input des öffentlichen Gutes soziale Sicherung repräsentiert.

[659] München (35), Stuttgart (42), Düsseldorf (42), Duisburg (49), Köln (56).

- Berlin 501 Mio. Euro
- Hamburg 256 Mio. Euro
- Bremen 83 Mio. Euro[660]

Öffentliche Sicherheit
Im Bereich *öffentliche Sicherheit* wird konzeptionell ähnlich verfahren. Die Referenzgruppe bilden die vier Großstädte[661] mit der niedrigsten Kriminalitätsrate (Zahl der Straftaten je 1.000 Einwohner im Durchschnitt der Jahre 1994-1996). Diese Rate liegt mit 130 Straftaten je 1.000 Einwohner deutlich über dem Wert der Flächenländer (70 Straftaten je 1.000 Einwohner). Zudem werden in den Referenzstädten mehr Polizeikräfte eingesetzt als im Flächenländerdurchschnitt (3,62 zu 2,53 Polizisten je 1.000 Einwohner). Im Sinne des Best-Practice-Ansatzes gibt die Differenz von 1,09 Polizisten je 1.000 Einwohner den strukturell bedingten Mehrbedarf einer Großstadt an. In Berlin macht dieser strukturell bedingte Mehrbedarf circa 20 % der 5,6 eingesetzten Polizisten je 1.000 Einwohner aus. Für Hamburg und Bremen ergeben sich Werte von 21 % bzw. 18 %. Bezogen auf die gesamten Ausgaben für die öffentliche Sicherheit können die Stadtstaaten folgende Mehrkosten geltend machen:

- Berlin 377 Mio. Euro
- Hamburg 185 Mio. Euro
- Bremen 54 Mio. Euro[662]

7.3.4 Empirische Ergebnisse – Inputkonzept

Das Inputkonzept kommt nach der Addition der Preis- und Strukturkomponente und unter Berücksichtigung eines Inflationszuschlags (in Preisen von 1999) zu folgenden absoluten Mehrkosten:

- Berlin 1.168 Mio. Euro
- Hamburg 764 Mio. Euro
- Bremen 235 Mio. Euro

660 Vgl. Baretti, C. et al. (2001), S. 69.
661 Dortmund, Duisburg, München, Stuttgart.
662 Vgl. Baretti, C. et al. (2001), S. 73.

Diese Mehrkosten beziehen sich auf die Gesamtausgaben der Stadtstaaten. Da sich die zu ermittelnde Einwohnerwertung der Stadtstaaten ausschließlich auf die Steuereinnahmen des Landes bezieht, wird auch hier eine Trennung zwischen der Landes- und Gemeindeebene vorgenommen. Die Gesamtausgaben werden um einen hypothetischen Gemeindeanteil, der dem gemeindlichen Anteil an den bereinigten Ausgaben in den Flächenländern entspricht (46,7 %), bereinigt. Demnach sind als staatliche Mehrbedarfe anzusetzen:

- Berlin 646 Mio. Euro
- Hamburg 422 Mio. Euro
- Bremen 130 Mio. Euro

Für die stadtstaatliche Einwohnerwertung auf Landesebene ergeben sich daraus folgende Werte:

- Berlin 110 %
- Hamburg 113 %
- Bremen 111 %

Auch die Einwohnerwertungen des Inputansatzes liegen deutlich unter den aktuellen 135 %.

7.3.5 Kritische Bewertung

Eine empirisch fundierte und belastbare Ableitung der Einwohnerwertung ist unbestreitbar eine schwierige Aufgabe. Der vom Ifo-Institut gewählte Weg bietet grundsätzlich eine Möglichkeit, um zu einer Abschätzung der *kostenbedingten Mehrbedarfe* der Stadtstaaten zu kommen. Dabei können jedoch eine Reihe von Schwachpunkten identifiziert werden, die der Diskussion bedürfen.

(1) Die im aktuellen Ifo-Gutachten verwendete Methode zur Bestimmung der Einwohnerwertung der Stadtstaaten unterscheidet sich drastisch von derjenigen des Ifo-Gutachtens aus den Jahren 1986/87, auf dessen Grundlage die stadtstaatliche Einwohnerwertung bis 2005 festgesetzt wurde. Der institutsinterne Methodenwechsel wird mit zwei Argumenten begründet:

Zum einen sei die 1986/87 gewählte Methode des Großstadtvergleichs datentechnisch sehr aufwendig und nur durch die aktive Mitarbeit und Kooperation der betroffenen Länder realisierbar. Eine Aktualisierung der Ergebnisse sei daher kaum umzusetzen. Zum anderen wird auf den Hinweis des Bundesverfassungsgerichts verwiesen, das im Rahmen der Auseinandersetzung mit der Einwohnerwertung die *„Gleichbehandlung aller Länder"* fordert. Dieser Vorgabe könne jedoch nur eine Gegenüberstellung der Finanzkraft von allen Ländern entsprechen. Damit könne allein ein Ländervergleich den Anforderungen des Gerichts genügen und ein erneuter Großstadtvergleich sei dagegen unzulässig.[663]

Das erste Argument ist insofern inkonsequent, da die neue Methode grundsätzlich auf einem ebenso umfassenden Datenmaterial aufbaut wie das Ifo-Gutachten von 1986/87. Insbesondere die veralteten Preisindices des Inputansatzes und die teilweise nicht messbaren Mengenindikatoren des Outputansatzes, welche zu einer inkonsistenten Methodik führen, verdeutlichen die hohen Ansprüche an das Datenmaterial.

Dem zweiten Argument ist zu entgegnen, dass die vom Ifo-Institut angeführte Interpretation dieser Passage fragwürdig scheint, da das Bundesverfassungsgericht ebenso einen *„schlichten Großstadtvergleich"*[664] zur Ermittlung der Höhe der Einwohnerwertung vorschlägt und bisher nicht explizit Abstand von dieser Empfehlung genommen hat. Ein Großstadtvergleich ist damit verfassungsrechtlich zumindest weiterhin zulässig und methodisch richtig. Eine Klärung der Sachlage durch das Bundesverfassungsgericht ist daher geboten.

(2) Ungeachtet dessen ist die vom Ifo-Institut gewählte Methode nicht dazu geeignet, eine umfassende Quantifizierung stadtstaatlicher Mehrbedarfe vorzunehmen. Mögliche Mehrbedarfe werden allein auf *kostenbedingte Mehrbedarfe* zurückgeführt, was jedoch zu eine unzulässigen Eindimensionali-sierung bedingt. Die Einwohnerwertung wird auf lediglich einen Aspekt der stadtstaatlichen Besonderheit verkürzt. Damit muss ihre Quantifizierung zu gering ausfallen, als dass sie der strukturellen Eigenart der Stadtstaaten gerecht werden kann.

(3) Zudem ist die Vorgehensweise eines Ländervergleichs zur Ableitung der Einwohnerwertung problematisch, da die Besonderheiten der Stadtstaaten als Großstädte nicht unmittelbar berücksichtigt werden. Dieses Problem wird auch darin deutlich, dass das Ifo-Institut in bestimmten Aufgabenbereichen wie beispielsweise der öffentlichen Sicherheit vom Ländervergleich abweicht und einen Großstadtvergleich vornimmt. Da zudem die Stadtstaaten selbst in den Ländervergleich einbezogen werden, beeinflusst die stadtstaatenspezifische Situation das Ergebnis. Damit handelt es sich nicht um einen abstrakten Maßstab, wie er vom Bundesverfassungsgericht ausdrücklich verlangt wurde. Die neue Ifo-Methode kommt demnach den Vorgaben des Bundesverfassungsgerichtes nicht nach.

---

663 Vgl. Baretti, C. et al. (2001), S. 17.

664 BVerfGE 72, 330 (416).

(4) Weiterhin ist darauf zu verweisen, dass der Differenzapproximation der kompensierenden Variation ein Approximationsfehler immanent ist. Die Abbildung 17 veranschaulicht dieses Problem.

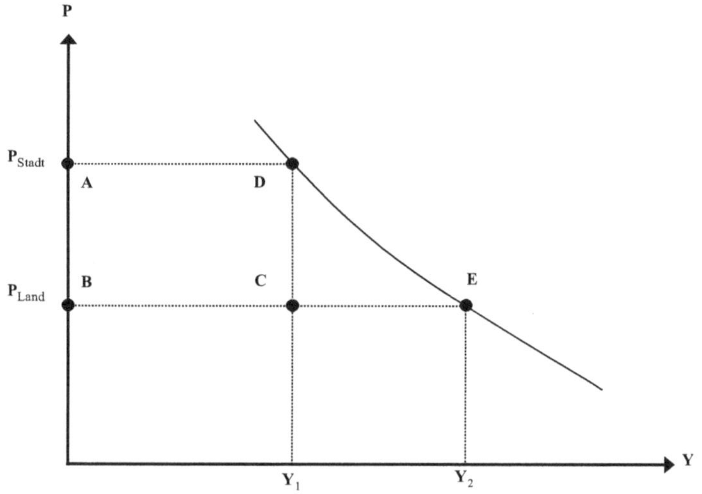

Abbildung 17: Differenzapproximation der kompensierenden Variation
Quelle: In Anlehnung an Bönte, W., Lucke, B. (2005), S. 192; Eigene Darstellung.

Der Preis für eine Einheit des erzeugten öffentlichen Gutes *X* liegt für Stadtstaaten (P_{Stadt}) annahmegemäß über dem Preis der Flächenländer (P_{Land}).[665] Nach dem Konzept der kompensierenden Variation ergibt sich der Mehrbedarf des Stadtstaates in Höhe des (preisbereinigten) Verlustes an Konsumentenrente. Dieser entspricht graphisch der Fläche *ABCDE*. Der vom Ifo-Institut berechnete Mehrbedarf entspricht jedoch lediglich der Fläche *ABCD*, da eine Anpassung der Nachfrage an das niedrigere Preisniveau nicht zugelassen wird. Damit führt die Differenzapproximation zu einer Unterschätzung des Mehrbedarfs. Wäre der Verlauf der Nachfragekurve nach dem betrachteten Gut *X* bekannt, wäre eine rechnerische Anpassung der Nachfrage an das niedrigere Preisniveau möglich. Der Approximationsfehler ist durch die Fläche *DCE* gegeben. Über seine in

---

665 Die Nachfragefunktion stellt die Hicks´sche Nachfrage dar, jedoch wird vereinfachend unterstellt, das keine Einkommenseffekte auftreten.

Geldeinheiten bewertete Größenordnung kann ohne Kenntnis des Verlaufs der Nachfragefunktion keine Aussage getroffen werden.[666]

Das Ifo-Institut weist ausdrücklich auf diesen Approximationsfehler hin, vernachlässigt diesen Fehler jedoch im weiteren Vorgehen. Diese Vernachlässigung wird mit folgenden Argumenten begründet. Zum einen werde bei der Berechnung der kompensierenden Variation der Mehrbedarf der Stadtstaaten nicht unter-, sondern überschätzt, da in den verwendeten Daten bereits strukturelle Ausgleichsmechanismen durch das gegenwärtige Finanzausgleichssystem enthalten sind. Die daraus resultierenden Mehreinnahmen werden bei der Berechnung einbezogen und der Mehrbedarf damit zu hoch angesetzt. Zum anderen wird argumentiert, dass die Kosten öffentlicher Leistungen auch vom Verwaltungshandeln der Länder abhängen. Angesichts der hohen Ausgleichsintensität des Finanzausgleichs würden unter dieser Voraussetzung einer Berücksichtigung des gesamten Mehrbedarfs die Anreize der Stadtstaaten für Effizienz und Sparsamkeit unterminiert werden. Die Mehrbedarfe müssten daher auf die Höhe der Mehrkosten beschränkt werden.[667]

Das erste Argument bezieht sich auf die Tatsache, dass ein Einkommenstransfer, beispielsweise über die bestehende Einwohnerwertung, die abgebildete Nachfragekurve prinzipiell nach rechts verschiebt. Der Empfänger realisiert ceteris paribus ein höheres Nutzenniveau. Bei gegebenen Preisen steigt die Höhe der kompensierenden Variation an. In dieser Situation würde für die Transferempfänger (Berlin und Bremen) ein höherer Mehrbedarf abgeleitet, als ihnen eigentlich zustünde. Dieses Zirkelschlussproblem ergibt sich immer dann, wenn (die Ausgaben) der Stadtstaaten in die Ableitung der Einwohnerwertung einbezogen werden und kein abstrakter Maßstab angewendet wird. Daher muss die Einwohnerwertung durch eine Methode ermittelt werden, die von der spezifischen Situation in den Stadtstaaten unabhängig ist. Zudem ist diese Argumentation problematisch, da in einer Situation ohne Transferzahlungen der bemessene Mehrbedarf umso höher (niedriger) ausfällt, je reicher (ärmer) der Stadtstaat ist. Diese Erkenntnis läuft aber dem föderativen Ausgleichssystem zuwider. Folglich kann das Konzept der kompensierenden Variation nur dann angewendet werden, wenn angenommen werden kann, dass die Horizontalverschiebung der Nachfragkurve vernachlässigbar ist. Dadurch wird aber das Argument, dass der Mehrbedarf transferempfangender Stadtstaaten zu hoch bemessen ist, invalide.

---

666 Vgl. Bönte, W., Lucke, B. (2005), S. 192 f.
667 Baretti, C. et al. (2001), S. 25.

Das zweite Argument unterstellt den Stadtstaaten, dass sie schuldhaft ineffiziente Kostenstrukturen verursachen, um Mehrbedarfe geltend zu machen. Ob dies auf Länder zutrifft, die unter hohem budgetären Druck stehen und deshalb angehalten sind, effizient zu wirtschaften, sei dahingestellt. Allerdings ist das Argument unzulässig, da die bei den Stadtstaaten vermuteten X-Ineffizienzen bereits im Rahmen des regulären Best-Practice-Vergleichs berücksichtigt wurden. Es kommst somit zu einer doppelten Bereinigung zu Ungunsten der Stadtstaaten. Die Rechtfertigung, die Vernachlässigung des systematischen Approximationsfehlers mit kostentreibendem Handeln der Stadtstaaten zu begründen, entfällt. Da im Gutachten kein Versuch unternommen wird, den Approximationsfehler zu quantifizieren, kann die ermittelte Einwohnerwertung eher als zu gering, nicht aber als zu hoch eingeschätzt werden.[668]

(5) Eine zentrale Schwäche des Gutachtens besteht in der vom Ifo-Institut vorgenommenen Zerlegung der Ausgaben der Stadtstaaten in eine fiktive Landes- und Kommunalebene. Durch diesen Versuch geht die ganzheitliche Sicht auf die Stadtstaaten verloren. Die sehr engen Finanzverflechtungen zwischen Land und Kommunen sowie die von Land zu Land unterschiedliche Aufgabenteilung zwischen den beiden Ebenen werden vernachlässigt.

So ist zum einen die Berechnung des Kommunalanteils im Rahmen des Inputansatzes als fehlerhaft einzustufen. Das Ifo-Institut bestimmt den Landesanteil an den bereinigten Ausgaben der Landes- und Gemeindeebene für die Jahre 1994 bis 1997 (55,3 %). Dieses Verfahren ist jedoch unzulässig, da die bereinigten Ausgaben der Länder auch die Zahlungen der Länder an die Kommunen erfassen, sodass es zu Doppelzählungen kommt. Korrekt wäre, den Landesanteil an den bereinigten Ausgaben der konsolidierten Landes- und Gemeindeebene zu bestimmen (68 %) oder die Nettoausgaben heranzuziehen (65 %). Die Vorgehensweise des Ifo-Instituts unterschätzt die Ausgaben der Landesebene und damit die Mehrbedarfe. Zum anderen ist die Kommunalbereinigung durch das Ausklammern von Aufgabenbereichen wie dem Bereich der sozialen Sicherung oder der kommunalen Gemeinschaftsdienste, für die ein hoher Kommunalisierungsgrad charakteristisch ist, kritisch.

Weiterhin ist zu bemängeln, dass die Kommunalbereinigung nicht stringent durchgeführt wird. So ist es nicht nachvollziehbar, warum im Rahmen der Strukturkomponente des Inputansatzes die Sozialausgaben berücksichtigt, aber im Rahmen des Outputansatzes explizit ausgeklammert werden. Ebenso ignoriert die Vorgehensweise die intensiven Interaktionen zwischen den Landes- und

---

668 Vgl. Bönte, W., Lucke, B. (2005), S. 193 f.

Gemeindehaushalten. Die Länder tragen verfassungsrechtlich vorgegeben eine erhebliche Verantwortung für die aufgabenadäquate Finanzausstattung ihrer Gemeinden. Kommunale Aufgaben werden von den Ländern direkt und indirekt mitfinanziert. Direkt erfolgt die Finanzierung über Zuweisungen und Zuschüsse, die in den einzelnen Aufgabenbereichen verbucht werden, indirekt über den kommunalen Finanzausgleich, der im Bereich *allgemeine Finanzwirtschaft* verbucht wird. Besonders deutlich wird dieses Problem bei der Vernachlässigung des Bereichs *soziale Sicherung* im Rahmen des Outputansatzes, auf den immerhin 20 % der konsolidierten Nettoausgaben der Landes- und Gemeindeebene entfallen. Zwar wird diese Aufgabe maßgeblich durch die Kommunen getätigt, aber die Länder stellen die dazu notwendige Finanzausstattung bereit. Zentral für die finanziellen Lasten ist nicht die Frage, welche Ebene welche Ausgaben tätigt, sondern welche Ebene welche Ausgaben finanziert. Der Ansatz des Ifo-Instituts verliert damit den Bezug zur Verfassungswirklichkeit und zu den realen finanzpolitischen Gegebenheiten.[669]

(6) Ein weiteres Defizit ist der häufige Maßstabswechsel. So werden in einigen Bereichen Flächenländervergleiche, in anderen hingegen selektive Großstadtvergleiche durchgeführt. Dann wird im Bereich *Hochschulen* Hamburg als Maßstab für Berlin herangezogen. Eine Systematik ist hier nicht erkennbar. So ist fraglich, warum beim Outputansatz in den Bereichen *öffentliche Sicherheit, Schulen* und *Kultur* Großstadtdaten herangezogen werden, während Bereiche wie *Rechtschutz* und *Hochschulen*, die ebenfalls in Großstädten konzentriert sind, mit den Flächenländern verglichen werden. Gleiches gilt für das Benchmarkverfahren im Rahmen des Inputansatzes. Die ausgewählten Aufgabenbereiche zur Ermittlung der Strukturkomponente sind unvollständig, da für die Bereiche *Kultur*, *Rechtsschutz* und *Hochschulen* ebenfalls eine Berücksichtigungsnotwendigkeit vorliegt.

(7) Zudem ist die Auswahl der Großstädte für die Vergleichsgruppen als kritisch anzusehen, da beispielsweise zur Quantifizierung der stadtspezifischen Polizeidichte im Rahmen des Input- und des Outputansatzes unterschiedliche Referenzstädte herangezogen werden. Der Outputansatz nimmt Bezug auf alle großen Landeshauptstädte und Frankfurt/Main, während sich der Inputansatz an den Best-Practice-Städte orientiert. Der Best-Practice-Wert soll den strukturell bedingten Polizeieinsatz in einer Großstadt widerspiegeln, der auch bei einer effektiveren Verbrechensbekämpfung nicht unterschritten werden kann. Die Differenzen zwischen den Stadtstaaten und den Best-Practice-Städten werden also allein durch Ineffizienzen begründet. Diese Annahme impliziert aber, dass die

669 Vgl. Seitz, H. (2006b), S. 18 ff.

Kriminalitätsentwicklung und der Sozialhilfebesatz in einem erheblichen Umfang steuerbar sind. Außerdem müssen die strukturellen Einflussfaktoren im Durchschnitt der Best-Practice-Städte mit denen der Stadtstaaten identisch sein, damit diese Gruppe überhaupt einen sinnvollen Vergleichsmaßstab darstellt.[670] So weisen die Stadtstaaten trotz des höheren Polizeibesatzes aber eine deutlich höhere Straftatenbelastung (durchschnittlich 162 erfasste Straftaten je 1.000 Einwohner) als die Best-Practice-Städte (130 Straftaten) auf. Ob diese höhere Kriminalitätsanfälligkeit stadtstaatenspezifisch und damit ausgleichsrelevant ist, hätte vom Ifo-Institut näher untersucht werden müssen. Wären die erfassten Straftaten als Outputindikator und der Polizeibesatz als Inputindikator herangezogen worden, wäre festzustellen gewesen, dass die Stadtstaaten trotz einer höheren Inputeinsatzmenge ein geringeres Maß an öffentlicher Sicherheit zur Verfügung stellen. Dieses lässt einen strukturellen Mehrbedarf vermuten, der über die Berechnungen des Ifo-Instituts hinausgeht. Insgesamt trägt das Best-Practice-Verfahren des Inputansatzes den strukturellen Eigenarten der Stadtstaaten nicht adäquat Rechnung. Am Beispiel des Bereichs *öffentliche Sicherheit* soll folgende Rechnung den Einfluss der Vergleichsgruppe auf die Höhe der Mehrbedarfe verdeutlichen:

Für Hamburg wird ein Besatz von 5,1, für die Best-Practice-Städte von 3,62 und für die Landeshauptstädte (plus Frankfurt) von 4,1 Polizisten je 1.000 Einwohner unterstellt. Durch den Vergleich mit den Best-Practice-Städten wird ein Plus von 1,09 Polizisten als großstadtspezifisch angesehen. Im Vergleich mit den Landeshauptstädten erhöht sich dieser Wert auf 1,57 Polizisten je 1.000 Einwohner. In Relation zum Flächenländerdurchschnitt von 2,53 ergeben sich die folgenden Werte:[671]

- Referenzgruppe Best-Practice (3,62-2,53)/5,1 = 0,241
- Referenzgruppe Landeshauptstädte (4,1-2,53)/5,1 = 0,308

Bezogen auf die Bemessungsgrundlage von 862 Mio. Euro ergeben sich Mehrbedarfe (netto)[672] in Höhe von 102 Mio. Euro bzw. 265 Mio. Euro. Es ergibt

---

670 Dieses bestreitet das Ifo-Institut aber indirekt, indem für den Outputansatz die Landeshauptstädte gewählt werden, da sie sich strukturell von anderen Großstädten unterscheiden. Es liegen folglich methodische Inkonsistenzen vor. Vgl. Bönte, W., Lucke, B. (2005), S. 202.

671 Fraglich ist, warum das Ifo-Institut für die Input- und Outputanalyse unterschiedliche Datenquellen heranzieht und damit zu unterschiedlichen Werten für den Polizeibesatz kommt. Damit ergeben sich erhebliche Inkonsistenzen zwischen den beiden Ansätzen.

672 Bruttomehrbedarf abzüglich des kommunalen Anteils von 44,7 %

sich eine Differenz von 163 Mio. Euro. Die Wahl der Referenzgruppe hat also erheblichen Einfluss auf das Ergebnis.

(8) Ferner ist es beim Best-Practice-Ansatz problematisch, dass das Ifo-Institut die Best-Practice-Werte der Großstädte mit den einfachen Durchschnittswerten (Average-Practice) der Flächenländer vergleicht. Wie aus der Abbildung 17 zu erkennen ist, führt ein entsprechendes Verfahren zu Verzerrungen, da die Differenz der Durchschnittskosten zwischen den beiden Gruppen zu gering bemessen wird. Dieses Vorgehen ist aber nur dann gerechtfertigt, wenn die Stadtstaaten verglichen mit den Flächenländern technisch besonders ineffizient produzieren. Dieser Nachweis wird vom Ifo-Institut jedoch nicht erbracht.[673] Daher kann nicht pauschal davon ausgegangen werden, dass die Stadtstaaten ineffizienter handeln als andere Länder. Im Vergleich der Best-Practice-Städte (3,62 Polizisten je 1.000 Einwohner) zu den Average-Practice-Flächenländern (2,53 Polizisten je 1.000 Einwohner) ergibt sich ein strukturell höherer Polizeieinsatz von 1,09 Polizisten je 1.000 Einwohner. Verglichen mit den Best-Practice-Flächenländern (2,49 Polizisten je 1.000 Einwohner) sind hingegen 1,13 Polizisten strukturell bedingt. Entsprechendes gilt für die Strukturkomponente im Bereich soziale Sicherung.[674]

(9) Zudem ist anzumerken, dass sich die Ergebnisse beider Ansätze drastisch voneinander unterscheiden, wobei das Ifo-Institut keine überzeugenden Gründe für diese Abweichungen angibt. Offenkundig existieren erhebliche Inkonsistenzen zwischen den beiden Ansätzen, die nicht nur durch die unterschiedlichen Datenlagen zu erklären sind. Außerdem hätte die erhebliche Diskrepanz der aktuellen Ergebnisse zum Ifo-Gutachten von 1986/87 Anlass geben müssen, eine Ursachenanalyse durchzuführen, um die schwerwiegenden Mängel des neuen Gutachtens zu erkennen und zu beseitigen.

Die Diskussion der angeführten Kritikpunkte legt nahe, dass das Ifo-Gutachten aus dem Jahr 2001 die vom Bundesverfassungsgericht geforderte Konkretisierung der Einwohnerwertung nur in einer wissenschaftlich unbefriedigenden und äußerst verkürzten Weise beantwortet. Verkürzt deshalb, da Mehrbedarfe ausschließlich auf Kostennachteile der Stadtstaaten zurückgeführt werden und die Einwohnerwertung lediglich auf der Landes- aber nicht auf der kommunalen Ebene Berücksichtigung findet. Den hohen Anforderungen an die Datenbasis wird das Gutachten aufgrund der mangelnden Verfügbarkeit aktueller und belastbarer Daten kaum gerecht. Eine vollständige und valide Berechnung stadtstaatlicher Mehrbedarfe und der Einwohnerwertung ist mit den im Gutachten verwendeten

673 Vgl. Bönte, W., Lucke, B. (2005), S. 197 f.
674 Vgl. Baretti, C. et al. (2001), S. S. 239 ff.

Ansätzen nicht möglich. Insgesamt erweckt das Gutachten den Eindruck einer interessengeleiteten Arbeit, die das von den Auftraggebern (Baden-Württemberg, Bayern, Hessen und Nordrhein-Westfalen) gewünschte Ergebnis – eine Begründung zur Reduzierung der Einwohnerwertung – liefert.

7.4 Ansatz zur Aktualisierung der stadtstaatlichen Einwohnerwertung

Es konnte gezeigt werden, dass zum Teil sehr unterschiedliche methodische Ansätze zur Quantifizierung der stadtstaatlichen Einwohnerwertung existieren. Unter Berücksichtigung der angeführten Kritikpunkte ist festzustellen, dass der indirekte Großstadtvergleich des Ifo-Instituts die angemessene Vorgehensweise zur Ableitung der stadtstaatlichen Einwohnerwertung darstellt. Da die Datengrundlage des Gutachtens veraltet ist und auch die Daten der Aktualisierung bereits über ein Jahrzehnt alt sind, soll im Folgenden der Versuch unternommen werden, auf Grundlage der Methode des indirekten Großstadtvergleichs eine aktuelle Einwohnerwertung für die Stadtstaaten abzuleiten.

7.4.1 Reale Leistungen der Länder in den Städten

Die Analyse der Regionalisierung der aus Landessteuern finanzierten realen Leistungen, die den Vergleichsstädten zugutekommen, ist der zentrale Ansatzpunkt des Ifo-Gutachtens. Schwierigkeiten ergeben sich bei dem seitens des Ifo-Institutes gewählten Vorgehen daraus, dass die Landesleistungen nicht direkt den Landeshaushalten zu entnehmen sind. Um diesem Mangel Abhilfe zu schaffen und den Vergleichsstädten nachvollziehbar und belastbar Landesleistungen zuordnen zu können, hat das Ifo-Institut 1986/87 ein Schema zur Zurechnung von staatlichen Leistungen für die Vergleichsstädte entwickelt, womit die Wirkungen des Staatshaushaltes auf die jeweilige Vergleichsstadt erfasst werden können.[675]

Um dieses Schema für die vorliegende Arbeit nutzen zu können, besteht zunächst die Notwendigkeit einer Aktualisierung der Datenbasis des Regionalisierungsschemas, um auf dieser Grundlage die Entwicklung der (gesamten steuerfinanzierten) Leistungen im Zeitablauf in den Großstädten sowie im Durchschnitt der Flächenländer prüfen zu können. Das Verfahren soll dabei an einigen ausgewählten Aufgabenbereichen dargestellt und kritisch beleuchtet

---

675 Vgl. Hummel, M. Leibfritz, W. (1987), S. 113 ff.

werden. Aufgrund der zeitlichen Verzögerung bei der Veröffentlichung der Rechnungsergebnisse wird als Untersuchungszeitraum für die vorliegende Arbeit der Zeitraum 2001-2005 zugrunde gelegt. Im Vergleich zu den Gutachtenergebnissen des Ifo-Instituts, die auf der Datenbasis der Jahre 1980-1984 beruhen, besteht auf Grundlage der vorliegenden Untersuchung die Möglichkeit, tendenzielle Entwicklungen aufzuzeigen und eine Aussage über die Angemessenheit der Höhe der aktuellen stadtstaatlichen Einwohnerwertung zu treffen.

Um trotz eingeschränkter Datenverfügbarkeit eine valide Aussage treffen zu können, wird zunächst ein intertemporaler Vergleich der Nettoausgaben der westdeutschen Flächenländer, in denen die Vergleichsstädte gelegen sind, vorgenommen. Hierbei sollen die Landesausgaben identifiziert werden, die im Zeitraum 1980 bis 1984 und im Untersuchungszeitraum 2001 bis 2005 den größten Einfluss auf den Landeshaushalt ausgeübt haben. Dieser Vergleich ermöglicht die Identifizierung potenzieller Strukturverschiebungen in den Haushalten, die eine genaue Analyse bestimmter Ausgabenbereiche erforderlich machen können.

Die Daten bestätigen, dass die Funktionen 0 und 1 in beiden Beobachtungszeiträumen als die wesentlichen Ausgabenkategorien anzusehen sind. Sie machen jeweils rund 59 % der gesamten Nettoausgaben aus. Im Detail zeigt sich ein Bedeutungszuwachs des Rechtsschutzes (Staatsanwaltschaften und Gerichte) sowie der öffentlichen Sicherheit und Ordnung (Polizei) im Rahmen der allgemeinen Dienste. Hierbei handelt es sich um Aufgabenbereiche, die in Großstädten aufgrund der regionalen Konzentration besonders ausgabenintensiv sind. Die Funktion 1 wird in beiden Zeiträumen maßgeblich von den Aufgaben *(vor-)schulische Bildung* und *Hochschulen* geprägt. Die Aufgaben *Förderung von Schülern und Studenten* sowie *Wissenschaft, Forschung und Entwicklung außerhalb der Hochschulen* haben hingegen leicht an relativer Bedeutung verloren.

Die Bedeutung der Funktion 3 (Gesundheitswesen, Sport, Erholung) hat trotz der demographischen Entwicklung und des damit verbundenen Anstiegs der Kosten im Gesundheitswesen im Vergleich zwischen den beiden Beobachtungszeiträumen leicht abgenommen. Dieses ist jedoch nicht der tatsächlichen Entwicklung geschuldet, sondern auf die Problematik der Datenvergleichbarkeit zwischen den beiden Zeiträumen zurückzuführen. So wurden die Krankenhäuser als zentraler Bereich des Gesundheitswesens aus der Statistik entfernt und seither als Sondervermögen mit kaufmännischem Rechnungswesen geführt. Wird von einem ähnlichen Ausgliederungsgrad ausgegangen, ergeben sich hierdurch zwar Niveau-, jedoch keine Strukturverschiebungen. Dagegen haben die Ausgaben in den Bereichen *Wohnungswesen / Raumordnung / Städtebauförderung* und *Verkehr / Nachrichtenwesen* deutlich an Gewicht eingebüßt, während die Ausgaben für *Energie-/ Wasserwirtschaft / Gewerbe / Dienstleistungen* nur leicht zurückgegangen sind. Der Aufgabenbereich *Schuldendienst* sowie für *Versorgung / Beihilfe* verzeichnet den größten Zuwachs.

Tabelle 26: Landesausgaben ausgewählter Flächenländer nach Aufgabenbereichen

FKZ	**Aufgabenbereich**	**Nettoausgaben (BY, BW, NI, NW, HE)***			
		1980-84		2001-05	
		Mio. Euro	%	Mio. Euro	%
0	Allgemeine Dienste	10.871	18,0	21.537	19,2
	darunter				
01	Politische Führung und zentrale Verwaltung	4.013	6,7	7.465	6,7
04	Öffentliche Sicherheit und Ordnung	3.662	6,1	7.198	6,4
05	Rechtsschutz	3.196	5,3	6.874	6,1
1	Bildungswesen, Wissenschaft, Forschung, Kulturelle Angelegenheiten	24.501	40,6	44.861	40,0
	darunter				
11,12	(Vor-)schulische Bildung	14.586	24,2	27.972	25,0
13	Hochschulen	6.728	11,1	12.003	10,7
14,15	Förderung und sonstiges Bildungswesen	1.476	2,4	1.820	1,6
16,17	Wissenschaft, Forschung, Entwicklung außerhalb der Hochschulen	824	1,4	1.391	1,2
18,19	Kultur, kirchliche Angelegenheiten	888	1,5	1.675	1,5
2	Soziale Sicherung, soziale Kriegsfolgeaufgaben, Wiedergutmachung	4.090	6,8	7.520	6,7
3	Gesundheitswesen, Sport und Erholung	1.813	3,0	2.663	2,4
4	Wohnungswesen, Raumordnung, kommunale Gemeinschaftsdienste	3.216	5,3	1.398	1,3
6	Energie-/ Wasserwirtschaft, Gewerbe, Dienstleistungen	2.455	4,1	3.213	2,9
7	Verkehr, Nachrichtenwesen	3.410	5,7	3.139	2,8
9	Schuldendienst, Versorgung, Beihilfe	10.024	16,6	27.679	24,7
	Summe	60.380	100	112.010	100

* Flächenländer, in denen eine der vom Ifo-Institut ausgewählten Vergleichsstädte liegt.

Quelle: Statistisches Bundesamt, Fachserie 14, Reihe 3.1; Eigene Berechnungen.

Die Schwerpunktanalyse zeigt, dass sich bei den wesentlichen Aufgabenbereichen – *politische Führung und zentrale Verwaltung* (FKZ 01), *öffentliche Sicherheit und Ordnung* (FKZ 04), *Rechtsschutz* (FKZ 05), *(vor-) schulische Bildung* (FKZ 11, 12), *Hochschulen* (FKZ 13) sowie *Schuldendienst / Versorgung / Beihilfe* (FKZ 9) keine gravierenden Strukturverschiebungen ergeben haben. Die übrigen Ausgabenkategorien haben im Verhältnis eher nachrangige Bedeutung.

Die Zuteilung der Ausgaben auf die Großstädte wird im Ifo-Gutachten mithilfe von Indikatorschlüsseln vorgenommen. Hierbei spielt der Anteil des Personals in der jeweiligen Stadt am Personal im entsprechenden Land insgesamt eine zentrale Rolle. Aufgrund der fehlenden Verfügbarkeit amtlicher personalstatistischer Daten hat das Ifo-Institut für seine Studie diese separat auf Basis einer Umfrage unter den betroffenen Landesfinanzministern erheben lassen. Im Rahmen dieser Arbeit konnte ein Großteil der notwendigen Daten durch Sonderauswertungen der statistischen Landesämter bereitgestellt werden. Diese amtlichen Daten bilden die wesentliche Basis der folgenden Rechnungen und Vergleiche. Im Wesentlichen wird den Ifo-Ansätzen gefolgt. Es ist jedoch darauf hinzuweisen, dass in einigen Aufgabenbereichen auf von der Ifo-Studie abweichende Indikatoren zurückgegriffen werden muss. Die konkrete Bedeutung dieser Abweichungen wird in der Folge im Rahmen der Betrachtung der jeweiligen Funktionen explizit diskutiert.

Politische Führung und zentrale Verwaltung

Für diesen Bereich, unter den die Aufgaben *politische Führung, innere Verwaltung, Informationswesen / statistischer Dienst, Finanzverwaltung* sowie *Hochbauverwaltung* zu subsumieren sind, hat das Ifo-Institut schlichte und differenzierte Einwohnerschlüssel als Indikatoren angesetzt. Die Ausgaben für die politische Führung werden beispielsweise nach Einwohnern verteilt, während die Ausgaben für die innere Verwaltung, wie die Bezirksregierungen, nach den Einwohnern des jeweiligen Zuständigkeitsbezirks (differenzierter Einwohnerschlüssel) zugeordnet werden. Aufgrund der eingeschränkten Verfügbarkeit differenzierter Einwohnerdaten kann diesem Vorgehen hier nicht gefolgt werden. Daher werden einfache Einwohnerschlüssel angewandt, was eine generelle Gleichverteilung der tatsächlichen Ausgaben unterstellt.

Öffentliche Sicherheit und Ordnung

Der zentrale Ausgabenposten im Bereich *öffentliche Sicherheit und Ordnung* ist die Aufgabe *Polizei* (FKZ 042), die im Durchschnitt der Jahre 2001-2005 in den betrachteten Flächenländern rund 95,5 % der Nettoausgaben in diesem Bereich verursacht hat. Die Zuordnung der Landesausgaben erfolgt anhand des prozentualen Anteils der Anzahl der Polizisten in der Großstadt an der Anzahl der Polizisten im Land insgesamt. Tabelle 27 gibt die absolute Anzahl der in den Flächenländern sowie der in den Vergleichsstädten tätigen Polizisten in Vollzeitäquivalenten (VZÄ) sowie deren relativen Anteil an den Polizisten im Land insgesamt wieder. Anhand dieses Anteils werden die Ausgaben der Landeshaushalte im Funktionsbereich 042 regionalisiert. Dieses führt zu einer fiktiven Erhöhung der Finanzkraft der Vergleichsstädte. Nordrhein-Westfalen beschäftigt beispielsweise im Jahr 2001 insgesamt 46.791 Polizisten, wovon 4.029 Kräfte auf Köln entfallen. Das entspricht einem relativen Anteil von 8,61 %. Damit werden der Vergleichsstadt Köln 8,61 % der gesamten staatlichen Nettoausgaben in diesem Bereich als fiktive Finanzkraft zugeordnet.

Grundsätzlich muss hierbei auf das Problem hingewiesen werden, dass die Polizei in den Flächenländern auch kommunenübergreifend tätig werden kann. Polizisten aus München können zu Einsätzen in den bayrischen Umlandgemeinden gerufen werden. So umfasst der Zuständigkeitsbereich der Polizeidirektion München neben der Landeshauptstadt auch den Landkreis München mit 29 weiteren Gemeinden. Das bayrische Polizeiorganisationsgesetz bestimmt, dass grundsätzlich jeder im Vollzugsdienst tätige Polizeibeamte zur Wahrnehmung polizeilicher Aufgaben im gesamten Staatsgebiet befugt ist. Dennoch werden ihnen bestimmte örtliche und sachliche Dienstbereiche zugeordnet. Im Einzelfall werden die Polizeibeamten aber auch in Dienstbereichen, in denen sie nicht eingesetzt sind, tätig, wenn beispielsweise die dort eingesetzte Polizei nicht oder nicht rechtzeitig ausreichend zur Verfügung steht.[676] Da der Schutz der Bevölkerung eine Landesaufgabe ist und damit für alle Gemeinden zentral aus dem Landeshaushalt finanziert wird, erhält die Stadt München keine Kompensationszahlungen für einen übergemeindlichen Einsatz ihrer Polizisten.[677] Werden hingegen Bremer Polizisten außerhalb der Landesgrenzen tätig, wird der jeweilige Einsatz normalerweise mit den entsprechenden Innenministerien abgerechnet.[678]

Um die übergemeindliche Aufgabenwahrnehmung angemessen bei der Ermittlung der Einwohnerwertung berücksichtigen zu können, müssten entsprechend der Quantität der übergemeindlichen Tätigkeit der Polizisten aus den Vergleichsstädten Abschläge vorgenommen werden. Eine Nichtberücksichtigung kann zu einer Überschätzung der realen Landesleistungen in den Vergleichsstädten führen. Da Daten bezüglich des Ausmaßes nicht offiziell beziffert werden bzw. nicht zugänglich sind, kann diese Korrektur nicht vorgenommen werden. Zwar hat

---

676 Vgl. Art 3 Abs. 2 und 3 des Gesetzes über die Organisation der Bayerischen Staatlichen Polizei.

677 Diese Gegebenheit bedeutet nicht, dass eine Gemeinde grundsätzlich keinen Anteil der Nettoausgaben einer primären Landesfunktion trägt. Diese Ausgaben sind für die vorliegende Untersuchung jedoch nicht relevant, da sie aus der Gemeindefinanzkraft finanziert werden und damit keine Leistungen des Landes an die Stadt darstellen.

678 In Ausnahmefällen können auch zwischen den Bundesländern Kostenverzichts-erklärungen ausgesprochen werden.

das Ifo-Institut diesen Faktor bei der Quantifizierung nicht berücksichtigt, bei einer neuen Erhebung zur Aktualisierung des Gutachtens wäre dies jedoch zweckmäßig.

Tabelle 28 dokumentiert die Nettoausgaben im Bereich Polizei, die von den Flächenländern getätigt werden, sowie die regionalisierten Nettoausgaben der Vergleichsstädte. Zudem sind die durchschnittlichen Nettoausgaben je Einwohner angegeben, aus deren Summe sich letztlich die Einwohnerwertung bestimmen lässt. Aus dem Verhältnis der Nettoausgaben je Einwohner eines Flächenlandes und einer Vergleichsstadt kann ergänzend eine aufgabenbezogene Einwohnerwertung ermittelt werden. Sie gibt an, um wie viel Prozent die Nettoausgaben in der Stadt die Ausgaben im Durchschnitt des jeweiligen Flächenlandes übersteigen. So weist Köln im Bereich Polizei eine Einwohnerwertung von rund 171 % auf, d.h. die Ausgaben für die Polizei liegen in Köln um 71 % über dem Durchschnitt Nordrhein-Westfalens.[679]

[679] Die aufgabenbezogenen Indikatoren und die Einwohnerwertungen nach Aufgabenbereichen sind für die einzelnen Städte im Anhang in Tabelle A1 und A2 angegeben.

Tabelle 27: Anzahl der in den Flächenländern und den Vergleichsstädten tätigen Polizisten (VZÄ) sowie deren Anteil an den Polizisten im Land insgesamt

	Nordrhein-Westfalen					Bayern		Baden-Württemberg	Nieder-sachsen	Hessen	Sachsen	
Absolute Werte												
2001	46.791					36.029		30.327	21.296	17.556	15.302	
2002	46.437					36.204		30.464	21.391	17.708	15.560	
2003	46.487					36.849		30.706	21.726	16.410	15.477	
2004	46.538					36.397		30.538	22.056	17.865	15.009	
2005	46.197					36.808		29.248	22.074	17.519	14.729	
Ø	46.490					36.457		30.257	21.709	17.412	15.215	
	Köln	**Düsseldorf**	**Ruhrgebiet**			**München**	**Nürnberg**	**Stuttgart**	**Hannover**	**Frankfurt**	**Leipzig**	**Dresden**
			Dortmund	**Essen**	**Duisburg**							
Absolute Werte												
2001	4.029	3.475	1.900	1.787	1.669	8.001	2.955	4.711	4.257	3.432	2.800	3.868
2002	4.078	3.535	1.909	1.783	1.687	7.464	2.794	4.705	4.298	3.478	2.928	3.168
2003	4.322	3.667	1.925	1.789	1.819	7.552	3.026	4.720	4.358	3.269	2.883	3.181
2004	4.430	3.747	1.880	1.754	1.975	6.949	3.118	4.658	4.427	3.518	2.795	3.055
2005	4.465	3.858	1.834	1.746	1.947	8.067	2.817	3.789	4.388	3.481	2.776	3.526
Ø	4.265	3.656	1.890	1.772	1.819	7.607	2.942	4.517	4.346	3.436	2.836	3.360
Relativer Anteil												
2001	8,6	7,4	3,8	4,1	3,6	22,2	8,2	15,5	20,0	19,6	18,3	25,3
2002	8,7	7,6	3,8	4,1	3,6	20,6	7,7	15,4	20,1	19,6	18,8	20,4
2003	9,3	7,9	3,9	4,1	3,9	20,5	8,2	15,4	20,1	19,9	18,6	20,6
2004	9,5	8,1	3,8	4,0	4,2	19,1	8,6	15,3	20,1	19,7	18,6	20,4
2005	9,7	8,4	3,8	4,0	4,2	21,9	7,7	13,0	19,9	19,9	18,9	23,9
Ø	9,2	7,9	4,1	3,8	3,9	20,9	8,1	14,9	20,0	19,7	18,6	22,1

Quelle: Sonderauswertung der Statistischen Landesämter; Eigene Berechnungen.

Tabelle 28: Nettoausgaben der Flächenländer und der Großstädte im Aufgabenbereich Polizei

Euro	Nordrhein-Westfalen	Bayern	Baden-Württemberg	Nieder-sachsen	Hessen	Sachsen
Nettoausgaben (Mio.)						
2001	2.017	1.588	1.271	953	831	552
2002	2.124	1.714	1.298	994	919	566
2003	2.108	1.650	1.312	992	868	578
2004	2.178	1.615	1.302	970	837	589
2005	2.188	1.649	1.229	951	834	622
Ø	2.123	1.643	1.282	972	858	581
je Einwohner						
2001	111,7	128,8	119,9	119,8	136,7	125,9
2002	117,5	138,4	121,8	124,6	150,9	130,1
2003	116,6	132,8	122,7	124,1	142,5	133,8
2004	120,5	129,8	121,7	121,2	137,3	137,1
2005	121,2	132,3	114,5	119,0	136,8	145,5
Ø	117,5	132,4	120,1	121,7	140,9	134,4

Euro	Köln	Düsseldorf	Ruhrgebiet			München	Nürnberg	Stuttgart	Hannover	Frankfurt	Leipzig	Dresden
			Dortmund	Essen	Duisburg							
Nettoausgaben (Mio.)												
2001	174	150	82	77	72	353	130	197	191	162	101	140
2002	186	162	87	82	77	353	132	200	200	180	107	115
2003	196	166	87	81	82	338	135	202	199	173	108	119
2004	207	175	88	82	92	308	138	199	195	165	110	120
2005	212	183	87	83	92	361	126	159	189	166	117	149
Ø	195	167	86	81	83	343	133	191	195	169	108	128
je Einwohner												
2001	179,4	262,5	139,0	130,2	140,5	287,0	265,1	336,3	297,2	253,4	204,8	291,5
2002	192,5	282,7	147,8	139,3	151,7	286,2	268,1	340,7	310,3	280,4	215,3	240,0
2003	202,9	290,5	148,0	137,6	162,9	271,0	274,5	342,3	309,3	268,7	216,4	245,6
2004	213,8	306,2	149,5	139,6	183,3	246,8	279,3	336,7	301,0	254,8	220,0	246,0
2005	215,1	318,1	147,7	141,3	183,9	286,9	252,8	268,7	290,0	254,2	233,2	300,7
Ø	200,6	291,7	146,4	137,6	164,0	275,6	268,1	324,4	301,5	262,3	217,0	264,9
Einwohnerwertung	171 %	248 %	125 %	117 %	140 %	208 %	203 %	270 %	248 %	186 %	162 %	197 %

Quelle: Sonderauswertung der Statistischen Landesämter; Statistisches Bundesamt, Fachserie 14, Reihe 3.1; Eigene Berechnungen.

Rechtsschutz

Der Aufgabenbereich Rechtsschutz umfasst die Subfunktionen *ordentliche Gerichte und Staatsanwaltschaften* sowie die *Justizvollzugsanstalten*. Der erste Bereich verursacht im aktuellen Betrachtungszeitraum durchschnittlich für 78,4 % der gesamten Nettoausgaben der relevanten Flächenländer im Aufgabengebiet Rechtsschutz. Als Zurechnungsschlüssel wird hier der Anteil der Richter in der Vergleichsstadt an den Richtern im Land insgesamt herangezogen. Das Ifo-Institut hat zusätzlich eine Gewichtung nach den jeweiligen Einwohnerzahlen der Gerichtsbezirke vorgenommen. Richter, deren Gerichtsbezirk über die Großstadt hinausgeht (Oberlandesgerichte), werden mit dem Anteil der Einwohner der Großstadt am jeweiligen Gerichtsbezirk gewertet, um die überregionale Aufgabenwahrnehmung, welche die Großstädte als fiktive Stadtstaaten nicht mehr erfüllen, zu eliminieren.[680] Dieses Vorgehen entspricht dem oben beschriebenen Zurechnungsproblem im Bereich Polizei. Aufgrund der unvollständigen Verfügbarkeit der Daten zu den relevanten Gerichtsbezirken kann im Rahmen der vorliegenden Arbeit diesem Zurechnungsproblem statistisch nicht adäquat begegnet werden. Dieses kann eine Überschätzung des Indikators und damit der regionalisierten Nettoausgaben nach sich ziehen, was bei Interpretation der Ergebnisse zu berücksichtigen ist.

Die übrigen Nettoausgaben im Bereich Rechtsschutz entfallen auf die Landesaufgabe Justizvollzugsanstalten. Als Zurechnungsschlüssel findet hier der Anteil der Anzahl der Inhaftierten in den Gefängnissen, die in einer Vergleichsstadt liegen, an den Inhaftierten[681] im Land insgesamt Anwendung.

Bildungswesen, Wissenschaft, Forschung und Kultur

Wie die Strukturanalyse zeigt, stellen die Ausgaben für vorschulische Bildung und Schulen den zentralen Posten im Bereich Bildungswesen dar. Auf ihn entfallen 25 % der staatlichen Nettoausgaben in diesem Bereich.[682] Als Schlüssel verwendet das Ifo-Institut dabei den Anteil der Lehrer in der Großstadt an den Lehrern im Land insgesamt. Diesem Ansatz wird gefolgt. Das Ifo gibt jedoch den Hinweis,

---

680 Vgl. Hummel, M. Leibfritz, W. (1987), S. 115.

681 Inhaftierte einschließlich Abschiebehaft, U-Haft und am Stichtag Abwesende. Stichtag: 31. März.

682 Um eine Vergleichbarkeit mit der Ifo-Studie aus dem Jahr 1986/1987 herzustellen, wurde der Bereich Tageseinrichtungen für Kinder, der bis einschließlich 2001 dem Funktionsbereich 12 (Schulen und vorschulische Bildung) angehörte, ab 2002 aber den Einrichtungen der Jugendhilfe (FKZ 27) zugeschlagen wurde, wieder in den Bildungsbereich integriert.

dass, soweit es möglich ist, eine tiefere Disaggregation nach Schultypen wünschenswert wäre. Inwieweit dieser Vorgabe durch die Erhebung der Länderfinanzministerien gefolgt wird, geht aus dem Gutachten nicht hervor. Da die Rechnungsergebnisse eine solch feine Untergliederung nicht enthalten, wird als Konsequenz in der vorliegenden Analyse eine zusammenfassende Betrachtung aller Schultypen vorgenommen. Dies dürfte vermutlich zu einer Unterschätzung der realen Landesleistungen in den Großstädten führen, da hier die Übergangsquoten zu weiterführenden Schulen höher sind als im Landesdurchschnitt.

Die folgende Tabelle zeigt, dass die Ausgaben je Schüler zwischen den Schultypen erheblich differieren. Aufgrund ihrer Zentralität kann davon ausgegangen werden, dass die Großstädte eine höhere Anzahl an Schülern in Gymnasien, Gesamtschulen und Sonderschulen aufweisen als der Flächenländerdurchschnitt. Die Großstädte sind überproportional belastet. Deshalb ist eine Disaggregation nach Schultypen ist für eine umfassende Aktualisierung des Ifo-Gutachtens wünschenswert.

Tabelle 29: Ausgaben je Schüler nach Schultypen

Schulart	Ausgaben je Schüler in Euro
Grundschule	3.500
Hauptschule	4.700
Realschule	7.300
Gymnasium	5.100
Integrierte Gesamtschule	5.300
Sonderschule	10.500

Quelle: Kultusminister Konferenz (2002), S. 144.

Der Vergleich der Schüler an allgemeinbildenden Schulen zwischen den Bundesländern zeigt, dass die Stadtstaaten aufgrund ihrer Schulstruktur im Vergleich zu den West-Flächenländern mehr ausgegeben müssen. Der Zentralitätsfaktor liegt bei 1,09. Im Vergleich zum Flächenländerdurchschnitt ist jedoch keine Konzentration mehr feststellbar. Da keine belastbare Analyse der Schulstruktur der Vergleichsstädte möglich ist, werden die Ausgaben allein nach der Lehrerzahl zugeordnet. Für eine weitere Aktualisierung wäre eine Wertung jedoch sinnvoll.

Die Ausgaben in den Städten für die Bereiche *Hochschulen, Förderung von Schülern / Studenten, sonstiges Bildungswesen, Wissenschaft und Forschung außerhalb der Hochschulen* und die Ausgaben für *Kunst- und Kulturpflege* wurden von den Finanzministerien für das Ifo-Institut direkt erhoben, ohne eine Regionalisierung anhand von Schlüsseln vorzunehmen. Da sich diese Ausgabenposten jedoch nicht ohne weiteres aus den Landeshaushalten ablesen lassen, werden alternative Personalschlüssel und Indikatoren herangezogen. Da für den Bereich Hochschule von einer engen Korrelation zwischen den Ausgaben und dem an den Hochschulen tätigen Landespersonal ausgegangen werden kann, wird behelfsweise auf diesen Indikator zurückgegriffen. Die Ausgaben für die *Förderung von Schülern / Studenten* sowie das *sonstige Bildungswesen* werden nach dem Anteil der Ausgaben für Schulen und Hochschulen zugeordnet. Für die Aufgabe Wissenschaft und Forschung außerhalb der Hochschulen erfolgt eine schlichte Zuordnung der Ausgaben auf Basis der Einwohnerzahlen.[683] Für die Ausgaben im Bereich *Kultur* wird der Schlüssel *bereitgestellte Theaterplätze* verwendet.

Im Feld *soziale Sicherung, soziale Kriegsfolgeaufgaben und Wiedergutmachung* findet der Zurechnungsschlüssel Anteil der Sozialhilfeempfänger in der Vergleichsstadt an den Sozialhilfeempfängern im Land insgesamt Anwendung. Hierin kommt die Konzentration von Sozialhilfeempfängern in der Stadt zum Ausdruck. Das Ifo-Institut gewichtet in seiner Studie diesen Wert zusätzlich mit den Sozialhilfeausgaben je Empfänger in der Stadt und im Durchschnitt des Flächenlandes, was berücksichtigt, dass ein Sozialhilfeempfänger aufgrund der höheren Lebenshaltungskosten in der Stadt höhere Kosten verursacht als außerhalb der Ballungsgebiete. Ohne diese Gewichtung kann es eher zu einer Unterschätzung der realen Leistungen in den Städten kommen. Da nicht alle Länder entsprechende Daten veröffentlichen, die Gewichtung dennoch nötig ist, wurde anhand der Daten für Nordrhein-Westfalen und der entsprechenden Großstädte ein Konzentrationsmaß erhoben, dass stellvertretend auf die übrigen Vergleichsstädte Anwendung findet. So hat Nordrhein-Westfalen im Durchschnitt der Jahre 2001-2004 rund 3.253 Euro je Empfänger der Hilfe zum Lebensunterhalt ausgegeben.[684] Die nordrhein-westfälischen Großstädte mit über 500.000 Einwohnern haben dagegen

---

683 Die Gleichverteilung dieser Ausgaben kann zu einer Unterschätzung der Ausgaben in den Städten führen. Es ist davon auszugehen, dass die Zuschüsse an die Einrichtungen zumindest teilweise in den Vergleichsstädten konzentriert sind. So sind beispielsweise 24 von 57 Fraunhofer-Einrichtungen in Deutschland in den Vergleichsstädten ansässig, davon alleine zehn in Dresden und fünf in Stuttgart. Für die Max-Planck-Gesellschaft ergibt sich ein ähnliches Bild. So befinden sich vier von 12 Forschungsinstituten in Nordrhein-Westfalen in Köln oder drei von fünf in Hessen in Frankfurt. Die sechs Einrichtungen in Sachsen teilen sich gleichmäßig auf die Städte Dresden und Leipzig auf.

684 Hierbei handelt es sich um die Lebenshilfe außerhalb von Einrichtungen, die den größten Teil an den Sozialhilfeausgaben ausmacht. Vgl. Landesamt für Datenverarbeitung und Statistik Nordrhein-Westfalen (2004).

durchschnittlich 3.581 Euro je Empfänger ausgegeben. Damit ergibt sich ein Konzentrationsmaß von 1,1, mit dem die sich durch das Zurechnungsschema ergebenden Ausgaben je Einwohner gewertet werden.

Die Aufgabenbereiche *Gesundheit / Sport / Erholung (ohne Kranken-häuser)*, *Wohnungswesen / Raumordnung / kommunale Gemeinschaftsdienste*, *Energie-/ Wasserwirtschaft / Gewerbe / Dienstleistungen* sowie *Verkehr / Nachrichtenwesen* werden in der Ifo-Studie ebenfalls auf Grundlage einfacher Einwohnerzahlen verteilt. Die Ausgaben für Krankenhäuser und Heilstätten werden in der Ifo-Untersuchung direkt erhoben. Aufgrund der bereits erwähnten Problematik der direkten Erhebung wird in dieser Untersuchung auf die *aufgestellten Krankenhausbetten* in der Stadt und im Land insgesamt als Zuweisungsschlüssel zurückgegriffen. Es ist jedoch darauf hinzuweisen, dass durch die Ausgliederung der Krankenhäuser aus den Haushalten Verzerrungen entstehen können. Wird jedoch ein ähnlicher Ausgliederungsgrad in den Flächenländern und Großstädten unterstellt, beschränken sich die Verzerrungen im Vergleich zu 1980-1984 lediglich auf die absoluten Werte. Die Relation der Großstädte zum Länderdurchschnitt bleibt unberührt.

Das Ifo-Institut schließt die Aufgabenbereiche *Landwirtschaft und Forsten* (FKZ 5) und *Wirtschaftsunternehmen* (FKZ 8) aus der Betrachtung aus. Für den Funktionsbereich 5 ist davon auszugehen, dass hier keine bzw. nur sehr geringe Ausgaben in der Großstadt getätigt werden. Tendenziell würde sich eine negative Einwohnerwertung im Vergleich zum Flächenländerdurchschnitt ergeben. Daher wäre dieser Bereich bei einer umfassenden Aktualisierung der Einwohnerwertung einzubeziehen. Der Funktionsbereich 8 wird durch das Ifo-Institut offenbar mit der Begründung ausgeklammert, dass sich dieser Bereich selbst finanziert und nicht auf Zuweisungen aus der allgemeinen Finanzwirtschaft angewiesen ist und demnach nicht der Finanzkraft zugerechnet werden kann.

Die Ausgaben für den *Schuldendienst (ohne Tilgung)* bzw. die Ausgaben für *Versorgung / Beihilfe* werden anhand der Ausgaben bzw. der Personalausgaben in der Großstadt, die sich aus den vorherigen Zurechnungsverfahren ergeben haben, an den Ausgaben bzw. Personalausgaben im Land insgesamt zugeschlüsselt.

Tabelle 30 stellt die Ergebnisse der aktualisierten Berechnung für die realen staatlichen Leistungen dar. Im Durchschnitt der Jahre 2001 bis 2005 werden in den

Großstädten insgesamt 3.061 Euro je Einwohner ausgegeben.[685] In den Ifo-Städten (Köln, Düsseldorf, Ruhrgebiet (Dortmund, Duisburg, Essen), München, Stuttgart, Hannover, Frankfurt) werden 3.063 Euro je Einwohner ausgegeben. Ohne die Ruhrgebietsstädte liegt der Ifo-Durchschnitt bei 3.263 Euro. Der deutliche Anstieg ist durch die im Schnitt geringeren Ausgaben der Ruhrgebietsstädte im Vergleich zu den anderen Städten zu erklären. Zwischen den Ruhrgebietsstädten und den übrigen Vergleichsstädten besteht ein deutliches Gefälle im Hinblick auf die Pro-Kopf-Ausstattung mit realen Landesleistungen. Dies ist Ausdruck der räumlichen Arbeitsteilung der benachbarten Städte, was zu einer Ausgabenreduktion führt. Unter Berücksichtigung der Rechtsprechung des Bundesverfassungsgerichts zur Einbeziehung der Ruhrgebietsstädte ist die Bandbreite für die Einwohnerwertung unter Berücksichtigung und Nichtberücksichtigung dieser Städte zu ermitteln (Mittelwert).

Die Flächenländer geben im gleichen Zeitraum 2.041 Euro je Einwohner aus.[686] Im Vergleich zu allen Vergleichsstädten bzw. den Ifo-Städten ergibt sich eine Konzentration der Landesleistungen von 150 %. Für die Ifo-Städte ohne Ruhrgebiet erhöht sich die Konzentration auf 160 %. Die durchschnittlichen Ausgaben der westdeutschen Flächenländer liegen bei 2.050 Euro je Einwohner, wodurch sich ein Konzentrationsmaß von 149 % bzw. 159 % ergibt.

Das Ifo-Institut ermittelt für den Zeitraum 1980-1984 reale staatliche Leistungen im (westdeutschen) Flächenländerdurchschnitt in Höhe von 1.066 Euro je Einwohner. Die Vergleichsstädte (einschließlich Ruhrgebiet) geben 1.424 Euro aus. Die Konzentration liegt damit bei 134 %.

Es ist festzuhalten, dass im Vergleich zu den Ergebnissen der Ifo-Studie aus dem Jahr 1986/87 insgesamt von einer deutlichen Erhöhung der realen Landesleistungen in den Großstädten auszugehen ist. Unter Berücksichtigung der begrenzten Qualität der verwendeten Daten deutet dieser Befund auf die Notwendigkeit einer Überprüfung der Einwohnerwertung der Stadtstaaten hin, da die gesteigerte Konzentration eine Erhöhung der Einwohnerwertung indiziert.

---

685 Wird berücksichtigt, dass es in den Bereichen Rechtsschutz zu einer Über- und in den Bereichen soziale Sicherung und (vor)schulische Bildung zu einer Unterschätzung kommen kann und sich diese Verzerrungen insgesamt relativeren, kann davon ausgegangen werden, dass der Wert im Ganzen die tatsächlichen Landesleitungen verhältnismäßig gut abbildet.

686 Um eine Verzerrung zu vermeiden, wurden die Ausgaben der ostdeutschen Flächenländer um die Sonderbedarfs-BEZ Aufbau Ost bereinigt.

Tabelle 30: Reale staatliche Leistungen in den Großstädten je Einwohner

FKZ	Aufgabenbereich	Reale staatliche Leistungen in Euro je Einwohner											
		Köln	Düsseldorf	Ruhrgebiet	München	Nürnberg	Stuttgart	Hannover	Frankfurt	Dresden / Leipzig	Insgesamt	Ifo-Städte	
												mit Ruhrg.	ohne Ruhrg.
0	Allgemeine Dienste	614,6	811,6	487,7	745,2	770,2	748,0	635,0	775,2	621,4	655,2	666,9	717,9
	Darunter												
01	Politische Führung und zentrale Verwaltung	135,5	135,5	135,5	136,9	136,9	119,2	124,2	172,9	148,5	138,4	136,9	137,4
04	Öffentliche Sicherheit und Ordnung	208,1	302,7	154,3	290,7	282,8	330,9	307,9	273,1	252,9	246,7	248,5	282,5
	Darunter												
042	Polizei	200,6	291,7	148,8	275,6	268,1	324,4	301,5	262,3	241,2	240,1	237,7	269,9
043-049	übrige öffentliche Sicherheit und Ordnung	7,5	10,9	5,6	15,1	14,7	16,2	15,8	10,8	11,8	11,1	10,8	12,6
05	Rechtsschutz	271,0	373,4	197,9	317,6	350,5	297,9	202,9	329,2	220,0	270,1	281,5	298,0
	Darunter												
052-055	Gerichte und Staatsanwaltschaften	240,2	340,5	176,8	280,5	271,1	266,0	155,5	275,3	190,8	233,9	247,7	259,7
056	Justizvollzugsanstalten	30,8	32,8	21,2	37,1	79,5	31,9	47,4	53,9	29,2	36,1	33,8	38,4
1	Bildungswesen, Wissenschaft, Forschung, Kulturelle Angelegenheiten	1.184,3	1.329,9	951,9	1.453,3	606,2	1.391,2	1.436,8	1.106,7	1.507,7	1.221,7	1.225,4	1.324,2
	Darunter												
11,12	(Vor-)schulische Bildung	527,1	519,1	542,7	341,6	363,9	671,9	371,1	416,8	491,1	474,5	480,6	458,2
13	Hochschulen	582,1	719,9	335,6	841,0	57,8	506,3	903,4	527,1	762,3	586,0	599,8	695,2
14,15	sonstiges Bildungswesen	42,8	48,0	33,5	67,4	20,1	65,9	53,5	45,9	60,8	48,8	49,2	54,8
16,17	Wissenschaft, Forschung, Entwicklung außerhalb der Hochschulen	15,0	15,0	15,0	39,4	39,4	27,6	29,4	16,4	71,7	29,8	22,6	25,3
18,19	Kultur, kirchliche Angelegenheiten	17,3	27,9	25,1	163,9	125,0	119,6	79,4	100,5	121,8	82,6	73,3	90,7
2	Soziale Sicherung, sozialer Kriegsfolgeaufgaben, Wiedergutmachung	184,6	150,7	188,4	292,2	463,2	162,4	456,7	254,7	398,4	270,9	236,2	253,6
3	Gesundheitswesen, Sport und Erholung	43,2	48,6	46,9	60,0	50,7	88,2	51,3	67,1	86,2	58,9	55,4	58,4
	Darunter												
312	Krankenhäuser	25,7	31,0	29,4	32,6	23,3	59,5*	34,5	48,9	36,0	34,3	34,9	36,9
4	Wohnungswesen, Raumordnung, Städtebauförderung	19,6	19,6	19,6	37,5	37,5	28,7	22,0	15,8	78,1	31,5	23,8	25,3
6	Energie- und Wasserwirtschaft, Gewerbe, Dienstleistungen	70,0	70,0	70,0	66,4	66,4	44,2	45,5	47,4	142,8	72,5	62,1	59,3
7	Verkehr, Nachrichtenwesen	41,5	41,5	41,5	73,5	73,5	70,7	48,2	55,6	108,0	60,8	52,6	56,6
92	Schuldendienst	373,4	428,7	312,1	144,0	107,2	280,6	508,8	337,5	204,9	291,1	318,7	321,1
93/94	Versorgung, Beihilfe, Unterstützungen	422,0	496,5	349,2	490,4	342,4	491,3	341,1	429,3	273,6	398,2	421,8	446,9
	Summe	2.953,2	3.397,1	2.467,3	3.362,5	2.517,3	3.305,4	3.545,4	3.089,3	3.421,1	3.060,8	3.063,0	3.263,3

Quelle: Sonderauswertung der Statistischen Landesämter; Statistisches Bundesamt, Fachserie 14, Reihe 3.1; Eigene Berechnungen.

7.4.2 Gesamte in den Vergleichsstädten eingesetzte Finanzkraft

Um zu einer umfassenden Neubewertung der Einwohnerwertung zu gelangen, müssen wie bereits beschrieben die realen Leistungen der Flächenländer für ihre Großstädte durch die finanziellen Leistungen aus dem kommunalen Finanzausgleich ergänzt werden. Damit ergeben sich die gesamten staatlichen Leistungen in den Vergleichsstädten. Da aber ausschließlich die steuerfinanzierten Leistungen relevant sind, ist von den gesamten staatlichen Leistungen der Betrag abzuziehen, der über Kredite finanziert wird (durchschnittliche Kreditfinanzierungsquote staatlicher Ausgaben). Abschließend ist den gesamten steuerfinanzierten staatlichen Leistungen die kommunale Steuerkraft in Abgrenzung des Finanzausgleichs hinzuzurechnen. [687] Aus der gesamten (steuerfinanzierten) Finanzkraft der Vergleichsstädte in Relation zum Durchschnitt der (westdeutschen) Flächenländer lässt sich der Maßstab für die Höhe der Einwohnerwertung ableiten. Tabelle 31 zeigt die entsprechenden Ergebnisse.

Unter Einbezug der kommunalen Finanzkraft nach FAG-Abgrenzung (Variante A) liegt der Korridor für die stadtstaatliche Einwohnerwertung[688] in Abhängigkeit des gewählten Vergleichsmaßstabs (Flächenländerdurchschnitt bzw. Westflächenländerdurchschnitt) bei 140 % - 150 %. Bei Einbezug der gesamten kommunalen Finanzausstattung (Variante B) zur Bemessung der Einwohnerwertung verschiebt sich die Bandbreite auf 141 % - 156 %. Dabei ist zu beachten, dass Durchschnittswert aller Vergleichsstädte aufgrund der Zahlungen im Rahmen der Sonderbedarfs-BEZ Aufbau Ost, von denen auch die Städte Dresden und Leipzig profitieren, nach oben verzerrt ist. Eine anteilige Bereinigung der Ausgaben der beiden Städte um die entsprechenden Zahlungen ist nicht möglich. Aus diesem Grund ist der Wert auf Basis der Ifo-Städte aussagekräftiger.

---

[687] Gemeindeanteil an der Einkommensteuer und der Umsatzsteuer, Grundsteuer A und B sowie Gewerbesteuer abzüglich Gewerbesteuerumlage jeweils normiert und zu 64 %. Vgl. § 8 Finanzausgleichsgesetz.

[688] Hierbei handelt es sich um eine Einwohnerwertung, die sich insgesamt auf Landes- und Gemeindeebene bezieht.

Tabelle 31: Finanzkraft der Vergleichsstädte in Euro je Einwohner

	Vergleichsstädte insgesamt	Ifo-Städte	Ifo-Städte ohne Ruhrgebiet	Mittelwert Ifo mit / ohne Ruhrgebiet	Durchschnitt West-Flächenländer	Durchschnitt Flächenländer
Reale staatliche Leistungen	3.060,8	3.063,0	3.263,2	3.163,1	2.050,0	2.041,4*
Empfangene staatliche Leistungen im kommunalen Finanzausgleich	344,3	283,9	200,3	242,1	235,0	394,2
Gesamte staatliche Leistungen	3.405,0	3.346,9	3.463,5	3.405,2	2.284,9	2.435,6
Kreditfinanzierungsquote in %	9,0	9,7	9,7	9,7	9,9	9,7
Gesamte steuerfinanzierte staatliche Leistungen	3.097,8	3.022,3	3.127,5	3.074,9	2.058,7	2.199,3
Kommunale Steuerkraft in FAG-Abgrenzung (Variante A)	456,6	505,7	546,6	526,2	396,1	317,8
Kommunale Steuerkraft zu 100 % (Variante B)	1.103,3	1.208,0	1.386,6	1.297,3	841,3	788,3
Gesamte in den Städten eingesetzte (steuerfinanzierte) Finanzkraft nach FAG-Abgrenzung (Variante A)	3.554,4	3.528,0	3.674,1	3.601,1	2.454,8	2.517,1
Gesamte in den Städten eingesetzte (steuerfinanzierte) Finanzkraft (Variante B)	4.201,1	4.230,3	4.514,1	4.372,2	2.900,0	2.987,6
Prozentualer Finanzkraftunterschied zwischen den Städten und dem Westflächenländerdurchschnitt (Variante A)	145	144	150	147		
Prozentualer Finanzkraftunterschied zwischen den Städten und dem Flächenländerdurchschnitt (Variante A)	141	140	146	143		
Prozentualer Finanzkraftunterschied zwischen den Städten und dem Westflächenländerdurchschnitt (Variante B)	145	146	156	151		
Prozentualer Finanzkraftunterschied zwischen den Städten und dem Flächenländerdurchschnitt (Variante B)	141	142	151	146		

* Bereinigt um die Sonderbedarfs-BEZ Aufbau Ost für die ostdeutschen Flächenländer.

Quelle: Sonderauswertung der Statistischen Landesämter; Statistisches Bundesamt, Fachserie, 14, Reihe 3.1; Deutscher Städtetag, Statistisches Jahrbuch deutscher Gemeinden; Eigene Berechnungen.

Da das Bundesverfassungsgericht vorgegeben hat, dass sich die Einwohnerwertung aus dem Mittelwert zu bemessen hat, der sich ergibt, wenn die Ruhrgebietsstädte in die Betrachtung aufgenommen bzw. ausgeklammert werden, lässt sich eine Bandbreite von 143 % (Variante A) - 151 % (Variante B) ableiten. Wird zudem berücksichtigt, dass die Einwohnerwertung auf der kommunalen

Ebene für die drei Stadtstaaten derzeit bei 135 % liegt, ergibt sich in Anlehnung an die in Tabelle 19 aufgeführte Rechnung eine Bandbreite für die stadtstaatliche Einwohnerwertung auf Landesebene in Höhe von

- 144 % - 157 %.

Die derzeit gültige Einwohnerwertung von 135 % liegt demnach deutlich unter dem ermittelten Minimalwert von 144 %.[689] Zwar hat das Bundesverfassungsgericht dem Gesetzgeber bei der Festsetzung der Einwohnerwertung einen großen Ermessensspielraum zugesichert, die Daten zeigen jedoch, dass die Einwohnerwertung von 135 % die Besonderheit der Stadtstaaten nicht angemessen berücksichtigt. Um den Stadtstaaten eine aufgabengerechte, d.h. großstädtische Finanzausstattung, zu zugestehen, muss die Einwohnerwertung nach den obigen Ergebnissen angepasst werden. Es ist also zu empfehlen, dass die Stadtstaaten eine Überprüfung der Einwohnerwertung verlangen, da fraglich ist, ob die Höhe der derzeitigen Einwohnerwertung der Stadtstaaten noch verfassungskonform ist.

689 Eine Erhöhung der Einwohnerwertung bei den Landessteuern auf 144 % bzw. 157 % würde für die Stadtstaaten zu den folgenden Gewinnen im Länderfinanzausgleich führen: Bremen: 93 Mio. bzw. 224 Mio. Euro.; Hamburg: 226 Mio. bzw. 469 Mio. Euro; Berlin: 479 Mio. bzw. 1.159 Mrd. Euro.

8 Konsequenzen der Föderalismusreform II für die Stadtstaaten

Das folgende Kapitel befasst sich mit den Vorgaben der Föderalismusreform II zur Einhaltung der neuen Schuldengrenze. Da die neue Verschuldungsregel den materiellen Ausgleich der Länderhaushalte fordert und einigen Bundesländern damit erhebliche – absolute und insbesondere relative – Einsparungen abverlangt, soll untersucht werden, welche Auswirkungen die neuen Regelungen auf die Haushalte der Bundesländer – und im Rahmen dieser Arbeit speziell auf die Haushalte der Stadtstaaten – haben. Dabei soll die Frage im Mittelpunkt stehen, welche Eigenanstrengungen insbesondere den Stadtstaaten abverlangt werden können, ohne ihre Existenz als Großstadt zu gefährden.[690]

8.1 Föderalismusreform II – ein Überblick

Am 15. Dezember 2006 fassten Bundestag und Bundesrat den Beschluss, eine gemeinsame Kommission zur Modernisierung der Bund-Länder-Finanzbeziehungen einzusetzen. Ihre konstituierende Sitzung fand am 08. März 2007 statt. Die Kommission setzte sich aus 16 Mitgliedern des Bundestages, 16 Mitgliedern des Bundesrates sowie vier Vertretern der Landtage und drei Vertretern der Kommunen zusammen. Als zentrale Aufgabe sollte die Kommission Vorschläge zur Modernisierung der Bund-Länder-Finanzbeziehungen erarbeiten, um *„diese den veränderten Rahmenbedingungen inner- und außerhalb Deutschlands insbesondere für Wachstums- und Beschäftigungspolitik anzupassen.“*[691] Die Vorschläge sollen die Voraussetzungen schaffen und Lösungswege identifizieren, die Eigenverantwortung der Gebietskörperschaften und ihre aufgabenadäquate Finanzausstattung zu stärken. Dabei wurde die folgende (offene) Themensammlung zugrunde gelegt:[692]

---

690 Die Frage nach einer aufgabengerechten Finanzausstattung stellt sich grundsätzlich auch für Flächenländer. Jedoch soll aufgrund der thematischen Ausrichtung dieser Arbeit die Erörterung im Wesentlichen auf die Stadtstaaten beschränkt bleiben.

691 Koalitionsvertrag von CDU, CSU, SPD vom 11. November 2005, S. 109.

692 Vgl. Bundesrat (2006), Bundesrats-Drucksache 913/06.

- Haushaltswirtschaft; Vorbeugung von Haushaltskrisen;
  - Etablierung eines Frühwarnsystems (z. B. Aufwertung Finanzplanungsrat) zur Erkennung und Bekämpfung von Haushaltskrisen;
  - Entwicklung materieller Kriterien zulässiger Verschuldung (Einführung von Verschuldungsgrenzen und „Schuldenbremsen"“);
  - Änderung von Art. 115 und Art. 109 GG zur Vermeidung von Haushaltsnotlagen;
  - Instrumentarium zur Durchsetzung dieser Kriterien (Anreizsysteme, Sanktionen, Gläubigerbeteiligung an Kosten einer Finanzkrise);
  - Strukturunterschiede zwischen den Ländern;
  - Vergleichbare Datengrundlagen;
- Bewältigung bestehender Haushaltskrisen – Konzepte zur Sanierung, Konzepte erweiterter Autonomie – (insbesondere unter Berücksichtigung der Vorgaben des Bundesverfassungsgerichts);
- Aufgabenkritik und Standardsetzung;
- Entbürokratisierung und Effizienzsteigerung;
- Stärkung der aufgabenadäquaten Finanzausstattung;
- Stärkung der Eigenverantwortung der Gebietskörperschaften;
- Verstärkte Zusammenarbeit und Möglichkeiten zur Erleichterung des freiwilligen Zusammenschlusses von Ländern;
- Bündelung fachpolitischer Leistungen und Auswirkungen auf die Bund-Länder-Finanzbeziehungen.

Am 5. März 2009 hat die Kommission ihre Beratungen abgeschlossen und sich auf ein Paket von konkreten, gesetzlich ausformulierten Reformvorschlägen verständigt, wobei die Ergebnisse offenbarten, dass nur für einen Teil der Aufträge Lösungen gefunden wurden. Die von der Kommission vorgeschlagenen Normenänderungen sind vom Bundestag am 29. Mai 2009 und vom Bundesrat am 12. Juni 2009 verabschiedet worden.[693] Das finale Maßnahmenbündel zur Reform der Bund-Länder-Finanzbeziehungen beinhaltet folgende finanzthematische Punkte:[694]

---

693 Vgl. Bundesrat (2009), Bundesrats-Drucksache 511/09.

694 Vgl. Kommission von Bundesrat und Bundestag zur Modernisierung der Bund-Länder-Finanzbeziehungen (2009), Kommissionsdrucksache 174, S. 2 ff. Zudem umfassen die Empfehlungen der Föderalismusreform II verwaltungsthematische Aspekte wie die Reform der Steuerverwaltung sowie der Versicherungs-/Feuerschutzsteuer, Regeln für die Zusammenarbeit von Bund und Ländern bei der Informationstechnik, eine Grundlage für Leistungsvergleiche (Benchmarking), die Einführung eines Bundeskrebsregisters und die Abstufung nicht mehr fernverkehrsrelevanter Bundesfernstraßen.

- Reform der Verschuldungsgrenzen von Bund und Ländern;
- Gewährung von Konsolidierungshilfen;
- Kooperatives Frühwahnsystem zur Vermeidung von Haushaltsnotlagen;
- Verstärkung der Kooperation der Finanzverwaltungen von Bund und Ländern;
- Randaspekte wie die Reform der Finanzhilfen Art. 104b GG.

Der zentrale Baustein dieses Maßnahmenbündels ist die Reform der grundgesetzlichen Verschuldungsgrenzen von Bund und Ländern. Bisher galt die „goldene Regel“ des Art. 115 Abs. 1 Satz 2 GG aF, die in ähnlicher Form auch Bestandteil vieler Landesverfassungen ist:

> „Die Einnahmen aus Krediten dürfen die Summe der im Haushaltsplan veranschlagten Investitionen nicht überschreiten; Ausnahmen sind zulässig zur Abwehr einer Störung des gesamtwirtschaftlichen Gleichgewichts.“

Diese Vorgabe konnte nicht verhindern, dass der Schuldenstand in der Bundesrepublik Deutschland in der Vergangenheit stark angewachsen ist.[695] Daher hat die Kommission nunmehr in Übereinstimmung mit der Philosophie des reformierten europäischen Stabilitäts- und Wachstumspaktes vorgeschrieben, dass die Haushalte von Bund und Ländern zukünftig grundsätzlich ohne Einnahmen aus Krediten auszugleichen sind.[696]

Für den Bund gilt dabei das *Close-to-Balance-Prinzip*, das auch im europäischen Stabilitäts- und Wachstumspakt verankert ist. Diesem Grundsatz wird bereits Rechnung getragen, wenn die Einnahmen aus Krediten in der konjunkturellen Normallage 0,35 % des nominalen Bruttoinlandsproduktes nicht überschreiten. Eine begrenzte strukturelle, d.h. von konjunkturellen Effekten auf den Haushalt unabhängige Neuverschuldung ist damit für den Bund auch weiterhin möglich.[697] Die zulässige Kreditaufnahme wird durch die neue Regel vom unbefriedigenden Begriff der (Brutto-)Investitionen entkoppelt. Dadurch erhält der Haushaltgesetzgeber mehr inhaltliche Flexibilität bei der Kreditfinanzierung von investiven und konsumtiven Ausgaben, womit nach Ansicht des Gesetzgebers die Ausgestaltung einer auf Wachstum und nachhaltige Entwicklung ausgerichteten

---

695 Vgl. Bundesrechnungshof (2004), Ziffer 2.6.

696 Vgl. Art. 109 Abs. 3 Satz 1 GG nF.

697 Für das Jahr 2008 hätte sich für den Bund damit ein Verspuldungspielraum in Höhe von 8,5 Mrd. Euro ergeben. Das entspricht ungefähr der tatsächlichen Nettokreditaufnahme für das Jahr 2008.

Politik erleichtert wird. Künftig können neben klassischen Investitionsausgaben wie im Verkehrsinfrastrukturbereich auch Ausgaben für Bildung, Forschung und Entwicklung über Kredite finanziert werden.[698] Zudem wird die Ausnahmeklausel *Störung des gesamtwirtschaftlichen Gleichgewichts* gestrichen. Für die Länderhaushalte ist dagegen keine strukturelle Verschuldungskomponente vorgesehen, ihre Haushalte sind ohne Kredite auszugleichen *(Nullverschuldungsregel).*

Eine konjunkturelle Verschuldung ist jedoch sowohl für den Bund als auch für die Länder zulässig. In Übereinstimmung mit dem im Rahmen des europäischen Stabilitäts- und Wachstumspakts verwendeten Konjunkturbereinigungsverfahren wird sichergestellt, dass im Auf- und Abschwung automatische Stabilisatoren zum Tragen kommen. Konjunkturbedingte Veränderungen von Einnahmen und Ausgaben führen zu entsprechenden zusätzlichen oder geringeren Spielräumen bei der Nettokreditaufnahme beziehungsweise machen Haushaltsüberschüsse erforderlich. Konjunkturbedingte Defizite im Abschwung sind erlaubt, wenn konjunkturbedingte Überschüsse im Aufschwung zur Tilgung der zuvor aufgenommenen Kredite verwendet werden. Über einen Konjunkturzyklus hinweg muss die konjunkturelle Verschuldungskomponente ausgeglichen sein. Die symmetrische Berücksichtigung der Konjunktur durch das Wirken der automatischen Stabilisatoren verhindert, dass zusätzliche Kreditaufnahme in konjunkturell schlechten Zeiten langfristig zu einem systematischen Aufbau der Staatsverschuldung führt.[699]

Zudem kann auch in einem regelkonform aufgestellten Haushalt ein nicht geplanter Kreditbedarf im Haushaltvollzug entstehen. Diese nichtkonjunkturbedingten Abweichungen beispielsweise durch die ex ante Fehlbewertung einer Steuerreform werden auf einem Kontrollkonto gebucht und müssen später ausgeglichen werden. Eine Überschreitung der strukturellen Verschuldungsgrenze führt zu einer Kontobelastung, während eine Unterschreitung zu einer Gutschrift führt. Überschreitet ein etwaiger negativer Saldo des Kontrollkontos einen Schwellenwert von 1,5 % des Bruttoinlandsprodukts, so ist diese Überschreitung nach den Vorgaben des Grundgesetzes konjunkturgerecht zurückzuführen, um

---

698 Vgl. Bundesministerium der Finanzen (2009).

699 Die Berücksichtigung einer konjunkturellen Verschuldungskomponente macht die Definition einer konjunkturellen Normallage notwendig. So kann zwischen „guten“ und „schlechten“ Zeiten differenziert und die Höhe der strukturellen Defizite oder Überschüsse bestimmt werden. Um die Konsistenz der Hauhaltsregel mit dem europäischen Stabilitäts- und Wachstumspakt sicherzustellen, verwendet die neue Regel für den Bund hierzu das im Rahmen der Europäischen Union vereinbarte Konjunkturbereinigungsverfahren. Vgl. Bundesministerium der Finanzen (2009).

prozyklische Auswirkungen zu vermeiden. Im Abschwung muss daher kein Abbau erfolgen, im Aufschwung sind die Abbauschritte auf jährlich 0,35 % des Bruttoinlandsprodukts zu begrenzen. Weil der Abbau somit zeitlich gestreckt wird, setzt der Mechanismus bereits ab einer Überschreitung von 1,0 % des Bruttoinlandsprodukts ein. Abweichungen der ex ante erwarteten konjunkturellen Entwicklung werden nicht auf dem Kontrollkonto berücksichtigt, sondern finden im Rahmen veränderter automatischer Stabilisatoren in der Konjunkturkomponente Eingang in das System.

Um einen durch Extremfälle wie Naturkatastrophen oder außergewöhnliche Notsituationen, die sich der Kontrolle des Staates entziehen oder seine Finanzlage erheblich beeinträchtigen, entstehenden Finanzbedarf zu berücksichtigen, sind für den Bund und die Länder Ausnahmeregelungen vorgesehen, die eine weitergehende Kreditaufnahme ermöglichen.[700] Damit ist die neue Regelung wesentlich enger gefasst als die alte, womit der Gefahr einer „missbräuchlichen" Inanspruchnahme vorgebeugt werden soll. Die Erläuterungen zum Ausführungsgesetz halten fest, dass auch ein Ereignis von positiver historischer Bedeutung wie die Deutsche Wiedervereinigung unter diese Klausel fallen kann. Normale zyklische Abschwünge stellen keine Situation dar, die eine Ausnahme von der Schuldenregel begründet. Bei Inanspruchnahme der Ausnahmeregel ist ein Tilgungsplan, der die Rückführung des Defizits in einem angemessenen Zeitraum verbindlich regelt, aufzustellen.[701]

Die Einhaltung der Schuldenregel für den Bund wird mithilfe des erwähnten Kontrollkontos überprüft. Die Länder müssen diesbezüglich eigene Regeln aufstellen und sind hierin relativ frei, solange im Ergebnis die Rahmenbedingungen, d.h. die Nullverschuldung, eingehalten wird.

---

[700] Diese Ausnahmeregelung muss mit einer hohen parlamentarischen Hürde versehen sein, um einer zu großzügigen Auslegung vorzubeugen. Das Bundesfinanzministerium hat hierzu eine Mehrheit von 3/5 oder 2/3 der Parlamentarier vorgeschlagen. Die Föderalismusreformkommission hat jedoch lediglich eine qualifizierte Mehrheit des Bundestages *(Kanzlermehrheit)* vorgesehen, womit fraglich ist, ob dem Kriterium einer hohen parlamentarischen Hürde angemessen Rechnung getragen wird. Vgl. Hausner, K. H., Simon, S. (2009), S. 269.

[701] Neben höheren Hürden für die Inanspruchnahme der Ausnahmeregelung erhöht die Streichung des bisherigen Artikels 115 Absatz 2 GG die Wirksamkeit der Schuldenregel im Vergleich zum Status quo. Die Regelgrenzen des Art. 115 GG aF können künftig nicht mehr durch die Einrichtung von Sondervermögen mit eigener Kreditermächtigung überschritten werden. Vgl. Bundesministerium der Finanzen (2009).

Die neue Schuldengrenze gilt für den Bund erstmals 2011.[702] Aufgrund der den Bund in der aktuellen Finanz- und Wirtschaftskrise zusätzlich treffenden Belastungen gilt jedoch ein Moratorium. Der Bund startet 2011 mit einem erweiterten Verschuldungsspielraum, der dann bis zum Erreichen der 0,35 %-Grenze im Jahr 2016 in gleichen Schritten zurückgeführt werden muss. Die Bundesländer dürfen im Zeitraum bis zum 31. Dezember 2019 nach Maßgabe der geltenden landesrechtlichen Regelungen von den Vorgaben der Schuldenregel abweichen; ab dem 01. Januar 2020 ist dann keine strukturelle Verschuldung mehr zulässig. Damit diese Regelung spätestens 2020 von allen Ländern aus eigener Kraft eingehalten werden kann, erhalten einige Länder angesichts ihrer vergleichsweise schwierigen Haushaltssituation Konsolidierungshilfen von der bundesstaatlichen Gemeinschaft. Finanziert werden die entstehenden Lasten dabei jeweils zur Hälfte von Bund und Ländern, wobei der Anteil der Länder aus dem Umsatzsteueranteil aller Länder aufgebracht wird.[703]

Für die Jahre 2011 bis 2019 werden auf der Grundlage von Art. 143 d Abs. 2 und 3 GG insgesamt 800 Mio. Euro p. a. gewährt, die sich auf folgende Länder verteilen:[704]

---

702 Die Einhaltung der neuen strukturellen Verschuldungsgrenzen durch Bund und Länder soll zu einer raschen und deutlichen Rückführung der Schuldenstandquote führen. Bei einem langfristigen Wachstum des BIP von nominal 3 % p. a. prognostiziert das Bundesministerium der Finanzen einen Rückgang der Staatsverschuldung bis zum Jahr 2030 auf unter 50 % des BIP und langfristig einen Konvergenzwert von unter 20 %. Vgl. Bundesministerium der Finanzen (2009).

703 Das bedeutet, dass sich die jährlichen Bruttoleistungen um den Eigenanteil der betreffenden Länder zur Finanzierung der Konsolidierungshilfen reduzieren. Die Nettoentlastung aufgrund der Saldierung von Konsolidierungshilfen und den veränderten Einnahmen aus der Umsatzsteuer, dem Länderfinanzausgleich sowie den allgemeinen Bundesergänzungszuweisungen ist damit geringer. Würden die Konsolidierungshilfen bereits im Jahr 2008 gezahlt, würde sich eine Nettoentlastung in der folgenden Höhe ergeben: Bremen 295,8 Mio., Saarland 255,1 Mio., Berlin 58,5 Mio., Sachsen-Anhalt 68,0 Mio. und Schleswig-Holstein 66,6 Mio. Euro. Je Einwohner bedeutet dies ein Verringerung des Konsolidierungs-hilfeeffektes um: Bremen 2,82 Euro, Saarland 2,12 Euro, Berlin 2,84 Euro, Sachsen-Anhalt 2,23 Euro und Schleswig-Holstein 2,13 Euro je Einwohner. Dieser Effekt hat jedoch quantitativ eher nachrangige Bedeutung.

704 Dabei wird bemängelt, dass weder die Auswahl der Empfängerländer noch die Verteilung der Sanierungshilfen unter diesen transparent und nachvollziehbar durch die Kommission dargelegt wurden. Vgl. Freigang, D., Ragnitz, J. (2009), S. 6.

- Bremen 300 Mio. Euro p.a. (453 Euro je Einwohner)
- Saarland 260 Mio. Euro p.a. (252 Euro je Einwohner)
- Sachsen-Anhalt 80 Mio. Euro p.a. (34 Euro je Einwohner)
- Schleswig-Holstein 80 Mio. Euro p.a. (28 Euro je Einwohner)
- Berlin 80 Mio. Euro p.a. (23 Euro je Einwohner)

Die Konsolidierungshilfen [705] werden auf Grundlage einer Verwaltungsvereinbarung gewährt und an strenge Verpflichtungen geknüpft. Gleichwohl handelt es sich der Sache nach um ungebundene Zuweisungen, die keiner Zweckbestimmung unterliegen. Zu den einzuhaltenden Verpflichtungen zählen die Festlegung eines strikten Abbaupfads der Finanzierungsdefizite, dessen Überwachung durch den Stabilitätsrat [706] sowie die Androhung möglicher Konsequenzen im Falle einer

---

[705] Art. 143 d GG bestimmt, dass Konsolidierungs- und Sanierungshilfen aufgrund einer Haushaltsnotlage nicht gleichzeitig in Anspruch genommen werden können, was dazu führt, dass die Länder Bremen und Saarland im Falle einer Inanspruchnahme der Konsolidierungshilfen ihre auf Sanierungshilfen ausgerichteten Klagen vor dem Bundesverfassungsgericht zurückziehen müssen.

[706] Der Stabilitätsrat verfolgt das Ziel, Haushaltsnotlagen zu vermeiden. Seine Aufgaben bestehen in der regelmäßigen Überwachung der Bundes-/ Länderhaushalte, der Begleitung von Sanierungsverfahren und der Überwachung der Gewährung von Konsolidierungshilfen. Ihm gehören der Bundesminister für Finanzen, die Landesfinanzminister sowie der Bundesminister für Wirtschaft und Technologie an. Bund und Länder haben jeweils eine Stimme; die Beschlussfassung erfolgt mit der Stimme des Bundes und einer 2/3-Mehrheit der Länderfinanzminister (ohne das betroffene Land). Ist der Bund betroffen, muss die Entscheidung mit zwei Dritteln aller Mitglieder getroffen werden. Grundlage der Beratungen im Stabilitätsrat ist ein Bericht der jeweiligen Gebietskörperschaft, der die Darstellung bestimmter Kennziffern zur aktuellen Haushaltslage und zur Finanzplanung, die Einhaltung der verfassungsmäßigen Kreditaufnahmegrenzen sowie eine Projektion der mittelfristigen Haushaltsentwicklung auf Basis einheitlicher Annahmen umfasst. Die Haushaltskennziffern und die Schlussfolgerungen des Stabilitätsrates werden veröffentlicht. Auf Antrag oder bei Überschreitung einer Mehrzahl von Schwellenwerten sowie bei entsprechenden Ergebnissen der Projektionsmodelle prüft der Stabilitätsrat, ob eine Haushaltsnotlage droht. Wird dies festgestellt, vereinbart der Stabilitätsrat mit dem Bund oder dem Land ein Sanierungsprogramm. Das Programm erstreckt sich grundsätzlich über fünf Jahre und enthält Vorgaben über den angestrebten Abbau der Nettokreditaufnahme und geeignete Sanierungsschritte. Das Sanierungsprogramm wird in eigener Verantwortung umgesetzt und ist mit halbjährlichen Berichtspflichten gegenüber dem Stabilitätsrat verbunden. Droht die Sanierungsstrategie zu scheitern, beschließt der Rat eine Aufforderung zur verstärken Haushaltssanierung. Nach Abschluss des Sanierungsprogramms prüft der Stabilitätsrat die Haushaltslage erneut. Für den Fall, dass auch bei vollständiger Umsetzung des Sanierungsprogramms weiterhin eine Haushaltsnotlage droht,

Nichteinhaltung der Konsolidierungsvereinbarung.[707] Kann ein Land den vorgegebenen Konsolidierungspfad nicht einhalten, entfällt der Anspruch auf Konsolidierungshilfen für das entsprechende Jahr. Falls es gelingt, den Abbaupfad im Folgejahr wieder einzuhalten, werden die Hilfen für das aktuelle Jahr ausgezahlt, ohne jedoch die Zahlungen für das vergangene Jahr nachträglich zu gewähren. Bei Übererfüllung der Vorgaben erfolgt eine Anrechnung der Konsolidierungsleistung im Folgejahr.

Im Zusammenhang mit den durch die Föderalismusreform II festgesetzten Vorgaben zur Gewährung von Konsolidierungshilfen und der damit verbundenen Verpflichtung zum Abbau des strukturellen Defizits stellt sich, wie eingangs erwähnt, die Frage, welche Auswirkungen diese Vorgaben auf die Haushalte der hilfeempfangenden Länder (Konsolidierungsländer) nach Abschluss der Konsolidierungsphase im Jahr 2020 haben.

8.2 Ableitung der Konsequenzen der Föderalismusreform II für die Stadtstaaten

Um die Frage nach den haushaltsmäßigen Konsequenzen der Föderalismusreform II für die Konsolidierungsländer – insbesondere für die Stadtstaaten – zu beantworten, wird ein Modell aufgestellt. Grundlage des Modells sind die Daten für die öffentlichen Kernhaushalte aus der Kassenstatistik für das Jahr 2007 (Basisjahr). Nach § 2 Gesetz zur Gewährung von Konsolidierungshilfen (KonsHilfG) sind diese Daten um die konjunkturellen Einflüsse auf Einnahmen und Ausgaben zu bereinigen, da sich diese über den Konjunkturzyklus hinweg ausgleichen und daraus resultierende Defizite sich automatisch abbauen. Die Konjunkturbereinigung wird für den Bund in der Übernahme des Verfahrens auf europäischer Ebene bestehen, d.h. als Über- bzw. Unterauslastung der gesamtwirtschaftlichen Produktionskapazitäten in Verbindung mit der so genannten Budgetsensivität, die angibt, wie sich die Einnahmen und Ausgaben des Bundes bei einer Veränderung der gesamtwirtschaftlichen Aktivität entwickeln. Da für die

---

wird ein neues Sanierungsprogramm beschlossen. Vgl. Art. 109 a Abs. 2 nF GG sowie § 1und 2 Gesetz zur Einrichtung eines Stabilitätsrates und zur Vermeidung von Haushaltsnotlagen.

707 Vgl. Art 143 d GG; vgl. § 1 Abs. 4 Gesetz zur Gewährung von Konsolidierungshilfen.

Länder diesbezüglich noch keine Vorgabe besteht,[708] muss zwangsläufig auf unbereinigte Daten zurückgegriffen werden. Da durch die Bestimmung eines *„konjunkturell neutralen Jahres"*, die Konjunkturbereinigung umgangen werden kann, ist die Auswahl des Basisjahres von zentraler Bedeutung.[709]

Es ist davon auszugehen, dass das Jahr 2007 in Bezug auf die finanzwirtschaftliche Entwicklung zwar ein relativ gutes Konjunkturjahr, aber kein Boomjahr wie 2008 war. Zudem zeigen sich für das Jahr 2008 in Bremen Sondereffekte, die sich in einem überproportional starken Anstieg der Einnahmen aus Steuern, dem Länderfinanzausgleich und den Bundesergänzungszuweisungen ausdrücken. So steigt dieses Einnahmenkonglomerat von 2007 auf 2008 um 14,1 %, während der Flächenländerdurchschnitt nur eine Wachstumsrate von 4,5 % ausweist. Dies führt zu einem Defizit, das tendenziell eher zu niedrig ausfällt. Da Bremen als Stadtstaat in der Betrachtung eine zentrale Position einnimmt, scheint das Jahr 2008 als Basisjahr unpassend. Daher wird auf das Haushaltsjahr 2007 zurückgegriffen. Als Vergleichswerte werden allerdings die im Rahmen einer Sensitivitätsanalyse erzielten Ergebnisse der Modellrechnung für das Basisjahr 2008 im Anhang angegeben.[710]

Neben der Bereinigung um unmittelbar konjunkturell bedingte Ausgaben- und Einnahmeneffekte gibt § 2 des Gesetzes zur Errichtung eines Stabilitätsrates und zur Vermeidung von Haushaltsnotlagen (StabiRatG) vor, dass der Finanzierungssaldo ebenfalls um finanzielle Transaktionen zu bereinigen ist. Unter finanziellen Transaktionen werden in Anlehnung an den Stabilitäts- und Wachstumspakt nichtvermögenswirksame Einnahmen und Ausgaben verstanden. Nach Vorgabe des Gesetzes zählen dazu Ausgaben für den Erwerb von Beteiligungen, für Tilgung an den öffentlichen Bereich und für die Darlehensvergabe sowie Einnahmen aus Vermögensveräußerungen von Beteiligungen, aus der Kreditaufnahme beim

---

708 Eine undifferenzierte Übernahme des für den Bund anzuwendenden Verfahrens auf die Länder kommt wegen der Verzerrungen bei der Ermittlung des regionalen Bruttoinlandsprodukts, wegen des mangelnden Zusammenhangs zwischen dem regionalen Bruttoinlandsprodukt und der Einnahmenentwicklung sowie wegen der unterschiedlichen Ausgabendynamik zwischen Stadtstaaten und Flächenländern nicht in Betracht. Die Vorgehensweise zur Bestimmung der Konjunkturkomponente ist noch vom Bundesfinanzministerium auf Grundlage eines Forschungsgutachtens festzulegen.

709 Der Einbruch der Steuereinnahmen bzw. die steigenden (Transfer-)Ausgaben, die durch die Finanz- und Wirtschaftskrise verursacht wurden, sind demnach nicht berücksichtigungsfähig, da diese negativen Entwicklungen konjunkturell bedingt sind und nicht in das zurückzuführende Defizit eingerechnet werden.

710 Vgl. Tabellen A 3, A 4 und A 5 im Anhang der vorliegenden Arbeit.

öffentlichen Bereich sowie aus Darlehensrückflüssen.[711] Es handelt sich dabei also insbesondere um einmalige (transitorische) ausgaben- oder einnahmenseitige Sondereffekte, die weder einen Konsolidierungsbedarf begründen, noch einen Konsolidierungserfolg darstellen. Insgesamt ist festzuhalten, dass nur der Teil des Defizits als konsolidierungsbedürftig einzustufen ist, der weder konjunkturbedingt, noch auf zeitlich befristete Maßnahmen zurückzuführen ist.[712]

Weiterhin wird unterstellt, dass sich das Modell grundsätzlich innerhalb der im Status quo bestehenden rechtlichen Regelungen bewegt. Die Änderungen des Grundgesetzes durch die Föderalismusreform finden damit ebenso Anwendung wie die Regelungen des in Kraft befindlichen Finanzausgleichsgesetzes.[713] Es wird davon ausgegangen, dass die im Maßstäbegesetz[714] geforderten Überprüfungen der Regelungen des Finanzausgleichsgesetzes zu keinen Veränderungen führen. Das Modell geht von folgenden Prämissen bezüglich der Einnahmenentwicklung aus:

- Steuern, LFA, allgemeine BEZ: + 2,5 % p. a.[715]; 2011-2019 bereinigt um die Aufbringung der Konsolidierungshilfen
- Sonstige Einnahmen[716]: + 1 % p. a.
- Sonderbedarfs-BEZ: nach Vorgabe des FAG (Abbau Sonderbedarfs-BEZ Aufbau Ost bei den ostedeutschen Ländern und Berlin)
- Bereinigte Einnahmen: Summe der vorherigen Komponenten

In Bezug auf die Ausgabenentwicklung werden zwei mögliche Szenarien analysiert.

(1) In Szenario I *(Gleichschrittmodell)* wird von einer parallelen Primärausgabenentwicklung aller Bundesländer ausgegangen. Die jährlichen Wachstums-

---

711 Vgl. § 3 Gesetz zur Ausführung von Artikel 115 Grundgesetz.

712 Vgl. Sachverständigenrat zur Begutachtung der gesamtwirtschaftlichen Entwicklung (2006), S. 467.

713 Stand: Finanzausgleichsgesetz vom 20. Dezember 2001 (BGBl. I S. 3955) zuletzt geändert durch Gesetz zur Sicherung von Beschäftigung und Stabilität in Deutschland vom 2.3.2009 (BGBl. I S. 416).

714 Stand: Maßstäbegesetz vom 9. September 2001 (BGBl. I S. 2098) zuletzt geändert durch Jahressteuergesetz 2009 vom 19.12.2008 (BGBl. I S. 2794).

715 Wachstumsrate der Steuern und steuerähnlichen Einnahmen in der konjunkturellen Normallage (in Rücksprache mit dem Finanzressort Bremen und der Zentralen Datenstelle der Länder).

716 Sonstige Einnahmen = Bereinigte Einnahmen abzüglich Steuern, LFA, allgemeine BEZ, Einnahmen aus Vermögensveräußerungen von Beteiligungen, aus der Kreditaufnahme beim öffentlichen Bereich sowie aus Darlehensrückflüssen.

raten der Primärausgaben der Flächenländer (Vergleichsgruppe) werden auf die Primärausgaben der Konsolidierungsländer (Bremen, Berlin, Saarland, Sachsen-Anhalt, Schleswig-Holstein) und Hamburg[717] übertragen.

Die jährlichen Wachstumsraten der Primärausgaben ergeben sich dabei in Abhängigkeit der unterstellten Einnahmenentwicklung sowie des Abbaupfads des strukturellen Saldos, welcher sich als Ergebnis der Subtraktion von bereinigten Einnahmen und bereinigten Ausgaben ergibt. In Anlehnung an die Vorgaben der Föderalismusreform wird auch für die Flächenländer postuliert, dass der strukturelle Saldo bis 2020 abgebaut werden muss. Um im Endjahr des Betrachtungszeitraums ausgeglichene Haushalte – worunter in diesem Fall Haushalte ohne Defizit oder Überschuss zu verstehen sind – vergleichen zu können, findet diese Vorgabe sowohl auf Defizite als auch auf Überschüsse Anwendung. Dabei wird angenommen, dass der Abbau des Finanzierungssaldos aus dem Basisjahr 2007 bereits im Jahr 2008 beginnt und in dreizehn gleichen Teilen bis 2020 vollzogen wird. Der strukturelle Finanzierungssaldo eines Jahres entspricht damit dem Saldo des Vorjahres abzüglich des errechneten Jahreswertes zur Einhaltung des Abbaupfads. Analog ergeben sich die Zinszahlungen für ein Jahr aus den Zinsen des Vorjahres und aus den Zinsersparnissen oder zusätzlichen Zinsausgaben für den tatsächlichen Saldo.[718]

Im Jahr 2007 weist der unkonsolidierte Flächenländerdurchschnitt einen strukturellen Überschuss in Höhe von 104 Euro je Einwohner (7,965 Mrd. Euro) auf, wobei die Werte zwischen den Flächenländern erheblich variieren. Entsprechend den Vorgaben wird davon ausgegangen, dass dieser Überschuss pro Jahr um 8 Euro je Einwohner (613 Mio. Euro) abgebaut wird, sodass am Ende des Betrachtungszeitraums der strukturelle Saldo im Flächenländerdurchschnitt den Wert null annimmt. Durch diesen Abbau können die bereinigten Ausgaben stärker wachsen, als dieses auf Grundlage der unterstellten Einnahmenentwicklung anzunehmen ist. Tabelle 32 zeigt, dass die bereinigten Einnahmen je Einwohner von 4.346 Euro in 2007 auf 5.609 Euro je Einwohner in 2020 (+ 29 %) steigen. Die bereinigten Ausgaben je Einwohner steigen von 4.242 Euro auf ebenfalls 5.609 Euro (+ 32 %) an. Da der Abbau des strukturellen Saldos zu Zinsersparnissen führt, sinken die Ausgaben für Zinsen über den Betrachtungszeitraum von 290 Euro auf

---

717 Um eine umfassende Analyse der Stadtstaaten zu gewährleisten, wird Hamburg aus der Vergleichsgruppe der Nichtkonsolidierungsländer herausgelöst und ebenfalls separat betrachtet.

718 Zinsersparnisse ergeben sich aus der Annahme, dass der Betrag aus dem Abbau des strukturellen Überschusses zur Schuldentilgung verwendet wird. Zusätzliche Zinsausgaben resultieren aus einer weiteren Kreditaufnahme. Der Zinssatz wird mit 5 % unterstellt.

254 Euro je Einwohner. Ihr Anteil an den Gesamtausgaben nimmt damit sukzessive von 6,8 % auf 4,5 % ab. Diese Entwicklung bewirkt, dass die Primärausgaben[719] von 3.952 Euro auf 5.355 Euro je Einwohner anwachsen und damit insgesamt stärker steigen als die bereinigten Ausgaben (+ 36 %). Die sich ergebenden Wachstumsraten pro Jahr werden auf die Primärausgaben der Konsolidierungsländer und Hamburgs übertragen.

Für die Konsolidierungsländer und Hamburg wird deutlich, dass bei der unterstellten Entwicklung der bereinigten Einnahmen eine gleich bleibende Primärausgabenrelation dazu führt, dass diese Länder im Jahr 2020 ein strukturelles Defizit aufweisen, da die bereinigten Ausgaben deutlich stärker steigen als die Einnahmen. Dieses ist zum einen auf den starken Einfluss der Primärausgaben auf die Entwicklung der bereinigten Ausgaben zurückzuführen. Zum anderen haben die wachsenden Defizite höhere Zinsausgaben zur Folge, die steigende Gesamtausgaben nach sich ziehen. Für die ostdeutschen Konsolidierungsländer wirkt sich zudem der Abbau der Sonderbedarfs-BEZ Aufbau Ost defiziterhöhend aus.

Tabelle 32: Basis- und Endwerte des Szenarios I in Euro je Einwohner

Szenario I	Hamburg			Berlin			Bremen		
	2007	2020	Δ 2007 2020	2007	2020	Δ 2007 2020	2007	2020	Δ 2007 2020
Bereinigte Einnahmen	5.503	7.424	+ 34,9 %	5.796	6.916	+ 19,3 %	4.981	6.626	+ 33,0 %
Bereinigte Ausgaben	5.651	7.566	+ 34,0 %	5.864	7.977	+ 36,0 %	6.002	8.789	+ 46,4 %
Zinsausgaben	566	676	+ 19,4 %	724	1.013	+ 39,9 %	910	1.887	+ 107,4 %
Primärausgaben	5.084	6.890	+ 35,5 %	5.139	6.965	+ 35,5 %	5.092	6.901	+ 35,5 %
Primärausgabenrelation	129	129	--	130	130	--	129	129	--
Struktureller Saldo	-148	-142	- 4,1 %	-67	-1.061	+1.483,6 %	-1.021	-2.163	+111,9 %

Szenario I	Sachsen-Anhalt			Schleswig-Holstein			Saarland			Flächenländer		
	2007	2020	Δ 2007 2020	2007	2020	Δ 2007 2020	2007	2020	Δ 2007 2020	2007	2020	Δ 2007 2020
Bereinigte Einnahmen	4.888	5.484	+ 12,2 %	3.978	5.288	+ 32,9 %	3.902	5.194	+ 33,1 %	4.346	5.609	+ 29,1 %
Bereinigte Ausgaben	4.757	6.471	+ 36,0 %	4.150	5.651	+ 36,2 %	4.319	6.084	+ 40,9 %	4.242	5.609	+ 32,2 %
Zinsausgaben	446	629	+ 41,0 %	375	535	+ 42,7 %	492	897	+ 82,3 %	290	254	- 12,4 %
Primärausgaben	4.311	5.842	+ 35,5 %	3.775	5.116	+ 35,5 %	3.827	5.187	+ 35,5 %	3.952	5.355	+ 35,5%
Primärausgabenrelation	109	109	--	96	96	--	97	97	--	--	--	--
Struktureller Saldo	131	-987	--	-172	-363	+111,1 %	-417	-889	+113,2 %	104	0	--

Quelle: Statistisches Bundesamt, Fachserie 14, Reihe 2; Eigene Berechnungen.

719 Primärausgaben sind definiert als bereinigte Ausgaben abzüglich Zinsausgaben. Ihnen kommt eine wichtige Rolle in der Finanzwissenschaft und -politik zu, da sie angeben, welche Ausgaben eine Gebietskörperschaft in einem Jahr tatsächlich für Güter und Dienstleistungen tätigt. Die Zinsausgaben bleiben unberücksichtigt, weil es sich um Finanzierungskosten früherer Haushaltsjahre handelt.

Da die Stadtstaaten im Fokus stehen, soll an dieser Stelle nur kurz auf die Entwicklung in den Konsolidierungsflächenländern eingegangen werden. Während Sachsen-Anhalt im Jahr 2007 noch einen Überschuss in Höhe von 131 Euro je Einwohner erzielt, ergibt sich 2020 ein Defizit von -987 Euro je Einwohner. Die Zinsausgaben steigen um 41 %, wobei sie 2007 bei 154 % und 2020 bereits bei 248 % des Flächenländerdurchschnitts liegen. In Schleswig-Holstein nimmt das Defizit von -172 Euro auf -363 Euro je Einwohner (+ 111 %) und im Saarland von -417 Euro auf -889 Euro je Einwohner (+ 113 %) zu. Die Ausgaben für Zinsen wachsen um 43 % bzw. 82 %. Die Zinsausgaben je Einwohner liegen 2007 noch bei 129 % (Schleswig-Holstein) bzw. 170 % (Saarland) des Flächenländerdurchschnitts, während dieses Verhältnis bis 2020 auf 211 % bzw. 353 % ansteigt.

Hamburg verzeichnet eine leichte Abnahme des strukturellen Saldos von -148 Euro auf -142 Euro je Einwohner. Die Ausgaben für Zinsen steigen jedoch um 19 % an, wobei ihr Anteil an den Gesamtausgaben von 10 % auf 9 % sinkt. Im Vergleich zum Flächenländerdurchschnitt weist Hamburg um 195 % (2007) bzw. 266 % (2020) höhere Zinsausgaben auf. Der Stadtstaat Berlin weist einen explosionsartigen Defizitanstieg auf. Das Defizit steigt von -67 Euro auf -1.061 Euro je Einwohner. Die Zinsausgaben wachsen um rund 40 %. Ihr Anteil an den Gesamtausgaben bleibt mit 12 % (2007) bzw. 13 % (2020) nahezu konstant. Im Vergleich zum Flächenländerdurchschnitt weist Berlin 2007 um 250 % höhere Zinsausgaben auf. 2020 liegt diese Relation bereits bei 399 %. Bremen verzeichnet einen Zunahme des Finanzierungssaldos um rund 112 % von -1.021 Euro auf -2.163 Euro je Einwohner und weist damit im Jahr 2020 das höchste Defizit auf. Die Zinsausgaben steigen von 910 Euro auf 1.887 Euro je Einwohner (+ 107 %). Während die Zinsausgaben im Jahr 2007 noch 15 % der bereinigten Gesamtausgaben ausmachen, steigt dieser Anteil bis 2020 auf 22 %. Bremens Ausgaben für Zinsen liegen damit bei 314 % (2007) bzw. 743 % (2020) des Flächenländerdurchschnitts.

(2) In Szenario II *(Konsolidierungsmodell)* werden zwei Berechnungen vorgenommen. Zunächst werden die Entwicklungen dargestellt, die sich aus der von den Sanierungsländern umzusetzenden Verwaltungsvereinbarung ergeben würden (Szenario II.1). Die Einnahmenentwicklung entspricht dabei Szenario I. Zusätzlich werden die Konsolidierungshilfen berücksichtigt, die das strukturelle Defizit (Überschuss) verringern (erhöhen). Nach Maßgabe des Gesetzes zur Gewährung von Konsolidierungshilfen entsteht der Anspruch auf den gesamten Konsolidierungsbetrag in dem jeweiligen Jahr, zahlungstechnisch werden die Konsolidierungshilfen jedoch zu zwei Dritteln im laufenden Jahr und zu einem Drittel im Folgejahr ausgezahlt. Da die modelltheoretischen Zinseffekte der Konsolidierungsrate des Jahres i erst im Jahr $i+1$ anfallen, hat der Auszahlungs-

modus zur Folge, dass im Jahr 2021 noch Zinseffekte aus der letzten Ein-Drittel-Rate, die im Jahr 2020 ausgezahlt wird, anfallen. Um jedoch den gesamten Effekt der Konsolidierungshilfen bis 2020 bewerten zu können, wird unterstellt, dass die Hilfen in dem jeweiligen Jahr vollständig ausbezahlt werden. Der Effekt, der daraus insbesondere auf die Primärausgabenrelationen entsteht, ist minimal und daher nicht weiter relevant.

Für den Flächenländerdurchschnitt gilt wie im vorangegangenen Szenario, dass der strukturelle Überschuss von 2007 bis 2020 in gleichen Tranchen abgebaut wird. Analog wird für die Konsolidierungsländer angenommen, dass ihre strukturellen Salden bis 2020 abgebaut werden. Die Verwaltungsvereinbarung wird voraussichtlich festlegen, dass der Abbaupfad auf den Haushaltsdaten des Jahres 2010 basiert. Zur Vereinfachung wird jedoch unterstellt, dass – wie beim Flächenländerdurchschnitt – bereits ab 2008 mit dem Abbau begonnen wird. Zu berücksichtigen ist, dass in den Jahren, in denen die Konsolidierungshilfen ausbezahlt werden, der strukturelle Saldo nicht dem tatsächlichen Saldo entspricht. Das tatsächliche Defizit (der tatsächliche Überschuss) ist entsprechend kleiner (größer). Da die Konsolidierungshilfen das strukturelle Defizit verringern bzw. den strukturellen Überschuss erhöhen, beeinflussen sie wiederum die Zinsausgaben.
In einem weiteren Schritt (Szenario II.2) wird unterstellt, dass die Konsolidierungsländer den ausgeglichenen Haushalt aus eigener Kraft erreichen müssen. Es werden die gleichen Annahmen wie in Szenario II.1 getroffen, jedoch finden die Konsolidierungshilfen keine Berücksichtigung. Damit kann der Konsolidierungseffekt der Finanzhilfen (Fremdhilfe) für die einzelnen Länder bestimmt werden.

Die Tabelle 33 zeigt für Szenario II.1 die Entwicklungen der Einnahmen und Ausgaben unter Berücksichtigung der für die Flächenländer wirksamen Konsolidierungshilfen (420 Mio. Euro p. a. insgesamt für Sachsen-Anhalt, Schleswig-Holstein und Saarland). Es wird deutlich, dass die Konsolidierungshilfen kaum spürbare Auswirkungen auf den Flächenländerdurchschnitt haben. Sie führen im Jahr 2020 zu minimal niedrigeren Zinsausgaben bzw. höheren Primärausgaben im Vergleich zu Szenario I, während die Hilfen auf die einzelnen Konsolidierungsländer eine größere Auswirkung haben.

Für die drei Konsolidierungsländer Sachsen-Anhalt, Schleswig-Holstein und Saarland zeigt sich, dass zwar jedes einzelne Land seine bereinigten Ausgaben und seine Primärausgaben erhöhen kann, im Vergleich zum Flächenländerdurchschnitt müssen jedoch von 2007 auf 2020 deutliche Abschläge hingenommen werden, da hier die Primärausgaben deutlich stärker steigen. Daher sinken die Primärausgabenrelationen von 109 % auf 96 % in Sachsen-Anhalt, von 96 % auf 91 % in Schleswig-Holstein und von 97 % auf 88 % im Saarland.[720] Im Vergleich zu den Entwicklungen in Szenario I müssen in Sachsen-Anhalt insgesamt, d.h. durch Eigenleistungen und Fremdhilfe (Konsolidierungshilfe) 2.397 Mio. Euro (987 Euro je Einwohner), in Schleswig-Holstein 1.029 Mio. Euro (363 Euro je Einwohner) und im Saarland 924 Mio. Euro (889 Euro je Einwohner) eingespart werden. Diese Werte entsprechen rund 21 %, 9 % bzw. 21 % der jeweiligen bereinigten Gesamtausgaben des Jahres 2007.

Hamburgs bereinigte Ausgaben bzw. Primärausgaben nehmen bis 2020 um 35 % bzw. 34 % zu. Die Zinsausgaben Hamburgs steigen um 9 %. Ihr Anteil an den Gesamtausgaben sinkt jedoch von 10 % auf 8 %. Im Vergleich zum Flächenländerdurchschnitt liegen die Zinsausgaben 2020 bei 246 % (2007: 195 %). Da der Zuwachs der Hamburger Primärausgaben nur leicht unter demjenigen der Flächenländer liegt, fällt die Primärausgabenrelation auch nur geringfügig von 129 % auf 127 %. Trotzdem muss Hamburg im Vergleich zu Szenario I rund 250 Mio. Euro (142 Euro je Einwohner) einsparen, was 2,5 % der bereinigten Ausgaben im Jahr 2007 entspricht.

Tabelle 33: Basis- und Endwerte des Szenarios II.1 in Euro je Einwohner

Szenario II.1 (mit Hilfen)	Hamburg			Berlin			Bremen		
	2007	2020	Δ 2007 2020	2007	2020	Δ 2007 2020	2007	2020	Δ 2007 2020
Bereinigte Einnahmen	5.503	7.443	+ 35,3 %	5.796	6.916	+ 19,3 %	4.981	6.626	+ 33,0 %
Bereinigte Ausgaben	5.651	7.443	+ 31,7 %	5.864	6.916	+ 17,9 %	6.002	6.626	+ 10,4 %
Zinsausgaben	566	618	+ 9,2 %	724	737	+ 1,8 %	910	1.063	+ 16,8 %
Primärausgaben	5.084	6.825	+ 34,2 %	5.139	6.179	+ 20,2 %	5.092	5.563	+ 9,3 %
Primärausgabenrelation	129	127	--	130	115	--	129	104	--
Struktureller Saldo	-148	0	--	-67	0	--	-1.021	0	--

Szenario II.1 (mit Hilfen)	Sachsen-Anhalt			Schleswig-Holstein			Saarland			Flächenländer		
	2007	2020	Δ 2007 2020	2007	2020	Δ 2007 2020	2007	2020	Δ 2007 2020	2007	2020	Δ 2007 2020
Bereinigte Einnahmen	4.888	5.504	+ 12,6 %	3.978	5.288	+ 32,9 %	3.902	5.221	+ 33,8 %	4.346	5.609	+ 29,1 %
Bereinigte Ausgaben	4.757	5.504	+ 15,7 %	4.150	5.288	+ 27,4 %	4.319	5.221	+ 20,9 %	4.242	5.609	+ 32,2 %
Zinsausgaben	446	386	- 13,5 %	375	423	+ 12,8 %	492	525	+ 6,7 %	290	251	- 13,5 %
Primärausgaben	4.311	5.119	+ 18,7 %	3.775	4.865	+ 28,9 %	3.827	4.696	+ 22,7 %	3.952	5.358	+ 35,6 %
Primärausgabenrelation	109	96	-	96	91	-	97	88	-	--	--	--
Struktureller Saldo	131	0	-	-172	0	-	-417	0	-	104	0	--

Quelle: Statistisches Bundesamt, Fachserie 14, Reihe 2; Eigene Berechnungen.

720 Damit wird deutlich, dass die Frage nach der Aufrechterhaltung der bundesstaatlichen Ordnung und damit der Funktionsfähigkeit eines Bundeslandes nicht nur eine Frage der Stadtstaaten ist, sondern ebenso die Flächenländer betrifft.

Berlin kann die bereinigten Ausgaben um 18 % auf 6.916 Euro und die Primärausgaben um 20 % auf 6.179 Euro je Einwohner steigern. Während sich die Zinsausgaben geringfügig erhöhen, sinkt der Zinsanteil an den Gesamtausgaben von 12 % auf 11 %. Im Jahr 2020 liegen die Berliner Zinsausgaben bei 294 % des Flächenländerdurchschnitts (2007: 250%). Die Primärausgabenrelation reduziert sich deutlich von 130 % auf 115 %. Für Berlin entspricht diese Entwicklung im Vergleich zu Szenario I einer Einsparung von 3.613 Mio. Euro (1.061 Euro je Einwohner) oder 18 % der bereinigten Ausgaben des Jahres 2007.

Für Bremen zeigt sich, dass der ausgeglichene Haushalt 2020 nur erreicht werden kann, wenn die bereinigten Ausgaben lediglich um 10 %, d.h. von 6.002 Euro auf 6.626 Euro je Einwohner, steigen. Sie liegen damit nur noch 18 % über dem Flächenländerdurchschnitt (2007: 42 %). Die Zinsausgaben steigen trotz Defizitabbau und Konsolidierungshilfen um 17 % auf 1.063 Euro und liegen im Jahr 2020 bei 424 % des Flächenländerdurchschnitts (2007: 314 %).[721] Der Anteil der Zinsausgaben an den bereinigten Ausgaben steigt von 15 % auf 16 %. Die Primärausgaben des Stadtstaates Bremen nehmen um 9 % zu und erreichen 2020 einen Wert von 5.563 Euro je Einwohner. Dieses impliziert, dass die Primärausgabenrelation von 129 % in 2007 auf 104 % zurückgeht. In Vergleich zu Szenario I müssen in Bremen damit durch Eigenanstrengungen und Fremdhilfe insgesamt 1.434 Mio. Euro (2.163 Euro je Einwohner) eingespart werden. Bezogen auf die bereinigten Ausgaben des Jahres 2007 entspricht das rund 36 %. Im Vergleich zu den anderen Konsolidierungsländern steht Bremen damit unter dem höchsten Einspardruck.

Für Szenario II.1 zeigt der Vergleich zwischen den Stadtstaaten für das Jahr 2020 ein sehr differenziertes Bild. Hamburg weist mit 7.443 Euro je Einwohner die höchsten bereinigten Ausgaben auf. Gemessen daran geben Berlin und Bremen 7 % bzw. 11 % weniger aus. Auch bei den Primärausgaben nimmt Hamburg die Spitzenposition unter den Stadtstaaten ein. Berlin bzw. Bremen erreichen hingegen nur 91 % bzw. 82 % des Hamburger Ausgabenniveaus.[722] Zudem ist festzuhalten, dass die Primärausgaben in Bremen nur 90 % des Berliner Niveaus erreichen. Auch die Zinsausgaben spiegeln diese Abstufung wieder. Während Hamburg mit 618

---

721 Inwiefern eine solche hohe Zinsausgabenrelation im Vergleich zu den anderen Bundesländern auf einen strukturell aus dem Gleichgewicht geratenen Haushalt und damit auf eine extreme Haushaltsnotlage hinweist, wird spätestens 2020 zu klären sein.

722 Damit liegen die Primärausgaben Bremens und Berlins selbst unter der kritischen Ausgabengrenze von 95 % des Hamburger Niveaus, die von Huber für Berlin als Maßstab angegeben wird. Es ist aber anzumerken, dass die Untergrenze frei gegriffen ist und nicht empirisch abgeleitet wurde. Vgl. Huber, B. (2004), S. 17.

Euro je Einwohner die niedrigsten Ausgaben aufweist, liegen die Zinsausgaben in Berlin um 19 % und in Bremen um 72 % höher. Auch der Einspardruck zur Erreichung des ausgeglichenen Haushalts ist sehr unterschiedlich. Während Hamburg 142 Euro je Einwohner einsparen muss, besteht für Berlin bzw. Bremen die Notwendigkeit, die acht- bzw. fünfzehnfache Summe einzusparen.

Wie sich diese Einsparleistung auf die zu erbringende Eigenleistung und den Fremdbeitrag verteilt, verdeutlicht Szenario II.2. Tabelle 34 zeigt, dass Szenario II.2 die oben beschriebene Situation der Konsolidierungsländer zusätzlich verschärft, da der Einspardruck bei den Primärausgaben um den Effekt der Konsolidierungshilfen zunimmt. Die bereinigten Einnahmen und Ausgaben entsprechen denjenigen aus Szenario II.1. Der Effekt der Konsolidierungshilfen wird damit ausschließlich bei den Zins- und Primärausgaben deutlich.
Müsste der ausgeglichene Haushalt ohne Konsolidierungshilfen erreicht werden, sinken die Primärausgaben bzw. steigen die Zinsausgaben in Vergleich zu Szenario II.1 in Sachsen-Anhalt, Schleswig-Holstein und Saarland um 15 Euro, 13 Euro bzw. 113 Euro je Einwohner – die Primärausgabenrelation sinkt weiter. Im Jahr 2020 erreichen diese Länder eine Relation zum Flächenländerdurchschnitt in Höhe von 95 %, 91 % bzw. 86 %. Im Vergleich zu Szenario I ergeben sich folgende Eigenleistungen und Fremdbeiträge zur Erreichung eines ausgeglichenen Haushaltes: Während Sachsen-Anhalt einen Eigenbeitrag in Höhe von 2.361 Mio. erbringen muss, haben die Finanzhilfen einen Konsolidierungseffekt von 36 Mio. Euro. In Schleswig-Holstein bzw. im Saarland ergeben sich Eigenbeiträge von 993 Mio. bzw. 707 Mio. und Fremdbeiträge von 36 Mio. bzw. 117 Mio. Euro. Da Hamburg keine Hilfen erhält, ergeben sich zu Szenario II.1 keine Änderungen.[723] Dennoch bedeutet der ausgeglichene Haushalt auch für Hamburg im Vergleich zu Szenario I eine eigene Sparanstrengung in Höhe von 250 Mio. Euro. Für Berlin haben die Konsolidierungshilfen in Höhe von insgesamt 720 Mio. Euro den folgenden Effekt:

723 Die Primärausgaben Berlins bzw. Hamburgs liegen 2020 im Szenario II.1 bei 6.179 bzw. 6.825 Euro je Einwohner und im Szenario II.2 bei 6.168 bzw. 6.825 Euro, während der Flächenländerdurchschnitt bei 5.355 Euro (ohne Hilfen) bzw. 5.358 Euro (mit Hilfen) liegt. Daraus ergeben sich minimale Abweichungen in den Primärausgabenrelationen für Berlin und Hamburg von 115,39 % bzw. 127,45 % und 115,12 % bzw. 127,38 %.

Tabelle 34: Basis- und Endwerte des Szenarios II.2 in Euro je Einwohner

Szenario II.2 (ohne Hilfen)	Hamburg			Berlin			Bremen		
	2007	2020	Δ 2007 2020	2007	2020	Δ 2007 2020	2007	2020	Δ 2007 2020
Bereinigte Einnahmen	5.503	7.443	+ 35,3 %	5.796	6.916	+ 19,3 %	4.981	6.626	+ 33,0 %
Bereinigte Ausgaben	5.503	7.443	+ 31,7 %	5.864	6.916	+ 17,9 %	6.002	6.626	+ 10,4 %
Zinsausgaben	566	618	+ 9,2 %	724	748	+ 3,3 %	910	1.267	+ 39,2 %
Primärausgaben	5.084	6.825	+ 34,2 %	5.139	6.168	+ 20,0 %	5.092	5.359	+ 5,2 %
Primärausgabenrelation	129	127	--	130	115	--	129	100	--
Struktureller Saldo	-148	0	--	-67	0	--	-1.021	0	--

Szenario II.2 (ohne Hilfe)	Sachsen-Anhalt			Schleswig-Holstein			Saarland			Flächenländer		
	2007	2020	Δ 2007 2020	2007	2020	Δ 2007 2020	2007	2020	Δ 2007 2020	2007	2020	Δ 2007 2020
Bereinigte Einnahmen	4.888	5.504	+ 12,6 %	3.978	5.288	+ 32,9 %	3.902	5.221	+ 33,8 %	4.346	5.609	+ 29,1 %
Bereinigte Ausgaben	4.757	5.504	+ 15,7 %	4.150	5.288	+ 27,4 %	4.319	5.221	+ 20,9 %	4.242	5.609	+ 32,2 %
Zinsausgaben	446	401	- 10,1 %	375	436	+ 16,3 %	492	637	+ 29,5 %	290	254	- 12,4 %
Primärausgaben	4.311	5.104	+ 18,4 %	3.775	4.852	+ 28,5 %	3.827	4.583	+ 19,8 %	3.952	5.355	+ 35,5%
Primärausgabenrelation	109	95	--	96	91	--	97	86	--	--	--	--
Struktureller Saldo	131	0	--	-172	0	--	-417	0	--	104	0	--

Quelle: Statistisches Bundesamt, Fachserie 14, Reihe 2; Eigene Berechnungen.

Die Zinsausgaben (Primärausgaben) würden ohne Hilfen um 11 Euro je Einwohner höher (niedriger) ausfallen. Das Verhältnis der Primärausgaben zu den Flächenländern bleibt bei 115 % konstant. Der Effekt der Konsolidierungshilfen beläuft sich für Berlin damit auf insgesamt rund 37 Mio. Euro, während der Eigenbeitrag Berlins 3.576 Mio. Euro beträgt. Für Bremen fallen die Zinsausgaben ohne Konsolidierungshilfen um 204 Euro je Einwohner höher aus, während die Primärausgaben entsprechend geringer sind, womit die Primärausgabenrelation auf 100 % des Flächenländerdurchschnitts sinkt. Damit ergibt sich für Bremen ein Effekt durch die Konsolidierungshilfen in Höhe von rund 135 Mio. Euro.[724] Im Vergleich zu Szenario I bedeutet dieses, dass die Einsparungen in Höhe von insgesamt 1.434 Mio. Euro (2.163 Euro je Einwohner) zu 1.299 Mio. Euro (1.959

724 Die Summe wurde ohne Zinseszinseffekte berechnet, d.h. es wird unterstellt, dass die Konsolidierungsrate des Jahres i direkt in den Abbau des Defizits (bzw. Schuldentilgung) fließt und nur in dem Jahr i Zinsersparnisse erzielt werden. Würde die Rate des Jahres i verzinslich bis zum Ende des Sanierungszeitraumes (Jahr $i + n$) angelegt und für den Abbau des Defizits (bzw. Schuldentilgung) im Jahr $i + n$ verwendet, könnten Zinseszinseffekte erzielt werden. Da in diesem Szenario der Abbaupfad ohne die Konsolidierungshilfe eingehalten werden muss, ist dieses Szenario unwahrscheinlich und wird hier nicht weiter verfolgt. Auch fiktive Zinsersparnisse, die entstehen würden, wenn unterstellt wird, dass der Gegenwert der Konsolidierungshilfe bei Nichtauszahlung durch Kredite finanziert werden müsste, werden nicht berücksichtigt.

Euro je Einwohner) aus eigener Kraft erbracht werden müssen. Für Bremen impliziert das Verschuldungsverbot ab 2020 damit einen massiven Einspardruck. Abbildung 18 fasst die beschriebenen Entwicklungen exemplarisch für Bremen graphisch zusammen.

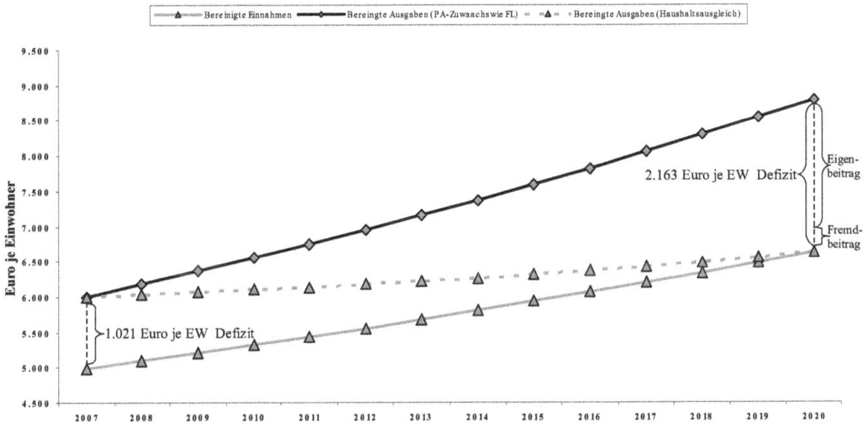

Abbildung 18: Ergebnisse der Modellberechnungen am Beispiel des Stadtstaates Bremen
Quelle: Statistisches Bundesamt, Fachserie 14, Reihe 2; Eigene Berechnungen.

Das vorgestellte Modell zeigt, welche Eigenanstrengungen von den Konsolidierungsländern und insbesondere von den Stadtstaaten Berlin und Bremen verlangt werden, wenn die Anforderungen der Verwaltungsvereinbarungen erfolgreich eingehalten werden. Zwar werden die Modellberechnungen aufgrund der aufgeführten methodischen Hypothesen nicht mit den konkreten Abbaupfaden übereinstimmen, dennoch werden die strukturellen Probleme der Konsolidierungsländer deutlich. Vor allem für Berlin und Bremen ist die Wahrscheinlichkeit gering, dass die Verpflichtungen durch die Föderalismusreform II eingehalten werden können. Dieses ist jedoch nicht auf mangelnden Willen zurückzuführen, sondern vielmehr darauf, dass der notwendige Konsolidierungspfad beiden Stadtstaaten – wie in den folgenden Abschnitten zu zeigen sein wird – unverhältnismäßig viel abverlangt.

Exkurs: Modellergebnisse in Bezug auf die steuer- und kreditfinanzierten Primärausgaben

Die Konsolidierungsländer müssen zur Erreichung eines ausgeglichenen Haushalts im Jahr 2020 erhebliche Einsparungen erbringen. Im Vergleich zum Flächenländerdurchschnitt muss Bremen seine Primärausgaben um 25 Prozentpunkte und Berlin um 15 Prozentpunkte reduzieren. Auch Hamburgs Relation sinkt um zwei Prozentpunkte. Bei den Konsolidierungsländern Sachsen-Anhalt, Schleswig-Holstein und Saarland liegen die prozentualen Einsparungen mit zehn, fünf und neun Prozentpunkten unter denen der Stadtstaaten Berlin und Bremen.

Bei den obigen Modellrechnungen ist anzumerken, dass auch die Primärausgaben berücksichtigt werden, die aus zweckgebundenen Einnahmen wie Gebühren, Beiträgen und Nutzungsentgelten finanziert werden. Diesen Einnahmen steht aber eine konkrete Leistungsverpflichtung gegenüber. Werden nur die Leistungsausgaben betrachtet, die aus Steuern und Krediten, d.h. aus allgemeinen, nicht zweckgebundenen Einnahmen, finanziert werden, ergibt sich folgendes Bild.[725]

Im Jahr 2007 würden Hamburg, Berlin und Bremen eine (steuer- und kreditfinanzierte) Primärausgabenrelation im Vergleich zum Flächenländerdurchschnitt von 145 %, 134 % bzw. 142 % aufweisen. Die Annahmen aus Szenario II.1 würden dazu führen, dass die Stadtstaaten im Jahr 2020 bei einem ausgeglichenen Haushalt auf ein steuer- und kreditfinanziertes Primärausgabenniveau von 140 %, 115 % bzw. 108 % sinken. Es wird deutlich, dass sich die obigen Aussagen in ihrer Struktur zwar nicht verändern, sich jedoch der Anpassungsdruck in dieser Betrachtung erhöht. So muss Hamburg fünf Prozentpunkte bei den (steuer- und kreditfinanzierten) Primärausgaben, Berlin 19 Prozentpunkte und Bremen 34 Prozentpunkte einsparen. In der Tendenz zeigt sich, dass die Stadtstaaten im Vergleich zu den Flächenländern geringere zweckgebundene Einnahmen aufweisen. Auch untereinander wird deutlich, dass Bremen im Vergleich zu den anderen beiden Stadtstaaten erheblich weniger aus Gebühren, Beiträgen etc. einnimmt.

---

725 Als Nährungsgröße für den Bereich der zweckgebundenen Einnahmen wurden die sonstigen Einnahmen herangezogen. Hierbei ist anzumerken, dass auch Posten in den sonstigen Einnahmen enthalten sind, die nicht zweckgebunden sind wie Gewinnabführungen, Verkaufserlöse, Zinseinnahmen oder Darlehenrückzahlungen. Demnach spiegeln die sonstigen Einnahmen nicht ausschließlich zweckgebundene Einnahmen wieder. Es ist jedoch daraufhin zuweisen, dass die sonstigen Einnahmen in den Modellrechnungen um die Einnahmen aus Vermögensveräußerungen, Darlehensrückflüsse, Schuldenaufnahme beim öffentlichen Bereich und Zinsen bereinigt wurden.

Abschließend sollen die Modellrechnungen zur Entwicklung der stadtstaatlichen Primärausgabenrelationen bis zum Jahr 2020 durch eine vergangenheitsbezogene Analyse ergänzt werden. Abbildung 20 zeigt die Entwicklung der Primärausgabenrelationen ab 1980. Die Daten des Zeitraums 1980-1991 umfassen dabei nur die Ausgaben von West-Berlin und des Durchschnitts der westdeutschen Flächenländer. Ab 1992 werden aggregierte Werte für Ost- und West-Berlin ausgewiesen; der Flächenländerdurchschnitt beinhaltet zudem die ostdeutschen Flächenländer. Für den Zeitraum 2007 bis 2020 werden die Werte dem Szenario II.1 entnommen.

Es wird deutlich, dass die stadtstaatlichen Primärausgaben im Betrachtungszeitraum deutlich über dem Flächenländerdurchschnitt liegen, was Ausdruck der stadtstaatlichen Besonderheit ist. Basierend auf der Abbildung 19 gibt Tabelle 35 die Durchschnittswerte der stadtstaatlichen Primärausgabenrelationen für die Zeiträume 1980-1991, 1992-2006 sowie 2007-2020 an.

Tabelle 35: Durchschnittswerte der stadtstaatlichen Primärausgabenrelationen

in Prozent	**Hamburg**	**Berlin**	**Bremen**
1980-1991	136,0	203,6	137,1
1992-2006	128,5	149,8	139,9
2007-2020	127,5	122,5	113,0

Quelle: Statistisches Bundesamt, Fachserie 14, Reihe 2; Eigene Berechnungen.

Im Mittel der Jahre 1980-1991 liegt die Primärausgabenrelation in Hamburg bei 136 %, wobei 1983 ein Höchstwert von 144 % erreicht wird. Für 1992 bis 2006 ergibt sich eine gemittelte Primärausgabenrelation von rund 129 %, die im Durchschnitt der Jahre 2007-2020 leicht auf 128 % sinkt. Hamburg verzeichnet demnach seit 1992 eine relativ konstante Primärausgabenrelation.

In Berlin liegt die Primärausgabenrelation der Jahre 1980-1991 dagegen bei rund 204 %. Im Zeitraum 1992-2006 weist Berlin einen rückläufigen Trend auf. Das Ausgabenniveau sinkt von 157 % in 1992 auf 136 % in 2006. Die durchschnittliche Primärausgabenrelation beträgt 150 %. Unter Berücksichtigung der Modellberechnungen ergibt sich, dass dieses Niveau auch weiterhin rückläufig ist. Die durchschnittliche Primärausgabenrelation der Jahre 2007-2020 beträgt 123 % und erreicht im Jahr 2020 einen Tiefstwert von 115 %.

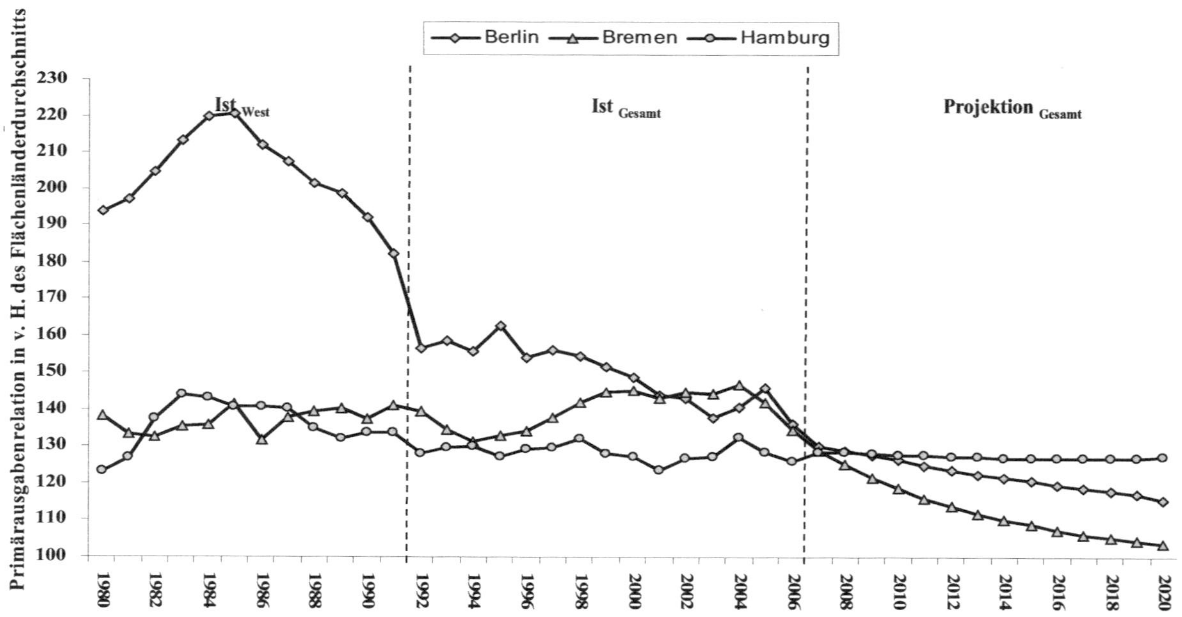

Abbildung 19: Entwicklung der Primärausgabenrelationen der Stadtstaaten Berlin, Bremen und Hamburg von 1980 bis 2020

Quelle: Statistisches Bundesamt, Fachserie 14, Reihe 2; Eigene Berechnungen.

Die Bremer Primärausgabenrelation liegt im Durchschnitt der Jahre 1980-1991 bei 137 %. Für die Jahre 1992-2006 steigt das durchschnittliche Primärausgabenniveau leicht auf 140 % an. Dabei ist zwischen 1994 und 2004 ist eine deutliche Zunahme der Ausgabenrelation zu verzeichnen, die insbesondere auf die Erhöhung der investiven Primärausgaben in Rahmen des Sanierungsprogramms zur Beseitigung der extremen Haushaltsnotlage zurückzuführen ist.[726] Seit 2004 nehmen die Primärausgaben im Vergleich zum Flächenländerdurchschnitt jedoch wieder ab. Für den Durchschnitt der Jahre 2007-2020 zeigen die Modellrechnungen einen weiteren Abbau des Primärausgabenniveaus. Die durchschnittliche Primärausgabenrelation liegt bei 113 %. In 2020 wird ein Tiefstwert von 104 % im Vergleich zum Flächenländerdurchschnitt erreicht.

Insgesamt ist festzuhalten, dass die Primärausgabenrelationen des Stadtstaates Berlin ab 1985 kontinuierlich rückläufig sind, während für Bremen ein anhaltender Abbau ab 2004 verzeichnet werden kann. Auch die Modellrechnungen zeigen bis 2020 weiterhin einen deutlichen Rückgang in beiden Stadtstaaten. Dagegen ist die Primärausgabenrelation Hamburgs nach einem etwas höheren Niveau im Zeitraum 1980-1991 trendmäßig konstant, wobei eine Stabilisierung auf einem Niveau um 128 % eintritt. Zudem ist zu beobachten, dass sich die drei Stadtstaaten nach dem relativ gleichen Niveau im Jahr 2007 deutlich auseinander entwickeln. Dieses gilt insbesondere für Bremen im Vergleich zu Berlin und Hamburg.

8.3 Konsolidierung und Ausgabenuntergrenzen

Es ist unstrittig, dass den Bundesländern, die externe Hilfen zur Konsolidierung ihrer Haushalte einfordern, erhebliche Eigenanstrengungen abverlangt werden können. So urteilte das Bundesverfassungsgericht bereits im Rahmen der Klage Berlins auf Sanierungshilfen, dass Eigenhilfe grundsätzlich vor Fremdhilfe kommt und dass für bundesstaatliche Hilfeleistungen im Sinne von Finanzmitteln zur Sanierung das Ultima-Ratio-Prinzip gilt.[727] Auch § 12 Abs. 4 MaßStG verlangt ausreichende Eigenanstrengungen als Voraussetzung für Bundeshilfen.[728]

Die Realisierbarkeit einer Sanierungs- bzw. Konsolidierungsstrategie muss jedoch daran gemessen werden, ob das betroffene Land trotz der verlangten Eigenanstrengungen in der Lage bleibt, die ihm obliegende Aufgabenlast zu

[726] Vgl. hierzu Der Senator für Finanzen, Sanierung der bremischen Haushalte – Jahresberichte 1994 bis 2004..

[727] Vgl. BVerfG, 2 BvF 3/03 (172) und (198 ff.).

[728] Vgl. Korioth, S. (2005), S. 186.

finanzieren. Die grundlegende Frage ist also, welches Maß an Selbsthilfe den Konsolidierungsländern – und dies gilt für Stadtstaaten und Flächenländer gleichermaßen – zugemutet werden kann.

Bisher hat sich die Finanzwissenschaft dieser Fragestellung ausschließlich im Rahmen der Diskussion um Haushaltsnotlagen gewidmet, sie aber bisher eher unzureichend erörtert, was insbesondere im Zuge der oben beschriebenen Ergebnisse und Implikationen der Föderalismusreform II erstaunt. Sicherlich ist es kein einfaches Vorhaben, die Definition eines *aufgabennotwendigen Ausgabenminimums* vorzunehmen, da bisher nicht festgelegt ist, welche Aufgaben in welchem Umfang zur *„Aufrechterhaltung der rechtsstaatlichen Ordnung“*[729] erfüllt werden müssen. Die Ableitung eines geeigneten Maßstabs ist also immer mit normativen Wertungen belastet. Dennoch ist es vor dem gegebenen Hintergrund notwendig, sich mit dieser Fragestellung zu befassen.

8.3.1 Aufgabennotwendiges Ausgabenminimum

Als Ansatzpunkte zur Selbsthilfe kommen grundsätzlich die Einnahmen- und die Ausgabenseite in Betracht. Wird berücksichtigt, dass die Bundesländer über eine eingeschränkte Steuerautonomie verfügen und sich damit auf der Einnahmenseite eher geringe Spielräume ergeben,[730] die zwar einen Beitrag zur Haushaltskonsolidierung leisten, allerdings je nach Defizitgröße nicht zu einer Konsolidierung führen, sind die Ausgaben die zentrale Stellschraube. Jedoch gilt auch hier, dass die Länder in der geltenden Finanzverfassung im Vergleich zum Bund weit weniger Möglichkeiten haben, ihre Ausgaben zu gestalten. Da die Ausgaben im Rahmen einer Konsolidierungsstrategie dennoch zentral sind, spielen bei der Definition des zumutbaren Maßes an Eigenanstrengungen Ausgaben-

[729] Wissenschaftlicher Beirat beim Bundesministerium der Finanzen (2005), S. 20.

[730] Nach Art 105 Abs. 2 a GG haben die Bundesländer das Recht über die Hebesätze der Grunderwerbssteuer sowie der örtlichen Verbrauchs- und Aufwandssteuern (z. B. Hundesteuer, Jagdsteuer, Zweitwohnungssteuer, Vergnügungssteuer), solange und soweit sie nicht bundesgesetzlich geregelten Steuern gleichartig sind, zu entscheiden. Hinzu kommt die konkurrierende Gesetzgebung nach Art. 105 Abs. 1. Zur ökonomischen Diskussion über Steuerautonomie vgl. Fuest, C. (2008), S. 119 ff.; vgl. Wissenschaftlicher Beirat beim Bundesministerium der Finanzen (2005), S. 16 f.; vgl. Büttner, T. Schwager, R. (2000). Zur qualitativen und quantitativen Analyse möglicher Einnahmensteigerungen im Rahmen des geltenden Rechts vgl. Kommission von Bundestag und Bundesrat zur Modernisierung der Bund-Länder-Finanzbeziehungen (2008), S. 111 ff.

untergrenzen eine besondere Rolle. In diesem Kontext sind folgende Ausführungen zur extremen Haushaltsnotlage interessant:

> „Dabei liefert der Umfang der für Nachhaltigkeit erforderlichen Ausgabenkürzungen den Ansatzpunkt für die Definition einer extremen Haushaltsnotlage. Nur in dem Fall, in dem der Umfang der erforderlichen Ausgabenkürzungen dazu führt, dass ein kritisches Mindestniveau bei den Primärausgaben unterschritten wird, liegt eine extreme Haushaltsnotlage vor. Denn nur bei Unterschreitung dieses Niveaus wäre das Land nicht mehr in der Lage, seinen unabweislichen Ausgabenverpflichtungen nachzukommen.“[731]

Auch Huber stellt in diesem Zusammenhang fest:

> „Eine extreme Haushaltsnotlage liegt in einem Land vor, wenn die für eine Konsolidierung notwendigen Ausgabenkürzungen dazu führen, dass die Primärausgaben, also die Ausgaben zur Erfüllung der staatlichen Aufgaben, eine bestimmte kritische Untergrenze unterschreiten.“[732]

Ferner nimmt Halsch Bezug auf die von Huber erwähnte Untergrenze:

> „Schwierig ist dabei natürlich die Bestimmung dieses kritischen Mindestniveaus. Im Gutachten von Professor Huber werden Konsolidierungspfade aufgezeigt, bei denen sich Berlin bei rechtzeitiger und rascher ausgabenseitiger Konsolidierung selbst aus seiner Haushaltskrise befreien kann, ohne dass das Niveau der Primärausgaben unter 95 % des Hamburger Niveaus sinkt. Gemessen am Ausgabenniveau des wirtschafts- und finanzstärksten Landes Hamburg scheint die Größe von 95 % keine für Berlin unvertretbare Setzung von Professor Huber zu sein. Im Gegenteil. Der Unterschied zwischen den Primärausgaben je Kopf im finanzstarken Flächenland Hessen und im finanzschwachen Flächenland Rheinland-Pfalz – jeweils einschließlich ihrer Kommunen – beträgt beispielsweise nicht 5, sondern 11 Prozentpunkte, wird ausschließlich auf die konsumtiven Primärausgaben abgestellt, sogar 13 Prozentpunkte. Berlin befindet sich also auch unter dem Gesichtspunkt der Nachhaltigkeit nicht in einer extremen Haushaltsnotlage, weil es selbst über ausreichend Möglichkeiten verfügt, seine Finanzsituation dauerhaft zu stabilisieren.“[733]

---

731 Halsch, V., zitiert nach Seitz, H. (2006a), S. 141.
732 Huber, B. (2004), S. 17.
733 Halsch, V., zitiert nach Seitz, H. (2006a), S. 141 f.

Diese Zitate verdeutlichen, dass, um eine kritische Ausgabenuntergrenze zu bestimmen, zunächst zwischen der wahrzunehmenden Aufgabenkategorie und deren Umfang zu differenzieren ist. Während Halsch von *unabweislichen Ausgabenverpflichtungen* spricht, bezieht sich Huber auf die *staatlichen Auf- bzw. Ausgaben insgesamt*. Demnach kann zwischen Pflichtaufgaben, die eine Gebietskörperschaft per bundes- oder verfassungsrechtlicher Vorgabe wahrnehmen muss und daher kaum gestaltbar sind, und freiwilligen Aufgaben, die durch ein hohes Maß an landes- und kommunalpolitischer Freiwilligkeit und Eigengestaltbarkeit geprägt sind, unterschieden werden. Bei der letzteren Aufgabenkategorie entscheidet die Gebietskörperschaft selbst, ob und in welcher Form eine Aufgabe wahrgenommen wird. Dieses betrifft vor allem die Bereiche *Kunst und Kulturpflege*, *Theater* und *Musik, Sport, Erholung* und *Freizeitangebote, universitäre Bildung, Wissenschaft, Forschung und Entwicklung außerhalb der Hochschulen sowie Wirtschaftsförderung*. Im Zuge einer Konsolidierungsstrategie muss de facto die Frage beantwortet werden, in welcher Art und Weise Pflichtaufgaben wahrzunehmen sind und ob und in welcher Intensität freiwillige Aufgaben wahrgenommen werden können.[734]

Ein kritisches Ausgabenniveau ist dabei so zu bemessen, dass die betroffene Gebietskörperschaft zur Wahrung der rechtsstaatlichen Ordnung in der Lage ist, die Wahrnehmung ihrer Aufgaben nicht gefährdet wird und die Gleichwertigkeit der Lebensverhältnisse im Bundesgebiet gewahrt wird. Ob diese drei Aspekte gegeben sind, kann nur beantwortet werden, wenn bekannt ist, welche Aufgabenstruktur und welches Ausgabenniveau ausreichend bzw. notwendig sind.

Das Problem der Abgrenzung *notwendiger Ausgaben* findet sich auch beim Deckungsquotenverfahren nach Art. 106 Abs. 3 GG, über das der Bund und die Länder regelmäßig streiten. Notwendig sind dem Grunde nach solche Ausgaben, die das Grundgesetz dem Bund oder den Ländern ausdrücklich zur Pflicht macht, aber auch solche, die für Aufgaben geleistet werden, deren Erfüllung die Verfassung unmittelbar fordert oder die sich auf verfassungsrechtliche Vorgaben zurückführen lassen. Auch hier liegt der kritische Bereich zwischen den verfassungsrechtlich gebotenen und den frei gewählten Aufgaben. So wird teilweise diskutiert, nur verfassungsrechtlich gebotene Auf- bzw. Ausgaben in die

---

734 Vgl. Färber, G. (2006), S. 100; vgl. Seitz, H. (2006a), S. 154. Der Wissenschaftliche Beirat schlägt hierzu vor, den Umfang der freiwilligen Aufgabenwahrnehmung auf ein festgelegtes Niveau zu begrenzen. Vgl. Wissenschaftlicher Beirat beim Bundesministerium der Finanzen (2005), S. 47.

Festsetzung der Deckungsquoten einzubeziehen.[735] Nach Korioth ist dieser Rahmen jedoch zu eng gefasst, da das, was die Verfassungen an Pflichtaufgaben normieren, nicht genügt, um den notwendigen Bedarf einer Ebene zu umschreiben.[736] So geht auch Mahrenholz davon aus, dass

> „Ausgaben, die in einem notwendigen Umfang ... der Erreichung ... einheitlicher Lebensverhältnisse dienen, ... (Anm. d. V.: sind) notwendige Ausgaben; der Charakter der Notwendigkeit der Ausgaben hängt nicht davon ab, ob diese Ausgabe rechtlich zwangsläufig oder bloß zulässig ist."[737]

Dem Prinzip der gleichwertigen Lebensverhältnisse nach Art. 72 Abs. 2 GG[738] kommt in dieser Diskussion also ein zentraler Stellenwert zu. Ein scharfes Ausbrechen einer einzelnen Gebietskörperschaft aus dem Ausgabenkorridor der übrigen Länder ist nach Vorgabe dieser normativen Richtlinie als inopportun einzustufen.[739] Dabei stellt sich jedoch die Frage, was unter Gleichwertigkeit zu verstehen ist. Das Bundesministerium für Verkehr, Bau und Stadtentwicklung mahnt zu Recht an, dass gleichwertige keinesfalls identische oder einheitliche[740] Lebensverhältnisse sein müssen, sondern dass dieser Begriff vielmehr die Gewährleistung bestimmter Mindeststandards impliziert, ohne dabei jedoch konkrete Vorstellungen über die zu definierenden Mindeststandards abzugeben. Es stellt sich mithin die Frage, woran Gleichwertigkeit, wenn nicht an Gleichheit und Gleichförmigkeit, gemessen werden kann.[741] Welches Leistungsniveau ist als

---

735 So vor allem Geiger, W. (1981), S. 93 ff. Eine Bewertung aller anderen Ausgaben außerhalb ihrer Notwendigkeit ist damit jedoch nicht verbunden. Sie können verfassungsrechtlich zulässig, politisch zweckmäßig, vertretbar, wünschenswert und dringlich sein – nur bei der Deckungsquotenbestimmung bleiben sie nach dieser Auffassung außer Acht.

736 Vgl. Korioth, S. (1997), S. 490

737 Mahrenholz, E. G. (1989), Rn. 16.

738 Ob sich aus der grundgesetzlichen Formulierung allerdings ein Verfassungsauftrag zur Herstellung gleichwertiger Lebensverhältnisse im Bundesgebiet ergibt, ist in der juristischen Literatur umstritten. Vgl. Häde, U. (2008), S. 163.

739 Vgl. Färber, G. (2006), S. 87.

740 Im Jahr 1994 wurde der Wortlaut des Art. 72 Abs. 2 GG von der „Wahrung der Einheitlichkeit der Lebensverhältnisse" in die „Herstellung der Gleichwertigkeit der Lebensverhältnisse" geändert. Einheitlichkeit verlangt weit mehr nach Gleichheit, sodass von einer Relativierung des Gleichheitsanspruchs und einem erweiterten Interpretationsspielraum auszugehen ist.

741 Vgl. Balösius, E. (2006), S. 18.

Minimum einzustufen und wie stark dürfen die Mindeststandards vom Durchschnittsniveau des jeweiligen Bezugsraumes abweichen, bis von einer Unterversorgung auszugehen ist? Diese Fragen verdeutlichen, wie zwingend die (Neu-)Interpretation des Gleichwertigkeitspostulats vorangetrieben werden muss. Vor diesem Diskussionshintergrund ist auch die Höhe der notwendigen Ausgaben bzw. die Höhe einer Ausgabenuntergrenze nicht unabhängig von der normativen Interpretation der Gleichwertigkeit der Lebensverhältnisse. Je mehr Gewicht diesem Grundsatz beigemessen wird, desto weiter muss der Aufgabenkreis bezüglich Quantität und Intensität gezogen werden, obgleich ein gewisser Spielraum zuzulassen ist.[742]

Gegen das Ausklammern freiwilliger Aufgaben und die unverhältnismäßige Kleindimensionierung der Intensität der Aufgabenwahrnehmung spricht zudem das Konstrukt des fiskalischen Restwerts, d.h. die Differenz zwischen dem Nutzen öffentlicher Leistungen und der Abgabenbelastung. Reduzieren die Konsolidierungsländer ihre Ausgaben und damit das Leistungsangebot, sinkt der Gesamtnutzen für den Bürger. Da davon auszugehen ist, dass die (steuerliche) Abgabenbelastung der Konsolidierungsländer jedoch weiterhin annähernd derjenigen der anderen Länder entspricht, weicht der fiskalische Restwert der Konsolidierungsländer erheblich von den anderen Ländern ab. Diese Abweichung kann die Standortwahl von Haushalten und Unternehmen beeinflussen, sodass letztlich ineffiziente und für das betroffene Land schädliche Wanderungen ausgelöst werden. Aus diesem Grund muss es als problematisch beurteilt werden, eine übermäßige Reduzierung öffentlicher Aufgaben bzw. Ausgaben im Vergleich zu einer Referenzgruppe zu verlangen.

Aufgrund der beschriebenen Schwierigkeiten kann die Ableitung einer Ausgabenuntergrenze mit Verweis auf die Gleichwertigkeit der Lebensverhältnisse derzeit nur im Rahmen eines Referenzsystems vorgenommen werden. Bezogen auf die Stadtstaaten ergibt sich damit die Aufgabe der Klassifizierung eines stadtstaatengerechten Ausgabenniveaus, um die ihnen obliegenden groß- und landeshauptstadttypischen Aufgaben angemessen wahrnehmen zu können.[743] Das Unterschreiten solcher Ausgabenuntergrenzen würde zu einer starken Beein-

---

[742] Im Rahmen des Deckungsquotenverfahrens sind entsprechende Versuche der Definition notwendiger Ausgaben bisher an dem Argument gescheitert, dass über die Rechtfertigung bestimmter Ausgaben nicht mit Hilfe von Rechenoperationen, sondern nur politisch entschieden werden könne. Auch der Versuch des Verfassungsgerichts, für die Feststellung notwendiger Ausgaben transparente und rationale Maßstäbe anzufordern, ist kritisiert worden. Vgl. Korioth, S. (1997), S. 498; vgl. Häde, U. (1996), S. 200 f.

[743] Entsprechend gilt für die Flächenländer eine Ausgabenuntergrenze.

trächtigung dieser Aufgaben führen und in letzter Konsequenz die Existenz des Stadtstaates als solchen infrage stellen.

8.3.2 Empirische Bestimmung einer Ausgabenuntergrenze für die Stadtstaaten

Eine erste Annäherung an eine Ausgabenuntergrenze für die Stadtstaaten kann die Analyse der tatsächlichen Primärausgaben liefern. Im Sinne einer „historischen" Ausgabenuntergrenze zeigt Abbildung 20, dass sich der Wert von Hamburg bei ungefähr 128 % zu stabilisieren scheint. Problematisch ist jedoch, dass diese Ausgabenuntergrenze aufgrund der tatsächlichen Ausgaben des finanzstarken Hamburgs abgeleitet wurde. Damit ist fraglich, ob dieser Wert als abstrakte Ausgabengrenze für die Stadtstaaten angewendet werden kann.[744]

In Anlehnung an die bereits vorgestellten Gutachten zur Ableitung der Einwohnerwertung wurde von Seitz im Jahr 2006 ein Versuch unternommen, entsprechende Untergrenzen für die Stadtstaaten empirisch abzuleiten.[745] Ein erster Ansatz verwendet die Methode des Großstadtvergleichs in Anlehnung an das Ifo-Gutachten von 1986/87. Ein zweites Verfahren basiert auf der Methode des BBR-Gutachtens und quantifiziert die Ursachen stadtstaatlicher Mehrbedarfe im Vergleich zu den Flächenländern mithilfe von Indikatorvariablen. Durch den BBR-Ansatz ermittelt Seitz die abstrakt begründeten, d.h. durch objektive Indikatoren erklärbaren Mehrbedarfe der Stadtstaaten gegenüber den Flächenländern für den Durchschnitt der Jahre 2000 bis 2002. Tabelle 36 zeigt, um welchen Betrag die Pro-Kopf-Primärausgaben abzüglich der aufgabenbezogenen Einnahmen in den Stadtstaaten über dem Vergleichswert des Flächenländerdurchschnitts liegen.

Die durch Bedarfsindikatoren erklärten Primärausgaben der Stadtstaaten im Bereich *öffentliche Sicherheit und Ordnung* liegen beispielsweise um 111 Euro je Einwohner über den durchschnittlichen Ausgaben der Flächenländer, während die tatsächlichen Primärausgaben der Stadtstaaten 144 Euro über dem Flächenländerdurchschnitt liegen.

---

744 Außerdem ist fraglich, ob der Wert durch Ausgliederungen nach unten beeinflusst ist, sodass die Ausgabenuntergrenze zu niedrig ausfällt.

745 Vgl. Seitz, H. (2006c), S. 48 ff.

Tabelle 36: Abstrakt begründete Mehrausgaben der Stadtstaaten im Vergleich zum Flächenländerdurchschnitt

Abstrakte Mehrausgaben der Stadtstaaten abzüglich Mehrausgaben der Flächenländer in Euro je EW	
Öffentliche Sicherheit (ohne Brandschutz)	111
Brandschutz	14
Gerichte und Staatsanwaltschaften	23
JVA	17
Hochschulen (ohne Hochschulkliniken)	130
Hochschulkliniken	41
Forschung außerhalb der Hochschulen	13
Sport und Erholung	19
Kultur	66
Hilfe zum Lebensunterhalt	160
Hilfe in besonderen Lebenslage	90
Sozialverwaltung	29
Wohngeld	18
Asylbewerberleistungen	22
Jugendhilfe und Einrichtungen der Jugendhilfe	155
Arbeitsmarktpolitik	37
Gesundheitsbehörden	32
Landwirtschaft	-21
Straßen	-69
Summe aller Bereiche	885
Versorgung (Beihilfen und Pensionslasten)	
alle Bereiche	110
ohne Straßen	118
Mehrausgaben der Stadtstaaten abzüglich Mehrausgaben der Flächenländer in Euro je EW	
alle Bereiche	995
ohne Straßen	1.072
Mehrausgaben der Stadtstaaten abzüglich Mehrausgaben der Flächenländer in Prozent der Primärausgaben der Westflächenländer	
alle Bereiche	26%
ohne Straßen	28%

Quelle: Seitz, H. (2006c), S. 54.

Insgesamt werden die Mehrausgaben unter Berücksichtigung und Nichtberücksichtigung der Aufgabe *Straßen* ausgewiesen. Da das BBR den Bereich *ÖPNV*, der in Städten eine wesentlich größere Rolle spielt als der Aufgabenbereich *Straßen*, nicht berücksichtigt, letzteren hingegen schon, schlägt Seitz aus systematischen

Gründen vor, den Straßenbereich ebenfalls aus der Betrachtung auszuklammern. Daher werden zwei Abgrenzungsalternativen angegeben. In Abhängigkeit dieser Alternativen ergibt sich eine bedarfsgestützte Primärausgabenuntergrenze in Höhe von 126 % - 128 % des Flächenländerdurchschnitts.[746]

Grundsätzlich ermöglicht diese Vorgehensweise eine am Bedarf orientierte Ableitung einer Ausgabenuntergrenze. Einen wesentlichen Kritikpunkt am ursprünglichen BBR-Vorgehen entschärft Seitz, indem er die Aufgaben *Forschung außerhalb der Hochschulen*, *Sport und Erholung* sowie *Kultur*, die das BBR als freiwillige Aufgaben klassifiziert und daher ausklammert, in die Betrachtung aufnimmt, wobei der Schulbereich weiterhin vernachlässigt wird. Als problematisch ist jedoch die mögliche Beeinflussung der Untergrenze durch das Gebaren der Stadtstaaten anzusehen. Daher erscheint die Quantifizierung einer Ausgabenuntergrenze auf Basis eines Großstadtvergleichs in Anlehnung an die Ifo-Methode sachgerechter.

Der dazu notwendige Vergleich eines fiktiven Stadtstaats, der sich aus den Vergleichsstädten mit über 500.000 Einwohnern zusammensetzt, und dem Flächenländerdurchschnitt erfolgt in Anlehnung an die Berechnungen von Seitz, der mit diesem Ansatz eine Primärausgabenuntergrenze in Höhe von 123 % bzw. 124 % ermittelt. Unter Berücksichtigung der Ergebnisse des BBR-Ansatzes klassifiziert Seitz das kritische Primärausgabenniveau bei 125 % des Flächenländerdurchschnitts.[747]

Im Folgenden soll der von Seitz durchgeführte Großstadtvergleich zur Quantifizierung einer Ausgabenuntergrenze für die Stadtstaaten aktualisiert und ergänzt werden. Daher werden zunächst die staatlichen Primärausgaben des Flächenländerdurchschnitts bestimmt. Spalte (1) der Tabelle 37 zeigt, dass die Primärausgaben des Westflächenländerdurchschnitts im Mittel der Jahre 2004

---

746 Vgl. Seitz, H. (2006c), S. 52 ff. Die Prozentwerte ergeben sich, indem die Mehrausgaben der Stadtstaaten abzüglich der Mehrausgaben der Flächenländer ins Verhältnis zu den Primärausgaben der Flächenländer gesetzt werden. Würde die ermittelte Mehrausgabendifferenz zwischen den Stadtstaaten und Flächenländern in Relation zu den gesamten Mehrausgaben der Flächenländer gesetzt, würde sich eine Primärausgabenuntergrenze von 136 % bis 139 % ergeben. Die Wahl der Referenzgröße ist damit zentral für die Höhe der Ausgabengrenze.

747 In einem Gutachten zu Berlin wendet Seitz die beschriebene Methode auf das Jahr 2002 an. Er konstatiert, dass die Mindestprimärausgabenrelation von Stadtstaaten einen Wert von 120 % des Vergleichswertes der alten Länder keinesfalls unterschreiten dürfe und setzt eher eine Spannbreite von 120 % bis 125 % an. Vgl. Seitz, H. (2006a), S. 139 f.

bis 2006 bei rund 1.845 Euro je Einwohner liegen.[748] Die Ausgaben sind bereinigt um die Beiträge der Geberländer im Länderfinanzausgleich sowie um die Leistungen der Länder an ihre Gemeinden.

Im nächsten Schritt sind die kommunalen Primärausgaben der ausgewählten Großstädte [749] sowie des kommunalen Sektors insgesamt zu bestimmen. Die durchschnittlichen Ausgaben der neun westdeutschen Vergleichsstädte liegen bei 2.830 Euro je Einwohner. Die kommunale Ebene in Westdeutschland gibt 1.948 Euro aus. In den Städten mit über 500.000 Einwohnern werden damit im Durchschnitt rund 45 % mehr ausgegeben als im Gemeindedurchschnitt (vgl. Tabelle 37 Spalte (2), (3) und (4)).

Hierauf aufbauend werden die Primärausgaben eines fiktiven Stadtstaates bestimmt, der die Primärausgaben der staatlichen Ebene und der Vergleichsstädte umfasst. Ein solcher Stadtstaat hätte Primärausgaben in Höhe von 4.675 Euro je Einwohner. Die Primärausgaben der staatlichen Ebene und des kommunalen Sektors in Westdeutschland liegen bei 3.793 Euro.[750] Damit weist der fiktive Stadtstaat einen Primärausgabenüberhang von 23 % auf (vgl. Tabelle 37 Spalte (5), (6) und (7)).

---

[748] Der ursprüngliche Ansatz von Seitz wird im Rahmen dieser Arbeit leicht modifiziert, um eine abschließende Bewertung der durch die Modellberechnungen abgeleiteten Primärausgabenrelationen im Jahr 2020 vornehmen zu können. Bei den modelltheoretischen Primärausgaben handelt es sich nicht um die in der Finanzwissenschaft gängige Definition der Primärausgaben (bereinigte Ausgaben abzüglich Zinsausgaben), da diese nach Vorgabe des Gesetzes zusätzlich um die Ausgabenposten *Erwerb von Beteiligungen*, *Tilgung an den öffentlichen Bereich* und *Darlehnsvergabe* bereinigt wurden. Um eine Vergleichbarkeit mit den abzuleitenden Ausgabenuntergrenzen zu gewährleisten, wird auch hier eine entsprechende Bereinigung vorgenommen. Daher ist zu beachten, dass die Vergleichbarkeit mit der von Seitz abgeleiteten Untergrenze eingeschränkt ist. Die Berücksichtigung der ausgeklammerten Ausgaben führt zu Veränderungen bei den Primärausgaben und Ausgabenuntergrenzen. Diese Verschiebungen sind jedoch minimal, sodass eine weitere Differenzierung nicht notwendig ist.

[749] Aufgrund der Verzerrungen durch die Zahlungen im Rahmen des *Aufbaus Ost* werden weder ostdeutsche Städte noch Länder in den Vergleich einbezogen. Die Vergleichsstädte sind München, Stuttgart, Frankfurt, Hannover, Köln, Düsseldorf, Dortmund, Essen und Duisburg.

[750] Die Daten des kommunalen Sektors für die Werte der Tabellen 37 und 38 wurden aus den kommunalen Rechnungsergebnissen entnommen. Für die Länderebene wurden Daten aus der Kassenstatistik verwendet, da die Anwendung der Rechnungsergebnisse aufgrund verschiedener Abgrenzungen (Einbeziehung der Sonderrechnungen der Länder) zu Verzerrungen führen würde. Es können sich daher leichte Abweichungen zu den Primärausgaben aus der Kassenstatistik ergeben.

In den Berechnungen nach dem Ansatz von Seitz werden lediglich die durchschnittlichen Primärausgaben der staatlichen Ebene berücksichtigt. Damit wird unterstellt, dass der fiktive Stadtstaat im Vergleich zum Durchschnitt der Flächenländer keine Mehrbedarfe aufweist, die sich aus der Wahrnehmung von Landesaufgaben ergeben, welche jedoch typischerweise in Agglomerationsräumen anfallen. Wie bereits in Abschnitt 7.4 dargelegt, weisen die Vergleichsstädte auch auf der staatlichen Ebene weit höhere Ausgaben auf als der Durchschnitt. Eine Gleichverteilung je Einwohner würde zu einer erheblichen Unterschätzung führen und die Ausgabenuntergrenze letztlich zu niedrig bemessen. Tabelle 38 erweitert daher die oben beschriebene Rechnung um die in den Großstädten konzentrierten Landesleistungen. Hierzu kommt das in Abschnitt 7.4.2 berechnete Konzentrationsmaß zur Anwendung. Die in Tabelle 37 Spalte (1) ermittelten staatlichen Primärausgaben werden mit dem Konzentrationsfaktor 1,49 für die westdeutschen Städte multipliziert (vgl. Tabelle 38 Spalte (8)).[751] Die übrigen Werte werden aus Tabelle 37 übernommen. Im Ergebnis zeigt sich, dass die Primärausgaben des fiktiven Stadtstaates um 47 % über dem Flächenländerdurchschnitt liegen (vgl. Tabelle 38 Spalte (10)). In Abhängigkeit des Konzentrationsmaßes kann damit eine (stadtstaatliche) Primärausgabenuntergrenze in Höhe von 123 % bis 147 % abgeleitet werden.

Bei der Interpretation der Ergebnisse sind folgende Aspekte zu berücksichtigen. Zunächst wurde die Primärausgabenuntergrenze auf Grundlage der tatsächlichen Ausgaben der Großstädte und nicht auf Basis der aufgabennotwendigen Ausgaben bemessen. Daher könnten die finanzkraftinduzierten Ausgaben in der Tendenz zu einer zu hohen Untergrenze führen. Es kann jedoch argumentiert werden, dass sich unter den Vergleichsstädten sowohl finanzstarke Städte, deren Ausgaben über dem Notwendigen liegen, als auch finanzschwache Städte befinden, die lediglich die nötigsten Ausgaben tätigen. Dieser Faktor schwächt das Ausmaß der Überschätzung ab. Außerdem gilt die Überzeichnung der Ausgaben ebenso für die als Referenzwert angesetzten Länderdurchschnitte. Sind beide Größen nach oben verzerrt, kann sich in Relation dennoch eine angemessene Ausgabenuntergrenze ableiten lassen. Jedoch kann dieses lediglich eine theoretische Argumentation bleiben, da die tatsächliche Abweichung weder im Vergleichsstadt- noch im Länderdurchschnitt bekannt oder ermittelbar ist.

---

[751] Konzentrationsfaktor ergibt sich aus Tab. 31 dieser Arbeit. 3.063,0/2.050,0 = 1,49.

Tabelle 37: Primärausgaben der westdeutschen Flächenländer auf der kommunalen und staatlichen Ebene (ohne Konzentrationsmaß) in Euro je Einwohner

	staatliche Primärausgaben (1)	kommunale Primärausgaben der Großstädte (2)	kommunale Primärausgaben (3)	Relation (2) in % von (3) = (4)	staatl. / komm. Primärausgaben der Großstädte (1) + (2) = (5)	staatl. / komm. Primärausgaben (1) + (3) = (6)	Relation (5) in % von (6) = (7)
2004	1.848,5	2.780,4	1.901,1	146,3	4.628,9	3.749,6	123,5
2005	1.847,4	2.816,7	1.942,7	145,0	4.664,1	3.790,1	123,1
2006	1.840,2	2.892,9	2.000,4	144,6	4.733,1	3.840,6	123,2
Durchschnitt	1.845,4	2.830,0	1.948,0	145,3	4.675,4	3.793,4	123,3

Quelle: Statistisches Bundesamt, Fachserie 14, Reihe 3.3, Fachserie 14, Reihe 2; Eigene Berechnungen.

Tabelle 38: Primärausgaben der westdeutschen Flächenländer auf der kommunalen und staatlichen Ebene (mit Konzentrationsmaß) in Euro je Einwohner

	staatliche Primärausgaben der Großstädte (8)	kommunale Primärausgaben der Großstädte (2)	kommunale Primärausgaben (3)	Relation (2) in % von (3) = (4)	staatl. / komm. Primärausgaben der Großstädte (8) + (2) = (9)	staatl. / komm. Primärausgaben (1) + (3) = (6)	Relation (9) in % von (6) = (10)
2004	2.754,3	2.780,4	1.901,1	146,3	5.534,7	3.749,6	147,6
2005	2.752,6	2.816,7	1.942,7	145,0	5.569,3	3.790,1	146,9
2006	2.741,9	2.892,9	2.000,4	144,6	5.634,8	3.840,6	146,7
Durchschnitt	2.749,6	2.830,0	1.948,0	145,3	5.579,6	3.793,4	147,1

Quelle: Statistisches Bundesamt, Fachserie 14, Reihe 3.3, Fachserie 14, Reihe 2; Eigene Berechnungen.

Weiterhin kann argumentiert werden, dass Großstädte in den Flächenländern insbesondere in Folge bewusster Landes- und Raumplanung als Orte höchster Zentralität Versorgungsaufgaben für das Umland wahrnehmen. Dieser planerische Auftrag kommt den Stadtstaaten in dieser Form nicht zu, sodass Abschläge vorgenommen werden könnten. Nichtsdestotrotz stellen die Stadtstaaten zahlreiche Leistungen bereit, die auch von den Bewohnern anderer Länder genutzt werden. Dieses rechtfertigt die Berücksichtigung einer Konzentration bei den Ausgaben. Bereits im Ifo-Gutachten von 1986/87 wurde dies anerkannt (außer im Hochschulbereich) und zur Grundlage der Einwohnerwertung gemacht. Außerdem werden die Großstädte aus dem Ruhrgebiet, in deren direkter Nachbarschaft wiederum Großstädte liegen und deren Zentralität damit geringer ist, voll in die Untersuchung einbezogen, sodass dieser Faktor zumindest im Ansatz Berücksichtigung findet.

Trotz der angeführten Kritikpunkte scheint ein Großstadtvergleich zur Bemessung einer stadtstaatlichen Ausgabenuntergrenze sachgerecht. Wird dieser Ansicht gefolgt, ist der zentrale Punkt zur Ableitung einer Ausgabenuntergrenze das Ausmaß der den Stadtstaaten zugestandenen Großstadtfunktion. Wird den Stadtstaaten lediglich das zugestanden, was die Flächenländer auf der kommunalen und staatlichen Ebene im Durchschnitt ausgeben, ergibt sich eine Primärausgabenuntergrenze von 100 % im Vergleich zum Flächenländerdurchschnitt. Diese Untergrenze muss jedoch abgelehnt werden, da sie die großstädtischen Funktionen der Stadtstaaten in Gänze vernachlässigt.

Eine weitere Untergrenze lässt sich aus den konzentrierten Kommunalausgaben und den gleichverteilten staatlichen Ausgaben ableiten. Es ergibt sich ein Wert von rund 123 % des Flächenländerdurchschnitts. Diese Untergrenze gesteht den Stadtstaaten zwar im kommunalen Bereich großstädtische Ausgaben zu, der staatliche Bereich wird jedoch wiederum mit den Flächenländern gleichgesetzt und unterschätzt damit die notwendigen Ausgaben zur Aufrechterhaltung der Großstadtfunktion.

Eine den großstädtischen Aufgaben der Stadtstaaten gerecht werdende Untergrenze setzt sich aus den konzentrierten Ausgaben im kommunalen und im staatlichen Bereich zusammen. So kann eine kritische Ausgabengrenze von 147 % ermittelt werden. Wird davon ausgegangen, dass im Sinne einer konservativen Schätzung den konsolidierungsbedürftigen Stadtstaaten ein hohes Maß ein Eigenanstrengungen abverlangt werden kann, kann die Primärausgabenuntergrenze – in Anlehnung an Huber – bei 95 % des ermittelten Wertes festgesetzt werden. Damit ergibt sich eine Ausgabenuntergrenze von 140 %. Würde die Ausgabenuntergrenze bei 90 % angesetzt, könnte ein Wert von 132 % als angemessen angesehen werden.

8.4 Kritische Bewertung der Ergebnisse

In Abschnitt 8.2 der vorliegenden Arbeit wurde aufgezeigt, welche Auswirkungen die Ergebnisse der Föderalismusreform II auf die Haushalte der Stadtstaaten haben. Vor dem Hintergrund des – insbesondere in Bremen, aber auch in Berlin – bis zum Jahr 2020 erforderlichen kontinuierlichen Abbaus der Primärausgabenrelation (Szenario II.1)[752] stellt sich die Frage nach den Implikationen dieser Entwicklungen für das Wesen der Stadtstaatlichkeit. Die Darstellung der Primärausgabenrelationen in Abbildung 20 zeigt, dass die Großstadtfunktion von Hamburg zwischen 1980 und 1991 leicht abgebaut wurde, von 1992 bis 2020 jedoch relativ stabil gehalten werden kann. Dagegen fällt die Großstadtfunktion von Berlin bis 2020 auf ein drastisch reduziertes Niveau, während die Großstadtfunktion von Bremen faktisch aufgegeben werden muss. Die Primärausgabenrelationen, die Bremen und auch Berlin im Zuge der Haushaltskonsolidierung anstreben, liegen deutlich unter der abgeleiteten Ausgabenuntergrenze von mindestens 132 %. Bremen und Berlin können daher nicht gewährleisten, dass die den Stadtstaaten durch das Bundesverfassungsgericht zugestandenen großstädtischen Funktionen angemessen erfüllt werden.

Aufgrund seiner strukturellen Besonderheit weist ein Stadtstaat im Vergleich zu den Flächenländern höhere Ausgaben auf. Die Einwohnerwertung ist hierzu im geltenden System das zentrale Finanzierungsinstrument. Liegen die (Primär-)Ausgaben eines Stadtstaates aber auf dem Niveau eines durchschnittlichen Flächenlandes, ist davon auszugehen, dass die Wahrnehmung groß- und landeshauptstadttypischer Funktionen beeinträchtigt ist. So hat Bremen beispielsweise bereits vor dem Bundesverfassungsgericht kommuniziert, dass ein Primärausgabenniveau im Vergleich zu den Flächenländern von 122 % nicht unterschritten werden kann, um die Funktionsfähigkeit des Landes nicht zu beeinträchtigen.[753]

---

752 Auch die Ergebnisse der AG Haushaltsanalyse, welche die Haushalte der Länder Bremen, Saarland und Schleswig-Holstein auf ihre Konsolidierungsfähigkeit überprüft, zeigen, dass die vom Bund, von Bayern und von Berlin unterstellten Szenarien, je nach Annahme ein Absenken der Primärausgabenrelation Bremens auf 94 % bis 103 % des Flächenländerdurchschnitts erfordert hätte. Vgl. Kommission von Bundestag und Bundesrat zur Modernisierung der Bund-Länder-Finanzbeziehungen (2008), S. 34 ff.

753 Vgl. Hellermann, J. (2007), S. 41. In der Finanzplanung für die Jahre 2007 bis 2011 gibt Bremen sogar an, dass die Primärausgaben auf 115 % des Flächenländerdurchschnitts reduziert werden sollen. Vgl. Die Senatorin für Finanzen der Freien Hansestadt Bremen (2007), S. 56.

In Konsequenz ist daher zu fragen, warum Stadtstaaten, die nur ebenso hohe Primärausgaben aufweisen wie ein Flächenland, eine Einwohnerwertung zugestanden wird. Die Einwohnerwertung verkäme zur Farce, wenn ihr Gegenwert nicht zur Finanzierung eines großstädtischen Leistungsbündels, sondern zur Finanzierung überdurchschnittlicher Zinsausgaben verwendet werden würde. Reduzieren die Stadtstaaten ihre Primärausgaben im Vergleich zu den Flächenländern demnach auf ein so niedriges Niveau, gefährden sie damit zwangsläufig die Grundlage der Einwohnerwertung und ihre (finanzielle) Existenz als Stadtstaat. Daher ist mehr als fraglich, ob der mit den Vorgaben der Föderalismusreform II einhergehende Abbau der Großstadtfunktion mit der Rechtsprechung des Bundesverfassungsgerichts zur Andersartigkeit der Stadtstaaten kompatibel ist. Letztlich ergibt sich ein zentraler Zielkonflikt zwischen der Andersartigkeit der Stadtstaaten und dem von der Föderalismusreformkommission geforderten Haushaltsausgleich bis 2020. Diesen Konflikt gilt es, aufzuzeigen und im wissenschaftlichen sowie politischen Diskurs zu lösen.

9 Schlussbetrachtung

9.1 Zusammenfassung

Gegenstand der vorliegenden Untersuchung ist die Finanzierung von Agglomerationen über die Finanzausgleichssysteme in der Bundesrepublik Deutschland. Die Ausführungen haben gezeigt, dass eine besondere Berücksichtigung von Agglomerationen im Sinne von Städten und Stadtstaaten aufgrund ihrer Eigenarten und der sich daraus ergebenden besonderen Belastungssituation sowohl theoretisch als auch empirisch zu rechtfertigen ist. Welches Instrument dabei zur konkreten Abgeltung eingesetzt wird, ist zunächst nachrangig. Wie jedoch dargestellt wurde, ist die Einwohnerwertung das zentrale agglomerationsberücksichtigende Instrument in der deutschen Finanzausgleichspraxis.

Auch wenn die begünstigte Stellung von Agglomerationen in den Finanzausgleichssystemen im Allgemeinen und die Einwohnerwertung im Besonderen sowohl dem Grunde als auch der Höhe nach in der Literatur umstritten ist, stimmt zumindest die verfassungsgerichtliche Rechtsprechung im Grundsatz über die besondere Situation von Ballungsräumen überein und beurteilt das Instrument der Einwohnerwertung als prinzipiell zulässig. Dieses ist nicht zuletzt darauf zurückzuführen, dass es bisher an praktikablen Alternativen mangelt und die Einwohnerwertung trotz der beschriebenen Schwächen der tragfähigste Kompromiss zu sein scheint.

Trotz aller Auseinandersetzungen um die Einwohnerwertung kann kein ernsthafter Zweifel daran bestehen, dass die Städte und Stadtstaaten eine berücksichtigungsbedürftige Sondersituation aufweisen. Zwar vermag es auch die derzeit praktizierte Einwohnerwertung nicht zu leisten, die Vielfältigkeit der strukturellen Eigenart als Agglomeration und als Stadtstaat präzise zu erfassen. Der Vorteil der Einwohnerwertung liegt aber gerade im Primat der pauschalen Umbrella-Variable, mit der verschiedene Belastungsfaktoren erfasst und in praktikabler Form auf einen finanzausgleichstechnischen Nenner reduziert werden können.[754]

Wenn aber die Einwohnerwertung ein bisher alternativloses Instrument ist, stellt sich insbesondere für die Stadtstaaten die Frage, ob sie der stadtstaatlichen Andersartigkeit angemessen gerecht wird. Die aktuelle empirische Ableitung der Einwohnerwertung lässt ernsthafte Bedenken an ihrer quantitativen Angemessenheit aufkommen. Die ermittelte Einwohnerwertung von 144 % - 157 % liegt

[754] Parsche, R. et al. (2001), S. 29.

deutlich oberhalb des derzeit gültigen Wertes von 135 %. Die extrem hohe Verschuldung der drei Stadtstaaten im Vergleich zu den Flächenländern muss daher als Indiz für eine im Vergleich zu den wahrzunehmenden Aufgaben unzureichende Finanzausstattung gewertet werden. Während der Schuldenstand je Einwohner im Jahr 2008 im Durchschnitt der Flächenländer bei circa 6.779 Euro je Einwohner liegt, erreichen die Stadtstaaten Werte von 12.223 Euro (Hamburg), 16.340 Euro (Berlin) bzw. 23.085 Euro je Einwohner (Bremen).[755] *„Die Tatsache, dass die Stadtstaaten mit Abstand am höchsten verschuldet sind, führt erneut zu der Frage, ob die Einwohnerwertung der Stadtstaaten in ihrer Höhe angemessen ist.“*[756]

9.2 Ausblick

Die dargestellten Auswirkungen eines in 2020 ausgeglichenen Haushalts auf das Wesen der Stadtstaatlichkeit haben gezeigt, dass eine eigenständige Konsolidierung (bzw. mithilfe eines geringen Fremdbeitrags) nur erreicht werden kann, wenn die Stadtstaaten ihre Primärausgaben auf ein so niedriges Niveau absenken, dass die großstädtischen Funktionen von Berlin erheblich reduziert und von Bremen vollständig aufgegeben werden. Dieses würde aber eklatant gegen den Grundsatz der Gleichwertigkeit der Lebensverhältnisse verstoßen. Den Bürgern der Stadtstaaten und den Bürgern ihres Umlands stehen die Leistungen zu, die auch den Stuttgartern, Kölnern und Münchnern etc. zugebilligt werden.[757] Die den beiden Stadtstaaten abverlangten Eigenanstrengungen gefährden die Funktionsfähigkeit als Großstadt und die Existenz als Stadtstaat. Schlagen Berlin und Bremen unter den gegebenen Voraussetzungen den Weg der Haushaltskonsolidierung mit den aufgezeigten Konsequenzen ein, würden sie sich damit selbst beseitigen.

Wird die Großstadtfunktion strikt abgebaut, um 2020 einen ausgeglichenen Haushalt zu erreichen, wird sich zwangsläufig die Bereitschaft der Bürger der Stadtstaaten, insbesondere Bremens, zur Fusion massiv erhöhen *(interner Fusionsdruck)*. Da aber vielmehr davon auszugehen ist, dass der vorgegebene Abbaupfad nicht erfüllt werden kann, werden der Bund, die Flächenländer und die Finanzwissenschaft diesen erfolglosen Konsolidierungsversuch dazu nutzen, eine

755 Schuldenstand am 31. Dezember 2008. Vgl. Statistisches Bundesamt (2009), Fachserie 14, Reihe 5.

756 Vesper, D. (2003), S. 370.

757 Vgl. Dannemann, G. (1985), S. 24.

Fusion als einzig wahre Lösung des stadtstaatlichen Finanzproblem durchzusetzen *(externer Fusionsdruck)*.

Den Stadtstaaten Berlin und Bremen ist daher anzuraten, dieses Grundsatzproblem offensiv nach außen zu tragen – beispielsweise vor dem Stabilitätsrat – und auf eine angemessene Lösung durch politische Verhandlungen zu drängen. Bei unveränderter Position im Finanzausgleich sind die Stadtstaaten zur fiskalischen Sanierung ***und*** zur Aufrechterhaltung eines großstädtischen Leistungsbündels aus eigener Kraft nicht in der Lage. Ihre Eigenständigkeit ist nur durch eine Reform des Finanzausgleichs dauerhaft zu sichern. Das entscheidende Instrument dazu ist die Einwohnerwertung. Sie wird unabdingbarer Bestandteil der Vorschläge zur Sanierung der Stadtstaaten sein.

Trotz der hier nachgewiesenen Notwendigkeit wird eine Verbesserung der stadtstaatlichen Finanzausstattung über eine Erhöhung der Einwohnerwertung, politisch nur schwer durchzusetzen sein. Da der Länderfinanzausgleich letztlich ein *Null-Summenspiel* ist, geht eine Besserstellung der drei Stadtstaaten zulasten der dreizehn Flächenländer. Deshalb ist ein solches Vorhaben kaum realisierbar. Da eine Heraufsetzung der Einwohnerwertung wahrscheinlich nicht über Verhandlungslösungen zwischen den Bundesländern erzielt werden kann, müssen die Stadtstaaten erneut den Gang vor das Bundesverfassungsgericht antreten, um abzuklären, ob der erzwungene Abbau der Großstadtfunktion mit der früheren Rechtsprechung des Gerichts zur Andersartigkeit und strukturellen Eigenart der Stadtstaaten vereinbar ist. Dabei ist aber fraglich, ob das Gericht zum vierten Mal eine Überprüfung der Einwohnerwertung fordern wird, ohne sie grundsätzlich infrage zu stellen, oder ob die fortwährenden Konflikte eher zum Anlass genommen werden, dem Gesetzgeber den Auftrag zur grundlegenden Überprüfung der Territorialstruktur des Bundesgebietes zu erteilen. Diese Ungewissheit schmälert die Wahrscheinlichkeit einer Klage immens.

Bisher hat es die Politik versäumt, den Konflikt zwischen Haushaltskonsolidierung, Großstadtfunktion und Einwohnerwertung aufzuzeigen. Die Konsequenz ist, dass die Stadtstaaten fiskalisch notleidend bleiben, da das, was zur Wahrnehmung ihrer großstädtischen Funktionen zwingend notwendig ist, politisch kaum durchsetzbar ist. Solange den Stadtstaaten aber eine in ihrer Höhe angemessene Einwohnerwertung verweigert bleibt, können sie eine aufgabenadäquate Haushaltspolitik ohne einen Anstieg der Schulden und Zinsen nicht verwirklichen. Der unmittelbare Verlust dezentraler Verschuldungskompetenzen wird manche Länder überfordern. Für Berlin und insbesondere Bremen impliziert das die Abhängigkeit vom Bund und von der Solidargemeinschaft. Wenn aber weder eine angemessene Einwohnerwertung noch ein Surrogat wie beispielsweise Konsolidierungshilfen gesichert sind, sind die Stadtstaaten langfristig nicht überlebensfähig.

Die angespannte Finanzlage der Stadtstaaten, der von der Föderalismusreform II geforderte Haushaltsausgleich und die politisch festgefahrenen Positionen der einzelnen Länder enden zwangsläufig mit der Frage, ob den Stadtstaaten von den übrigen Mitgliedern der Föderation die Daseinsberechtigung abgesprochen wird. Eine existenzbedrohende Finanzausstattung der Stadtstaaten beantwortet diese Frage zwangsläufig. Vor diesem Hintergrund lässt sich der Streit um eine angemessene Finanzierung der deutschen Agglomerationen nicht endgültig beilegen, sondern wird auch in Zukunft in der *„föderalen Vielfalt von Aachen bis Zittau"*[758] weitergeführt werden.

---

758 Heilmann, M. (1992), S. 50.

Literaturverzeichnis

Andel, N. (1992), Finanzwissenschaft, 3. Aufl., Tübingen.

Aring, J. (2005), Impulsstatement: Modernisierung der Raumordnung, in: Institut für Landes- und Stadtentwicklungsforschung und Bauwesen des Landes Nordrhein-Westfalen (Hrsg.) (2005), Ausgleich versus Wachstum – Paradigmenwechsel in der räumlichen Planung?, Dortmund, S. 39-49.

Arndt, O., Waluga, M. (2003), Grundlagen des LFA: Städte-Benchmarking und empirische Maßstäbe für Sonderlasten, in: Haller, F., Schönert, M. (Hrsg.), Stadtstaaten und Finanzausgleich, BAW Institut für Wirtschaftsforschung GmbH, Regionalwissenschaftliche Studien 19, S. 147-238.

Backhaus, K. et al. (2003), Multivariate Analysemethoden: Eine Anwendungsorientierte Einführung, 7. Auflage, Berlin/Heidelberg/New York.

Bade, F.-J. (1985), Einwohnerwertung der Stadtstaaten Bremen und Hamburg im Rahmen des Finanzausgleichs unter den Ländern. Gutachten im Auftrag der Freien Hansestadt Bremen und der Freien und Hansestadt Hamburg, Berlin.

Balösius, E. (2006), Gleichwertigkeit ist nicht gleich, in: Bundeszentrale für politische Bildung (Hrsg.) (2006), Aus Politik und Zeitgeschichte: Ländlicher Raum, Heft 37, S. 16-23, Bonn.

Baretti, C. et al. (2001), Die Einwohnergewichtung auf Länderebene im Länderfinanzausgleich. Gutachten im Auftrag der Länder Baden-Württemberg, Bayern, Hessen und Nordrhein-Westfalen, mit einem ergänzenden Gutachten des Zentrums für Europäische Wirtschaftsforschung (ZEW): Einwohnergewichtung, Siedlungsdichte und Mehrbedarf, München.

Baretti, C., Huber, B., Lichtblau, K. (2005), Stadtstaatenprivileg in der Kritik – Ökonomische Ansätze zur Prüfung möglicher Mehrbedarfe, in: S. 181-188.

Bartsch, P., Probst, H. (1988), Ansätze zur Reform des Länderfinanzausgleichs, in: Wirtschaftsdienst, S. 533-540.

Bayrisches Staatsministerium für Landesplanung und Umweltfragen (Hrsg.) (1992), Finanzausgleichsrelevante Probleme zwischen Stadt und Umland, München.

Bayrisches Staatsministerium für Wirtschaft, Infrastruktur, Verkehr und Technologie (2006), Landesentwicklungsprogramm Bayern 2006.

Bayrischer Verfassungsgerichtshof (1997), Vf. 17-VII-94, München.

Bennet, R. (1980), The Geography of Public Finance, London/New York.

Bericht der Landesregierung Nordrhein-Westfalen gemäß § 32 Landesplanungsgesetz in der Fassung der Bekanntmachung vom 28. November 1979 (1979), Landesentwicklung, Heft 42, Düsseldorf.

Berry, B. J. L., Garrison, W. L. (1958), Recent Development of Central Place Theory, in: Papers and Proceedings of the Regional Science Association, Cambridge/Mass., S. 107-120.

Birke, A. (2000), Der kommunale Finanzausgleich des Freistaates Sachsen: vertikale und horizontale Verteilungswirkungen im Rahmen eines länderbezogenen Modellvergleichs mit Baden-Württemberg, Schriften des Instituts für Finanzen, Universität Leipzig, Band 2, Frankfurt/Main et al.

Blotevogel, H. H. (1996), Zentrale Orte: Zur Karriere und Krise eines Konzepts in der Geographie und Raumplanung, in: Erdkunde 50, Heft 1, S. 9-25.

Blotevogel, H. H. (1995), Zentrale Orte, in: Akademie für Raumforschung und Landesplanung (Hrsg.), Handwörterbuch der Raumordnung, Hannover, S. 1117-1124.

Bohley, P. (2000), Statistik, Einführendes Lehrbuch für Wirtschafts- und Sozialwissenschaftler, 7. Auflage, München/Wien.

Bönte, W., Lucke, B. (2006), Angemessene Einwohnerveredelung im Länderfinanzausgleich – Anmerkungen zu einem Quantifizierungsversuch, in: Junkernheinrich, M. (2005), Sonderbedarfe im bundesstaatlichen Finanzausgleich, Forum Öffentliche Finanzen, Band 7, Berlin, S. 189-206.

Bös, D. (1978), Zur Theorie des Finanzausgleichs, in: Dreißig, W. (Hrsg.), Probleme des Finanzausgleichs I, Schriften des Vereins für Socialpolitik, Band 96/I, Berlin, S. 45-133.

Böttcher, H.-E. (1989), Ansätze zur Reform eines Länderfinanzausgleichs – eine Replik, in. Wirtschaftsdienst. Jg. 1989, S. 204 ff.

Bräuninger, M., Stiller, S. (2006), Städte im Standortwettbewerb, in: Wirtschaftsdienst, Jg. 2006, Heft 4, S. 206-265.

Break, G. F. (1967), Intergovernmental Fiscal Relations in the United States, Studies of Government Finance, The Brookings Institution, Washington D.C.

Brecht, A. (1941), Three Topics in Comparative Administration-Organization of Government Departments, Government Coporations, Expenditures in Relation to Population, in: Friedrich, C. J., Mason, E. S. (Hrsg.) (1941): Public Policy, Cambridge/Mass., S. 289-318.

Brecht, A. (1932), Internationaler Vergleich der öffentlichen Ausgaben, in: Holborn, H. (Hrsg.), Vorträge des Carnegie-Lehrstuhls für Außenpolitik und Geschichte an der deutschen Hochschule für Politik, Heft 2, Leipzig/Berlin.

Broer, M. (2000), Der Ausgleichsmechanismus im kommunalen Finanzausgleich - Wirkungen am Beispiel der kreisangehörigen Gemeinden in Hessen, in: Zeitschrift für Kommunalfinanzen (ZKF), 50. Jg., Heft 11/12, S. 247-252 / 271-275.

Brümmerhoff, D. (2007), Finanzwissenschaft, 9. Auflage, München/Wien.

Brümmerhoff, D. (2001), Finanzwissenschaft, 8. Auflage, München/Wien.

Bundesamt für Bauwesen und Raumordnung, Initiativkreis Europäische Metropolregionen in Deutschland (2008), Regionales Monitoring 2008, Bonn /Stuttgart.

Bundesamt für Bauwesen und Raumordnung (Hrsg.) (2006), Bundesstaatliche Ausgleichssysteme und Raumordnung, Bonn.

Bundesamt für Bauwesen und Raumordnung (2005), Raumordnungsbericht 2005, Bonn.

Bundesamt für Bauwesen und Raumordnung (2000), Aktuelle Daten zur Entwicklung der Städte, Kreise und Gemeinden: Ausgabe 2000, Berichte des Bundesamtes für Bauwesen und Raumordnung, Band 8, Bonn.

Bundesministerium der Finanzen (2009), Reform der verfassungsrechtlichen Verschuldungsregeln von Bund und Ländern, in: Monatsbericht digital März 2009: Analysen und Berichte:
URL:http://www.bundesfinanzministerium.de/nn_77060/DE/BMF__Startseite/Aktuelles/Monatsbericht__des__BMF/2009/03/analysen-und-berichte/b01-reform-verschuldungsregeln/node.html?__nnn=true
Abruf: 05.09.2009.

Bundesministerium der Finanzen (2008), Vorläufige Abrechnung des Länderfinanzausgleichs für das Ausgleichsjahr 2008, Berlin.

Bundesministerium der Finanzen (2003), Die Neuordnung des bundesstaatlichen Finanzausgleichs, Berlin.

Bundesministerium der Finanzen (2002), Solidarität im Bundesstaat: Die Finanzverteilung, Berlin.

Bundesministerium für Raumordnung, Bauwesen und Städtebau (1984), Kommunaler Finanzausgleich und zentralörtliches System, Bonn.

Bundesrat (2009), Gesetzesbeschluss des Deutschen Bundestages: Begleitgesetz zur zweiten Föderalismusreform, Bundesrats-Drucksache 511/09, Berlin.

Bundesrat (2006), Beschluss des Bunderates: Einsetzung einer Kommission zur Modernisierung der Bund-Länder-Finanzbeziehungen, Bundesrats-Drucksache 913/06, Berlin.

Bundesrechnungshof (2004), Bemerkungen 2004 zur Haushalts- und Wirtschaftsführung des Bundes, Bonn.

Bundesverfassungsgericht (1999), BVerfGE 101, 158, Entscheidung des Zweiten Senats vom 11. November 1999, Karlsruhe.

Bundesverfassungsgericht (1992), BVerfGE 86, 148, Entscheidung des Zweiten Senats vom 27. Mai 1992, Karlsruhe.

Bundesverfassungsgericht (1986), BVerfGE 72, 330, Entscheidung des Zweiten Senats vom 24. Juni 1986, Karlsruhe.

Bundeszentrale für politische Bildung (2002), Informationen zur politischen Bildung. Föderalismus in Deutschland, Heft 275, Bonn.

Burckardt, T. (2004), Agglomeration und Finanzausgleich, Dissertation, Köln.

Büttner, T. et al. (2008), Der kommunale Finanzausgleich in Mecklenburg-Vorpommern: Langfristige Entwicklung und Reformperspektiven, Teil II: Der horizontale Finanzausgleich – Gutachten im Auftrag des Innenministeriums des Landes Mecklenburg-Vorpommern, .

Büttner, T., Schwager, R. (2000), Länderautonomie in der Einkommenssteuer: Ein einfaches Zuschlagsmodell, ZEW Discussion Paper Nr. 00-50, Mannheim.

Büttner, T., Schwager, R., Stegarescu, D. (2001), Einwohnergewichtung, Siedlungsdichte und Mehrbedarf – Eine empirische Untersuchung der Kosten der Bereitstellung öffentlicher Leistungen durch die deutschen Bundesländer, Zentrum für Europäische Wirtschaftsforschung GmbH, Mannheim.

Christaller, W. (1933), Die zentralen Orte in Süddeutschland. Eine ökonomisch-geographische Untersuchung über die Gesetzmäßigkeit der Verbreitung und Entwicklung der Siedlungen mit städtischer Funktion, Jena.

Coase, R. H. (1960), The Problem of Social Cost, in: Journal of Law and Economics, Band 3, S. 1-44.

Dannemann, G. (1992), Die Grundkonzeption des Sanierungsprogramms, in: Der Senator für Finanzen der Freien Hansestadt Bremen (Hrsg.), Die Finanzen Bremens und die Zukunft des Landes, Bremen.

Dannemann, G. (1991), Bremen im System der Finanzverteilung, in: Kröning, V. et al. (Hrsg.), Handbuch der bremischen Verfassung, Bremen, S. 609-629.

Dannemann, G. (1985), Bremen im Länderfinanzausgleich, in: BAW Bremer Ausschuss für Wirtschaftsforschung (Hrsg.), Bremer Zeitschrift für Wirtschaftspolitik, 8. Jg., Heft 3/4, S. 1-170.

Die Senatorin für Finanzen der Freien Hansestadt Bremen (2007), Finanzplanung 2007-2011, Bremen.

Der Senator für Finanzen der Freien Hansestadt Bremen (diverse Jahrgänge), Sanierung der bremischen Haushalte – Jahresberichte 1994 bis 2004, Bremen.

Deutscher Städtetag (2007), Gemeindefinanzbericht 2007, in: Der Städtetag, Jg. 2007, Heft 5, Köln.

Deutscher Städtetag (diverse Jahrgänge), Statistisches Jahrbuch deutscher Gemeinden, Köln.

Dietrich, B. (1996), Das Prinzip der Einwohnerveredelung in den Finanzausgleichssystemen der Bundesrepublik Deutschland. Eine interdisziplinäre Bestandsaufnahme zum Länder- und Gemeindefinanzausgleich, Dissertation, Bonn.

Direktion der Justiz und des Inneren des Kantons Zürich (2009), Finanzausgleichsgesetz (FAG), Antrag des Regierungsrats vom 28. Januar 2009: Fragen aus der politischen Diskussion, Zürich.

Dittrich, I. (1964), S. 39 ff. Zur Begriffsbildung und zum Bedeutungswandel der Begriffe in der Raumforschung, in: Informationen zur Raumentwicklung (1964), S. 39 ff.

Eckey, H.-F. (1995): Möglichkeiten der Anpassung und Veränderungen des Kommunalen Finanzausgleichssystems für raumordnerische Zielsetzungen, in: Informationen zur Raumentwicklung, Band 53, Heft 8/9, S. 583-596.

Eckstein, P. P. (1999), Repetitorium Statistik, 3. Auflage, Wiesbaden.

Ehrlicher, W., Gruber, R., Voigtländer, H. (1967), Kommunaler Finanzausgleich und Raumordnung, Veröffentlichungen der Akademie für Raumordnung und Landesplanung: Abhandlungen, Band 51, Hannover.

Eichler, N. (2000), Die Probleme des Gemeindefinanzausgleichs im kooperativen Föderalismus: Eine ökonomische Analyse am Beispiel des Bundeslandes Nordrhein-Westfalen, Finanzwissenschaftliche Schriften, Band 100, Frankfurt/Main et al.

Eidgenössische Steuerverwaltung (2009), Grundzüge des schweizerischen Steuersystems, Bern.

Eidgenössische Finanzverwaltung (2008a), Abrechnung des Ressourcenausgleichs für das Referenzjahr 2008, Bern.

Eidgenössisches Finanzverwaltung (2008b), Neugestaltung des Finanzausgleichs und der Aufgabenteilung zwischen Bund und Kantonen – NFA, Bern.

Eltges, M. et al. (2001), Abstrakte Mehrbedarfe im Länderfinanzausgleich. Gutachten im Auftrag des Bundesministeriums der Finanzen, Bonn.

Eltges, M., Jakubowski, P., Zarth, M. (2001), Zur Berücksichtigung abstrakter Mehrbedarfe im Länderfinanzausgleich, in: Adam, H. et al. (Hrsg.), Öffentliche Finanzen und Gesundheitsökonomie: Festschrift zum 65. Geburtstag von Professor Dr. Klaus-Dirk Henke, S. 155-168.

Eltges, M., Zarth, M., Jakubowski, P. (2001), Abstrakte Mehrbedarfe sind keine Fiktion, in: Wirtschaftsdienst, Jg. 81, Heft 6, S. 323-330.

Färber, G. (2006), Haushaltsnotlagen in der deutschen Finanzverfassung - Ursachen, Abhilfe, Vermeidung, in: Konrad, K., Jochimsen, B. (Hrsg.), Berlin, S. 85-116.

Färber, G. (1992), Länderfinanzausgleich und Gemeindefinanzen – Anmerkungen zu einigen häufig übersehenen Tatsachen, in: Bohr, K. (Hrsg.), Föderalismus. Demokratische Struktur für Deutschland und Europa, München, S. 85 ff.

Fenge, R., Meier, V. (2002), Why cities should not be subsidized, in: Journal of Urban Economics, Heft 52, S. 433-447.

Finanzdirektion des Kantons Bern (2000), Gesetz über den Finanz- und Lastenausgleich – Technische Beschreibung, Bern.

Finanzministerium des Landes Baden-Württemberg (2006), Die Gemeinden und ihre Finanzen, Stuttgart.

Fischer, G. (1973), Praxisorientierte Theorie der Regionalforschung, Tübingen.

Fischer, R. C. (2007), State & local public finance, 3. Auflage, Mason/Ohio et al.

Fischer-Menshausen, H. (1980), Grundzüge des Finanzausgleichsrechts, in: Albers, W. et al. (Hrsg.), Handwörterbuch der Wirtschaftswissenschaften, Band 2, Stuttgart et al., S. 636-662.

Forschungsstelle Finanzpolitik (Hrsg.) (2005a), Landesgrenzen und Einwohnerwertung: Finanzpolitik Aktuell Nr.4, Mai 2005, Bremen.

Forschungsstelle Finanzpolitik (Hrsg.) (2005b), Länderfusionen um Norden aus fiskalischer Sicht: Finanzpolitik Aktuell Nr.6, November 2005, Bremen.

Freigang, D., Ragnitz, J. (2009), S. 6, Die Ergebnisse der Föderalismusreformkommission II und die Bewertung der Verschuldungsgrenze: ifo Dresden berichtet, Dresden.

Fuest, C. (2008), Steuerwettbewerb unter den Bundesländern – wären die finanzschwachen Länder die Verlierer?, in: Konrad, K. A., Jochimsen, B. (Hrsg.) (2008): Föderalismusreformkommission II: Neuordnung von Autonomie und Verantwortung, Frankfurt/Main.

Fujita, M., Thisse, J.-F. (1996), Economics of Agglomeration, in: Journal of the Japanese and International Economics, S. 339-378.

Gantner, M. (1978), Der abgestufte Bevölkerungsschlüssel als Problem der Länder und der Gemeinden, Schriftenreihe des Instituts für Föderalismusforschung, Band 7, Wien.

Geiger, W. (1981), Zur Auslegung des Begriffs „notwendige Ausgaben" in Art. 106 Abs. 3 Satz 4 Nr. 1 GG, in: Lerche, P, Zacher, H., Badura, P. (Hrsg.), Festschrift für Theodor Maunz zum 80. Geburtstag am 1. September 1981, München, S. 89-108.

Gossen, H. H. (1854), Entwickelung der Gesetze des menschlichen Verkehrs, und der daraus fließenden Regeln für menschliches Handeln, Braunschweig.

Grawert, R. (1989), Die Kommunen im Länderfinanzausgleich, Berlin.

Greif, S. (1998), Patentatlas Deutschland. Die räumliche Struktur der Erfindertätigkeit, München.

Häde, U. (2008), S. 163, Föderalismus und Einheitlichkeit der Lebensverhältnisse, in: Kai. K. A., Joachimsen, B. (Hrsg.) (2008), Föderalismuskommission II: Neuordnung von Autonomie und Verantwortung, Berlin, S. 157-177.

Häde, U. (1996), Finanzausgleich, Tübingen.

Handelsblatt vom 13.10.2009: „Österreich will für Studenten Geld sehen".

Handelsblatt, Prognos AG (2004), Stille Stars – Deutschlands unbekannte Wachstumsregionen, Düsseldorf.

Hansmeyer, K.-H. (1980), Der kommunale Finanzausgleich als Instrument zur Förderung zentraler Orte, in: Pohmer, D. (Hrsg.), Probleme des Finanzausgleichs II, Schriften des Vereins für Socialpolitik, Band 96/ II, Berlin, S. 83-150.

Hansmeyer, K.-H., Kops, M. (1985), Die Popitz´sche Hauptansatzstaffel, in: Räumliche Aspekte des kommunalen Finanzausgleichs, Veröffentlichung der Akademie für Raumforschung und Landesplanung: Forschungs- und Sitzungsberichte, Band 159, Hannover, S. 15-54.

Hausner, K. H., Simon, S. (2009), Die neue Schuldenregel in Deutschland und die Schuldenbremse in der Schweiz – Wege zu nachhaltigen öffentlichen Finanzen?, in: Wirtschaftsdienst, Jg. 2009, Heft 4, S. 265-271.

Heineberg, H. (2006), Stadtgeographie, 3. Auflage, Paderborn.

Heinemann, André W. (2009), Fiskalische Aspekte bei Fusionen von Bundesländern, in: Wirtschaftsdienst, 89. Jg., Heft 10, S. 674-683.

Heinemann, A. (2008), Die aktuelle Finanzierung der öffentlichen Ausgaben in Deutschland, in: Jickeli, J. Schliesky, U. (Hrsg.), Aufgaben des modernen Staates in Europa, Kiel, S. 73-99.

Heinemann, A. (2004), Die staatliche Aufgaben- und Einnahmenverteilung in der Bundesrepublik Deutschland – Geltendes System und grundlegende Reformmöglichkeiten zur Neuordnung, Dissertation, Frankfurt/Main.

Hellermann, J. (2007), Zweiter Schriftsatz vom 20. März 2007 zum Normenkontrollantrag der Freien Hansestadt Bremen vom 07. April 2006.

Helpman, E. (1997), The Size of Regions, in: Pines, D., Sadka, E., Zilche, I. (Hrsg.), Topics of Public Economics, Cambridge University Press, S. 33-54.

Henckel, N.-F., Junkernheinrich, M. (2005), Inwieweit sind zwischengebietskörperschaftliche Bedarfsunterschiede im bundesstaatlichen Finanzausgleich ausgleichsrelevant? – Zur Ökonomie der Begründung von Sonderbedarfen, in: Junkernheinrich, M. (Hrsg.), Sonderbedarfe in bundesstaatlichen Finanzausgleich, Forum Öffentliche Finanzen, Band 7, Berlin, S. 41-54.

Henderson, V. (2000), The Effect of Urban Concentration on Economic Growth, NBER Working Paper Nr. 7503, Cambridge/Mass.

Henneke, H.-G. (2002): Strukturfragen des kommunalen Finanzausgleichs - dargestellt am Beispiel Mecklenburg-Vorpommerns, in: Der Gemeindehaushalt, 103. Jg., Heft 7, S. 145-154.

Henneke, H.-G. (1999), Ausgewählte Verfassungsfragen des kommunalen Finanzausgleichs am Beispiel des ThürFAG, in: Der Gemeindehaushalt, 100. Jg., Heft 12, S. 265 - 269.

Henneke, H.-G. (1990), Öffentliches Finanzwesen. Finanzverfassung, Heidelberg.

Henneke, H.-G. (1998), Die Kommunen in der Finanzverfassung des Bundes und der Länder, 3. Auflage, Wiesbaden.

Henke, K.-D. (1993), Maßnahmen zur Stärkung der Eigenstaatlichkeit der Länder und die Finanzierung der deutschen Einheit, in: Staatswissenschaften und Staatspraxis, 4. Jg., S. 10-25.

Hensel, A. (1926), Der Lastenausgleich, in: Vierteljahresschrift für Steuer- und Finanzrecht, Band 3, Berlin.

Hensel, A. (1922), Der Finanzausgleich im Bundesstaat in seiner staatsrechtlichen Bedeutung, Berlin.

Hessisches Ministerium für Wirtschaft, Verkehr und Landesentwicklung (2000), Landesentwicklungsplan Hessen vom 13. Dezember 2000, geändert am 31. März 2007.

Hickel, R. (2004), Stellungnahme zu den öffentlichen Haushalten des Landes - Bremen 2004/ 2004 – Von der „extremen Haushaltsnotlage" zur nachhaltigen Haushaltslücke: Es gibt keinen eigenständigen Ausweg aus der Finanzkrise des Landes Bremen:
URL: http://www.iaw.uni-bremen.de/rhickel/pdf_dateien/04-offent-hh.pdf
Abruf: 13. 01.2009.

Hickel, R. (2001), Einwohnerwertung: Ausgleich für Stadtstaaten als „Landeshauptstädte ohne Umland":
URL:
http://www.iaw.uni-bremen.de/rhickel/pdf_dateien/einwohnerwertung.pdf
Abruf: 11.10.2008.

Hickel, R. (1998), Bundesland Bremen in existenzbedrohender Finanzkrise: Kann der Zweistädtestaat noch gerettet werden?, in: Heseler, H., Hickel, R., Prigge, R., Bremens Selbstständigkeit. Bedrohung – Herausforderung – Chance, Bremen, S. 24-69.

Hickel, R., Roth, B., Troost, A. (1988), Der Stadtstaat Bremen im föderalen Finanzsystem, Ursache der Finanzkrise – Neuordnungsvorschläge zum Länderfinanzausgleich, Bremen.

Hidien, J. W. (1999), Der bundesstaatliche Finanzausgleich in Deutschland: Geschichtliche und staatsrechtliche Grundlagen, 1. Auflage, Baden-Baden.

Homburg, S. (1994), Anreizwirkungen des deutschen Finanzausgleichs, in: Finanzarchiv, N. F., 51. Jg., Heft 3, S. 312-329.

Huber, B. (2004), Haushaltsnotlage in Berlin? – Finanzwissenschaftliches Gutachten für das Bundesministerium der Finanzen, München.

Huber, B., Lichtblau, K. (1997), Systemschwäche des Finanzausgleichs – Eine Reformskizze, in: IW-Trends, 24. Jg., Heft 4, S. 1-22.

Hummel, M. (2001), Einwohnerwertung der Stadtstaaten gemäß § 9 Abs. 2 FAG – Aktualisierung der Ergebnisse des Gutachtens des Ifo-Instituts aus dem Jahre 1986/87. Expertise im Auftrag der Senatsverwaltung für Finanzen Berlin, des Senators für Finanzen in Bremen und der Finanzbehörde Hamburg, München/Königswinter.

Hummel, M., Leibfritz, W. (1987), Die Stadtstaaten im Länderfinanzausgleich, in: ifo Studien zur Finanzpolitik, Band 45, München.

Inhester, Michael (1998), Kommunaler Finanzausgleich im Rahmen der Staatsverfassung, Münsterische Beiträge zur Rechtswissenschaft, Band 117, Berlin.

Interkantonale Universitätsvereinbarung vom 20. Februar 1997.

Jessen, A. (1932), Der deutsche Finanzausgleich in Theorie und Praxis, Sonderdruck der Vierteljahrszeitschrift für Steuer- und Finanzrecht, Nr. 3, Berlin.

Jörg, A. (1998), Finanzverfassung und Föderalismus in Deutschland und in der Schweiz, 1. Auflage, Baden-Baden.

Junkernheinrich, M., Brand, S. (2008), Verringert oder verstärkt die Dezentralisierung die territorialen Ungleichheiten? – Die nivellierende Wirkung des Finanzausgleichs im deutschen Finanzsystem, Positionspapier zum europäischen Forum über die Zukunft der Gebietskörperschaften und Lokalverwaltungen, Kaiserslautern.

Junkernheinrich, M. (1992), Sonderbedarfe im kommunalen Finanzausgleich, Berlin.

Junkernheinrich, M. (1991), Gemeindefinanzen: theoretisch und methodische Grundlagen ihrer Analyse, Berlin.

Junkernheinrich, M. (1989), Ökonomischer Erneuerung alter Industrieregionen: das Beispiel Ruhrgebiet, in. Wirtschaftsdienst, 69. Jg., Heft 1, S. 28-35.

Kaehler, J. (1982), Agglomeration und Staatsausgaben – Brechtsches und Wagnersches Gesetz im Vergleich, in: Finanzarchiv, N. F., 40. Jg., S. 445-474.

Karrenberg, H., Münstermann, E. (2002), Der Gemeindefinanzbericht 2002 im Detail: Städtische Finanzen: Kollaps oder Reformen!, in: Der Städtetag, Zeitschrift für Kommunale Politik und Praxis, 55. Jg., Heft 4, S. 14-96.

Katz, A. (2000): Gemeindefinanzsystem an der Schwelle zum 21. Jahrhundert - Situation und Entwicklungsziele der kommunalen Finanzpolitik, in: Die öffentliche Verwaltung, 53. Jg., Heft 6, S. 235-239.

Katz, A. (1985), S. 305. Der kommunale Finanzausgleich, in: Püttner, G. (Hrsg.), Handbuch der kommunalen Wissenschaft und Praxis: Kommunale Finanzen, 2. Auflage, Berlin et al., S. 303-330.

Keller, T. (1961), Finanzausgleich (I) (II), in: Handwörterbuch der Sozialwissenschaften, Band 3, Tübingen, S. 541-547.

Kesper, I. (1998), Bundesstaatliche Finanzordnung, in: Stark, C. (Hrsg.), Studien und Materialien zur Verfassungsgerichtsbarkeit, Band 72, Baden-Baden.

Kieserling Stiftung Bremen (Hrsg.) (2008), Langfristige Sicherung der Infrastrukturinvestitionen für die Bremischen Häfen unter veränderten Rahmenbedingungen, Bremen.

Kinkel, K. (1964), Die Lehre von Popitz für die Gestaltung des gemeindlichen Finanzausgleichs und ihr Verständnis zum gegenwärtigen Rechtszustand in der Bundesrepublik. Vergleich und Problematik unter besonderer Berücksichtigung einer kommunalen Finanzreform, Dissertation, Köln.

Kirchhof, F. (2001), Rechtsgutachten zum Kommunalen Finanzausgleich in Schleswig-Holstein, Schleswig-Holsteinischer Landtag, Umdruck 15/1003, Tübingen.

Kirchhof, F. (1993), Grundsätze der Finanzverfassung des vereinten Deutschlands, in: Selmer, P., Kischhof, P. (Hrsg.), Veröffentlichungen der Vereinigung der Deutschen Staatsrechtslehrer, Berlin, S. 71-110.

Kirchhof, P. (1982), Der Verfassungsauftrag zum Länderfinanzausgleich als Ergänzung fehlender und als Garant vorhandener Finanzautonomie. Zur Vereinbarkeit des Finanzausgleichsgesetzes mit Art. 107 Abs. 2 GG, Köln.

Kitterer, W. (1994), Finanzausgleich im vereinten Deutschland – Neugestaltung der Finanzbeziehungen zur Stärkung des Föderalismus unter besonderer Berücksichtigung des Landes Bremen, Heidelberg.

Kitterer, W., Burckhardt, T., Löwer, H. (2004), Die Einbeziehung der Stadtstaaten in das bundesdeutsche Finanzverteilungssystem, in: Haller, F., Schönert, M. (Hrsg.), Stadtstaaten und Finanzausgleich, BAW Institut für Wirtschaftsforschung GmbH, Regionalwissenschaftliche Studien 19, S. 9-146.

Kitterer, W., Ewringmann, D. (1999), Finanzwissenschaftliche Überprüfung und Bewertung des Länderfinanzausgleichs. Gutachten im Auftrag des Finanzministeriums des Landes Nordrhein-Westfalen, Köln.

Kitterer, W., Plachta, R. (2007), Reform des Bund-Länder-Finanzausgleichs als Kernelement einer Modernisierung des deutschen Föderalismus: Gutachten im Auftrag des BAW Institut für regionale Wirtschaftsforschung GmbH, Bremen.

Klemmer, P. (1986), Regionalpolitik auf dem Prüfstand, Köln.

Koalitionsvertrag von CDU, CSU und SPD vom 11. November 2005.

Kommission von Bundestag und Bundesrat zur Modernisierung der Bund-Länder-Finanzbeziehungen (2009), Beschlüsse der Kommission von Bundestag und Bundesrat zur Modernisierung der Bund-Länder-Finanzbeziehungen, Kommissionsdrucksache 174, Berlin.

Kommission von Bundestag und Bundesrat zur Modernisierung der Bund-Länder-Finanzbeziehungen (2008), Bericht der AG Haushaltsanalyse Bremen, Saarland, Schleswig-Holstein, Kommissionsdrucksache 102, Berlin.

Korinsky, K. (1971), Der kommunale Finanzausgleich in der Bundesrepublik Deutschland, Bonn.

Korioth, S. (2006), Haushaltsnotlage von Bundesländern – rechtliche Kriterien und Folgen sowie Möglichkeiten der Vermeidung, in: Konrad, K. A., Jochimsen, B. (Hrsg.), Finanzkrise im Bundesstaat, S. 173-195, Frankfurt/Main.

Korioth, S. (2005), Sonderbedarfs und ihre Berücksichtigung im bundesstaatlichen Finanzausgleich – Die verfassungsrechtliche Perspektive, in: Junkernheinrich, M. (Hrsg.), Sonderbedarfe in bundesstaatlichen Finanzausgleich, Forum Öffentliche Finanzen, Band 7, Berlin, S. 13-26.

Korioth, S. (1997), Der Finanzausgleich zwischen Bund und Ländern, Tübingen.

Krätke, S. (2009), Die Metropolisierung des europäischen Stadtsystems., in: Basten, L. (Hrsg.): Metropolregionen - Restrukturierung und Governance – Deutsche und internationale Fallstudien, Dortmund.

Krell, D. (2005), Regionaler Ausgleich versus Wachstum – die Sicht des Landes Nordrhein-Westfalen, in: Institut für Landes- und Stadtentwicklungsforschung und Bauwesen des Landes Nordrhein-Westfalen (Hrsg.), Ausgleich versus Wachstum – Paradigmenwechsel in der räumlichen Planung?, Dortmund, S. 7-11.

Krugman, P. (1991), Geography and trade, Cambridge /Mass., MIT Press.

Kuhn, T. (1995), Theorie des kommunalen Finanzausgleichs, Wirtschaftswissenschaftliche Beiträge Nr. 109, Heidelberg.

Kuhn, T. (1991), Zuweisungen und Allokation im kommunalen Finanzausgleich, Volkswirtschaftliche Diskussionsreihe, Beitrag Nr. 44, Augsburg.

Kultusminister Konferenz (2002), Schule in Deutschland: Zahlen, Fakten, Analyse, Nr. 161 – Juli 2002, Bonn.

Ladd, H. (1994), Fiscal Impact of local population growth: A conceptual and empirical Analysis, in: Regional Science and Urban Economics, Heft 24, S. 661-686.

Landesamt für Datenverarbeitung und Statistik Nordrhein-Westfalen (2004), Sozialhilfe in NRW Teil 1: Ausgaben und Einnahmen 2001-2004, Düsseldorf.

Landesverfassungsgericht Brandenburg (1999), VfGBbg 39/04, Potsdam.

Landesverfassungsgericht Brandenburg (1999), VfGBg 28/98, Potsdam.

Lange, S. (1972), Die Verteilung von Geschäftszentren in Verdichtungsräumen – ein Beitrag zur Dynamisierung der Theorie der zentralen Orte, in: Zentralörtliche Funktionen in Verdichtungsräumen, Veröffentlichungen der Akademie für Raumforschung und Landesplanung, Forschungs- und Sitzungsberichte, Nr. 72, Hannover, S. 7-48.

Leibfritz, W. (1989), Die Einwohnerwertung der Stadtstaaten im Länderfinanzausgleich – Stellungnahme zu der Kritik von Seiten der Stadtstaaten, München.

Lenk, T. (2003), Finanzausgleich und Solidarpakt II, in: Das Wirtschaftsstudium, 32. Jg., Heft 2, S. 245-253.

Lenk, T. (2001), Die Berücksichtigung der Gemeindefinanzkraft im Länderfinanzausgleich § 8 Finanzausgleichsgesetz, in: Lenk, T. (Hrsg.), Aspekte des Länderfinanzausgleich: Tarifgestaltung, Gemeindefinanzkraft, Fonds „Deutscher Einheit", Frankfurt/Main et al., S. 45-80.

Lenk, T. (1993), Reformbedarf und Reformmöglichkeiten des deutschen Finanzausgleichs: Eine Simulationsstudie, in: Eichborn, P., Friedrich, P. (Hrsg.), Schriften zur öffentlichen Verwaltung und öffentlichen Wirtschaft, Band 138.

Lenk, T., Birke, A. (1998), Ausgewählte Probleme des sächsischen kommunalen Finanzausgleichs aus finanzwissenschaftlicher Perspektive, in: Finanzwirtschaft, Zeitschrift zum Haushalts-, Finanz- und Steuerrecht der öffentlichen Verwaltung, 52. Jg., Heft 9 und 10, S. 199-204 und 221-226.

Lenk, T., Rudolph, H.-J. (2004a), Die kommunalen Finanzausgleichssysteme in der Bundesrepublik Deutschland – Die Ermittlung der Finanzkraft, Arbeitspapier Nr. 26.

Lenk, T., Rudolph, H.-J. (2004b), Die kommunalen Finanzausgleichssysteme in der Bundesrepublik Deutschland – Der Ausgleich zwischen Finanzbedarf und Finanzkraft, Arbeitspapier Nr. 27.

Lenk, T., Rudolph, H.-J. (2003a), Die kommunalen Finanzausgleichssysteme in der Bundesrepublik Deutschland – Die Bestimmung der Finanzausgleichsmasse – Vertikale Verteilungsprobleme zwischen Land und Kommunen, Arbeitspapier Nr. 24.

Lenk, T., Rudolph, H.-J. (2003b), Die kommunalen Finanzausgleichssysteme in der Bundesrepublik Deutschland – Die Bestimmung des Finanzbedarfs, Arbeitspapier Nr. 25.

Lensing, P., Micosatt, G. (1992), Räumliche Disparitäten der Sozialhilfebelastung: empirische Fortschreibung der Studie *Neuverteilung der Sozialhilfelasten*, Veröffentlichung des Ruhr-Forschungsinstituts für Innovations- und Strukturpolitik e. V., Bochum.

Löffelholz, H.-D., Rappen, H. (1999), Zur finanzwissenschaftlichen Beurteilung der Einwohnerwertung der Stadtstaaten im Länderfinanzausgleich, Gutachten des Rheinisch-Westfälischen Instituts für Wirtschaftsforschung e. V. im Auftrag der Finanzbehörde der Freien und Hansestadt Hamburg, Essen.

Littmann, K. (1977), Die „Gesetze" in ihrer langfristigen Entwicklung, in: Albers, W. et al. (Hrsg.), Handwörterbuch der Wirtschaftswissenschaft, Band 1, Stuttgart et al., S. 349-363.

Lutz, P. F. (1995), Die Weiterentwicklung des bundesstaatlichen Finanzausgleichs im vereinten Deutschland: theoretische Grundlagen und Perspektiven, Dissertation, Hannover.

Mäding, H. (1995), Überlegung zur Eignung des kommunalen Finanzausgleichs zur Förderung raumordnerischer Konzepte, in: Bundesforschungsanstalt für Landeskunde und Raumordnung (Hrsg.), Die Reform der Kommunalfinanzen, Informationen zur Raumentwicklung, Heft 8/9.

Mahrenholz, E. G. (1989), Kommentar Art. 109 GG, in: Bäumlin, R., Azzola, A. (Hrsg.), Alternativkommentar zum Grundgesetz, Neuwied.

Matsuyama, K., Takahashi, T. (1998), Self-Defeating Regional Concentration, in: Review of Economic Studies, Heft 69, S. 211-234.

Maunz, T. (1956), Die Finanzverfassung im Rahmen der Staatsverfassung, in: Hettlage, K., Maunz, T. (Hrsg.), Veröffentlichungen der Vereinigung der Deutschen Staatsrechtslehrer, Berlin, S. 37-63.

Maunz, T. et al. (1994), Grundgesetzkommentar, Band 2, Art. 12 a – 37, München.

Michalk, J., Möller A. (2005), Die Stadtstaatenwertung – ein Hindernis für Länderfusionen?, in Wirtschaftsdienst, 85. Jg., Heft 10, S. 653-659.

Micosatt, G. (1990), Raumwirksamkeit einer Reform des kommunalen Finanzausgleichs, Bochum.

Mielke, B. (1979), Die Kosten überörtlicher Funktionen in Großstädten, Berlin.

Ministerkonferenz für Raumordnung (2008), Eckpunktebeschluss der 35. Ministerkonferenz für Raumordnung am 29. April 2008 in Stuttgart: Demographischer Wandel und Daseinsvorsorge, Berlin.

Morril, R. L. (1962), Simulation of Central Place Patterns over Time, in: Lund Studies of Geography, Heft B, Nr. 24, Lund, S. 109-120.

Münstermann, E. (1990), Finanzbedarfe á la Popitz – weiterhin zeitgemäß?, in: Die Gemeindekasse, Jg. 1990, Heft 5.

Münzenmayer, W. (1999), Zur ökonomischen Begründung der Einwohnerwertung von Stadtstaaten im Länderfinanzausgleich, Anmerkungen zum Gutachten des Rheinisch-Westfälischen Instituts für Wirtschaftsforschung, in: Statistischen Landesamt Baden-Württemberg (Hrsg.), Materialien und Berichte, Heft 24, Stuttgart.

Niedersächsisches Ministerium für Ernährung, Landwirtschaft, Verbraucherschutz und Landesplanung (2008), Landes-Raumordnungsprogramm Niedersachsen in der Fassung vom 08. Mai 2008.

Nowotny, E. (1991), Der öffentliche Sektor. Einführung in die Finanzwissenschaft, 2. Auflage, Berlin.

Oates, W. E. (1988), On the Measurement of Congestion in the Provision of Local Public Goods, in: Journal of Urban Economics, Heft 24, Jg. 1988, S. 85-94.

Olson, M. (1969), The Principle of "Fiscal Equivalence": The Division of Responsibilities Among Different Levels of Government, in: American Economic Review, Heft 59, S. 479-487.

Ossenbühl, F. (1999), Stellungnahme im Auftrag des Freistaates Sachsen und des Thüringen zu den Normenkontrollanträgen der Regierung des Landes Baden-Württemberg und der Bayrischen Staatsregierung, Meckenheim.

Ossenbühl, F. (1984), Verfassungsrechtliche Grundfragen des Länderfinanzausgleichs gem. Art. 107 II GG, Baden-Baden.

Pagenkopf, H. (1981), Der Finanzausgleich im Bundesstaat: Theorie und Praxis, Stuttgart et al.

Papageoriou, Y. Y., Pines, D. (2000), Externalities, Indivisibility, Nonreplicability and Agglomeration, in: Journal of Urban Economics, Heft 48, S. 509-535.

Parsche, R. et al. (2001): Anpassung und Fortentwicklung des kommunalen Finanzausgleichs im Saarland, ifo Forschungsberichte, München.

Parsche, R., Baretti, C., Fenge, S., Langmantel, E., Nam, C. W., Reichl, B., Steinherr, M., Uehlein, T., Zander, F. (2001), Anpassung und Fortentwicklung des kommunalen Finanzausgleichs im Saarland: Gutachten im Auftrag des Ministeriums für Inneres und Sport, München.

Parsche, R., Steinherr, M. (1995), Der kommunale Finanzausgleich des Landes Nordrhein-Westfalen, Ifo-Studien der Finanzpolitik, Band 59, München.

Peffekoven, R. (2005), Zur Begründung von Sonderbedarfen im Länderfinanzausgleich, in: Junkernheinrich, M. (Hrsg.), Sonderbedarfe in bundesstaatlichen Finanzausgleich, Forum Öffentliche Finanzen, Band 7, Berlin, S. 27-40.

Peffekoven, R. (2001), Statt grundlegender Reform fragwürdige Änderungen im Detail, in: Wirtschaftsdienst, 81. Jg., Heft 8, S. 427-434.

Peffekoven, R. (1999), Stellungnahme zum Gutachten des Rheinisch-Westfälischen Instituts für Wirtschaftsforschung e. V.: „Zur finanzwissenschaftlichen Beurteilung der Einwohnerwertung der Stadtstaaten im Länderfinanzausgleich", Mainz.

Peffekoven, R. (1987), Zur Neuordnung des Länderfinanzausgleichs, in: Finanzarchiv, N. F., 45. Jg., Heft 2, S. 181-228.

Peffekoven, R. (1986), Einführung in die Grundbegriffe der Finanzwissenschaft, Darmstadt.

Peffekoven, R. (1980), Finanzausgleich I. Wirtschaftstheoretische Grundlagen, in: Albers, W. et al. (Hrsg.), Handwörterbuch der Wirtschaftswissenschaften, Band 2, Stuttgart et al., S. 608-635.

Pflüger, M., Südekum, J. (2008), Integration, agglomeration and welfare, in: Journal of Urban Economics, Elsevier, Heft 63 (2), S. 544-566.

Pigou, A. C. (1962), The Economics of Welfare, 4. Auflage, London.

Pindyck, R. S., Rubinfeld, D. L. (2003), Mikroökonomie, 5. Auflage, München et al.

Pohl, M., Sünner, I. (2001), Die Neuregelung des bundesstaatlichen Finanzausgleichs, Wirtschaftspolitische Bedeutung für Bremen, in: BAW Institut für Wirtschaftsforschung (Hrsg.), BAW-Monatsbericht, H.10/11, S. 1-12

Popitz, J. (1932), Der künftige Finanzausgleich zwischen Reich Ländern und Gemeinden, Berlin.

Regierungsrat des Kantons Aarau (2005), Beilage zu Botschaft 05.313, Aarau.

Regierungsrat des Kantons Basel-Stadt (2006), Ratschlag A betreffend des Erlass eines Finanz- und Lastenausgleichgesetzes sowie Beantwortung des Anzugs Dr. Christine Kaufmann und Konsorten betreffend körperschafts-differenzierte Rechnungsanalysen im Kanton Basel-Stadt, Basel.

Regierungsrat des Kantons Bern (2008), Optimierung der Aufgaenteilung und des Finanz- und Lastenausgleichs im Kanton Bern: Bericht des Regierungsrates an den Grossen Rat – Vernehmlassungsentwurf, Bern.

Regierungsrat des Kantons Bern (2000), Gesetz über den Finanz- und Lastenausgleich (FILAG) – Vortrag des Regierungsrates z. Hd. des Grossen Rates, Bern.

Regierungsrates des Kantons Zürich (2009), Antrag des Regierungsrates vom 28. Januar 2009 zum Finanzausgleichsgesetz (FAG), Zürich.

Renzsch, W. (2006), Finanzverfassung und Ausgabenrestriktionen von Ländern unter besonderer Berücksichtigung der Haushaltsnotlager der Freien Hansestadt Bremen, Gutachten im Auftrag des Senators für Finanzen der Freien Hansestadt Bremen, Magdeburg.

Richardson, H. W. (1979), Regional Economics, London.

Ross, M. (2003), Internationale Integration und die Neue Ökonomische Geographie, in: Perspektiven der Wirtschaftspolitik, Band 4, Heft 1, S. 107-121.

Rummel, Bernd (1999), Kommunaler Finanzausgleich in Deutschland, in: Der Gemeindehaushalt, 100. Jg., Heft 9, S. 193-206.

Sachverständigenrat zur Begutachtung der gesamtwirtschaftlichen Entwicklung (2006), Widerstreitende Interessen – ungenutzte Chancen: Jahresgutachten 2006/2007, Wiesbaden.

Sachverständigenrat zur Begutachtung der gesamtwirtschaftlichen Entwicklung (2001), Für Stetigkeit – gegen Aktionismus, Jahresgutachten 2001/2001, Wiesbaden.

Sachverständigenrat zur Begutachtung der gesamtwirtschaftlichen Entwicklung (1990), Auf dem Wege zur wirtschaftlichen Einheit Deutschlands, Jahresgutachten 1990/1991, Wiesbaden.

Sachverständigenrat zur Begutachtung der gesamtwirtschaftlichen Entwicklung (1988), Arbeitsplätze im Wettbewerb, Jahresgutachten 1988/1989, Stuttgart /Mainz.

Sächsisches Staatsministerium der Finanzen (Hrsg.) (2005), Gemeinden und ihre Finanzen, 6. Auflage, Dresden.

Schätzel, L. (2003), Wirtschaftsgeographie 1 Theorie, 9. Auflage, Paderborn et al.

Schelpmeier, H. (1998), Finanzausgleich für zentrale Orte? Die Berücksichtigung zentralörtlicher Aufgaben und Belastungen im kommunalen Finanzausgleich, in: Raumforschung und Raumordnung, Jg. 56/1998, Heft 4, S. 299-306.

Scherf, W. (2001), Das Hessen-Modell zur Reform des Länderfinanzausgleichs, Arbeitspapier Nr. 59/2001, Gießen.

Schlichting, K. (1998), Zerlegung der Lohnsteuer, in: Statistisches Landesamt Bremen (Hrsg.), Statistische Monatsberichte Bremen, 50 Jg., Heft 9, S. 191-199.

Schmandt, H. J., Stephens, G. R. (1960), Measuring municipal output, in: National Tax Journal, Heft 13, S. 369-375.

Schmölders, G. (1998), Zerlegung der Lohnsteuer, in: Statistsiches Landesamt Bremen (Hrsg.), Statistische Monatsberichte Bremen, 50. Jg., Heft 9, Bremen, S. 191-199.

Schmutzler, A. (1999), The New Economic Geography, in: Journal of Economic Surveys, 13. Jg., Heft 4, S. 355-379.

Schoch, F., Wieland, J. (1995), Finanzierungsverantwortung für gesetzgeberisch veranlasste kommunale Aufgaben, Baden-Baden.

Schumpeter, J. A. (1936), Kapitalismus, Sozialismus und Demokratie, Bonn.

Schuppert, G., Dahrendorf, F. (1985), Verfassungsrechtliche Aspekte des Länderfinanzausgleichs, Baden-Baden.

Schweisfurth, T, Voß, W. (1998): Der kommunale Finanzausgleich in Sachsen - eine Bilanz der Jahre 1991-1997, in: Finanzwirtschaft, Zeitschrift zum Haushalts-, Finanz- und Steuerrecht der öffentlichen Verwaltung, Band 52, Heft 1/2, S. 1-5 / 29-33.

Schweizer Bundesamt für Statistik (Hrsg.) (2008), Bilanz der ständigen Wohnbevölkerung nach Städten 2000-2008, Bern.

Seiler, G. (1980), Ziele und Mittel des kommunalen Finanzausgleichs – Ein Rahmenkonzept für einen aufgabenbezogenen kommunalen Finanzausgleich, in: Dieter Pohmer (Hrsg.), Probleme des Finanzausgleichs II, Schriften des Vereins für Socialpolitik, Band 96/ II, Berlin, S. 11-82.

Seitz, H. (2006a), Bailout für Berlin?, in: Konrad, K. A., Jochimsen, B. (Hrsg.), Finanzkrise im Bundesstaat, Frankfurt/Main, S. 133-160.

Seitz, H. (2006b), Einwohnerwertung der Stadtstaaten unter besonderer Berücksichtigung der Situation Bremens, unveröffentlichtes Gutachten im Auftrag der Freien Hansestadt Bremen, Berlin.

Seitz, H. (2006c), Nachhaltigkeitspolitik in Bremen: Ergebnisse von Modellrechnungen zur Überwindung der Haushaltsnotlage, Berlin.

Seitz, H. (2004), Finanzpolitische Voraussetzungen einer Fusion der beiden Länder Berlin und Brandenburg, Gutachten im Auftrag Vereinigung der Unternehmensverbände in Berlin und Brandenburg e.V. (UVB), Berlin.

Seitz, H. (2002), Der Einfluss der Bevölkerungsdichte auf die Kosten der öffentlichen Leistungserstellung, Schriften zum Öffentlichen Recht, Band 899, Berlin.

Selmer, P. (1993), Grundsätze der Finanzverfassung des vereinten Deutschlands, in: Veröffentlichungen der Vereinigung der Deutschen Staatsrechtslehrer, Band 52, Berlin.

Semkeal, C. (1980), Transfers zwischen Gebietskörperschaften (TG) - Ziele und Ausgestaltungsprobleme, in: Pohmer, D. (Hrsg.), Probleme des Finanzausgleichs II, Schriften des Vereins für Socialpolitik, Band 96/ II, Berlin, S. 151-220.

Söllner, F. J. (2001), Die Rolle der Einwohnerveredelung im deutschen Länderfinanzausgleich, in: Wirtschaftswissenschaftliches Studium, 30. Jg., Heft 10, S. 543-546.

Statistisches Bundesamt (2009), Fachserie 1, Reihe 4.2.1, Bevölkerung und Erwerbstätigkeit. Struktur der sozialversicherungspflichtig Beschäftigten am 30. Juni 2008, Wiesbaden.

Statistisches Bundesamt (2009), Fachserie 14, Reihe 4, Finanzen und Steuern. Steuerhaushalt 2008, Wiesbaden.

Statistisches Bundesamt (2009), Fachserie 13, Reihe 2, Sozialleistungen. Sozialhilfe, Wiesbaden.

Statistisches Bundesamt (2009), Fachserie 17, Reihe 5, Preise. Kaufwerte für Bauland 2008, Wiesbaden.

Statistisches Bundesamt (2008), Fachserie 14, Reihe 5. Finanzen und Steuern. Schulden der öffentlichen Haushalte, Wiesbaden.

Statistisches Bundesamt (2007), Fachserie 14, Reihe 3.3, Finanzen und Steuern. Jahresrechnungsergebnisse der kommunalen Haushalte 2006, Wiesbaden.

Statistisches Bundesamt (2004), Fachserie 1, Reihe 1.2, Wanderungsstatistik , Wiesbaden.

Statistisches Bundesamt, Fachserie 14, Reihe 2, Finanzen und Steuern. Vierteljährliche Kassenergebnisse des öffentlichen Gesamthaushalts, diverse Jahrgänge, Wiesbaden.

Statistisches Bundesamt (diverse Jahrgänge), Fachserie 14, Reihe 2, Finanzen und Steuern. Vierteljährliche Kassenergebnisse des öffentlichen Gesamthaushalts, Wiesbaden.

Statistisches Bundesamt (diverse Jahrgänge), Fachserie 14, Reihe 3.1, Finanzen und Steuern. Rechnungsergebnisse des öffentlichen Gesamthaushalts, Wiesbaden.

Statistisches Bundesamt (diverse Jahrgänge), Fachserie 11, Reihe 4.1, Studierende an Hochschulen, Wiesbaden.

Steins, G. (2003), Szenarien zur Raumentwicklung: Raum- und Siedlungsstrukturen Deutschlands 2015/2040, Bonn.

Stölben, H.-P. (1977), Der Länderfinanzausgleich in Theorie und Praxis, in: Deutsche Verwaltungspraxis (DVP), Jg. 1977.

Straubhaar, T. (1999), Glokalisierung – Die Champions League der Agglomerationen, in: Wirtschaftsdienst, 79. Jg., Heft 10, S. 574-575.

Ströhl, G. (1994), Zwischenörtlicher Vergleich der Verbraucherpreisniveaus in 50 Städten, in: Statistisches Bundesamt (Hrsg.), Wirtschaft und Statistik Nr. 6/1994, Wiesbaden, S. 415-434.

Strüßmann, B. (2009), Die Pendler in Bremen und „umzu": Eine Untersuchung der Arbeitnehmerkammer Bremen, Bremen.

Thöne, M., Jacobs, C. (2001), Länderfinanzausgleich in Deutschland: Analyse und umsetzungsorientierte Reformmodelle, Berlin.

Thüringer Innenministerium (Hrsg.) (2007), Mit starken Kommunen in die Zukunft: Das Thüringer Modell zum kommunalen Finanzausgleich, Erfurt.

Vallendar, F. (2001), Theater günstig, Gitarrenunterricht teuer – Ein Städtevergleich, in: General Anzeiger vom 28.3.2001, Bonn.

Verfassungsgerichtshof des Freistaates Sachsen (2000), Vf. 53-II-97, Leipzig.

Verfassungsgerichtshof für das Land Nordrhein-Westfalen (1996), VerfGH 16/96, VerfGH 8/97, Münster.

Vesper, D. (2003), Berliner Haushalt: Trotz Sparkurs hohe Sanierungshilfen des Bundes erforderlich, in: DIW Wochenbericht, 70. Jg., Heft 23, S. 363-374.

Vesper, D. (2001), Die Einwohnerwertung der Stadtstaaten im Länderfinanzausgleich – mehr als gerechtfertigt, in: DIW Wochenbericht, 68. Jg., H. 11, S. 173-185.

Vesper, D. (2000), Kommunalfinanzen und kommunaler Finanzausgleich in Brandenburg, in: Beiträge zur Strukturforschung, Heft 185, Berlin.

Vogel, K. (1990), Grundzüge des Finanzrechts des Grundgesetzes, in: Isensee, J., Kirchhof, P. (Hrsg.), Handbuch des Staatsrechts der Bundesrepublik Deutschland, Band 4, Heidelberg, S. 3-86.

Voigt, R. (1980), Das System des kommunalen Finanzausgleichs in der Bundesrepublik Deutschland, Kommunalforschung für die Praxis, Heft 5/6, Stuttgart/München/Hannover.

Volmerig, R.-D. (1991), Kommunaler Finanzausgleich und zentrale Orte in Schleswig-Holstein: Eine Evaluierung des Systems am Beispiel der Bevölkerungsentwicklung in zentralen Orten und Vergleichsgemeinden, Berliner geographische Studien, Band 32 , Berlin.

Voß, W. (1991), Nutzenspillover-Effekte als Problem des kommunalen Finanzausgleichs, Dissertation, Frankfurt/Main et al.

Walter, F. et al. (1997), Zentrumslasten und -nutzen, Bern.

Weber, M. (1981), Die Schlüsselzuweisungen: Analyse eines Instruments des kommunalen Finanzausgleichs, Frankfurt/Main.

Wendt, R. (1990), Finanzhoheit und Finanzausgleich, in: Isensee, J., Kirchhof, P. (Hrsg.), Handbuch des Staatsrechts der Bundesrepublik Deutschland, Band 4, Heidelberg, S. 1021-1090.

White, R. W. (1974), Sketches of a Dynamic Central Place Theory, in: Economic Geography, Heft 50, Worchester/Mass., S. 129-227.

Wiegard, W. (2006), Reform des föderalen Finanzsystems aus ökonomischer Sicht, in: Wendisch, P., Fonger, M. (Hrsg.), Reform des föderalen Finanzsystems in Deutschland: Ergebnisse einer Tagung der Handelskammer Bremen in Kooperation mit dem DIHK und der Forschungsstelle Finanzpolitik, Baden-Baden, S. 19-32.

Wieland, J. (1993), Gutachten zur Neugestaltung der Finanzbeziehungen zur Stärkung des Föderalismus im vereinten Deutschland unter besonderer Berücksichtigung des Landes Bremen, in: Der Senator für Finanzen der Freien Hansestadt Bremen (Hrsg.), Neuordnung des Finanzausgleichs zwischen Bund und Ländern und ihre Auswirkungen auf das Land Bremen, Schriftenreihe zur Finanz- und Verwaltungspolitik, Band 3, Bremen, S. 161-270.

Wissenschaftlicher Beirat beim Bundesministerium der Finanzen (2005), Haushaltskrisen im Bundesstaat, Berlin.

Wissenschaftlicher Beirat beim Bundesministerium der Finanzen (1992), Gutachten zum Länderfinanzausgleich in der Bundesrepublik Deutschland, Schriftenreihe des Bundesministeriums der Finanzen, Heft 68, Bonn.

Wissenschaftliche Dienste des Deutschen Bundestages (1993), Finanzausgleichproblematik für den Fall des Zusammenschlusses Berlin/Brandenburg, Ausarbeitung Nr. 264/93, Bonn.

Wittmann, W. (1976), Einführung in die Finanzwissenschaft, Stuttgart/New York.

Wust, H. F. (1981), Föderalismus: Grundlage für Effizienz in der Staatswirtschaft, Göttingen/Vandenhoeck/Ruprecht.

Zimmermann, H. (2009), Kommunalfinanzen, Schriften zur öffentlichen Verwaltung und öffentlichen Wirtschaft, 2. Auflage, Berlin.

Zimmermann, H. (2005), Regionaler Ausgleich versus Wachstum – eine Balance finden, in: Institut für Landes- und Stadtentwicklungsforschung und Bauwesen des Landes Nordrhein-Westfalen (Hrsg.), Ausgleich versus Wachstum – Paradigmenwechsel in der räumlichen Planung?, Dortmund, S. 12-27.

Zimmermann, H. (2004), Agglomerationstendenzen und gesamtwirtschaftliches Wachstum – Zum Einstieg in neuere Entwicklungen, Discussion Paper Nr. 4, Marburg.

Zimmermann, H. (2001), Haben Ballungsgebiet einen höheren Finanzbedarf?, in: Wirtschaftsdienst, 81. Jg., Heft 4, S. 222-226.

Zimmermann, H. (1996), Bedarfsmessung im kommunalen Finanzausgleich zwischen Allokation und Verteilung, in: Junkernheinrich, M., Klemmer, P. (Hrsg.), Neuordnung des Gemeindefinanzsystems, Forum Öffentliche Finanzen, Bd. 3, Berlin, S. 59-72.

Zimmermann, H. (1981), Allgemeine Probleme und Methoden des Finanzausgleichs, in: Handbuch der Finanzwissenschaft, Band IV.3, Tübingen.

Zimmermann, H., Hardt, U., Postlep, R.-D. (1987), Probleme des kommunalen Finanzausgleichs, Veröffentlichungen der Akademie für Raumforschung und Landesplanung: Forschungs- und Sitzungsberichte, Band 159, Hannover, S. 1-13.

Zimmermann, H., Henke, K.-D. (2005), Finanzwissenschaft, 9. Auflage, München.

Gesetzestexte

Begleitgesetz zur zweiten Föderalismusreform (FördRefIIBG) vom 10.08.2009 (BGBl. I S. 2702).

Bundesgesetz über die Harmonisierung der direkten Steuern der Kantone und Gemeinden (StHG) vom 14. Dezember 1990, AS 1991 1256, zuletzt geändert am 20. März 2008, AS 2008 4453.

Bundesverfassung der Schweizer Eidgenossenschaft (BV) vom 18. April 1999, AS 1999 2556, zuletzt geändert am 03. Oktober 2008, AS 2009 5325.

Finanz- und Lastenausgleichsgesetz (FiLag) vom 06. Juni 2007, Kantonsblatt Basel-Stadt 043 2007, S. 4.

FAG (BW): Gesetz über den kommunalen Finanzausgleich (Finanzausgleichsgesetz – FAG) in der Fassung vom 01.01.2000 (GBl. BW S. 14), zuletzt geändert am 23.06.2009 (GBl. S. 246, 247).

FAG (BY): Gesetz über den Finanzausgleich zwischen Staat, Gemeinden und Gemeindeverbänden (Finanzausgleichsgesetz – FAG) in der Neufassung vom 02.06.2008 (Bayer. GVBl. S. 386, 396).

GFG (BB): Gesetz über den allgemeinen Finanzausgleich mit den Gemeinden und Gemeindeverbänden im Land Brandenburg vom 29.06.2004 (GVBl. I/04 S. 262), geändert am 06.12.2006 (GVBl. I/06 S. 166/167).

FAG (HE): Gesetz zur Regelung des Finanzausgleichs (Finanzausgleich – FAG) in der Fassung vom 29.05.2007 (GVBl. I S. 310), zuletzt geändert am 18.06.2009 (GVBl. I S. 226).

FAG (MV): Finanzausgleichsgesetz (FAG) in der Fassung der Bekanntmachung vom 13.01.2006 (GVOBl. S. 22), zuletzt geändert am 17.12.2007 (GVOBl. S. 472, 473).

NFAG (NI): Niedersächsisches Gesetz über den Finanzausgleich (NFAG) in der Fassung vom 14.09.2007 (Nds. GVBl. S. 466), zuletzt geändert am 29.10.2009 (Nds. GVBl. S. 403).

NVFG (NI): Niedersächsisches Gesetz zur Regelung der Finanzverteilung zwischen Land und Kommunen (Niedersächsisches Finanzverteilungsgesetz – NVFG) vom 13.09.2007 (Nds. GVBl. S. 461), zuletzt geändert am 29.10.2009 (Nds. GVBl. S. 403).

GFG (NW): Gesetz zur Regelung der Zuweisungen des Landes Nordrhein-Westfalen an die Gemeinden und Gemeindeverbände im Haushaltsjahr 2010 (Gemeindefinanzierungsgesetz – GFG 2010).

LFAG (RP): Landesfinanzausgleichsgesetz (LFAG) vom 30.11.1999 (GVBl. RP S. 415), zuletzt geändert am 07.07.2009 (GVBl. S. 277).

KFAG (SL): Kommunalfinanzausgleichsgesetz (KFAG) vom 12.07.1983 (ABl. S. 462), zuletzt geändert am 10.12.2008 (ABl. S. 2064).

FAG (SN): Gesetz über den Finanzausgleich mit den Gemeinden und Landkreisen im Freistaat Sachsen (Finanzausgleichsgesetz – FAG) in der Neufassung vom 12.01.2009 (Sächs. GVBl. S. 24)

FAG (ST): Finanzausgleichsgesetz (FAG) in der Neufassung vom 23.02.2009 (GVBl. S. 146).

FAG (SH): Gesetz über den Finanzausgleich in Schleswig-Holstein (Finanzausgleichsgesetz – FAG) in der Fassung vom 05.09.2007 (GVOBl. S. 433), zuletzt geändert am 12.12.2008 (GVOBl. S. 791).

ThürFAG: Thüringer Finanzausgleichsgesetz (ThürFAG) vom 20.12.2007 (GVBl. S. 259), zuletzt geändert am 09.10.2008 (GVBl. S. 369,372).

Gemeindegesetz des Kantons Basel-Stadt vom 17. Oktober 1984, 170.100.

Gemeindeordnung der Bürgergemeinde der Stadt Basel vom 22. Oktober 1985, BaB 111.110.

Gesetz über den Finanzausgleich zwischen Bund und Ländern (Finanzausgleichsgesetz – FAG) vom 23. Juni 1993 (BGBl. I S. 944/977), zuletzt geändert durch Solidarpaktfortführungsgesetz vom 20. Dezember 2001 (BGBl. I 3955) und Viertes Gesetz für moderne Dienstleistungen am Arbeitsmarkt vom 29. Dezember 2003 (BGBl. S. 2954).

Gesetz über den Finanz- und Lastenausgleich (FILAG) des Kantons Bern.

Gesetz zur Ausführung von Artikel 115 des Grundgesetzes (Artikel 115-Gesetz) vom 10.08.2009 (BGBl. I S. 2704).

Gesetz über die Organisation der Bayerischen Staatlichen Polizei (Polizeiorganisationsgesetz – POG) vom 1. Oktober 1976, zuletzt geändert §1 Gesetz vom 20. Dezember 2007.

Gesetz über verfassungskonkretisierende allgemeine Maßstäbe für die Verteilung des Umsatzsteueraufkommens, für den Finanzausgleich unter den Ländern sowie für die Gewährung von Bundesergänzungszuweisungen (Maßstäbegesetz - MaßstG) vom 09. September 2001 (BGBl. I S. 2302), zuletzt geändert durch Artikel 8 des Gesetzes vom 29. Mai 2009 (BGBl. I S. 1170).

Gesetz zur Einrichtung eines Stabilitätsrates und zur Vermeidung von Haushaltsnotlagen (StabiRatG) vom 10. August 2009 (BGBl. I S. 2702).

Gesetz zur Gewährung von Konsolidierungshilfen (Konsolidierungshilfegesetz – KonsHilfG) vom 10. August 2009 (BGBl. I S. 2705).

Grundgesetz für die Bundesrepublik Deutschland (GG) vom 23. Mai 1949 (BGBl. I S. 1), zuletzt geändert durch Artikel 1 des Gesetzes vom 29. Juli 2009 (BGBl. I S. 2248)

Interkantonale Universitätsvereinbarung vom 20. Februar 1997.

Raumordnungsgesetz (ROG) vom 22. Dezember 2008 (BGBl. I S. 2986), zuletzt geändert durch Artikel 9 des Gesetzes vom 31. Juli 2009 (BGBl. I S. 2585).

Verordnung über den Finanz- und Lastenausgleich (FiLav) vom 07. November 2007, AS 2007 5887, zuletzt geändert am 01. Januar 2009, AS 2008 5965.

Zerlegungsgesetz (ZerlG) in der Fassung des Artikels 1 des Gesetzes zur Neuordnung des Zerlegungsgesetzes und zur Änderung der Kraftfahrzeugsteuer (Zerlegungs- und Kraftfahrzeugsteueränderungsgesetz - ZerlKraftStÄndG vom 6. August 1998 (BGBl. I S. 1998), zuletzt geändert durch Artikel 12 des Gesetzes vom 20. Dezember 2008 (BGBl. I S. 2850).

Sonstige Quellen

Arbeitskreis „*Erwerbstätigenrechnung des Bundes und der Länder*"

Arbeitskreis „*Volkswirtschaftliche Gesamtrechnung der Länder*"

BAK Basel Economics „*Wirtschaftsatlas der Kantone*"

Regionaldatenbank Deutschland der Statistischen Ämter des Bundes und der Länder

Anhang

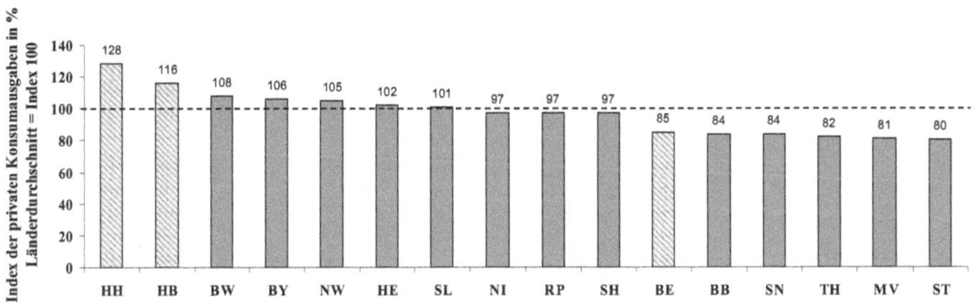

Abbildung A 1: Private Konsumausgaben in jeweiligen Preisen 2007
Quelle: Arbeitskreis Volkswirtschaftliche Gesamtrechnung der Länder (Berechnungsstand August 2008).

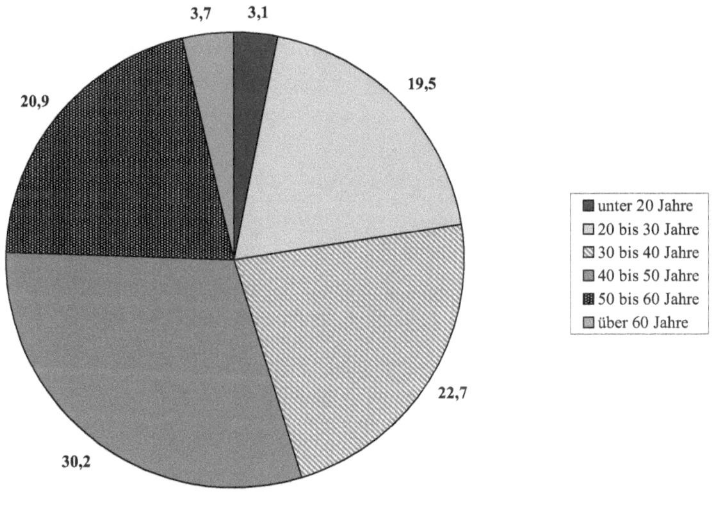

Abbildung A 2: Anteil sozialversicherungspflichtig Beschäftige nach Altersgruppen 2008
Quelle: Statistisches Bundesamt (2009), Fachserie 1, Reihe 4.2.1.

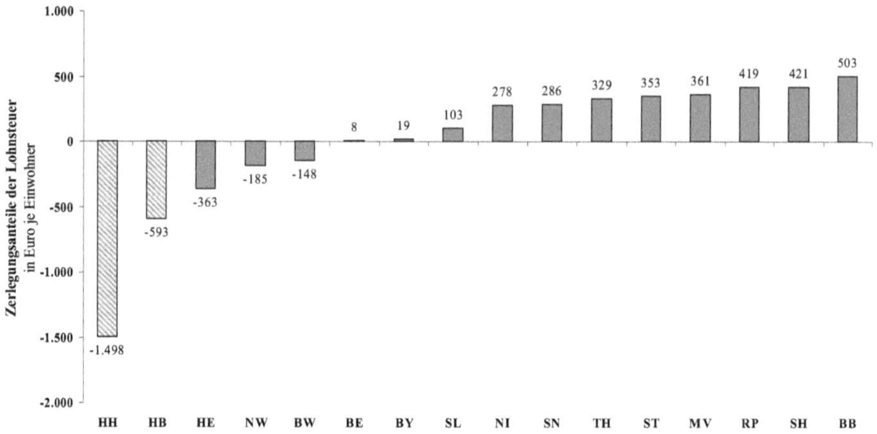

Abbildung A 3: Zerlegungsanteile der Lohnsteuer (01.10.2007-30.09.2008)

Quelle: Bundesministerium der Finanzen (2008), Vorläufige Abrechnung des Länderfinanzausgleichs für das Ausgleichsjahr 2008.

Tabelle A 1: Aufgabenbezogene Indikatoren der Vergleichsstädte in Prozent

Aufgabenbereich	Köln	Düssel-dorf	Dort-mund	Essen	Duisburg	Münche n	Nürn-berg	Stuttgart	Hanno-ver	Frank-furt	Leipzig	Dresden
Politische Führung und zentrale Verwaltung	5,4	3,2	3,3	3,3	2,8	10,0	4,0	5,5	8,1	10,6	11,5	11,2
Öffentliche Sicherheit und Ordnung	9,2	7,9	4,1	3,8	3,9	20,9	8,1	14,9	20,0	19,7	18,6	22,1
Gerichte und Staatsanwaltschaften	11,1	9,3	5,0	5,0	4,2	32,2	12,4	18,9	14,0	26,6	17,1	33,2
Justizvollzugsanstalten	6,0	3,8	2,4	2,7	2,0	10,8	9,2	10,7	15,3	19,6	11,2	16,9
(Vor-)schulische Bildung	5,4	3,1	3,5	3,2	3,5	6,9	2,9	6,5	6,8	10,0	11,5	11,5
Hochschulen	13,9	10,5	4,6	7,3	2,0	40,6	1,1	12,3	35,0	26,6	26,9	43,7
sonstiges Bildungswesen	8,1	5,4	3,8	4,5	2,7	19,0	2,3	8,5	15,4	16,1	20,9	23,4
Wissenschaft, Forschung, Entwicklung außerhalb der Hochschulen	5,4	3,2	3,3	3,3	2,8	10,0	4,0	5,5	8,1	10,6	11,5	11,2
Kultur, kirchliche Angelegenheiten	7,2	6,8	6,4	5,7	3,7	35,1	10,6	17,0	21,6	31,0	20,2	15,5
Soziale Sicherung, sozialer Kriegsfolgeaufgaben, Wiedergutmachung	8,4	4,1	5,1	5,6	4,2	19,2	12,1	10,0	12,2	16,5	23,1	12,5
Gesundheitswesen, Sport und Erholung (ohne Krankenhäuser)	5,4	3,2	3,3	3,3	2,8	10,0	4,0	5,5	8,1	10,6	11,5	11,2
Krankenhäuser	6,0	4,3	3,6	4,7	3,7	15,7	4,5	8,5	11,9	17,8	14,0	12,8
Wohnungswesen, Raumordnung, Städtebauförderung	5,4	3,2	3,3	3,3	2,8	10,0	4,0	5,5	8,1	10,6	11,5	11,2
Energie- und Wasserwirtschaft, Gewerbe, Dienstleistungen	5,4	3,2	3,3	3,3	2,8	10,0	4,0	5,5	8,1	10,6	11,5	11,2
Verkehr, Nachrichtenwesen	5,4	3,2	3,3	3,3	2,8	10,0	4,0	5,5	8,1	10,6	11,5	11,2
Schuldendienst	7,8	5,3	3,9	4,2	3,1	17,0	5,1	9,0	14,0	16,2	17,0	17,3
Versorgung / Beihilfe	7,6	5,2	3,8	4,0	3,1	16,4	4,6	9,3	9,9	14,0	16,7	19,1

Quelle: Sonderauswertung der Statistischen Landesämter; Eigene Berechnungen.

Tabelle A 2: Aufgabenbezogene Einwohnerwertungen der Vergleichsstädte in Prozent

Aufgabenbereich	Köln	Düssel-dorf	Dort-mund	Essen	Duisburg	München	Nürn-berg	Stuttgart	Hanno-ver	Frank-furt	Leipzig	Dresden
Politische Führung und zentrale Verwaltung	100	100	100	100	100	100	100	100	100	100	100	100
Öffentliche Sicherheit und Ordnung	171	248	125	117	140	208	203	270	248	186	162	197
Gerichte und Staatsanwaltschaften	207	294	153	155	150	321	310	343	173	251	148	296
Justizvollzugsanstalten	111	118	73	96	63	107	230	194	189	185	97	151
(Vor-)schulische Bildung	101	99	106	97	109	67	73	118	84	94	100	102
Hochschulen	259	321	140	223	74	405	28	223	433	251	320	390
sonstiges Bildungswesen	151	169	117	137	98	190	57	154	190	152	181	209
Wissenschaft, Forschung, Entwicklung außerhalb der Hochschulen	100	100	100	100	100	100	100	100	100	100	100	100
Kultur, kirchliche Angelegenheiten	134	216	196	175	213	350	267	309	267	293	176	139
Soziale Sicherung, sozialer Kriegsfolgeaufgaben, Wiedergutmachung	173	141	173	190	166	211	335	200	167	171	222	123
Gesundheitswesen, Sport und Erholung (mit Krankenhäuser)	106	120	105	124	117	124	105	131	127	142	108	105
Krankenhäuser	111	135	109	143	131	156	112	154	147	168	121	111
Wohnungswesen, Raumordnung, Städtebauförderung	100	100	100	100	100	100	100	100	100	100	100	100
Energie- und Wasserwirtschaft, Gewerbe, Dienstleistungen	100	100	100	100	100	100	100	100	100	100	100	100
Verkehr, Nachrichtenwesen	100	100	100	100	100	100	100	100	100	100	100	100
Schuldendienst	144	167	119	130	112	170	127	163	174	153	148	154
Versorgung / Beihilfe	141	166	117	122	111	164	115	168	123	132	145	171

Quelle: Sonderauswertung der Statistischen Landesämter; Statistisches Bundesamt, Fachserie, 14, Reihe 3.1; Eigene Berechnungen.

Tabelle A 3: Basis- und Endwerte des Szenarios I (Basisjahr 2008)

Szenario I	Hamburg			Berlin			Bremen		
	2008	2020	Δ 2008 2020	2008	2020	Δ 2008 2020	2008	2020	Δ 2008 2020
Bereinigte Einnahmen	5.918	7.809	+ 31,9 %	5.965	7.032	+ 17,9 %	5.521	7.215	+ 31,0 %
Bereinigte Ausgaben	5.874	7.531	+ 28,2 %	5.978	7.923	+ 32,5 %	6.123	8.300	+ 35,6 %
Zinsausgaben	587	515	- 12,3 %	675	886	+ 31,2 %	960	1.449	+ 50,9 %
Primärausgaben	5.287	7.016	+ 32,7 %	5.303	7.037	+ 32,7 %	5.163	6.851	+ 32,7 %
Primärausgabenrelation	129	129	--	130	130	--	126	126	--
Struktureller Saldo	44	278	+531,8 %	-13	-891	+6.753,8 %	-601	-1.085	+ 80,5 %

Szenario I	Sachsen-Anhalt			Schleswig-Holstein			Saarland			Flächenländer		
	2008	2020	Δ 2008 2020	2008	2020	Δ 2008 2020	2008	2020	Δ 2008 2020	2008	2020	Δ 2008 2020
Bereinigte Einnahmen	4.996	5.534	+ 10,8 %	4.116	5.322	+ 29,3 %	3.891	5.079	+ 30,5 %	4.484	5.679	+ 26,7 %
Bereinigte Ausgaben	4.815	6.352	+ 31,9 %	4.414	6.016	+ 36,3 %	4.376	6.058	+ 38,4 %	4.378	5.679	+ 29,7 %
Zinsausgaben	480	600	+ 25,0 %	377	658	+ 42,7 %	515	933	+ 81,2 %	292	258	- 11,6 %
Primärausgaben	4.335	5.752	+ 32,7 %	4.037	5.357	+ 32,7 %	3.862	5.124	+ 32,7 %	4.086	5.422	+ 32,7 %
Primärausgabenrelation	106	106	--	99	99	--	95	95	--	--	--	--
Struktureller Saldo	181	-818	--	-298	-693	+132,6 %	-486	-979	+101,4 %	106	0	--

Quelle: Statistisches Bundesamt, Fachserie 14, Reihe 2; Eigene Berechnungen.

Tabelle A 4: Basis- und Endjahr des Szenarios II.1 (Basisjahr 2008)

Szenario I	Hamburg			Berlin			Bremen		
	2008	2020	Δ 2008 2020	2008	2020	Δ 2008 2020	2008	2020	Δ 2008 2020
Bereinigte Einnahmen	5.918	7.809	+ 31,9 %	5.965	7.032	+ 17,9 %	5.521	7.215	+ 31,0 %
Bereinigte Ausgaben	5.874	7.809	+ 32,9 %	5.978	7.923	+ 32,5 %	6.123	7.215	+ 17,8 %
Zinsausgaben	587	573	- 2,4 %	675	669	+ 31,2 %	960	951	+ 1,0 %
Primärausgaben	5.287	7.235	+ 36,9 %	5.303	6.363	+ 20,0 %	5.163	6.264	+ 21,3 %
Primärausgabenrelation	129	133	--	130	117	--	126	115	--
Struktureller Saldo	44	0	--	-13	0	--	-601	0	--

Szenario I	Sachsen-Anhalt			Schleswig-Holstein			Saarland			Flächenländer		
	2008	2020	Δ 2008 2020	2008	2020	Δ 2008 2020	2008	2020	Δ 2008 2020	2008	2020	Δ 2008 2020
Bereinigte Einnahmen	4.996	5.534	+ 10,8 %	4.116	5.322	+ 29,3 %	3.891	5.079	+ 30,5 %	4.484	5.679	+ 26,7 %
Bereinigte Ausgaben	4.815	5.534	+ 14,9 %	4.414	5.322	+ 20,6 %	4.376	5.079	+ 16,1 %	4.378	5.679	+ 29,7 %
Zinsausgaben	480	407	- 15,2 %	377	461	+ 22,3 %	515	559	+ 8,5 %	292	255	- 11,6 %
Primärausgaben	4.335	5.128	+ 18,3 %	4.037	4.861	+ 20,4 %	3.862	4.519	+ 40,3 %	4.086	5.424	+ 32,7 %
Primärausgabenrelation	106	95	--	99	90	--	95	87	--	--	--	--
Struktureller Saldo	181	0	--	-298	0	--	-486	0	--	106	0	--

Quelle: Statistisches Bundesamt, Fachserie 14, Reihe 2; Eigene Berechnungen.

Tabelle A 5: Basis- und Endwerte des Szenarios II.2 (Basisjahr 2008)

Szenario II.2 (ohne Hilfen)	**Hamburg**			**Berlin**			**Bremen**		
	2008	2020	Δ 2008 2020	2008	2020	Δ 2008 2020	2008	2020	Δ 2008 2020
Bereinigte Einnahmen	5.918	7.809	+ 31,9 %	5.965	7.032	+ 17,9 %	5.521	7.215	+ 31,0 %
Bereinigte Ausgaben	5.874	7.809	+ 32,9 %	5.978	7.923	+ 32,5 %	6.123	7.215	+ 17,8 %
Zinsausgaben	587	573	- 2,4 %	675	679	+ 0,6 %	960	1.155	+ 20,3 %
Primärausgaben	5.287	7.236	+ 36,9 %	5.303	6.353	+ 19,8 %	5.163	6.060	+ 17,4 %
Primärausgabenrelation	129	133	--	130	117	--	126	112	--
Struktureller Saldo	44	0	--	-13	0	--	-601	0	--

Szenario II.2 (ohne Hilfen)	**Sachsen-Anhalt**			**Schleswig-Holstein**			**Saarland**			**Flächenländer**		
	2008	2020	Δ 2008 2020	2008	2020	Δ 2008 2020	2008	2020	Δ 2008 2020	2008	2020	Δ 2008 2020
Bereinigte Einnahmen	4.996	5.534	+ 10,8 %	4.116	5.322	+ 29,3 %	3.891	5.079	+ 30,5 %	4.484	5.679	+ 26,7 %
Bereinigte Ausgaben	4.815	5.534	+ 14,9 %	4.414	5.322	+ 20,6 %	4.376	5.079	+ 16,1 %	4.378	5.679	+ 29,7 %
Zinsausgaben	480	422	- 12,1 %	377	474	+ 25,7 %	515	672	+ 30,5 %	292	258	- 11,6 %
Primärausgaben	4.335	5.113	+ 17,9 %	4.037	4.849	+ 20,1 %	3.862	4.406	+ 14,1 %	4.086	5.424	+ 32,7 %
Primärausgabenrelation	106	94	--	99	89	--	95	81	--	--	--	--
Struktureller Saldo	181	0	--	-298	0	--	-486	0	--	106	0	--

Quelle: Statistisches Bundesamt, Fachserie 14, Reihe 2; Eigene Berechnungen.

FINANZWISSENSCHAFTLICHE SCHRIFTEN

Band 1 Werner Steden: Finanzpolitik und Einkommensverteilung. Ein Wachstums- und Konjunkturmodell der Bundesrepublik Deutschland. 1979.

Band 2 Rainer Hagemann: Kommunale Finanzplanung im föderativen Staat. 1976.

Band 3 Klaus Scherer: Maßstäbe zur Beurteilung von konjunkturellen Wirkungen des öffentlichen Haushalts. 1977.

Band 4 Brita Steinbach: „Formula Flexibility" - Kritische Analyse und Vergleich mit diskretionärer Konjunkturpolitik. 1977.

Band 5 Hans-Georg Petersen: Personelle Einkommensbesteuerung und Inflation. Eine theoretisch-empirische Analyse der Lohn- und veranlagten Einkommensteuer in der Bundesrepublik Deutschland. 1977.

Band 6 Friedemann Tetsch: Raumwirkungen des Finanzsystems der Bundesrepublik Deutschland. Eine Untersuchung der Auswirkungen der Finanzreform von 1969 auf die Einnahmenposition der untergeordneten Gebietskörperschaften und ihrer regionalpolitischen Zieladäquanz. 1978.

Band 7 Wilhelm Pfähler: Normative Theorie der fiskalischen Besteuerung. Ein methodologischer und theoretischer Beitrag zur Integration der normativen Besteuerungstheorie in der Wohlfahrtstheorie. 1978.

Band 8 Wolfgang Wiegard: Optimale Schattenpreise und Produktionsprogramme für öffentliche Unternehmen. Second-Best Modelle im finanzwirtschaftlichen Staatsbereich. 1978.

Band 9 Hans P. Fischer: Die Finanzierung des Umweltschutzes im Rahmen einer rationalen Umweltpolitik. 1978.

Band 10 Rainer Paulenz: Der Einsatz finanzpolitischer Instrumente in der Forschungs- und Entwicklungspolitik. 1978.

Band 11 Hans-Joachim Hauser: Verteilungswirkungen der Staatsverschuldung. Eine kreislauftheoretische Inzidenzbetrachtung. 1979.

Band 12 Gunnar Schwarting: Kommunale Investitionen. Theoretische und empirische Untersuchungen der Bestimmungsgründe kommunaler Investitionstätigkeit in Nordrhein-Westfalen 1965-1972. 1979.

Band 13 Hans-Joachim Conrad: Stadt-Umland-Wanderung und Finanzwirtschaft der Kernstädte. Amerikanische Erfahrungen, grundsätzliche Zusammenhänge und eine Fallstudie für das Ballungsgebiet Frankfurt am Main. 1980.

Band 14 Cay Folkers: Vermögensverteilung und staatliche Aktivität. Zur Theorie distributiver Prozesse im Interventionsstaat. 1981.

Band 15 Helmut Fischer: US-amerikanische Exportförderung durch die DISC-Gesetzgebung. 1981.

Band 16 Günter Ott: Einkommensumverteilungen in der gesetzlichen Krankenversicherung. Eine quantitative Analyse. 1981.

Band 17 Johann Hermann von Oehsen: Optimale Besteuerung. *(Optimal Taxation)*. 1982.

Band 18 Richard Kössler: Sozialversicherungsprinzip und Staatszuschüsse in der gesetzlichen Rentenversicherung. 1982.

Band 19 Hinrich Steffen: Zum Handlungs- und Entscheidungsspielraum der kommunalen Investitionspolitik in der Bundesrepublik Deutschland. 1983.

Band 20 Manfred Scheuer: Wirkungen einer Auslandsverschuldung des Staates bei flexiblen Wechselkursen. 1983.

Band 21 Christian Schiller: Staatsausgaben und crowding-out-Effekte. Zur Effizienz einer Finanzpolitik keynesianischer Provenienz. 1983.

Band 22 Hannelore Weck: Schattenwirtschaft: Eine Möglichkeit zur Einschränkung der öffentlichen Verwaltung? Eine ökonomische Analyse. 1983.

Band 23 Wolfgang Schmitt: Steuern als Mittel der Einkommenspolitik. Eine Ergänzung der Stabilitätspolitik? 1984.

Band 24 Wolfgang Laux: Erhöhung staatswirtschaftlicher Effizienz durch budgetäre Selbstbeschränkung? Zur Idee einer verfassungsmäßig verankerten Ausgabengrenze. 1984.

Band 25 Brita Steinbach-van der Veen: Steuerinzidenz. Methodologische Grundlagen und empirisch-statistische Probleme von Länderstudien. 1985.

Band 26 Albert Peters: Ökonomische Kriterien für eine Aufgabenverteilung in der Marktwirtschaft. Eine deskriptive und normative Betrachtung für den Allokationsbereich. 1985.

Band 27 Achim Zeidler: Möglichkeiten zur Fortsetzung der Gemeindefinanzreform. Eine theoretische und empirische Analyse. 1985.

Band 28 Peter Bartsch: Zur Theorie der längerfristigen Wirkungen ‚expansiver' Fiskalpolitik. Eine dynamische Analyse unter besonderer Berücksichtigung der staatlichen Budgetbeschränkung und ausgewählter Möglichkeiten der öffentlichen Defizitfinanzierung. 1986.

Band 29 Konrad Beiwinkel: Wehrgerechtigkeit als finanzpolitisches Verteilungsproblem. Möglichkeiten einer Kompensation von Wehrungerechtigkeit durch monetäre Transfers. 1986.

Band 30 Wolfgang Kitterer: Effizienz- und Verteilungswirkungen des Steuersystems. 1986.

Band 31 Heinz Dieter Hessler: Theorie und Politik der Personalsteuern. Eine Kritik ihrer Einkommens- und Vermögensbegriffe mit Blick auf die Leistungsfähigkeitstheorie. 1994.

Band 32 Wolfgang Scherf: Die beschäftigungspolitische und fiskalische Problematik der Arbeitgeberbeiträge zur Rentenversicherung. Eine Auseinandersetzung mit der Kritik an der lohnbezogenen Beitragsbemessung. 1987.

Band 33 Andreas Mästle: Die Steuerunion. Probleme der Harmonisierung spezifischer Gütersteuern. 1987.

Band 34 Günter Ott: Internationale Verteilungswirkungen im Finanzausgleich der Europäischen Gemeinschaften. 1987.

Band 35 Heinz Haller: Zur Frage der zweckmäßigen Gestalt gemeindlicher Steuern. Ein Diskussionsbeitrag zur Gemeindesteuerreform. 1987.

Band 36 Thomas Kuhn: Schlüsselzuweisungen und fiskalische Ungleichheit. Eine theoretische Analyse der Verteilung von Schlüsselzuweisungen an Kommunen. 1988.

Band 37 Walter Hahn: Steuerpolitische Willensbildungsprozesse in der Europäischen Gemeinschaft. Das Beispiel der Umsatzssteuer-Harmonisierung. 1988.

Band 38 Ulrike Hardt: Kommunale Finanzkraft. Die Problematik einer objektiven Bestimmung kommunaler Einnahmemöglichkeiten in der gemeindlichen Haushaltsplanung und im kommunalen Finanzausgleich. 1988.

Band 39 Jochen Michaelis: Optimale Finanzpolitik im Modell überlappender Generationen. 1989.

Band 40 Bernd Raffelhüschen: Anreizwirkungen der sozialen Alterssicherung. Eine dynamische Simulationsanalyse. 1989.

Band 41 Berend Diekmann: Die Anleihe- und Darlehenstransaktionen der Europäischen Gemeinschaften. 1990.

Band 42 Helmut Kaiser: Konsumnachfrage, Arbeitsangebot und optimale Haushaltsbesteuerung. Theoretische Ergebnisse und mikroökonometrische Simulation für die Bundesrepublik Deutschland. 1990.

Band 43 Rüdiger von Kleist: Das Gramm-Rudman-Hollings-Gesetz. Ein gescheiterter Versuch der Haushaltskonsolidierung. 1991.

Band 44 Rolf Hagedorn: Steuerhinterziehung und Finanzpolitik. Ein theoretischer Beitrag unter besonderer Berücksichtigung der Hinterziehung von Zinserträgen. 1991.

Band 45 Cornelia S. Behrens: Intertemporale Verteilungswirkungen in der gesetzlichen Krankenversicherung der Bundesrepublik Deutschland. 1991.

Band 46 Peter Saile: Ein ökonomischer Ansatz der Theorie der intermediären Finanzgewalten – Die Kirchen als Parafisci. 1992.

Band 47 Peter Gottfried: Die verdeckten Effizienzwirkungen der Umsatzsteuer. Eine empirische allgemeine Gleichgewichtsanalyse. 1992.

Band 48 Andreas Burger: Umweltorientierte Beschäftigungsprogramme. Eine Effizienzanalyse am Beispiel des „Sondervermögens Arbeit und Umwelt". 1992.

Band 49 Jeanette Malchow: Die Zuordnung verteilungspolitischer Kompetenzen in der Europäischen Gemeinschaft. Eine Untersuchung aufgrund einer Fortentwicklung der ökonomischen Theorie des Föderalismus. 1992.

Band 50 Barbara Seidel: Die Einbindung der Bundesrepublik Deutschland in die Europäischen Gemeinschaften als Problem des Finanzausgleichs. 1992.

Band 51 Ralph Wiechers: Markt und Macht im Rundfunk. Zur Stellung der öffentlich-rechtlichen Rundfunkanstalten im dualen Rundfunksystem der Bundesrepublik Deutschland. 1992.

Band 52 Klaus Eckhardt: Probleme einer Umweltpolitik mit Abgaben. 1993.

Band 53 Oliver Schwarzkopf: Die Problematik unterschiedlicher Körperschaftsteuersysteme innerhalb der EG. 1993.

Band 54 Thorsten Giersch: Bergson-Wohlfahrtsfunktion und normative Ökonomie. 1993.

Band 55 Li-Fang Chou: Selbstbeteiligung bei Arzneimitteln aus ordnungspolitischer Sicht. Das Beispiel der Bundesrepublik Deutschland. 1993.

Band 56 Harald Schlee: Einkommensteuerliche Behandlung von Transferzahlungen. Zur Neuordnung der Familienbesteuerung sowie der Besteuerung von Versicherungsleistungen und Sozialtransfers. 1994.

Band 57 Alexander Spermann: Kommunales Krisenmanagement. Reaktionen baden-württembergischer Stadtkreise auf steigende Sozialhilfekosten und Einnahmenausfälle (1980- 92). 1993.

Band 58 Otto Roloff / Sibylle Brander / Ingo Barens / Claudia Wesselbaum: Direktinvestitionen und internationale Steuerkonkurrenz. 1994.

Band 59 Claudia Wesselbaum-Neugebauer: Internationale Steuerbelastungsvergleiche. 1994.

Band 60 Stephanie Miera: Kommunales Finanzsystem und Bevölkerungsentwicklung. Eine Analyse des kommunalen Finanzsystems vor dem Hintergrund der sich abzeichnenden Bevölkerungsentwicklung am Beispiel Niedersachsens unter besonderer Berücksichtigung des Landkreises Wolfenbüttel und seiner Gemeinden. 1994.

Band 61 Wolfgang Scherf: Die Bedeutung des kaldorianischen Verteilungsmechanismus für die gesamtwirtschaftlichen Wirkungen der staatlichen Neuverschuldung. 1994.

Band 62 Rainer Volk: Vergleich der Vergünstigungseffekte der verschiedenen investitionsfördernden Maßnahmen. 1994.

Band 63 Hans-Georg Napp: Kommunale Finanzautonomie und ihre Bedeutung für eine effiziente lokale Finanzwirtschaft. 1994. 2., unveränderte Auflage 1994.

Band 64 Bernd Rahmann / Uwe Steinborn / Günter Vornholz: Empirische Analyse der Autonomie lokaler Finanzwirtschaften in der Europäischen Gemeinschaft. 1994.

Band 65 Carsten Kühl: Strategien zur Finanzierung der Altlastensanierung. 1994.

Band 66 Stephan Boll: Intergenerationale Umverteilungswirkungen der Fiskalpolitik in der Bundesrepublik Deutschland. Ein Ansatz mit Hilfe des Generational Accounting. 1994.

Band 67 Karl Justus Bernhard Neumärker: Finanzverfassung und Staatsgewalt in der Demokratie. Ein Beitrag zur konstitutionellen Finanztheorie. 1995.

Band 68 Christian Haslbeck: Zentrale versus dezentrale Internalisierung externer Effekte bei unvollständiger Information. 1995.

Band 69 Regina Müller: Horizontale oder vertikale Transfers zur Durchsetzung eines horizontalen Finanzausgleichs. 1995.

Band 70 Christian Hockenjos: Öffentliche Sportförderung in der Bundesrepublik Deutschland. Darstellung und finanztheoretische Analyse. 1995.

Band 71 Manfred Rosenstock: Die Kontrolle und Harmonisierung nationaler Beihilfen durch die Kommission der Europäischen Gemeinschaften. 1995.

Band 72 Christian Rüsch: Wohnungsbau- und Wohneigentumspolitik im Rahmen der Einkommensteuer. Eine Analyse unter steuersystematischen, verteilungspolitischen und fiskalischen Aspekten. 1996.

Band 73 Stephan Winters: Die kollektive Vorsorge für den Pflegefall im Alter. Eine Untersuchung am Beispiel der gesetzlichen Pflegeversicherung in den Niederlanden. 1996.

Band 74 Knut Blind: Allokationsineffizienzen auf Sicherheitsmärkten: Ursachen und Lösungsmöglichkeiten. Fallstudie: Informationssicherheit in Kommunikationssystemen. 1996.

Band 75 Barbara Petrick-Rump: Ökonomische Wirkungen von Steueramnestien. Untersuchung konkreter Erfahrungen ausgewählter Länder mit dem Einsatz von Steueramnestien anhand eines effizienten Steueramnestieprogramms. 1996.

Band 76 Georg Hirte: Effizienzwirkungen von Finanzausgleichsregelungen. Eine Empirische Allgemeine Gleichgewichtsanalyse für die Bundesrepublik Deutschland. 1996.

Band 77 Ulrike Kirchhoff: Die rheinland-pfälzischen Gemeinden im System des Finanzausgleichs. 1996.

Band 78 Kerstin Keil: Der soziale Mietwohnungsbau: Mängel und Alternativen. 1996.

Band 79 Bernhard Manzke: Kinderlastenausgleich versus verstärkte Einwanderung. Alternative Ansätze zur langfristigen Sicherung der Gesetzlichen Rentenversicherung. 1997.

Band 80 Hariolf M. Wenzler: Institutionenökonomik und öffentliche Finanzkontrolle. Eine Analyse am Beispiel der Europäischen Union. 1997.

Band 81 Joachim Nagel: Supply-Side Policy in den USA. Eine theoretische und empirische Analyse der angebotsorientierten Wirtschaftspolitik Reagans unter besonderer Berücksichtigung steuerlicher Aspekte. 1997.

Band 82 Heinz Lampert: Krise und Reform des Sozialstaates. 1997.

Band 83 Monika Hanswillemenke / Bernd Rahmann: Zwischen Reformen und Verantwortung für Vollbeschäftigung. Die Finanz- und Haushaltspolitik der sozial-liberalen Koalition von 1969 bis 1982. 1997.

Band 84 Berthold Fürst: Die Maastrichter Budgetkriterien im Konflikt mit der Verschuldungsautonomie der deutschen Gebietskörperschaften. 1997.

Band 85 Burkhard Pahnke: Einkommensorientierte Förderung des sozialen Mietwohnungsbaues. Bestandsaufnahme und Kritik. 1998.

Band 86 Judith Safford: Staatsverschuldung im Vereinigten Königreich. Die öffentliche Verschuldung unter der Konservativen Regierung von 1979-1994. Ursachen und Auswirkungen. 1998.

Band 87 Ralf Oberheide: Die Bekämpfung der Steuerumgehung. 1998.

Band 88 Achim Truger: Die neue Finanzwissenschaft zwischen Realitätsferne und Irrelevanz der Annahmen. Eine methodologische Analyse potentieller Verteidigungsstrategien der neuen Finanzwissenschaft gegen den Vorwurf der Realitätsferne ihres entscheidungstheoretischen Fundamentes. 1998.

Band 89 Karin Bickel: Familienbezogene Elemente im System der gesetzlichen Rentenversicherung. Unter besonderer Berücksichtigung von Ein-Eltern-Familien. 1999.

Band 90 Wolfgang Scherf: Schlüsselzuweisungen und Kreisumlage. Die Problematik der Finanzierung der Landkreise am Beispiel des kommunalen Finanzausgleichs von Rheinland-Pfalz. 1998.

Band 91 Sandra Ehmann: Familienpolitik in Frankreich und Deutschland – ein Vergleich. 1999.

Band 92 Hendrik Suermann: Einkommensteuerliche Behandlung von Währungsgewinnen und -verlusten. Eine finanzwissenschaftliche Analyse des Steuerrechts in den USA und in Deutschland. 1999.

Band 93 Rolf Bösinger: Die Neuordnung des bundesstaatlichen Finanzausgleichs 1995. Eine theoretische und empirische Analyse unter Berücksichtigung von allokationstheoretischen und polit-ökonomischen Gesichtspunkten. 1999.

Band 94 Ulrich Ermschel: Finanzwirtschaftliche Konsequenzen beim Übergang auf das Ursprungslandprinzip im Europäischen Binnenmarkt. Eine Untersuchung am Beispiel des unvollkommenen oligopolistischen Neufahrzeugmarktes. 1999.

Band 95 Ute Hansen: Überwälzte Leistungen der Administration. Eine empirische und theoretische Analyse. 2000.

Band 96 Hans-Werner Seiler: Zur Durchsetzung der Einmalbesteuerung deutscher Körperschaftsgewinne. Strategien zur Vermeidung der im deutschen Körperschaftsteuersystem angelegten Benachteiligung ausländischer Anteilseigner. Eine finanzwissenschaftliche Analyse. 2000.

Band 97 Steffen Meyer: Zwischenstaatliche Finanzzuweisungen im zusammenwachsenden Europa. Zur Gestaltung eines Finanzausgleichs für die Europäische Union. 2000.

Band 98 Marion Hübner: Ökodumping? Umweltpolitik in internationalen Oligopolmärkten. 2000.

Band 99 Christhart Bork: Steuern, Transfers und private Haushalte. Eine mikroanalytische Simulationsstudie der Aufkommens- und Verteilungswirkungen. 2000.

Band 100 Norbert Eichler: Die Probleme des Gemeindefinanzausgleichs im Kooperativen Föderalismus. Eine ökonomische Analyse am Beispiel des Bundeslandes Nordrhein-Westfalen. 2000.

Band 101 Wolfgang Scherf: Der Länderfinanzausgleich in Deutschland. Ungelöste Probleme und Ansatzpunkte einer Reform. 2000.

Band 102 Stefan Dietrich Josten: Staatsverschuldung, intertemporale Allokation und Wirtschaftswachstum. Eine theoretische Analyse staatlicher Verschuldungspolitik in Modellen exogenen und endogenen Wachstums. 2000.

Band 103 Axel Breitbach: Steuerhinterziehung und Schattenwirtschaft aus gesamtwirtschaftlicher Sicht. 2000.

Band 104 Alexander Spermann: Negative Einkommensteuer, Lohnsubventionen und Langzeitarbeitslosigkeit. 2001.

Band 105 Michael Broer: Der kommunale Finanzausgleich in Hessen. Historische Darstellung und ökonomische Analyse unter besonderer Berücksichtigung der Schlüsselzuweisungen. 2001.

Band 106 Jan-Paul Ritscher: Der Einsatz von Finanzderivaten unter einer modernisierten Schuldenstrukturpolitik des Bundes. 2002.

Band 107 Martin Gasche: Dynamische Fiskalpolitik. Makroökonomische Wirkungen der Fiskalpolitik in einem Real Business Cycle-Modell. 2003.

Band 108 Felix Brosius: Internationaler Steuerwettbewerb und Koordination der Steuersysteme. 2003.

Band 109 Claudia Hensberg: Eigennützige Regierungen im fiskalischen Wettbewerb um Kapital. 2003.

Band 110 Hans-Martin Grambeck: Konsumsteuerreformen und Konsumbesteuerung. Eine vergleichende Analyse und Bewertung verschiedener Konsumsteuermodelle unter besonderer Berücksichtigung der Probleme in offenen Volkswirtschaften. 2003.

Band 111 Antje Draheim: Probleme der finanzpolitischen Willensbildung in Europa. Eine kritische Analyse der europäischen Haushalts- und Finanzverfassung. 2004.

Band 112 Robert Nuscheler: On Competition and Regulation in Health Care Systems. 2005.

Band 113 Guido K. Raddatz: Das Eigenmittelsystem der Europäischen Union. 2005.

Band 114 Markus Euler: Ansatzpunkte für eine Reform des Finanzierungssystems der Europäischen Union. 2005.

Band 115 Marco Penske: Finanzierung der Gesetzlichen Krankenversicherung – Probleme und Reformoptionen. 2006.

Band 116 Pascal Krimmer: Demographie, Erwerbsbeteiligung, Steuerreformen und Steueraufkommen. Langfristige Auswirkungen von Steuerreformen. 2008.

Band 117 Frank Blasch: Steuerreformen und Unternehmensentscheidungen. Eine empirische Analyse der deutschen Steuerpolitik mit besonderem Schwerpunkt auf die Steuerreform 2000. 2008.

Band 118 Tobias Arens: Inter- und intragenerative Umverteilung im deutschen Steuer-Transfer-System. Langfristige Wirkungen im Lebenszyklus. 2009.

Band 119 Áron Kiss: Essays in Political Economy and International Public Finance. 2009.

Band 120 Tanja Kirn: Anreizwirkungen von Finanzausgleichssystemen. 2010.

Band 121 Sonja Kastin: Die Finanzierung von Agglomerationen über die Finanzausgleichssysteme in der Bundesrepublik Deutschland. Eine theoretische und empirische Bestandsaufnahme. 2011.

www.peterlang.de

FSC
www.fsc.org
MIX
Papier | Fördert gute Waldnutzung
FSC® C083411

Kolibri 360 GmbH
Ferdinand-Jühlke-Straße 7
99095 Erfurt, Deutschland
produktsicherheit@kolibri360.de

Druck:
CPI Druckdienstleistungen GmbH
im Auftrag der
Kolibri 360 GmbH
Ferdinand-Jühlke-Str. 7
99095 Erfurt